JN205363

かくしてモスクワの夜はつくられ、ジャズはトルコにもたらされた

二つの帝国を渡り歩いた黒人興行師フレデリックの生涯

ウラジーミル・アレクサンドロフ

竹田円 訳

The Black Russian

Vladimir Alexandrov

白水社

ミシシッピ州フライアーズポイント、旧刑務所（左）と旧コアホマ郡裁判所。1869年、ルイス・トーマスはここでみごと農場を落札した。そしてその後何年にもわたり、妻インディアと、幾度となく訴訟を起こした。（フライアーズポイント、ノースデルタ博物館、フロー・ラーソン氏提供）

シカゴ、ミシガン・アヴェニューのオーディトリアム・ホテル。ここでフレデリックははじめて給仕として働いた。1892年頃。現在はルーズベルト大学になっている。（オーディトリアム）

フレデリック・ブルース・トーマス。1896年頃。パリでおそらく撮影されたもの。
（左：NARA II　右：ブルース・トーマス氏提供）

モスクワ、赤の広場のクレムリンと聖ワシーリー大聖堂。フレデリックも同じ風景を見ていた。1900年頃。（アメリカ議会図書館）

モスクワ中心部の目抜き通りのひとつ、トヴェルスカヤ通りの風景。1900年頃。低層の建物と馬車による移動が大半を占めていたことがわかる。

モスクワのヤール・レストラン。帝政ロシアで最も有名だった店のひとつ。フレデリックは、ここでメートル・ドテルおよびオーナーの右腕として働いた。写真は1910年の改築後の姿。

モスクワ、アクアリウム・ガーデンの堂々たる玄関。「トーマス・グループ」が買収した1912年頃。(著者のコレクション)

フレデリック・トーマス。1913年1月5日、二番目の妻「ヴァリ」と結婚してまもない頃。最初の妻、ヘドウィグとの子供たち――イルマ4歳、オリガ11歳、ミハイル6歳半――とともに。ほかの男性はおそらく新妻の親戚だろう。(NARA II)

フレデリック・トーマス(前列、右から二番目)。モスクワ、アクアリウム・ガーデンの役者たちと。(「*Stsena i arena*」1914年、5月29日号)

「F・F・トーマス」1912年10月、モスクワにて、マキシム開店前夜。(「*Var'ete i tsirk*」1912年10月1日号)

エルヴィラ・ユングマン。1910年頃。ドイツ人の芸人。モスクワでフレデリックの愛人になり、その後妻となる。(著者のコレクション)

マキシムの広告。「フョードル・フョードロヴィチ・トーマス」も呼び物のひとつ。国内外の芸人たちによるさまざまな演目一覧のなかには「アメリカからやって来た本家本元の黒人トリオ・フィラデルフィー［原文ママ］」というものもある。

アメリカ人のボクシング・ヘビー級チャンピオン、ジャック・ジョンソンのモスクワでの公開試合の広告。告知後、時を経ずして第一次世界大戦がはじまった。「アクアリウム支配人F・F・トーマスおよびM・P・ツァリョフ、7月15日［旧暦、新暦7月28日］開幕、世界無敵のボクサー、ジョンソン」
（「*Stsena i arena*」1914年7月15日号）

コンスタンティノープル、歴史を伝えるスタンブール地区の景観。1919年にこの街に到着したとき、フレデリックもほぼ同じ光景を目にした。

コンスタンティノープル、ガラタ橋。スタンブール側から、街のヨーロッパ地区であったガラタとペラを臨む。（アメリカ議会図書館）

1919年、コンスタンティノープルにおけるフレデリックの初事業——イギリス-アメリカ・ガーデン・ヴィラ（ステラ・クラブとも呼ばれた）——の様子を描いたイラスト。野外舞台の上に踊り子、舞台の左に演奏台がある。一般市民と連合軍の客たちがテーブルに着いている。（「*Al'manakh nashi dni/Almanach nos jours*」第10号、1920年頃）

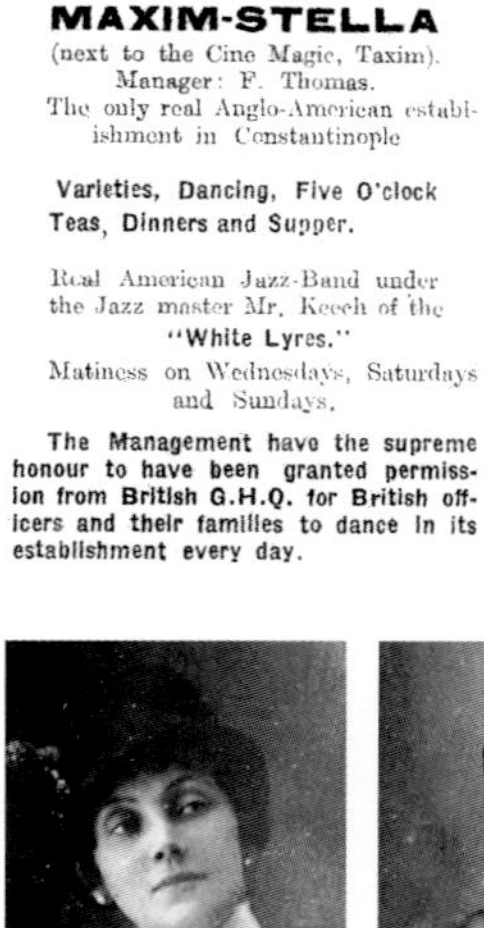

MAXIM-STELLA

(next to the Cine Magic, Taxim).
Manager: F. Thomas.
The only real Anglo-American establishment in Constantinople

Varieties, Dancing, Five O'clock Teas, Dinners and Supper.

Real American Jazz-Band under the Jazz master Mr. Keech of the **"White Lyres."**
Matiness on Wednesdays, Saturdays and Sundays.

The Management have the supreme honour to have been granted permission from British G.H.Q. for British officers and their families to dance in its establishment every day.

コンスタンティノープルの有名ナイトクラブ、マキシムの広告。イギリス軍の新聞「オリエント・ニュース」（1922年4月2日付）に掲載された。アメリカのジャズバンドの宣伝と、この店が、イギリス占領軍に認可を受けた店であることが記されている。フレデリックは一時期、これ以前に経営していた娯楽庭園の名前も広告に載せていた。なじみの客にも安心してマキシムに足を運んでもらおうという配慮からだろう。

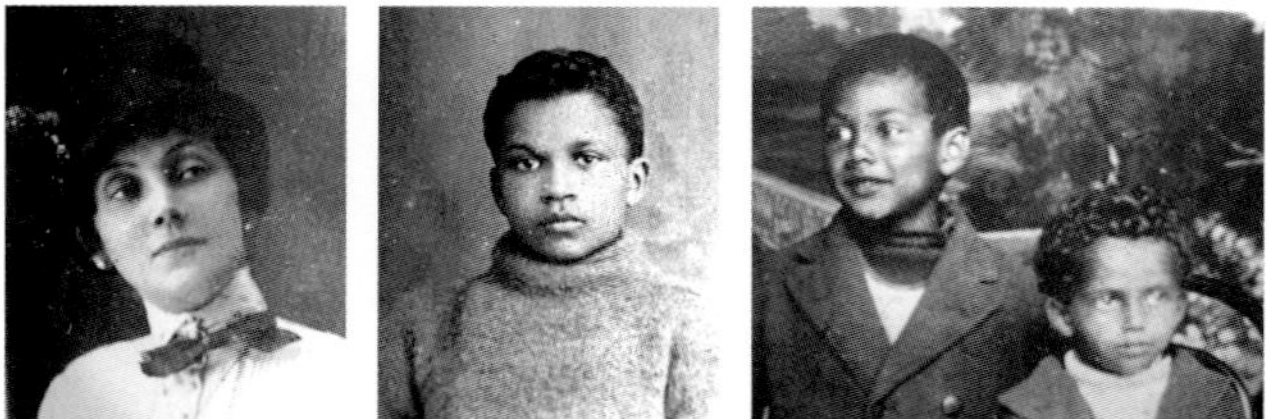

フレデリック・トーマスの三番目の妻、エルヴィラ。長男のミハイル。エルヴィラとのあいだに生まれた息子たち、フレデリック・ジュニアとブルース。1920年頃、コンスタンティノープルにて。（NARA II）

かくしてモスクワの夜はつくられ、ジャズはトルコにもたらされた

二つの帝国を渡り歩いた黒人興行師フレデリックの生涯

THE BLACK RUSSIAN by Vladimir Alexandrov
Copyright © 2013 by Vladimir Alexandrov

Japanese translation rights arranged with
Vladimir Alexandrov c/o InkWell Management, LLC, New York
through Tuttle-Mori Agency, Inc., Tokyo

Book Design: Junpei Niki

最初にすべてを聞いてくれたシビルに

目次

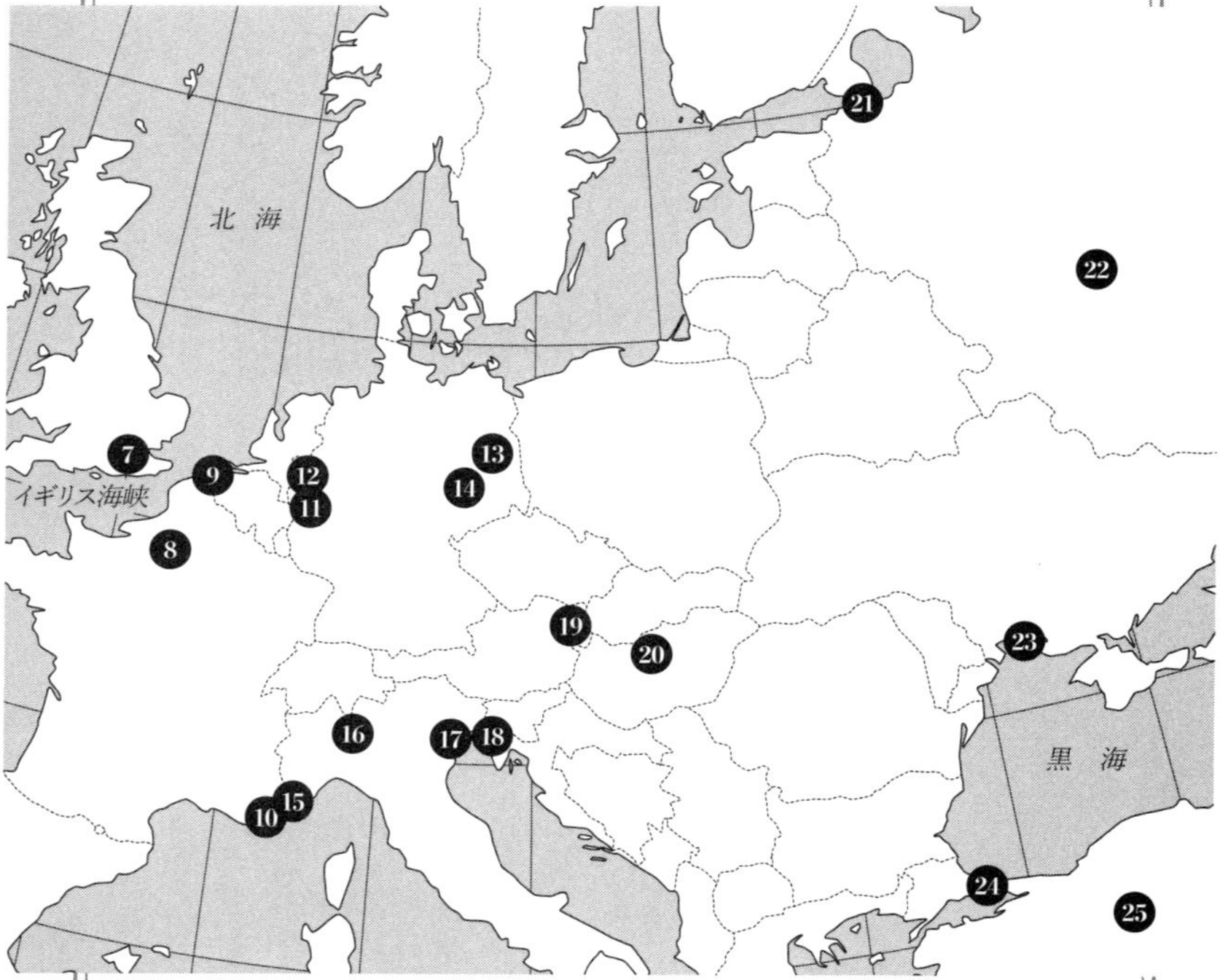

7-ロンドン
8-パリ
9-オーステンデ
10-カンヌ
11-ケルン
12-デュッセルドルフ
13-ベルリン
14-ライプツィヒ
15-モンテカルロ
16-ミラノ
17-ヴェネツィア
18-トリエステ
19-ウィーン
20-ブダペスト
21-サンクトペテルブルク
22-モスクワ
23-オデッサ
24-コンスタンティノープル（イスタンブール）
25-アンゴラ（アンカラ）

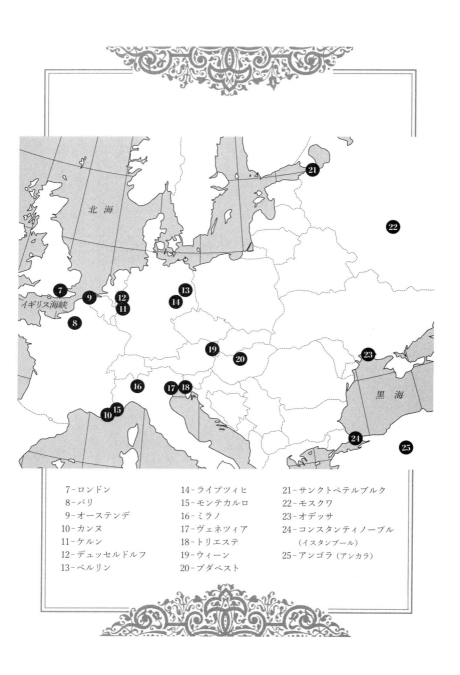

フレデリック・ブルース・トーマスの遍歴
1872–1928

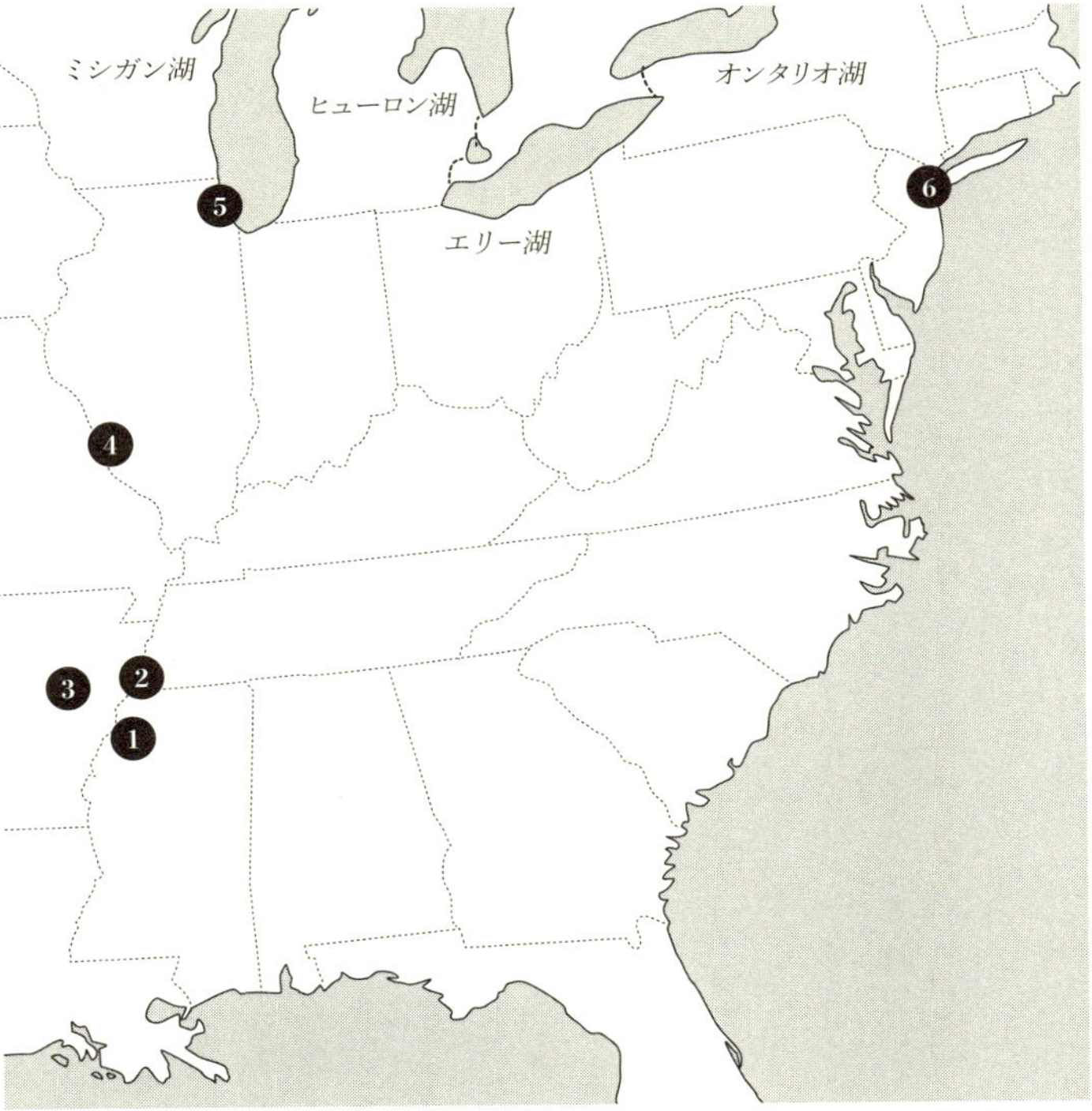

1–コアホマ郡、ミシシッピ州
2–メンフィス
3–アーカンソー州
4–セントルイス
5–シカゴ
6–ニューヨーク

著者より

一九一八年より前のロシアにおける出来事の日付はすべて「旧式」の暦（旧暦）による。ロシアで一九一八年まで使われていたユリウス暦は、欧米で用いられていた「新式」のグレゴリオ暦（新暦）より二十世紀には十三日遅れていた（十九世紀のあいだは十二日遅れていた）。ときおり日付を二重に示しているのは、欧米における重要な出来事との関係性を明確にするためである。たとえば、八月二日（十五日）とあれば、それは旧暦で八月二日、新暦で八月十五日という意味である。

ロシアの人名および地名は、世間で最も親しまれているものを採用した。トルコの人名については、入手した資料に記載されている綴りを採用した。トルコの地名については、現在の地名ではなく、本書に叙述した時代の欧米の文献で用いられている名称を採用している。したがって、「イスタンブール」は「コンスタンティノープル」、「ベイオール」は「ペラ」、「カラキョイ」は「ガラタ」、「ユスキュダル」は「スクタリ」、「イスティクラル通り」は「ペラ大通り」となっている。

過去のさまざまな通貨や資産が、今日のドルに換算していかほどの価値になるのかについての概算は、http://www.measuringworth.com/uscompare/ の計算による。

凡例

一、本文中の［　］は著者による補足を、〔　〕は訳者による註を表わす。
一、以下の単位は換算せず訳した。
　一エーカー＝約四〇四七平方メートル
　一マイル＝約一・六キロメートル
　一フィート＝約〇・三メートル
　一ヤード＝約〇・九メートル

プロローグ　生きるか死ぬか

悲劇は許されないはずだった。一九一九年四月一日の朝、黒海に面したロシア随一の港湾都市オデッサ。同地のアメリカ領事ウィリアム・ジェンキンズは執務室を出て、フランス占領軍司令部が置かれたロンドン・ホテルに向かっていた。彼の心中は穏やかでなかった。昨日、ギリシア・フランス軍がまたしても赤軍に敗れ、町を明け渡して東に敗走し、前線が後退したという。さらに、ソヴィエト領からオデッサに逃れてきた数万の難民たちのあいだにヒステリックな風評流言が広がりつつあったからだ。ここはフランス軍司令官フィリップ・ダンセルム将軍に直接会って、刻一刻と悪化していくこの状況に対してどんな手を打つつもりかと単刀直入に尋ねてみる必要があった。街では食料と燃料が底を尽きかけ、発疹チフスが猛威を振るい、過激化した労働者が反乱を起こして武器をかき集めていた。さらに悪名高いオデッサのギャングたちが、潜伏するボリシェヴィキと競い合うように家や会社を襲い、邪魔立てする者を容赦なく殺していた。ジェンキンズが作成したこの街に住む二九人のアメリカ人の名簿のなかには、意外なことに、ミシシッピ州出身の黒人とその白人の妻、そして混血の四人の子供の名前もあった。領事として、ジェンキンズにはこの二九人全員の命を守る義務があった。そして彼の胸の内には、フランス人たちにこの街を守り抜く覚悟があるのか、彼らは信用できるのかという疑惑が芽生えつつあった。

それから三十六時間後にはじめてあきらかになるのだが、ジェンキンズの危惧は杞憂ではなかった。パリのフランス軍最高司令部はすでに数日前に、ロシア内戦に軍事的に介入したのは間違いだったと結論していた。だが、ダンセルム将軍は、無愛想な軍人らしい態度の陰にその決定を隠して、ジェンキンズに抜け抜けと嘘を並べ立てた。

ダンセルム将軍はまず、ジェンキンズと機密を共有するふりをした――なんといっても相手は重要な同盟国の公式代表である。そして、食糧不足のために一部の老人、女性、子供はオデッサから避難させる必要があるかもしれないと認めた。だが、ジェンキンズが全面撤退という重要な問題について念を押すと、フランス軍がオデッサを見捨てることは絶対に「ありえない」と断言した。

ジェンキンズは胸をなでおろしてフランス占領軍司令部をあとにした。そして翌四月二日水曜日には、前日にダンセルム将軍が述べたことを書面で受けとった。さらに将軍は地元の新聞に、一部の市民は――妙に冷淡にも「無用者は全員口減らしのため」と書かれていた――避難する必要があるかもしれないが、戦局は落ち着いているといった趣旨の談話を発表して、ジェンキンズに伝えたとおりのことを街全体にも通知した。

しかし実際には、フランス軍の完全撤退は決定事項だった。だが、二週間はかかるであろう整然とした避難を組織する代わりに――それが七万の兵士と軍備、そして五万とも一〇万とも言われる一般市民を無事に避難させる唯一の方法だったのだが――ダンセルム将軍とその参謀は自分たちの決定をできるだけ長く隠しておくことにした。街は危険なまでに人であふれかえっていたため、パニックを防ごうとしたのだ。だが結局、彼らがやったことは完全に裏目に出て、フランス軍のオデッサ「大潰走」として世に知れ渡ることになる。

プロローグ

水曜日は比較的平穏に過ぎていった。役所はすべて平常どおりに機能していた。日が落ちてからは、夜ごとの強奪をはじめた街のごろつきやボリシェヴィキたちのおなじみの銃声や手榴弾の炸裂音がときどき聞こえてきたが、騒ぎはそれくらいのものだった。港のなかにも外にも、フランス軍をはじめとする連合軍の船が頼もしく錨をおろしていた。ギリシア兵、セネガル兵、アルジェリアのズアーブ兵の野営地も静まり返っていた。

そのときほとんど偶然ながら、ジェンキンズの元に耳を疑う知らせが飛び込んできた。夜の十時、オデッサ駐在のイギリス商務官ピクトン・バッジが一刻を争う機密情報をもってやって来た。その情報を、バッジは港に停泊するイギリス海軍の魚雷艇スカーミッシャー号の艦長から、艦長はオデッサに駐留するフランス海軍提督から聞いたという。それによれば、フランス軍はオデッサからの撤退をすでに決めているという。

ジェンキンズは戦慄した。ダンセルム将軍に一杯食わされただけではない。フランス軍が撤退すれば、オデッサは数日のうちにボリシェヴィキの手に落ちる。撤退の噂が漏れれば、モスクワ、ペトログラードをはじめ、ロシア北部の各地からオデッサに流れ着いた多数の白系ロシア人たちが、ボリシェヴィキに皆殺しにされると恐怖におののき逃げ出そうとするのは必定だ。陸路が断たれたいま、街から逃げ出すには黒海を渡るしかないが、全員を乗せられるだけの船はない。まだ時間があるうちに急いで同胞たちを船に乗せる必要があった。

オデッサで身動きがとれなくなっているアメリカ人の大半は、商売か慈善事業のためにロシアに滞在していた人々で、彼らの活動についてはジェンキンズも把握していた。だが、つい先ごろ現われた黒人は、彼がこれまでロシアで会った誰にも似ていなかった。その男は、フレデリック・ブルース・

トーマスと名乗った。自分はアメリカ市民でモスクワに相当の資産をもっている。数か月前、モスクワから汽車で命からがら逃げてくる途中、パスポートを盗まれてしまった、そのほかには身元を証明できる書類がいっさいない、スウェーデン人の妻も四人の子供たちもだと説明した。彼は領事館に現われて、自分はアメリカ人なのだから、家族も自分もアメリカに保護してもらう権利がある、そう主張したのだった。

フレデリックの予想どおり、彼の黒い肌と南部訛りは、政府が発行するどんな書類にも負けないくらい説得力のある身元証明だった。だが、ジェンキンズが与えてくれる助けが危険であることも彼は重々承知していた。それは人種差別がはびこるアメリカへの帰りの切符になりかねなかった。この二十年間、西ヨーロッパやロシアでパスポートを更新する申請書類の必要事項を埋めるたび、アメリカ領事館の職員はかならずそこに彼の肌の色を書きとめた。いっぽう、ヨーロッパ人やロシア人は彼の肌の色などまったく気にならないようだった。

だがこのとき、フレデリックはそれよりはるかに大きなリスクを冒そうとしていた。彼は、いつ何時露見しないともかぎらない、自分自身に関するある重要な事実を隠してジェンキンズとの面会に臨んだのだった。この四年前、第一次世界大戦がはじまってまもないころ、黒人のアメリカ人が誰ひとりとして経験したことのない動きのなかでフレデリックはロシア帝国の臣民になった。これによりアメリカ市民権は自動的に失効したので、このとき彼は道義的にも法律的にもアメリカの保護を求められる立場にはなかったのである。だがフレデリックは、モスクワのアメリカ領事館に自分のしたことをいっさい報告しなかった。そして彼の知るかぎり、皇帝ニコライ二世に承認を求める請願書を提出したロシア帝国内務省も、ペトログラードのアメリカ大使館に連絡していないようだった。その結果ジェンキンズも、ロシアもしくはワシントンにいるアメリカの役人も、誰ひとり真実を把握してはいないようだった。

フレデリックにとって幸いなことに、ジェンキンズには彼の話を疑う理由がなかった。この一年、ボリシェヴィキが支配するモスクワから逃れてきた多くの人々が、パスポートの盗難の比ではない、はるかに悲惨な目に遭ってきた。戦争で荒廃し、無法地帯と化したロシアの国土を横断する汽車の旅は、武装勢力に襲われる危険とつねに隣り合わせだった。武装勢力は、政治集団のこともあれば犯罪者集団のこともあり、思いのままに市民の財産と命を奪った。ロシアに住む黒人のアメリカ人の情報はほとんどなかったので、モスクワで金持ちの劇場支配人だったという華麗な経歴を聞くのは初耳だったにせよ、ジェンキンズとしてはフレデリックが、本人が主張するとおりの人物であることを信じるよりほかなかった。こうして領事は、弁の立つ、垢抜けた、笑顔が印象的な中年の黒人男性をアメリカ人として認めることにして（ただし、国務省に宛てた公式の報告書には「フレデリック・トーマス氏」が「黒人《カラード》」であるとつけ加えることを忘れなかった）、船に乗せようと奮闘することになる住民たちの名簿に、フレデリックと彼の妻と四人の子供たちの名前を律儀に書き加えた。

ジェンキンズを欺いて逃げるか、オデッサに留まり死を覚悟するか、フレデリックは厳しい選択を迫られた。一九一九年が明けてしばらくすると、ボリシェヴィキに対する白軍の聖戦を支援するフランス軍の目論見はうまくいきそうにないことがわかってきて――その計画を最初に聞いたとき、オデッサの難民たちは歓喜に沸いたものだった――故郷に帰って以前の生活や財産を取り戻せるのではないかというフレデリックのような難民たちの希望は絶たれかけていた。第一次世界大戦勃発直後、愛国心が爆発的な高まりを見せたモスクワで貴重な盾となったロシア国籍は、あらゆる価値観が反転したこの世界ではいまや足枷だった。ボリシェヴィキの革命は、フレデリックを受け入れ、繁栄に導いた社会を木っ端微塵に打ち砕いた。彼が所有していた劇場や不動産は国有化され、財産は奪われた。

ボリシェヴィキがつくりだした階級闘争の毒々しい雰囲気のなかでは、金持ちだったというだけで逮捕され、処刑されるおそれがあったが、これに対してアメリカなど連合国の国籍をもつ者は、フランスが占領するオデッサにたどり着ければ、自国の外交公館に助けを求めることができた。戦後、連合軍は敗れたオスマン帝国の首都コンスタンティノープルに大型艦隊を派遣して、黒海を支配下に置いたので、外交官たちの後ろには本物の軍事力が控えていた。

時刻は遅かったが、その知らせはあまりに衝撃的だったので、朝まで手をこまねいているわけにはいかないとジェンキンズは判断した。彼は即座にオデッサ市内にいるアメリカ人全員と連絡をとりはじめ、至急荷物をまとめて車がつかまるうちに港へ行けと指示した。また、領事館にあるすべての暗号電報を焼却し、機密暗号書を持ち出す作業にも取りかかった。夜を徹して働いた甲斐あって、ジェンキンズはアメリカ人全員を呼び集めることができた。そして、四月三日木曜日の早朝には、彼らを二隻の船――アメリカ領事と職員たちの大半を乗せてくれることになっていたイギリス海軍のスカーミッシャー号と、フランスが一部の連合国（フランス、イギリス、ギリシア、アメリカ）の領事に使用権を与えたロシア船皇帝ニコライ号――に分乗させた。皇帝ニコライ号ではアメリカ人は少数派で、一六人の民間人のほかに、フレデリックと妻のエルヴィラ、そして上は十二歳から下は四歳までの三人の息子たち――ミハイル、フレデリック・ジュニア、ブルース――がいた。そこにはもうひとり、十七歳になる娘のオリガもいるはずだったのだが、土壇場になってふいに姿を消し、誰にも行方がわからなくなっていた。

オリガは家族とは別にホテルに泊まっていた。オデッサには難民が押し寄せていたので、家が窮屈だったか、部屋の数が足りなかったのかもしれない。あるいは血のつながらない母、エルヴィラとの関係がうまくいっていなかったのかもしれない（弟のミハイルものちに義母との軋轢に苦しむ）。理由はどうあれ、深夜のジェンキンズの電話はフレデリックにとって寝耳に水だった。フレデリックは大急ぎで妻と息子たちを呼び、持ち運びできるようにできるだけ小さく荷物をまとめ、そのいっぽうでジェンキンズと一緒に働いていた英国総領事代理ヘンリー・クックに、一刻も早く港へ来るようオリガに伝言してくれと頼んだ。クックは、オリガのホテルに使いをやったが、戻ってきた使いがもたらしたのは、娘はすでにホテルを引き払っていて、あらたな居所は誰にもわからないという落胆する知らせだった。オリガは港の別の船に乗ることにしたのかもしれない、とクックは慰めの言葉を口にした。

寝静まった街を港に向かって急ぐあいだは、その言葉の真偽を確かめる術はなく、いったん乗船してしまえば、ふたたび上陸する危険を冒すことはできなかった。いつ何時であれ、撤退の二文字が漏れればオデッサの街は爆発するだろう。人であふれかえった通りは通行不能になるだろう。妻と息子たちを危険からほぼ救いだせたことにほっとしながらも、岸に手の届きそうな場所でなす術もなくただ待つのは、フレデリックにとって拷問に等しかったはずだ。

慌ただしく船に乗ったせいで、残っていた財産までふいにすることになった。一九一七年の二月革命前夜の絶頂期には、資産総額は今日の貨幣価値に換算して約一〇〇〇万ドルにのぼったが、いまや残されているのはそのときたまたま手元にあった「二五ドル足らず」――今日の貨幣価値にして数百ドル――だったとのちに回想している。四月三日木曜日、この日はオデッサのすべての銀行が正常に機能して客が預金を引きだすことができた最後の日だったことものちにわかるが、銀行の扉が開く頃には、フレデリックは皇帝ニコライ号に乗船していた。

街の上で太陽が高度をあげるにつれ、船に駆け込んだときの不安は影をひそめ、待つという行為の無聊《ぶりよう》にとって代わられた。皇帝ニコライ号の出航は延びに延び、いっこうに錨をあげる気配がなかった。最初にエンジンの故障が見つかり、どんなにがんばっても蒸気を起こすまで二十四時間かかることがわかった。次に乗組員が、街で親ボリシェヴィキ派の労働者に加勢すると言ってとつぜん船を降りてしまったので、代わりを探さなければならなくなった。ますます多くの難民が船に乗り込んできた。そのなかには大勢のロシア人がいた。フランス軍はまだ正式に撤退を発表していなかったが、噂が広まり街では不安が高まっていた。

翌四月四日金曜日の朝、ついにダンセルム将軍がオデッサの新聞各紙で即時撤退を発表した。このときたまたまロンドン・ホテルにいた、ロシア帝国海軍将校アンドレイ・ロバノフ゠ロストフスキー公は、その知らせを聞き、船に乗るにはフランス軍が発行する出国ビザが必要だと突如気づいた人々の様子を次のように述懐している。

一瞬にして混乱が支配した……ロビーは荒々しい身振りの人たちでいっぱいだった。エレベーターは停止した。階段を駆けあがる人と駆けおりる人の二つの流れが踊り場でぶつかって乱闘がはじまった。もみくちゃにされた女性たちが悲鳴をあげていた。トランクがいくつも踊り場から転がり落ちてきて、下のロビーにいる人たちの頭を直撃した。

通りに集まって、ホテルに押し入ろうとする暴徒たちのために混乱はいっそうひどくなった。ホテルのロビーでは、閂がかかった扉の後ろで、持ち場についたフランス兵の一団が銃を構えていた。ロバノフ゠ロストフスキーは大変な苦労をして、「押しつぶされる危険を冒しながら」上の階にたどり着き、「司令部がある部屋の扉を拳で叩きながらビザをくれと叫ぶ一〇〇人あまりをかき分けて部屋に入ることに成功した」。こうして彼は、その日の午前中に出航する船の乗船許可書を司令部で手に入れると、今度は裏口から抜け出して港へ急行した。ロバノフ＝ロストフスキーが乗船券を確保した蒸気船は、外国人たちに割り当てられたあの皇帝ニコライ号だったので、その回想記を読むと、フレデリックが彼と共にした運命の片鱗を知ることができる。

港の混乱はさらにひどかった。難民たちを安全な場所へ運んでくれるはずの船が目の前に、手を伸ばせば届きそうな場所にあるからだった。ジェンキンズは、その「混乱は筆舌に尽くしがたかった」と語っている。パニックを起こした数万の市民が、もみ合いながら高台にある市街地から通りに雪崩れ込み、波止場に押し寄せた。彼らは武装した連合軍の歩哨のあいだをすり抜けようとし、荷物と格闘し、パスポートやチケットを空中で振りまわした。

フランス植民地部隊をはじめとする連合軍のあいだでは当初から規律が緩かったが、とつぜんの撤退によってその傾向に拍車がかかった。波止場ではギリシア兵が、ボリシェヴィキが使えないようにしてやるのだと言って、新品の車のエンジンを斧で叩き割り海に突き落としていた。クックは、酔っ払った兵士が一緒に引き揚げるはずの物資を略奪し、上官が傍観しているのを見た。あるイギリス人船長は、出航する直前に、飲んだくれたセネガル兵が波止場にいた若い二人のロシア人女性を捕まえ、悲鳴をあげる娘たちを物陰に連れ込むのを見た。船長は割って入って、娘たちを自分の船に乗せた。そして彼らに背を向けて渡り板をのぼっていると、兵士のひとりがライフル銃を手に走ってきて船長を狙って引き金を引いた。が、弾は逸れた。

ついに一九一九年四月六日日曜日の夜明け前、皇帝ニコライ号は錨をあげ、黒海の対岸、四〇〇マイル先にあるコンスタンティノープルに針路をとった。すでにボリシェヴィキの軍隊がオデッサに入りかけていた。むさくるしく、冴えない風貌のたかだか三〇〇〇人の軍勢だった。武装した多数の労働者が街で彼らを支援しているとはいえ、こんな弱々しい軍隊を前にして数万の軍隊を撤退させるとは、フランス軍はじつに意気地がなかった。

船上のロシア人にとってそれは深く胸をえぐられる瞬間だった。皇帝ニコライ号が闇をかき分けて進むにつれ、祖国の最後の痕跡が船尾の向こうに消えていった。オデッサでは発電所が停止していたため明かりは見えなかったが、街のあちこちで火の手があがり、その炎が赤く輝いていた。岸の近くでときおり聞こえていた悲鳴や銃声も、もはや船には届かなかった。聞こえてくるのは低くうなるエンジンの音、甲板にいる乗客たちの押し殺した話し声、すり足で歩く足音だけ。海は穏やかだった。

フレデリックにとっても、それは同じように心揺さぶられる瞬間だったはずだ。追放の苦い思いを嚙みしめるのは人生でこれが二度目だった。一度目は三十年前、ミシシッピ州で白人農園主に農場を盗まれそうになったあとで、両親に連れられてメンフィスに逃れた。そのとき彼の運命を決めたのは人種憎悪だった。そして今度は、多くのアメリカ人にとっての人種と同様、ボリシェヴィキにとって人間存在の本質と切っても切れない関係にある階級への憎悪がフレデリックの運命を変えた。船の旅が人生の大きな転機となるのもこれが二度目だった。二十五年前、ニューヨークからロンドンを目指して大西洋を渡ったときは若かった。野心にあふれ、世界というものをこの目で見てやろうと燃えていた。いまは四十七歳。普通の人間が夢に見るよりはるかに多くのものをロシアで得て失った。この先人生に何があろうと驚くことはないだろう。ロシアの土を踏んでから約二十年、当時ロシアはいまのトルコのように、彼にとって未知なる国だった。そして彼はいま、オデッサからも遠ざかりつつあった。

一夜明けると、皇帝ニコライ号に乗る難民のほとんどは、先の見えない未来に向かって進んでいく貧しい宿無しになっていた。船の劣悪な環境のせいで、多くの者の悲嘆はいっそう深くなった。大戦直前に建造されたこの船は、三七四人の乗客を快適に運べるように設計されていたが、いまやそこに、定員をはるかに超える八六八人の難民が詰め込まれていた。数少ない個室を確保できた数名の金持ちを除くほぼ全員にとって、船の環境はきわめて苛酷だった。ジェンキンズに撤退の知らせをもたらしたイギリスの商務官ピクトン・バッジもこの船に乗っており、フランス兵の残酷な態度、とくに守ってくれる外交官のいないロシア人に対する非情な仕打ちに衝撃を受けていた。

船の不潔さは言葉にできないほどだった。金がなければ何も手に入らなかった。たとえばコップ一杯の水が五ルーブリした。男たちはバケツで汲みあげた海水で体を洗うしかなかった。女たちは、体が洗える船室に入れてもらうために毎回二五ルーブリ払わなければいけなかった［……］フランス人はわざと彼らを虐めたり侮辱したりした。フランス軍がオデッサを占領しているあいだに増大した反感は、いまや激しい憎悪に変わっていた。

ジェンキンズは別の船に乗っていたとはいえ、フレデリックと家族はまだアメリカに正式に保護される身分だったので、フランス兵がほかの者たちに行なっていたあからさまな残虐行為を多少は免れることができたはずだ。それでもその道中は、とくにエルヴィラと息子たちにとって楽ではなかっただろう。

四十時間あまりの航海を経て、四月七日夕刻、皇帝ニコライ号はアジアとヨーロッパを分断する細長いボスポラス海峡に入り、黒海の数マイル南にあるアジア側沿岸のカヴァカ（現在のアナドル・カヴァウ）と呼ばれる小さな町の近くに錨をおろした。この場所には当時もいまと変わりなく古代の城塞の廃墟が、ヨーロッパ側のやはり廃墟になっている対をなす城塞と一緒に、あたりを見下ろすように立っていた。ビザンツ帝国やジェノヴァ人の時代からあるこれらの謎めいた建造物が、皇帝ニコライ号の乗客たちが最初に目にしたトルコの風景だった。そしてこれらを見た彼らは、自分たちがどれだけ故郷から遠く離れてしまったかをあらためて痛感した。その晩のうちにオデッサからほかの蒸気船も到着して、夜が明ける頃には六隻になった。どの船も難民ではち切れんばかりだった。

難民たちは、安全だと思っていた場所に到着してはじめて、自分たちの試練が終わりでないことを知った。フランス人の将校たちが皇帝ニコライ号に乗り込んできて、セネガル兵の見張りをありとあらゆる場所に立たせた。乗客たちは囚人も同然の扱いを受け、陸で身体検査と検疫を行なうから船を降りろと命じられた。オデッサではチフスが流行していて、シラミが感染源だったので、連合軍はロシアから到着した全員に「徹底したシラミ駆除」を行なっていた。

フランス軍のやり方は、公衆衛生上の懸念に則った合理的なものではあったとはいえ、屈辱的でもあり、見張りの態度は乱暴だった。ロバノフ＝ロストフスキーが回想しているとおりのことを、フレデリックと家族も経験したに違いない。「目を覆いたくなる光景だった。カヴァカの検疫所に向かうはしけには男、女、子供が鈴なりになっていた。家柄がよく裕福で、贅沢や丁重なもてなしに慣れていた年寄りたちが、まるで家畜のように、フランスの軍曹たちに罵声を浴びせられながら、渡り板をよろよろと歩いていた」。

消毒そのものはおそろしく時間がかかるうえに原始的だった。はしけが波止場に着くと、男性と女性は分けられ、それぞれ別の扉を通って兵舎のような建物に入った。建物に入ると、服を脱ぎ、すべての衣類を網状の袋に入れ、さらに進んで広い共同シャワー室に入るように命じられた。シャワー室ではできるだけ念入りに体を洗わなくてはならなかった。それが済むとまた別の広い部屋に移動し、やっと服の入った袋が投げ返された。ある青年は、自分の服に何が起きたかを見たときの衝撃を忘れることができなかった。シラミ駆除の過程では、害虫を一匹残らず殺すために、服の入った袋を高温の蒸気がたちこめる部屋に通す。だが、熱と湿気で革靴は焼け焦げて反り返り、生地は縮み、熱で固まった服のしわは伸ばすことができなくなる。台無しになった服を見るのは、女性にはとくに辛いことだった。尊厳の最後のなごりまで剝ぎとられたからだった。

アメリカはトルコとの戦いに参加していなかった。だが、コンスタンティノープルに進駐している列強諸国とは同盟関係にあり、外交でも通商でもトルコに重大な関心を寄せていたので、小艦隊を派遣して連合国を支援していた。そこでジェンキンズらアメリカの外交官たちは、自分たちの特別な立場から恩恵にあやかれるものと期待したかもしれないが、あては外れた。皇帝ニコライ号がカヴァカに到着してまる一週間が過ぎても、シラミ駆除と入国審査を飛ばして自分たちの国民を市内に入れてやってくれという連合国代表の要請を、連合軍東部戦線最高司令官、フランス人のフランシェ・デスペレ将軍はことごとく却下していた。それでも、フランス人にとってじつに腹立たしいことに、難民のなかには見張りに賄賂を握らせてこっそり逃げ出す者もいた。モスクワで賄賂に物を言わせてきた実績や、家族が味わっている辛い思いに照らせば、手元にわずかな金しかなくとも、フレデリックもそうしたいという誘惑に駆られたに違いない。

こうした辛い目に遭っていたにも関わらず、フランス人と避難したのは正しかったのだろうかという難民たちの疑問はたちまち消し飛んだ。ボリシェヴィキがオデッサを占領して数日もすると、街に残った「ブルジョワジー」に対して彼らがはじめた恐怖政治の噂が届くようになった。地元の新聞に名前が載った住民は、貢税五億ルーブリを現金で納めなくてはならなかった。支払えない者は投獄されるか、道路清掃などの肉体労働を強制された。泣く子も黙るレーニンの秘密警察チェカーが、ソヴィエト国家の政治と階級の敵を相手に、血なまぐさい復讐を展開しはじめた。数百人にのぼる市民が拷問されたり処刑されたりした。女性や子供も例外ではなく、由緒あるポーランド貴族ラジヴィウ家の九歳になる後継者も、家系を根絶やしにするために殺されたといわれる。人々は死に物狂いでオデッサからの脱出を試みて、ギリシアかフランスの船に沖で遭遇できないかと小舟に乗って夜の海に漕ぎ出した。フレデリックも、コンスタンティノープルに着いてからオリガの安否を確かめようとしたが、それから数年間、娘の消息はいっさいわからなかった。

シラミ駆除が済んでからもしばらくは、連合国の乗客たちの前に次々と障害が立ちはだかった。十数マイル南にあるコンスタンティノープルまで彼らを運んでいく船にも消毒が必要だった。さまざまな国籍の者が一か所に集められて、チフスの症状が出てこないか十日ほど医者たちに監視された。行程に要した時間から判断して、フレデリックと家族もこの厳格な手続きをすべて踏まざるをえなかったようだ。フランスの当局どうしで交わされた公式声明《コミュニケ》によれば、皇帝ニコライ号に乗っていた連合国の人間で、四月十七日より早くコンスタンティノープルに入れた者はひとりもいない。そしてトーマス一家が到着したのは四月二十日、オデッサを出発してからまる二週間が過ぎていた。撤退の経験で心に深い傷を負ったジェンキンズは、いまにも「心が折れそう」だと感じて、「文明国の平穏なポストへすみやかに」配置換えしてくれるよう上司に願い出た。それは難民たちには許されない贅沢だった。

カヴァカからコンスタンティノープルまでは船で一時間足らずの道中だが、狭く曲がりくねったボスポラス海峡を下っていくあいだは、その先に待ち受けている壮大なパノラマを予感させるものは何ひとつない。水路の両側には静謐な絵のような田園風景が広がり、ときおり川岸に村落や旅館、広い屋敷が現われ、小高い丘の上に古い廃墟が見えるくらいのものだ。船が最後に右に舵を切り、急な土手がぱっと左右に分かれるとき、街の壮大な全景が視界に飛び込んでくる。

コンスタンティノープルの最初の光景には誰もが息を呑む。はるか正面に輝いているのがスルタンの旧居、セラグリオ岬の突端に立つトプカプ宮殿だ。その隣には優美なミナレットと巨大なモスクのドーム群が天に向かってそびえている。これらが立っているのが、古代のビザンツ帝国からイスラム教の時代を通じて街の心臓部だったスタンブール地区だ。船はまもなく右舷の水際に立つ、当時スルタンの住まいだったドルマバフチェ宮殿の横を通過する。ドルマバフチェ宮殿は広大な低層の白亜の建物で、凍った海の泡を思わせる繊細な彫刻が建物の直線的な印象を和らげている。数分もすると、岸辺に立つ小さな家の数が増えはじめ、街のヨーロッパ地区にあたるガラタとペラの急な斜面をびっしりと覆い尽くす。その上にはずんぐりとした円柱型のガラタ塔が立っている。左に目を向けると、三角波の一マイル先にコンスタンティノープルのアジア側の玄関スクタリがある。船がガラタ岸にある税関付近の波止場に近づくと、右側にもうひとつの水塊が見えてくる。金角湾だ。スタンブールとガラタを隔てるこの細長い天然の港には、低い橋が一本架かっている。この広い水路に船がひしめき合っている。ヨーロッパとアメリカの灰色の軍艦数十隻、波しぶきをあげて行き来する連絡船、赤錆色の貨物船、そして数え切れないほどの小さい帆船や櫂船があちらこちらで波に揺れている。

フレデリックはロシアであらゆるものを失った。彼ほど強くもなく才覚もない大多数の男ならば取り戻そうと試みることもできない、いや取り戻す気にさえなれないほどの損失だった。コンスタンティノープルに上陸したときは無一文同然で、妻子を養うあてもなかった。身元を証明する書類がいっさいないので、アメリカ総領事館の外交官たちにどんな扱いを受けるかもわからなかった。非西洋の国に足を踏み入れるのははじめてで、しかもその国は何世紀も続いた伝統が瓦解し、貪欲なヨーロッパの政治家たちによって分割を目論まれている動乱の渦中にあった。

だがこの男には、知恵と根性と経験があった。絶望に屈してほどほどのところで手を打つのは性に合わなかった。彼は心に決めていた。もういちど、一からやり直そう。自分をコンスタンティノープルまで連れてきた歴史の力との知恵比べだ。失ったすべてをもういちど築きあげるために、一世一代の博打に打って出てやろう、と。

1　南部のなかの南部

人も羨む成功をおさめていたにも関わらず、トーマス夫妻——ハナとルイス——には、たったいまこの世に生を享けたわが子の未来に何が待っているのかまるで見当がつかなかった。一八七二年十一月四日、丸太小屋で布にくるまれて寝ている赤ん坊は、フレデリック・ブルースというじつに立派な名前を授けられた。彼の両親は南北戦争まで奴隷だった。だが、南北戦争が終わって四年目の一八六九年、運命がとつぜん逆転して、二人はミシシッピ州コアホマ郡、州北西部のデルタと呼ばれる地域にあった二〇〇エーカーの農場の所有者になった。

トーマス夫妻のような黒人土地所有者は、当時は少数派中の少数派だった。一八七〇年、コアホマ郡にあった二三〇あまりの農場のうち、黒人が所有する農場はわずか六つ、そしてトーマス夫妻の農場はそのなかで二番目に大きかった。南北戦争から数年が経っても、デルタには白人の四倍近くの黒人がいたのだから、トーマス夫妻の成功がきわめて異例であることがわかる。ほとんどの土地はひとにぎりの白人一族のもので、その他多くの白人には、黒人同様財産と呼べるようなものはなにひとつなかった。

一八六九年初頭、春の播種シーズンがはじまる前に、当時コアホマ郡の郡庁所在地だったミシシッピ川沿いの町、フライアーズポイントの裁判所前で競売が開かれ、ルイスは、畑と森と沼と小川（デルタでは「バイユー」と呼ばれている）から成るかなりの大きさの土地を落札した。そこはもともと別の郡に住む白人農夫の土地だったのだが、その男が遺言を残さずに死んだので、遺言検認裁判所が男の弁護士に、値段に構わずその土地を売却するように命じたのだった。ルイスはその農場をよく知っていただろう。その農場は、フライアーズポイントから二五マイルほど南東に離れたホプソン・バイユーと呼ばれる土地にあり、近くにはルイスの元主人、チェアーズ兄弟が当時もまだ所有していた地所があった。ルイスはその農場を一エーカーにつき一〇セントという最高値で落札した。そして総額二〇ドルを毎年三分の一ずつ、それに六パーセントの利息をつけて三年間で支払うことにした。南北戦争後、デルタは深刻な経済不況に見舞われていたとはいえ、これは破格の安値だった。

トーマス夫妻はその年の春からさっそく農作業に取りかかった。そして最初のシーズンで目も眩むばかりの成功をおさめた。収穫した作物は総額で五一〇〇ドル（今日の貨幣価値に換算して八万ドルほど）にのぼった。一年もしないうちに、トーマス夫妻は最初の支払い分の数百倍を取り戻し、その一帯で最も成功している黒人家族の仲間入りを果たしていた。

自然はデルタに人間の創意と努力が実を結ぶ環境をつくりだした。その名前にも関わらず〔デルタは本来河口付近に生じる三角州を意味する〕、デルタはメキシコ湾から三〇〇マイルほど上流に位置するミシシッピ川内陸の氾濫原だ。南北戦争から数十年が過ぎても、コアホマ郡には依然として野生が色濃く残っていた。その性格と外観をつくりだしていたのは、毎年春にくり返されるミシシッピ川の氾濫だった。洪水が運んでできる黒い沖積土と、長くて暑い夏とが組み合わさって、この地域一帯は類いまれなる肥沃な土地となった。二十世紀初頭に入っても、コアホマ郡は、イトスギ、ヌマミズキ、モミジバフウ、スズカケノキ、ポプラ、ペカン、カエデなどたくさんの種類の巨木が鬱蒼と生い茂る森だった。多くの木は、幹が人の背丈ほども太く、高さが一〇〇フィートかそれ以上もあった。木々のあいだには藪やツルやシュロが密林のように生い茂り、多くの場所ではそれが一五フィートから二〇フィートにまで成長し、通り抜けることはまず不可能だった。沼と湖と春の洪水がつくりだすバイユーが複雑に絡まり合い、陸上の移動をさらに困難にした。道路の建設は難しかったので、十九世紀を通じて人は川や沼を伝って行き来した。

一八三六年、先住民の土地だったこの場所に郡が設立されると、すぐにこんな噂が広まった。ここでは綿花がなんと高さ六フィート、南部のどこと比べても二倍近い高さに育つらしい、と。最初のおもな移住者は奴隷を所有する白人たちだった。綿を植えるために森を払い土地を拓くには、集約的な労働が必要だったからだ。彼らはたいてい水路を伝って、多くの者はミシシッピ川の蒸気船に乗ってやって来た。重くかさばる荷物を運ぶにはそれがいちばん簡単な方法だった。そしてデルタに到着したら、家族、家畜、奴隷、その他いっさいの持ち物を喫水が浅い平底船に積み替えて、曲がりくねった道を竿で漕いで進み、水塊の交わるところで方向を変えて手頃な岸が見つかったら上陸した。

耕作地は、最初は川や小川にへばりついた細長い帯だった。奴隷たちが長年かけて汗水たらして働き、木々を倒し、切り株を掘り起こし、藪やシュロを払ったおかげで、耕作地は内陸に向かって拡大していった。入植者は急速に増えていったにも関わらず、総面積六〇〇平方マイルのコアホマ郡の人口は、一八六〇年にはわずか六六〇六人、そのうち五〇八五人が奴隷だった。そして当時デルタ全域で耕作されている土地は一〇パーセントにすぎなかった。

それにも関わらず、コアホマ郡をはじめとするミシシッピ川流域のいくつかの郡は、たちまち全米でも一、二を争う裕福な土地になった。南北戦争がはじまったとき、アメリカの全輸出品目の五七パーセントが綿花だったが、ミシシッピ州だけでその四分の一を占めていた。これにより大規模奴隷所有者は裕福になり、贅沢な暮らしを楽しむようになった。やがて彼らは豪邸を建て、その家を高価な家具で満たし、美術品を収集し、ヨーロッパへ旅行するようになった。秋と冬の社交シーズンには金のかかる晩餐会やパーティ、豪華な舞踏会を催した。

そのいっぽう、デルタの奴隷の暮らしは、南部のほかの大部分の土地より苛酷だった。厄介な地形と、温暖な気候のせいで長期化する耕作期間が原因だった。多くの農園主が、当時は人気《ひとけ》のなかったこの土地に多額の投資をした。そして彼らは、壮観な作物から得られる利益を貪欲に求めて奴隷たちをいっそう酷使した。春が来るたびに澱んだ水のなかで大量発生する蚊も、労働環境を悪化させる一因だった。四月から九月にかけて蚊が耐えがたい季節になると、金のある白人は北部の避暑地や、もっと標高が高くて涼しい場所に逃げ出した。デルタは働く者の健康にも最悪の土地だった。黄熱病やマラリアなどの伝染病や、水が媒介するさまざまな病気が原因で何千という人が命を落とした。犠牲者は白人より黒人のほうが多く、そのなかでもとくに黒人の子供は脆弱だった。

農場を購入するまで、ルイスとハナがどこで何をしていたのかはわからない。奴隷所有者は、奴隷に読み書きを教えようとしなかったので、奴隷は回想記の類いをほとんど残さなかった。農園主が、自分が所有する奴隷について家畜の目録以上の詳細な記録をつけることもまれだった。

とはいえ推測することは可能だ。ルイスとハナは、おそらく、デルタにいたほかの大勢の解放民〔南北戦争後に奴隷の身分から解放された黒人〕のように、南北戦争が終わった一八六五年四月から、農場を落札した一八六九年初頭まで土地を耕し、そうやって最初の年の支払いにあてた金を稼いだのだろう。自分たちで農場の経営をはじめてすぐに大成功したのだから、農業の初心者ではなかったはずだ。

南北戦争が終わったとき、解放された奴隷の多くは、連邦政府が農地改革を実行し、大規模なプランテーションを接収して解体し、分割した土地を黒人の農民一人ひとりに分け与えるものと信じていた。だが、そうはならなかった。南部で広まった妥協案はさまざまなかたちの小作制度で、とくに主流だったのは分益小作制度《シェアクロッピング》だった。一八六八年に早くもデルタの一部地域で導入され、二十世紀に入ってからも続くこの制度の下では、黒人一家が白人地主から土地を借りる代わりに、その年収穫する作物の何割かを納める。そして残った取り分からさらに、衣食住、医者や薬、農機具、建築資材など、地主から受けとる物資やサービスの費用が差し引かれる。だが、小作が地主に収穫高のなんと半分も納めなければならないケースも多く、多くの解放民は貧窮から抜け出すことができなかった。収穫を終えて借金が帳消しにできるほど金を貯められた者、それによって来シーズンはもっとましな条件が結べるように地主と交渉できる力を手に入れたと感じる黒人のなかには、自分でも土地を貸してみようとする者が多くいた。だが、こうした者たちは、黒人労働力を好きに使えなくなったり、デルタの広い土地が白人から黒人の手に移ることをおそれたりする白人土地所有者やクー・クラックス・クラン（ＫＫＫ）団に妨害された。一八六九年に土地を購入するまでは、ルイスもこうした状況に置かれていたのだろう。それでも、土地を落札した二〇ドルという金額は、三分の一ずつ分割で支払う（今日の貨幣価値に換算して一〇〇ドルほど）ことになっていたにせよ、使用人か小作として働いていれば手の届く金額だった。

ルイスとハナはそのほかにもデルタに住む黒人のさまざまな苦難を味わった。そのひとつが、この地域に特有の死亡率の高さだった。フレデリックには三人の兄とひとりの姉がいた。一八六一年に奴隷として生まれたヤンシー、六七年に解放民として生まれたウィリアム、六八年頃に生まれたケイト、七〇年に生まれたジョン。そのうち二人は幼くして――ケイトは一八七〇年頃、ウィリアムはその数年後に亡くなっている。フレデリックはこうしたきょうだいたちのことをいっさい語らなかったので、それ以上のことは何もわからない。

母親のハナも三十五歳前後で亡くなっている。一八七二年にフレデリックを出産したとき亡くなったのかもしれない。その後、ルイスはハナより少し年下のインディアという女性と再婚した。インディアは、一八四三年にアラバマ州で生まれ、おそらく南北戦争がはじまる前に白人農園主に連れられてデルタにやって来た。のちにフレデリックがインディアを実の母のように慕っていることから、おそらくフレデリックが物心つく前に父親と再婚して彼を育てたとみられる。

ルイスとインディアが互いに惹かれあったのは、二人とも地元の黒人社会のなかで抜きんでた存在だったからかもしれない。どの記録を見ても、ルイスが親切で、勤勉で、聡明で、社会的意識の高い人物だったことがわかる。一八七二年にフレデリックが生まれた頃には裕福になって数年が経っており、それは黒人の水準に照らしてというだけではなかった。現存するさまざまな証拠から、インディアがそんなルイスに似合いの女性だったことがわかる。とくに注目に値するのは、インディアが、夫と一緒にコアホマ郡裁判所で何度も訴訟を起こしていることだ。一般に、当時は黒人が訴訟を起こすことは珍しく、黒人女性となればなおさらだった。しかも未亡人となったあともひとりで訴訟を続けるのであり、そのことからも彼女が類いまれな女性であったとよくわかる。インディアは、元奴隷にしては珍しく文字の読み書きもできた（おそらく南北戦争前は家のなかの仕事をする奴隷だったのだろう）。インディアという名前も黒人の女性には珍しい。署名の仕方さえ一般的な解放民の女性とは違っていて、「P」というミドルイニシャルを使っている。ルイスは文字の読み書きができなかったが、ときどき彼もミドルイニシャルの「T」を記しているのは、インディアを真似したのだろう。それらはささやかな仕草であるとはいえ、こうした状況の下では、自分たちのアイデンティティに対する不屈の矜恃、そして白人が黒人に期待していた奥ゆかしさとでもいったものへの（控えめながらも）抵抗の意思表示と考えられよう。ルイスとインディアの強固な性格と、フレデリックの後年の生き方には共通するところがあり、両親が息子に決定的な影響を与えていることがわかる。

子供たちの名前のつけ方も周囲とは一線を画している。インディアは一八八〇年代に入ってから四十代で娘を産み（十九世紀にしては高齢出産だ）、オフィーリアと名づけた。フレデリックのミドルネームのブルースにせよ、オフィーリアにせよ、南北戦争後の南部の黒人のあいだではあまり聞かない名前だ。

フレデリックという名は、元奴隷で奴隷制廃止論者として名を馳せ、著述家で政治家でもあったフレデリック・ダグラスにあやかったのだろう。ダグラスは一八五〇年代から全米で広く知られるようになっており、トーマス夫妻のような黒人にとって、その名は光り輝いて見えたのだろう。いっぽう、ブルースというミドルネームは、ずっと身近な存在だったブランチ・K・ブルースからつけられたとみられる。ブランチ・K・ブルースは元奴隷で、一八六〇年代後半にミシシッピ州ボリヴァー郡で地主として財を成し、ボリヴァー郡とタラハチー郡を代表する政治家になり七四年に米国上院議員に選出され、黒人としてはじめて任期満了までつとめあげた人物だった。コアホマ郡はボリヴァー郡にもタラハチー郡にも隣接しており、とくにトーマス家の農場はタラハチー郡のすぐ近くにあったので、トーマス夫妻がブルースと個人的に面識があった可能性もある。フレデリックは成人してからも自分の名前に込められた意味をずっと大切にしていた。署名するときはかならずミドルイニシャルを記し、省略せずに「ブルース」と書く場合も多かった。モスクワに根をおろしはじめてからは「フョードル・フョードロヴィチ」というロシア人の典型的な名前と父称を名乗るようになったが、モスクワで生まれた下の二人の息子にはフレデリック・ジュニアとブルースと命名し、自分の名前とミドルネームが家族のなかで受け継がれるようにした。

「オフィーリア」という名前からは、娘の両親、少なくとも夫妻のうちで読み書きができたインディアが並外れて広い文化意識の持ち主であったことがうかがえる。おそらく夫妻は、一八五二年に出版され、十九世紀にアメリカで聖書に次ぐベストセラーとなった、奴隷制を告発する高名な小説、ハリエット・ビーチャー・ストウの『アンクル・トムの小屋』〔小林憲二訳 明石書店ほか〕から娘の名をとったのだろう。この小説に出てくるオフィーリア・セント・クレア嬢は、黒人に対する偏見をみごとに克服する北部人である。インディアは、小説を読んだことはなくてもあらすじは知っていたのだろう。南部では、奴隷所有者がこの小説を激しく攻撃し、小説をめぐる毀誉褒貶が渦巻いていた。


農業は家族ぐるみの仕事だ。だからそこでどんな作業が必要とされていたかを考えれば、農場購入後のトーマス家の暮らしぶりや、フレデリックの幼少時代がおのずと見えてくる。一八七〇年代から一九〇〇年頃まで、コアホマ郡の換金作物は依然として綿花が一位、次いでトウモロコシだった。土地を拓いて耕して種を播き、葉が地面に影を落とすほどに作物が成長するまで雑草を抜き、刈り入れ時が来たら綿を摘みトウモロコシの穂を収穫する。こうした農作業には大人だけでなく子供も駆りだされただろう。六歳か七歳にもなれば、鍬を振るうことも袋を引きずって運ぶこともできる。家族みんなで手分けしてやらねばならない仕事はほかにもあった。自分たちで食べる野菜を育て、鶏や豚を育てる。余裕のある家は乳牛を一頭か二頭飼っていた。鋤を引かせたり、収穫物を運ばせたり、綿花を綿繰り機にかけたり、それを梱《こり》にしたり、こういった重労働にはラバや馬や雄牛も必要だった。そしてどの家畜にも毎日水と餌をやらなくてはならなかった。

狩りと釣りもデルタで暮らす農民の生活の一部だった。白人にとっても黒人にとっても、それがたんぱく質を手に入れるいちばん簡単で安上がりな方法だった。十九世紀末の森には、鹿、熊、ヒョウ、狼、オポッサム、その他多くの小動物、七面鳥、鴨など食用になる鳥がひしめいていた。川や沼には、鯰、バッファローフィッシュ、鱒、アミア、ザリガニ、ワニ、ヌママムシ、洗濯桶のように大きいカミツキガメがいた。南北戦争が終わったあとも、家畜の豚がワニに襲われる事件があとを絶たず、ワニの餌になるなよと、口を酸っぱくして子供たちに注意しなくてはならなかった。

野生の縁で営まれる農業と生活の、日ごと、週ごと、季節ごとのリズム。それが物心ついた頃からフレデリックが知る世界のあらかたを決定していた。教会と学校という貴重な例外はあっただろうが、それらがはじまったのはもっとあとになってからだろう。一年を通じて、昼間はやらなければならない仕事が山のようにあり、人のまばらな田舎では遊び相手もほとんどなく、遊びはすべて自分で考えださなければならなかった。

デルタで育った子供は、意識に深く刻み込まれたその匂いと音を生涯忘れない。太陽に温められたスイカズラの蔓の甘くむせかえるような匂い、鋤で掘り起こされたばかりの畑の土の重厚な茶色い匂い、川岸にときおり生えているポポーの、バナナのような食欲をそそる匂い。デルタの農場は広大な緑の海にぽつんと浮かぶ島に似て、聞こえてくる音のほぼすべてが自然の音だった。白々と夜が明ける頃、ナゲキバトの鳴き声、黄色い頭のキツツキの威勢のよいスタッカート、重い翼を羽ばたかせるカラスの耳障りな声が露を含んだ大気を満たす。すべてが静止した暑い夏の日には、キリギリスが羽をこすり合わせる低い音が畑に響き渡る。夕暮れ時には大きな腹のウシガエルが膨れたりしぼんだりする低音のコーラスで一日の終わりを合図する。ラバ隊が畑からとぼとぼ引き揚げてくる。どこか遠くで鍛冶屋が最後に振りおろした金槌が金床にあたった平板な音が、刻一刻と密度を増す夜の闇に溶けていく。

一八六九年を境に、トーマス夫妻は、デルタで暮らす黒人の大半がそうであったような、無名のその他大勢ではなくなる。地主としてコアホマ郡の白人有力者とつきあわざるをえなくなり、政府の記録に足跡を残すようになるのだ。そしてその記録は、彼らが、そして地元の有力な農園主たちもまったく想像しなかったはるか遠い未来まで残ることになる。

一八七〇年の国税調査のなかで、ルイスとハナは自分たちの農場の生産物について詳細に回答している。それによれば、驚異的な成功に終わった最初の年の収穫の内訳は、二〇〇キログラム相当の綿花の梱が四八個、サツマイモ八八〇〇リットル、バター一四〇キログラムだった。その年稼いだ五一〇〇ドルのほとんどは綿花によるものだった。こうしてトーマス夫妻は、黒人の大多数が夢にも思わない方法で、自分の家も畑も家畜も、何を優先すべきかを自分で決める自由も手に入れた、独立独歩の地主になっていた。

二人は最初からかなり大規模な農場経営に乗りだしていた。四八個の梱を出荷したことから考えて、農場のうちかなりの割合の土地、おそらく二〇〇エーカーの土地のうち七〇エーカーは綿花畑だったはずだ。サツマイモや家畜用の飼料を育てる畑も必要だっただろう。一八七〇年の国勢調査によれば、トーマス家はラバないしロバを七頭、労役用の雄牛七頭、乳牛四頭、その他特定されていない「家畜」六頭を所有していた。土地を耕したり、綿花を繰ったり梱にしたりするために二人だけで一四頭の家畜を使いこなすことはできない。ハナは農作業以外に家事や育児、乳牛、菜園、鶏の世話など責任のある仕事をたくさん抱えていたはずだ。農場を手に入れた直後から使用人か小作の手を借りなければやっていけなかっただろう。黒人が赤の他人の解放民を雇用する、それはデルタ従来の労使関係における瞠目すべき変化だった。それと同時に、近隣に住む白人たちがトーマス夫妻の存在に注目するきっかけとなった出来事でもあった。

続く十五年間、トーマス夫妻は自分たちの運とデルタ経済の上下動に合わせて土地の売買をくり返した。一八七六年には借金のために一年間、事実上農場を手放したが、七七年にはそのほとんどを買い戻した。その後一八八〇年に四〇〇エーカー、八四年に五〇四エーカー、八六年に六二五エーカーといった具合に農場を少しずつ拡張した。トーマス夫妻の農場の中心は、ダブリンの二マイル南、クラークスデールの一二マイル南東、現在ハイウェイ四九号線が通っているあたりにまたがっていた。ホプソン・バイユーのなかでもハイウェイに最も近いあたりである。

コアホマ衡平法裁判所の記録によれば、トーマス夫妻はつねに土地を借金の担保にしたり借金返済の元手にしたりしていた。一八七〇年代から八〇年代にかけて、コアホマ郡には銀行がほとんどなかったので、その年の収穫が売れる前に金や物資が必要になった農場主は、土地の一部かすべてを担保にして——たいてい家畜、農機具、家や納屋などもそっくりつけて——地元の裕福な地主に金を借りることがよくあった。作物が売れたら担保にした土地を買い戻せるが、元金のほかに通常年率六パーセントから一〇パーセントの利息をつけて返さなければならないので、返済に一年から三年かかることもざらだった。一八七〇年から八六年にかけて、ルイスは金と影響力のある白人とこの種の契約を八回結んでいる。借金の額は少ないときで二六〇〇ドル、多いときは九六〇〇ドル（今日の貨幣価値に換算して約二〇万ドル）もあった。借金の返済日が年に一度ならず、二度、三度と巡ってくることも珍しくなかった。このように借金の形《かた》に土地を売らなければならないこともあれば、運が向いてきて土地を買うこともあったので、トーマス家の農場の総面積は年によって大きくなったり小さくなったりした。

ルイスの努力について一貫して言えること、そして夫婦に逆風が吹きはじめたときに積極的な役回りを果たしたことからインディアについてもあてはまるのは、農場の規模と収益の拡大につねに努めていたということだ。ルイスは農業以外にも手を広げようとして、一八七三年にはイギリスから来た白人移民を共同経営者とし、農場の敷地内に蒸気式の製材所を建てた。父親のこの取り組みは注目に値する。それはのちに彼の息子がロンドンで発見するある事実――イギリス人は黒人のアメリカ人を肌の色で差別しない――の先触れとなる出来事だからだ。

フレデリックは子供の頃から両親の農場経営の話を耳にして育ったに違いない。土地取引は頻繁に行なわれており、農場では家族が肩を寄せ合うようにして暮らす。そしていつの時代も子供は好奇心が旺盛だ。両親の資金計画や取引についてぼんやりとした知識しかなかったにせよ、それは、食べて、働いて、寝るという無限のサイクルよりもっと広い世界があることを彼に教えてくれただろう。当時、そんな風に感じることのできた黒人がデルタにいったい何人いただろうか。ミシシッピ州を去ってから、フレデリックは田舎の生活にも農業にもけっして戻ることはなかった。しかし同時に、真の成功とは成長であるという信念も捨てはしなかった。それは、アメリカの起業家や資本家がよく口にする言葉だったかもしれないが、彼が子供の頃、自分の家で目の当たりにしていたものでもあった。

ただし、ルイスとインディアは物質的利益ばかりを追い求めていたわけではない。一八七九年、二人は自分たち自身の生活と、ホプソン・バイユーに住む黒人共同体の生活に劇的な変化をもたらした。あらたな教会を建設する土地を寄付したのだ。コアホマ郡に土地を所有する黒人がほとんどいなかったことに照らしても、それはじつに気前のいい行ないだった。こうした両親の進取の精神によって、フレデリックは、世界は広く人生はさまざまな可能性に満ちているという思いをますます強くしただろう。

南北戦争が終わるまで、奴隷は主人の教会に通うのが一般的だった。南北戦争後、社会秩序が激変すると、白人は解放された黒人を自分たちの教会の営みに参加させるのを拒むようになり、解放民も元いた信徒団を離れたり、信徒団から追放されたりした。一八七九年六月十四日、トーマス夫妻はホプソン・バイユーの西側にあった四分の三エーカーの土地を、かたちばかりの一ドルと引き換えにアフリカン・メソジスト監督（AME）教会に売却した。通常、黒人の家庭で魂の問題に特別な関心を寄せるのは母親なので、この件に関してはルイスよりインディアが主導権を握っていたかもしれない。土地譲渡証書には、ルイスの「X」印の隣にインディアの署名もある。トーマス教会と呼ばれるようになるその教会は、小さな丸太小屋だったのだろう。当時コアホマ郡で新築された建物は、農園経営者の家も含めすべてが小さな丸太小屋だった。それは、フライアーズポイントにあった「母親」のベテルAME教会に次いで、郡内で最も早い時期に建てられたAMEの教会でもあった。

それは、ホプソン・バイユー地域で最初の教会ではなかったが、トーマス夫妻は仲間の解放民たちに対して主導権を発揮したためにまたしても目立ってしまい、近隣に住む白人たちから身のほど知らずな奴らと思われたかもしれない。トーマス教会の二マイル北西には、ダブリンの町が発展する原動力となったチェリーヒル・メソジスト教会がすでに一八五〇年代からあった。ルイスはその教会をよく知っていたはずだ。というのも、元主人のチェアーズ三兄弟とその一族はこの教会の信徒団に所属していた。それどころか、ルイスとハナは、もともと主人たちと一緒にチェリーヒル教会に通っていて、南北戦争後に締め出された可能性が高い。

ミシシッピ州のような田舎では、教会は信仰の場という役割以外に、娯楽、政治、とりわけ教育といったさまざまな目的のために地域住民が集う場所としても機能していた。一八八〇年の国勢調査によれば、フレデリックは、二人の兄ヤンシー、ジョンとその前年に学校に通っていたことになっている。少年たちの通った学校とはおそらく、両親が創設に尽力した教会にあったのだろう。インディアが教えていたかもしれない。少年たちの学「年」は通常四か月以上続くことはなく、残りの期間は親の農場が手伝えるように空けてあった。こういった、教室がひとつだけの小さな田舎の学校では、年齢と能力が同じくらいの子供どうしがそれぞれ隅に集められて授業を受けていたのだろう（一八七九年、ヤンシーは十七歳前後、ジョンは十歳、フレデリックは七歳だった）。すべての教科をひとりの教師が受けもち、三、四年生以上の内容には踏み込まなかった。

トーマス教会が学校としても利用されていたなら、それはおそらく地域で最初の、黒人の子供向けの学校だったはずだ。一八六五年、解放された黒人を救済する目的で設立された連邦機関「難民・解放民・放棄地局」は、さまざまなかたちの支援策を提供する以外に南部の学校運営も担っていた。だが、南部の州議会がそれぞれの黒人学校組織を引き継ぐと、予算は削減され、一部の学校は閉鎖された。その結果、一八八〇年には、南部の白人の五人に四人が文字を読めたのに対し、十歳以上の黒人の少年で文字が読めるのは四人に一人だけだった。フレデリックと彼の兄たちは、両親が地主で共同体の中心的存在であっただけでなく、学校で教育が受けられたという点でも、デルタに暮らす黒人たちのなかで非常に恵まれた立場にあった。

だが、トーマス家の名望が破滅を招くことにもなる。二度目の転機もやはり農場に関係するものだったが、残念ながらこれをきっかけに一家の運命は下り坂に向かう。

一八八六年初頭、綿花の栽培期が終わりに近づいた頃、コアホマ郡では名の知られたウィリアム・H・ディカーソンという裕福な白人地主がトーマス家の農場に現われた。ディカーソンが顔を見せるのは珍しいことではなかっただろう。この八年間、トーマス夫妻はディカーソンと定期的に取引をしていたからだ。夫妻は彼から二度（そして彼の父親からいちど）、例の方法で土地を担保に金を借りていた。自分たちとディカーソンの関係は友情と誠意に基づいていると夫妻は考えていた。借金はすべて期限どおりに返済ずみで、それはディカーソンも公に認める事実だった。さらにここ数年はディカーソンをすっかり信用するあまり、販売してもらうために届けた綿花の梱の数や、彼から受けとったさまざまな物品の数の正確な記録もすっかりディカーソンまかせにしていた。

だが、今回の訪問は友好的なものではなかった。ディカーソンはルイスとインディアに紙の束を見せると、近隣の白人地主たちからの手紙だと称してその一部を声に出して読みあげた。それによると、トーマス家の近所に住む地主たちは、「かなりの広さの土地の所有権を手に入れたために」ルイスが自分たちにとって「非常に鼻持ちならない存在となった」と不満を訴えていた。そして、ルイスにはこれ以上「自分たちのそばに住んで」ほしくないと言い、ルイスと長いつきあいのあるディカーソンには、ルイスとの取引を「やめろ」と警告していた。

ディカーソンは続けて訪問の第二の理由をあきらかにし、おそらく頭のなかでずっと考えていたであろう一人二役を演じはじめた。まず、トーマス一家が農場に留まることは「危険」だとくり返して、手紙のなかでほのめかされている脅しを強調した。ルイスとインディアにはそれが何を意味するか、具体的にはっきりと理解できたはずだ。さらにディカーソンはそれとは別に衝撃的なことを言いだした。トーマス夫妻は自分に一万三〇〇〇ドル近い借金があると主張したのだ。それは今日の貨幣価値に換算すると三〇万ドルにも相当する、当時としては途方もない金額だった。ディカーソンは夫妻に、この借金は長年のあいだに積もり積もってできたもので、すでに借金の形にこの土地を差し押さえて売り払う準備はできていると述べた。そして最後に本当の狙いと思われるものを切りだした。トーマス夫妻が友情と信じていたものにつけこんで「円満な解決策」をもちかけ、もしルイスが六二五エーカーの農場一帯と、トーマス家の個人資産をすべて自分に譲り渡す証書に署名すれば、代わりに二〇〇〇ドルと「上等のラバ二頭と荷車」をやろうと言った。要するに、全財産と交換で、無事に逃げ出す手段とどこか別の場所でやり直す元手をやろうというのだ。こうして狡猾にも、あたかも自分が彼らの「救世主」であるかのように見せかけようとした。そのうえ話をもっともらしくするために、借金の形にルイスの土地を売ったとしても、負債額には達しないだろうから、ルイスは無一文になるだけでなく「自分に対して莫大な借金を背負う」ことになると念押しした。

ディカーソンの仕掛けた手の込んだ罠は少なくとも最初はうまくいった。ルイスとインディアはディカーソンの人柄をよく知っているつもりでいたので、その彼が親切にも、近所の白人たちから危害を加えられるおそれがあると警告し、物事を丸くおさめるには農場を譲渡する書類に署名しなければならないと言うのなら、その言葉は真実に違いないし、従うほかないと判断した。こうして一八八六年二月十日、夫妻は不動産譲渡証書に署名した。ただし再計算の結果、借金は九六〇〇ドルに減額された。

ルイスとインディアは、自分たちとハナとで十七年間働いて得たすべてを失った。だが少なくともコアホマ郡から子供たちを連れて無事に逃げ出すことはできる、自分たちではそう考えていた。だがそれから一週間が過ぎ、さらにまた一週間が過ぎても、約束の荷車も二頭のラバも、二〇〇〇ドルもやって来なかった。ルイスがディカーソンを探しだして、それらの遅れについて正面切って尋ねると、そんな約束をした憶えはないと白人はにべもなくはねつけた。

富も名声もあるディカーソンが、そもそもなぜトーマス家の土地を取りあげようという気になったのかは理解しがたい。彼はクラークスデールとフライアーズポイントのあいだに約八〇〇〇エーカーの土地をもっていた。そのうち半分は耕作地だった。八〇〇〇ドル相当の品物が並ぶ雑貨店と、五万ドル以上の資産価値があるフライアーズポイントの複数の土地建物を所有し、フライアーズポイントのいくつかの工場の株主でもあった。それに比べればトーマス家の六二五エーカーの土地その他の財産など微々たるものだ。ディカーソンは、法律上自分の持ち物だと信じていたものを取りあげようとしたのか？　それともこの裕福な白人は、その成功によって、人種差別的な感性からすると「鼻持ちならなくなった」黒人夫婦を、自分ならば簡単に片付けられると思ったのだろうか？　その後のなりゆきからいって、おそらくトーマス一家は、ディカーソン一族の過去のある不名誉な出来事のとばっちりを食ったと考えられる。

ディカーソンに約束を反故にされ、トーマス一家は貧乏のどん底に突き落とされた。だが、このあらたな衝撃をすごすごと受け入れるどころか、ルイスとインディアは身の内に力が湧いてくるのを感じた。夫妻はディカーソンの言葉を疑いはじめた。農場に関する記録を書き記すことはしていなかったが、二人とも記憶力はよかった。綿花の収穫に関することならなおさらである。さらに彼らの農場には借地人や小作人がいて、彼らもどの年がよかったり、普通だったり、悪かったりしたかを憶えていた。そこで全員の記憶をかき集めて、毎年生産された梱の数とその価格を集計し、ほかの取引についても、お人好しにもディカーソンまかせにしていた計算をやり直してみると、どうしたらディカーソンが主張するような莫大な借金を負うはめになるのか、わけがわからなかった。自分たちがこれまで届けたすべての綿花についてディカーソンは本当に計上したのか？　ディカーソンがふっかけた利息は「法外で不当」なのではないか？　「違法ないわれのない品物」について「不正に請求している」のはディカーソンではないか？　そんな疑問が次々に湧いてきた。

不可解なことはほかにもあった。近所に住む白人たちは誰ひとり、ディカーソンが読みあげるふりをした脅迫状を書いていないこともわかった。脅迫状は、自分たちを震えあがらせ、コアホマ郡から矢も楯もたまらず出て行きたくなったところで農場を買い叩くために、ディカーソンがでっちあげたものだとルイスとインディアは結論した。富も名声もあるディカーソンとその一族を敵に回して闘えば茨の道が待っている。だが、ディカーソンの仕打ちをあまりに非道と感じたトーマス夫妻は、並ならぬ勇気を発揮して、あくまでも正義を追求する決意を固めた。

こうした詐欺事件は南部では珍しくなかった。その打撃が、被害者だけでなく子供たちにまで及ぶことはよくあった。父親が白人に財産をだまし取られた別の州の黒人の青年は、こんなことを言っている。「急いでのぼっても無駄［……］ゆっくりのぼっても無駄。いずれにせよ高くのぼりすぎると、働いて手にしたすべてをやつらに奪われてしまうのであれば」。

だが、のちの行動から考えるに、フレデリックはこの青年とまったく違う教訓を得た。一八八六年の春、フレデリックは十三歳になっていた。両親がはまった巧妙な罠の類いを理解できる年齢だ。コアホマ郡で生まれ育ったので、ごく幼い頃から黒人が日常的に、蔑み、敵意、暴力の標的にされていることは知っていただろう。だが彼の両親は、自分たちがこうした扱いを受けたとき普通では考えられない行動に出た。その姿は息子に、相手が誰であろうと、勝てる見込みがどれほど少なかろうと、自分が所有するものを守るために人は闘うことができるということを教えた。こうしてのちに、モスクワやコンスタンティノープルのようなまったく違う環境でも、フレデリックは自分を騙そうとする商人、金貸し、弁護士を相手に、両親と同じ粘り強さを発揮してみせるのである。

自分たちの訴訟を引き受けてくれた小規模ながらも精鋭ぞろいの弁護団（もちろん全員白人だ）のやる気に、トーマス夫妻は大いに勇気づけられたに違いない。彼らの弁護を務めたのは、ジョージ・F・メイナード、ウィル・DとジョンＷのカトラー兄弟だった。ジョンこと「ジャック」・カトラーは政治家でもあり、良家の娘と結婚して金持ちになり、その後派手な事件を起こしてコアホマ郡の有名人になった（一八九〇年、トーマス家の訴訟が長引くなか、祖先は混じりけのない白人かと質問した白人新聞記者を白昼堂々と射殺して、その後無罪放免になった）。いっぽう、ディカーソンの弁護士はダニエル・スコットだけだった。この不均衡は、白人有力者たちのあいだにディカーソンに対するなんらかの反感が存在していたことを匂わせる――そしてその後の経緯から、その推測が間違っていなかったことが裏づけられる。

一八八六年五月六日、フライアーズポイントのコアホマ郡裁判所で、ルイスはディカーソンを相手取って訴訟を起こした。ルイスは、ディカーソンに農場を譲渡する証書の撤回、両者のあいだで交わされた収支計算書の見直しと再計算、法外な利子と違法な請求の清算、ルイスに受けとる権利があり、ディカーソンが否定しているすべての金の受領を求めた。訴訟に踏み切ったルイスの大胆不敵ぶりにディカーソンはたじろいだのではないか。この黒人は、自分が手に入れたばかりのほんの小さな土地を奪い返そうとするどころか、白人の名誉を公衆の面前で、しかも白人有力者たちの助けを借りて傷つけようというのだから。

だが、ディカーソンが憤慨した理由はそれだけではなかった。裁判になれば、一族の過去に起きた一連のスキャンダルの記憶も掘り起こされることになる。そのなかには、人種と金が絡んだひどく浅ましい事件もあった。

ディカーソン一族は、コアホマ郡に白人が入植を開始したのとほぼ同時期にこの地域に根をおろした。一八四七年頃、メリーランド州からやって来た三人の兄弟――ピーターとレヴィンとジョージ――が土地を購入してはじめた農園はその後、郡北西部有数の大きく豊かなプランテーションになった。ピーターがウィリアム・ディカーソンの父親だ。

一族の最初のスキャンダルはウィリアムの叔父のレヴィンに関係するものだった。レヴィンは生涯独身を通したが、一八五五年から亡くなる七一年まで、アンという黒人女性となかば公然と同棲していた。南北戦争が終わるまで、南部の多くの白人男性は、奴隷の女性を妾として囲ったり、奴隷たちに意のままに性的暴行をはたらいたりしていた。奴隷制度の下では異人種間の結婚は違法だった。南北戦争後も白人と黒人が公然と関係することはまだまれで、白人農園主たちにはひどく恥ずべきことと考えられていた。さらにレヴィンは、アンとのあいだにスーザンとオリバーという二人の子をもうけ、「違法」であるにも関わらず子供たちを認知した。このややこしい二人の子供がウィリアムのいとこである。レヴィンが亡くなり、一一万五〇〇〇ドル相当の「大規模な不動産と動産」が残されると、二人の子供たちは当然自分たちがすべてを相続するものと考えた。だが、ピーター・ディカーソンとその家族には別の思惑があった。ピーターと娘のメアリ、そして娘婿のW・N・ブラウンは、コアホマ郡衡平法裁判所に、レヴィンの法定相続人は自分たちのほかにいないと訴え出て、彼の土地と財産を手に入れようとした。三人は勝訴し、メアリと夫はスーザンとオリバーからプランテーションを奪って経営に乗りだした。

人種の壁が立ちはだかっていたにも関わらず、スーザンとオリバーは反撃に出ることを決意し、ミシシッピ州最高裁判所に上訴した。二人が正直で勤勉だったこと、そして一八七三年十月、再建期の半ばにあったミシシッピ州で、ふだんと違うリベラルの風が吹いていたことの証《あかし》だろう。州最高裁は一審の判決を覆した。裁判所は、レヴィン・ディカーソンとアンが南北戦争後、事実婚の関係にあり、したがって二人のあいだに生まれた混血児はレヴィンの法定相続人であるという判決を下した。こうしてスーザンとオリバーが遺産を受けとることになり、ピーター・ディカーソンと娘と娘婿はプランテーションを手放さざるをえなくなった。

このように、ルイスとインディアの財産を奪おうとしたウィリアム・ディカーソンのたくらみと、スーザンとオリバーの遺産を乗っとろうとしたウィリアムの父ピーターとその家族のたくらみには共通点がある。さらに言えば、一八七三年にはウィリアムは十八歳だったのだから、直接関わった証拠はないにせよ、この恥ずべき顚末の委細を逐一承知していたに違いない。

白人と黒人の結婚を合法とし、混血の子を法定相続人として認めた州最高裁の判決はじつに衝撃的だったので、ミシシッピ州じゅうが騒然となり、この事件はコアホマ郡のすべての人の知るところとなった。州都ジャクソンのある新聞は、裁判所の決定は「神聖なる婚姻の絆」を「畜生どもの卑しむべき妾制度」と同列に扱うものであり、「交接を蔓延らせる」ことになると激しく批判した。

ウィリアムがトーマス夫妻に対して行動を起こした一八八六年に存命だったディカーソン一族の面々は、誰もが七三年の判決を記憶していたに違いない。それどころか、この順風満帆の黒人を追い払ってやろうと「脅迫状」をもって最初に乗り込んだとき、ウィリアムの頭のなかには前回の逆転劇のことがあって、一種の意趣返しを果たすつもりにでもなっていたのかもしれない。ところが予想もしなかったことに、計画は裏目に出て、一八七三年の一族の大失態をぞっとするかたちで甦らせる結果となる。

ルイスがウィリアム・ディカーソンに対して起こした訴訟は込み入っていたので、コアホマ郡衡平法裁判所で判決が出るまで三年近くかかった（劇的などんでん返しによって裁判はその後さらに五年続く）。生計の柱だった農場を失ったトーマス一家が、その間どうやって生活していたのかは不明である。フレデリックがのちに回想するように、クラークスデールで下宿屋を営んでいたのかもしれない。原告と被告の双方が追加の証拠や証言を集めるために延長を申し出て認められたため、裁判は遅れに遅れた。

一八八九年四月十九日、ついに判決が下されたが、それは非常に衝撃的な、とくにウィリアム・ディカーソンにとってはこれ以上ありえないほど衝撃的な判決だった。ルイスとインディア・トーマスの完全勝訴である。ディカーソンは財産の返還を命じられたばかりか、収支計算書の再計算の結果、一八八六年に自分が請求したのとほぼ同額の借金を、トーマス夫妻に負っていることがあきらかにされた。裁判官が要約したディカーソンの行ないは、判決以上に屈辱的だった。そこには、彼がトーマス夫妻に「不実表示」〔事実と異なる虚偽の説明〕を行ない、二人の素朴な信頼を裏切り、約束した荷馬車、ラバ、金を届けずに二人を騙したと書かれていた。ディカーソンは激怒して、ミシシッピ州最高裁判所に上告すると宣言した。

　コアホマ郡裁判所の判決は、トーマス夫妻の主張を完全に認めるものではあったが、事件の周囲では別の大きな力も動いていた。デルタの裁判所で、金も地位もある白人農園主を相手に闘う羽目に陥った黒人夫婦が、真実と正義だけで勝訴を勝ちとれるはずがない。ルイスとコアホマ郡の白人有力者たちの個人的な関係が裁判官の心象に、ひいては裁判の結果にまで影響を及ぼした可能性は否めない。ウィリアム・ディカーソンに敵がいたのならなおさらだ。実際、彼には敵がいた。

　一八八〇年代のコアホマ郡はもめごとの多い土地だった。そして白人たちが分裂する数多くの理由があった。一部の白人にとって大問題だったのが、郡庁所在地の場所だった。一八六〇年代からコアホマ郡庁舎はフライアーズポイントに置かれていたが、八〇年代に入ると、成長が著しいクラークスデールに庁舎を移転しようと主張する一派が現われた。移転派の中心人物は、クラークスデール創建者の娘婿で、何を隠そうトーマス夫妻の弁護団の一員でもあるジャック・カトラーだった。いっぽう、ウィリアム・ディカーソンの弁護人ダニエル・スコットは、フライアーズポイント残留派として知られていた。二つの派閥の対立はエスカレートして、互いの集会を妨害したり、こん棒や銃で武装して危害を加えてやると脅し合ったりするまでになった。こうした醜い争いの噂は世間に知れ渡るようになり、一八八七年には遠く離れたボストンでも報じられた。地域権力のありかと、それが地元の産業と発展に及ぼす影響以上に問題だったのは、メンフィスや北の都市とヴィックスバーグ、最終的にはニューオリンズまでを結ぶ鉄道をデルタのどこに通すかという問題だった。ピーター・ディカーソンが所有するプランテーションは、クラークスデールから北に一〇マイル離れていたが、フライアーズポイントまではたった三マイルだった。一八八九年、自分の土地に駅を建てることに成功したピーターは、息子の名にちなんでその駅をウィリアムと命名した。このように面の皮が厚く欲の皮もつっぱっていたせいで、ディカーソン一族はカトラーらクラークスデール派と対立するようになり、その結果、カトラー兄弟はトーマス夫妻の弁護を引き受ける気になったのだろう。地元の政治や選挙で彼らがライバル関係にあったことも、裁判に影響したと考えられる。

コアホマ郡裁判所の判決から一年後の一八九〇年四月期、ミシシッピ州最高裁はウィリアム・ディカーソンの上告を審理した。公式の「意見」で、裁判官たちは、見直さなければならなかった証拠と書類が数百ページにおよび、膨大な量であるばかりか不明確でもあると苦言を呈した。その結果、彼らが下した裁定はどっちつかずの混乱したものになった。

最高裁は、ルイスのディカーソンへの土地譲渡を撤回する一八八六年の下級裁判所の決定を支持した。これによってルイスの勝利は確定したかに思われた。だが、そのいっぽうで判事らは、ディカーソンとのあいだで交わされた収支計算書の再計算を命じることで、下級裁判所の判決、ひいてはルイスの勝利の証拠となる根拠を突き崩した。さらに彼らは、ディカーソンに対するトーマス夫妻のその他の主張、下級裁判所の手続き、そしてルイスの弁護団が描いてみせた、素朴で無学な黒人というルイスの人物像を嘲った。ディカーソンに対する実質的な批判は、トーマス夫妻に何度か過大な利子を請求したということだけだった。それでも最高裁の判事たちが、トーマスがディカーソンを訴えたのはまったく意味がなかったと考えたわけでないのは明白だ（あるいは、コアホマ郡という一地方の政治が最高裁の判決にはいっさい影響しなかったということかもしれない）。

被告と原告も最高裁の判決は混乱していると思ったに違いないが、当然ながらルイスと弁護団は、自分たちに都合がよいと思われる部分に注目した。こうして一八九〇年六月七日、ルイスは自分の財産を取り戻すため地元の裁判所に「援助令状」の発行を願い出て受理されたが、そのいっぽうで裁判所から、誰が誰にいくら借金があるのかの決着をつけるために、ディカーソンとの収支計算書をすべて再計算するように命じられた。

ディカーソンの計画は、黒人夫婦と地元の司法機関を支配する白人が思いがけず結託したことによってまたしてもくじかれた。ディカーソンはただちにミシシッピ州最高裁に再審理を申し立てることにした。トーマス夫妻の負担は相当なものとなり、ディカーソンとの闘いはますます困難になっていたが、二人とも投げだす気はなかった。裁判のほとんどの期間、農場を差し押さえられて収入源が絶たれていたため、手持ちの金は底を尽きかけていた。そのためディカーソンが再審の意思表示をした二日後、トーマス夫妻は弁護団長をつとめるジャック・カトラーに弁護依頼料として農場の二分の一を譲渡し、そのほかに出費が必要になった場合に備えて、残り二分の一の土地の抵当権も与えた。日々の暮らしにも事欠いていたのだろう。譲渡証書には、夫妻が証書に署名したらその場でカトラーは現金一〇ドルを支払うという一文が明記されている。

コアホマ郡にはディカーソン一族以外にも、トーマス夫妻を厄介者のように思って、懲らしめてやる必要があると考える白人たちがいた可能性が高い。一八八〇年代後半を迎える頃、ミシシッピ州は全米でも指折りの「リンチ天国」になっていった。トーマス夫妻にとってこのあたりが潮時だったのだろう。一八九〇年夏、夫妻はカトラーに農場を譲渡したあと、コアホマ郡を見限ってテネシー州のメンフィスに引っ越したようだ。メンフィスはフライアーズポイントに最も近い都会で、七〇マイルほどしか離れていなかった。つまり、潜在的な危険から身を守ることができるほどには遠く、裁判のなりゆきに目を光らせていられるほどには近かった。

一八九〇年のメンフィスは、人口約六万（白人が五六パーセント、黒人が四四パーセント）を擁する産業の一大拠点だった。全米最大の内陸の綿花市場で、年間七七万個の梱を国内外の、とくにイギリスの織物工場に向けて出荷していた。ミシシッピ川を利用した河川輸送と、南部と国のほかの地域を結ぶ鉄道によって、街の経済的重要性はますます高まり、職を探す者にとって魅力的な場所になっていた。

メンフィスは、トーマス夫妻にとってつかの間の避難所となったが、人種的寛容さの面では模範的な街とは言い難かった。一八六六年には南北戦争後南部で最悪の人種暴動がこの街で起き、八〇年代に入ってからはリンチ事件が増えはじめていた。だが、新参者の黒人一家がすんなり溶け込むにはちょうどいい大きさの街でもあった。

ルイスとインディアが借りた家は、カンザス・アヴェニュー一一二番地、メンフィスの南端フォート・ピカリング地区カロライナ・アヴェニューの角にあった。当時そこは街外れで、住民のほとんどが黒人だった。その家は広々とした長細い二階建ての建物で、両側を庭に挟まれ、裏には厩舎があった。いまで言う住宅地と工業地域が混在する地区の真ん中にあった。活気にあふれ、騒がしくて、臭くて、埃っぽい場所だった。通りの向かいは材木置き場で、斜め向かいの街区はミルバーン綿繰機製造会社がまるごと占拠していた。そこにはさまざまな下請工場や倉庫もあった。西の一街区先にはカンザスシティ・メンフィス・アンド・バーミンガム（ＫＣＭ＆Ｂ）鉄道の駅があった。支線から延びた線路がトーマス家の目の前を通過し、数軒先で分岐していたほか、裏庭の厩舎のすぐ後ろを別の三本の線路が走っていた。四方八方を汽車が往来するたびに、鉄の車輪が金切り声をあげ汽笛が咆哮した。つんと鼻を刺す黒い石炭の煙がもうもうと吹き出し、黒い粉塵がそこらじゅうに舞い降りた。コアホマ郡の緑萌える眺め、のどかなバイユー、甘い香りのそよ風、そういったものに慣れ親しんでいたフレデリックとオフィーリアのような田舎育ちの子供たちは、最初は目を丸くしたに違いない。

だが都会には、故郷では手に入れることのできない夢のようなチャンスが転がっていた。仕事を探していたルイスは、KCM&B鉄道の信号手の職に就くことができた。夫妻が借りた家は家族だけで住むには広すぎたので、一部を下宿にすることにし、下宿の切り盛りはインディアが担当した。インディアは腕のいい料理人だったが、すでにクラークスデールで下宿経営のノウハウも身につけていたのかもしれない。

フレデリックは、ジョゼフ・A・ウィアーという白人が経営するビール・ストリートの有名食料品店、「上等の肉と牡蠣と魚とジビエ」を売り物にする店で配達員として働きはじめた。記録に残るかぎり、これが、フレデリックが都会で就いた最初の仕事だ。この先どんなに遠く離れた場所に行っても、フレデリックはかならず接客と洗練された料理に関係した仕事に就くことになるが、これがその第一歩であったことにぜひ触れておきたい。

フレデリックは、メンフィスに引っ越してからも学校に通い続けようとした。「短期間」在籍したというハウ学院は、黒人の若者を対象とした学校だった。一八八八年にバプティスト・バイブル・アンド・ノーマル学院として設立され、その翌年、白人の創立者で大口寄付者でもあるピーター・ハウに敬意を表して改名された。フレデリックが在籍した当時の校長は、おそらくジョゼフ・イーストブルックというミシガン州出身の会衆派教会の牧師で、教育に生涯を捧げた人だった。教員のひとり、イーストブルックの妻アイダ・アンはニューヨーク生まれだった。おそらくフレデリックはこのときはじめて北部出身の寛容で開明的な白人に接して、白人が黒人にこんな態度をとることもあるのかと新鮮な驚きを感じたのではないか。ハウ学院はパッチワーク・キルトのように多様な教育のニーズに応えようと、宗教教育、学科科目のほか、女子には裁縫や子守、男子には大工仕事といった職業訓練までありとあらゆることを教えていた。地元の新聞によれば、ハウ学院の「十八番」は、「みなさまのお役に立てる訓練された下男を年間一〇〇人メンフィスの人々のもとに送りこむこと」だった。フレデリックはこのあと、メンフィスの新聞記者の想像をはるかに超える上流階級の人々に長年従者として仕えるが、それに関係する技術や所作の訓練はハウ学院で受けたのだろう。のちに残した几帳面で美しい筆跡にも、正規の教育の影響がうかがえる。

残念ながら、メンフィスでの暮らしもハウ学院も長続きしなかった。予期せぬ悲劇が立て続けに一家を襲い、両親が築きあげたすべてをついに打ち砕いてしまう。

トーマス夫妻が営む下宿屋の住人のなかに黒人夫婦がおり、夫はフランク・シェルトンといった。一八九〇年十月、メンフィスの新聞各紙はいつになく扇情的な言葉遣いでシェルトンを罵倒した。それによると彼は「とるに足りない」「ごろつきの黒人《ニグロ》」で「邪悪な性根」と「残忍さで知られ」、「けだものの本能」の持ち主だった。妻でさえ彼のことを「血も涙もない石頭のろくでなし」と言っている。年齢は三十歳くらい、つるりとした暗褐色の肌に大きな鼻、胸板は厚く身長は五フィート一一インチ、後頭部に傷があった。妻によれば、アラバマ州の製材所で雇い主と喧嘩してできた傷ということだった。鉄道のブレーキ係で、メンフィスには約五か月前にやって来た。

いっぽう、どの新聞もルイスのことは褒めちぎっている。「人望の厚い黒人市民《カラード》」、「勤勉」で「聡明」で「誠実」で、喧嘩はむろん、フォート・ピカリングの通りにあふれ出すことも珍しくない酒場の騒動に加わっているところなど誰も見たことがない。夫妻は「勤勉で堅実」な働きぶりによって下宿屋を営むまでとなり、自分たちの稼ぎで「悠々と」暮らしていた。一八九〇年当時、ルイスは五十代半ば、インディアは四十代後半だが、時代の習いか新聞には、インディアは「高齢者」、ルイスは「温和な黒人《ニグロ》の老人」と記されている。

十月二十四日金曜日、理由はあきらかでないが、フランク・シェルトンが家賃の支払いを拒み、ルイスと口論になって立ち退きを命じられた。シェルトン夫妻は一晩だけ出ていったが、許してくれと詫びを言ったので、ルイスは下宿に入れてやった。静けさは一時のことだった。翌日の晩、妻と口論になったシェルトンは、彼女に激しく襲いかかった。妻を殴り倒し、家から引きずり出し、足で顔を踏みつけた。ある目撃者によれば、鋤でも力一杯殴ったので、妻の顔と頭は「おそろしいくらい歪み、へこんでいた」という。ルイスが駆けつけ、シェルトンにやめないかと訴えたが、説得しても無駄と気づいて警察を呼びに行った。ルイスが警察を呼びに行ったことに気づいたシェルトンは、逮捕されるのをおそれて妻を殴る手を止めた。そしてルイスに「十年かかろうとこの落とし前はかならずつけてやるからな！　憶えておけよ！」とぞっとする捨て台詞を残して走り去った。

翌十月二十六日の日曜日、午前九時頃、シェルトンの妻はみずから警察に出向いて、自分に暴力をふるった夫を逮捕してくれと頼んだ。事件を担当することになったリチャードソン巡査は、シェルトンが下宿に戻ってきたところをつかまえようと、下宿から少し離れたところで見張っていた。しばらくするとシェルトンが帰ってきた。巡査は猛然と駆けつけ「逮捕する！」と叫んだ。シェルトンが走りだした。巡査は拳銃を抜き、引き金を引いたが狙いははずれた。シェルトンは角を曲がって姿を消した。

1　南部のなかの南部

十月二十七日、月曜日の夜、ルイスはいつもどおり就寝した。午前三時頃、シェルトンがトーマス家に侵入し、足音を忍ばせて階段をのぼり、こそりとも音を立てずに二階にある夫妻の寝室に入った。その手には研ぎ澄まされた斧が握られていた。そして薄暗い部屋のなかで、自分の標的がどちらかはっきりするまでダブルベッドの横に立っていたにちがいない。ルイスはインディアの隣で、仰向けになってぐっすりと眠っていた。シェルトンは斧を振りあげ、狙いをつけて、その斧をルイスの顔に力いっぱい振りおろした。どすんという音にインディアが目を覚ました。肘をついて体を起こすと、腕を伸ばして起きあがろうともがいている夫の姿が目に飛び込んできた。次の瞬間、鋼が光り、またしてもルイスの上に斧が振りおろされた。インディアは恐怖に悲鳴をあげた。シェルトンは斧を投げ捨て、部屋を飛び出し、階段を駆けおりていった。

インディアの叫びに家じゅうが飛び起きた。フレデリック、オフィーリア、シェルトンの妻、ほかの下宿人たちも寝室に駆け込んだ。数秒間のパニックののちに誰かが明かりをつけると、血も凍る光景が照らしだされた。ルイスがベッドの上で断末魔の苦しみに悶え、左のこめかみから口にかけてぱっくりと開いた傷から血がどくどくと流れでていた。最初の一撃が頬骨を切り裂き、頭蓋骨を砕いた。次の一撃は、むなしくもわが身をかばおうとした左腕の肘から先をとらえ、骨と筋肉を断った。腕は切断されかけていた。ルイスは何度か起きあがろうとしたが、そのたびにベッドの上を血が流れ、シェルトンが落としていった斧の近くに血溜まりができた。さらにしばらく半狂乱の時間が続き、やっと誰かが正気を取り戻して医者と警察に電話をかけた。顔への一撃が致命傷だった。傷は深く、失血も大量で、到着した医者にも手の施しようがなかった。それでもルイスはそれから六時間生死の境をさまよい、意識を回復しないまま午前九時に息を引きとった。

二人の判事が検死と捜査を行なった。誰のどの証言から考えても、犯人はシェルトン以外にありえなかった。メンフィス警察はシェルトンを最有力容疑者として緊急手配した。その翌日、シェルトンは、メンフィスの南東三〇マイルほどのところにあるミシシッピ州の町、ホーリー・スプリングスに向かう汽車に忍び込もうとしたところを見つかり、逃走を試みるも、待ち構えていた守衛たちに銃弾を雨あられと浴びせられて殺された。さらにその次の日、メンフィス警察は職務熱心なところを発揮して、インディアの心の傷に対する配慮のかけらもなく、彼女を午後の汽車に乗せて夫を殺した犯人の身元確認をさせた。間違いのあろうはずがない。事件は幕を閉じた。

ところ変わってコアホマ郡では、ルイスの身に何が起きたかを知って、ウィリアム・ディカーソンが小躍りしなかったはずがない。この黒人のせいで長年いろいろと不愉快な目に遭わされてきたのだ。当然の報い、いや願いが聞き届けられたとさえ思ったに違いない。ただし、ルイスの死にディカーソンが裏で関与していたことを示すものは何もない。たんに運が悪かったのだ。ルイスは暴力亭主から女性を助けようと義侠心を発揮して、その代償を支払ったのだった。

それからしばらくして届いた知らせは、ディカーソンをさらに喜ばせたことだろう。一八九〇年十月、ミシシッピ州最高裁判所が、先の判決理由を公表した。そこには、ルイスとディカーソン間の借金の再計算が完了するまで、衡平法裁判所は係争中の土地をルイスに返還すべきでないと書かれていた。

とはいえ、ルイスの死によって訴訟にけりがつくのではないか、そんなディカーソンの幻想はすぐに消し飛んだ。一八九〇年十二月二十四日、ルイスの死からわずか二か月後、インディアが、故人となった夫の地所の権利継承者として自身を認めるよう衡平法裁判所に申請した。その手続きのために、インディアはフライアーズポイントの裁判所で宣誓しなければならなかった。一部の住民から深刻な敵意を向けられていると知りつつあえてその町に戻ったことから、彼女がじつに気骨のある、容易なことで怖じ気づいたりしない女性だったとわかる。一八九一年一月十日、インディアは自分と二人の子――フレデリックとオフィーリア――の名前でディカーソンに対する訴訟を再開した。

訴訟は、長い中断や込み入ったさまざまな事情を経てさらに四年近く続いた。そして決着がついたときには、裁判をはじめた当事者はどちらもこの世を去っていた。ウィリアム・ディカーソンは一八九四年二月十八日、三十九歳の若さで亡くなった。そして彼の未亡人のルーラが、インディアと同じように闘いを引き継いだ。一八九四年十一月二十八日、ついにコアホマ郡衡平法裁判所によって判決が言い渡された。インディアはルーラに、かなり減額されたとはいえ借金を支払うように命じられ、金を工面するために土地を競売にかけなければならなくなった。一年後にも別の理由で（おそらくフレデリックのために）、急いで金を工面しなければならなくなり土地を抵当に入れている。

そのあいだもインディアは自分と子供たちの名前で裁判を続けていたが、現実には一家は離散し、コアホマ郡の農場との実質的なつながりもなくなっていた。インディアは夫が殺されたあとも、夫と暮らしていた家とは別の家に引っ越してメンフィスに一年間留まり、一八九二年にケンタッキー州のルイヴィルに――おそらくオフィーリアを連れて――引っ越した。ルイヴィルで裕福な白人宝石商の料理人として何年か働いてから、一八九〇年代半ばに亡くなったようだ。オフィーリアの消息はわからない。

一八九〇年十一月四日、父親が殺された一週間後、フレデリックは十八歳になり、それからほどなくメンフィスの街を出た。その年に関する彼の記憶は曖昧だ。何十年もあとになって、国外でさまざまなアメリカ人を相手に身の上話をする段になると、一部の黒人のアメリカ人のように、自分の両親が奴隷だったことをひた隠すわけではなかったが、父親が殺されたことは誰にもけっして話さなかった。それは彼にとってあまりにも辛い記憶だったのだろう。なぜメンフィスの街を出たのか、そう聞かれればばかならずこう答えた。フォート・ピカリングの大きな駅の近くに住んでいて、「矢も楯もたまらず旅に出たくなってしまったのさ」。

それが街を出た本当の理由だったのだろうか。たしかに、大人の入り口に差し掛かった若者が、鉄道の魅力に心を惹きつけられるというのは、いかにもありそうな話ではある。目の前に、南部の有名な街から続々と汽車がやって来る。いっそう魅力的な北部を目指して旅立っていく汽車もある。哀愁を帯びた汽笛が彼方で小さくなっていく。変化を約束しながら。十八歳、それは独り立ちするのにふさわしい年だった。南部の白人の重苦しい視線を逃れ、世界というものをその目で見て、どこか別の場所に家を見つける時が来ていた。

2　フレデリックの修業時代

それから十年間、フレデリックは世界を広く旅した。一歩一歩が過去との決別であり、すべてが当時の黒人の若者にはありえない選択の連続でもあった。南部を出て都会にしか住まなかった。都市で生きる術を身につけ、さまざまな世界を渡り歩いた。彼が住む世界はあとになればなるほど、白人の占める割合が大きくなった。そしてついにはアメリカを飛び出すのである。

最初はメンフィスから少しだけ西に、ミシシッピ川を越えてアーカンソー州に移動した。アーカンソー州は元奴隷州〔南北戦争まで奴隷制度を認めていた州〕で、東側の地域はデルタの低地地帯と、外観も歴史も、綿花とトウモロコシに依存しているところもそっくりだった。フレデリックはこの土地に魅力を感じなかったので、二か月間滞在しただけで、今度は針路を北に変えてセントルイスへ（本人の言葉によれば）「流れていった」。今回は前回よりも長く三〇〇マイルほど移動した。それは変化へのより固い決意の現われだった。

一八九〇年のセントルイスは全米第四の大都市で、人口は五〇万に近づきつつあり、街はアメリカの都会に典型的な成長をはじめていて、天を衝く鉄骨の高層ビルが次々と建設されていた。工業にも商業にも活気があり、街には驚くほど白人が多く、黒人は一〇人にひとりもいなかった。四方八方からドイツ語、チェコ語、イタリア語が断片的に聞こえてきた。こうしたあらゆるものがフレデリックには魅力的に感じられたに違いない。セントルイスで数か月だけ過ごすと、今度はさらに北にある、若くて粗野で力強い民族のるつぼ、アメリカを縮約する街を目指した。

一八九〇年を迎える頃、シカゴは「アメリカの奇跡」を体現した街として世界じゅうの注目を集めていた。一八三三年に辺境の開拓地として建設されてから、わずか六十年足らずで全米第二の巨大都市に成長したこの街は、人口一一〇万を誇り、後塵を拝するのはニューヨークの人口一五〇万のみという、世界で五番目の大都会だった。一八七一年のシカゴ大火によって街の成長は停滞するどころか加速がかかり、二十世紀を目前とする頃には近代的な大都会に生まれ変わり、工業、商業、運送業の中心になっていた。世界初の摩天楼を擁する街シカゴは、アメリカの技術力と経済力のみならず、工業化された近代文明全般の象徴だった。

そんなシカゴに、再起をはかろうと意欲に燃える旧世界の移民たちが雪崩れ込んだ。それは、ドイツ人、アイルランド人、スカンディナヴィア人、ポーランド人、リトアニア人、チェコ人、イタリア人、そして東ヨーロッパ各地からやって来たユダヤ人たちだった。一八九〇年には人口のなんと七八パーセントが外国生まれか、両親が外国生まれの二世だった。街のあちこちに英語を一言も耳にせず一日を過ごせる地区があったという。アメリカの黒人があいかわらずほぼ南部に集中させられて、アイルランドの小作農やドイツの貧しい労働者と同じかそれより劣悪な環境で暮らし、外国からやって来た多くの白人に与えられている変化のチャンスさえもてずにいるというのはじつに皮肉な話だった。実際、シカゴには当時ほとんど黒人がいなかった。黒人は全人口の一・三パーセント（約一万五〇〇〇人）にすぎず、男性が女性をやや上回っていた。シカゴで暮らす外国人移民の多くが、食うや食わずの生活をして薄汚いスラム街に住んでいるとしても、少なくとも彼らには、運が向いてくるかもしれない場所に移動するチャンスが与えられていた。いっぽう、フレデリックのような黒人の新参者は、南北戦争が終わってからシカゴに来るようになった、アメリカ生まれの南部黒人たちのか細い流れにすぎなかった。何十万もの黒人が金儲けのチャンスを求めて、故郷の耐え難い状況から逃れるために、怒濤のごとく北部を目指す「大移動」がはじまるのはこれから何十年もあと、第一次世界大戦以降の話である。

最初にフレデリックは、メンフィス時代と似たような仕事に就いた。ただし今回の仕事は肉屋ではなく、花や果物を売る店の「ボーイ」だった。マイケル・F・ギャラガーは、一八八〇年代後半から九〇年代前半にかけて、おそらくシカゴで最も繁盛していた花屋の経営者で、その本店は街の中心部の目抜き通りにあった。一八九三年のシカゴ万国博覧会前夜には、ミシガン湖に面した大通りのさらに人目につきやすいところに二号店を出して、「万博御用達の花屋」と宣伝した。

フレデリックがシカゴで最初に就いた仕事は、彼のその後の生活と職業人生の雛形となった。ギャラガーの店で働くことで、フレデリックは、金と地位のある人々のために存在する、いわゆる高級サービス産業の世界に入ったのである。フレデリック自身の仕事がどれほど下等で苛酷であろうと、きれいで美しいものを、こうした贅沢への対価を支払う余裕のある人たちに提供する仕事に携わっていることに変わりはなかった。フレデリックがギャラガーの店で見かけたり接したりした客たちは、育ちのよさや気取った仕草の格好の見本であり、こうした人種を理解し満足させる術を学ぶ必要が彼にはあった。

メンフィスから五〇〇マイル北に移動し、南部から遠く離れた世界にいたとはいえ、十九世紀末のシカゴは依然として黒人が自由にやりたいことをやり、自由になりたいものになれる街ではなかった。フレデリックの回想によれば、ギャラガーの店で「八、九か月」働いたあと、彼は、その後の二十年間の生計の柱となり、富への足がかりにもなる職業に就いた。給仕になったのだ。この街の人種差別的な就労パターンのために黒人が就職できたごくかぎられた仕事のひとつをフレデリックも選んだのである。

当時シカゴでは、全黒人人口の三分の一が家事奉公をはじめとするサービス業に従事していた。彼らの職場はシカゴにある無数のレストランやホテル、あるいは個人の家庭だった。プルマン・ポーターと呼ばれる荷物運搬人として列車で働く者もいた。フレデリックが給仕として働きだした一八九二年頃には、一五〇〇人あまりの黒人男性が街のいたるところにある飲食店で（上は高級ホテルから下は大衆食堂のチェーン店まで）給仕として働いていた。

とくに高級レストランの黒人給仕の仕事は、今日の標準的なレベル以上に、また今日とは違った意味において、複雑で、過酷で、競争が激しかった。客の望みに瞬時ににこやかに応えることによって――高級レストランの客は全員白人だった――黒人給仕は、南部のすべての黒人の規範とされてきた（そして当時もまだ続いていた）、強いられたへつらいと人種的服従を装ってみせた。奴隷制度は唾棄すべき悪習だと考える生粋の北部人でさえ、ことさら腰の低い黒人給仕に食事のあいだじゅうちやほやされれば悪い気はしなかっただろう。好かれようと努力する有能な給仕は、チップもたっぷりはずんでもらえた。

ただし、金ぴか時代〔南北戦争後の成金趣味が横行した時代〕の黒人給仕は、たんなる才能に恵まれた冷笑的な役者ではなかった。彼らは、機転、魅力、堂々とした物腰、肉体的精神的な敏捷さが要求される自分の職業を誇りに思ってもいた。全米第二の都市の一流ホテルやレストランで政界や財界の要人に仕える給仕たちは、黒人社会での地位も高く、仲間内で一目置かれる存在でもあった。

ある職業の最初の仕事が、その人のキャリアにとって音叉の役割を果たすのだとすれば、フレデリックは最高の音域でスタートを切った。フレデリックが給仕として働きだしたオーディトリアム・ホテルは、シカゴで最も評判のあたらしい建物で、優美でモダンなレストランが入っていた。一八八七年から八九年にかけて現在のサウス・ミシガン・アヴェニューに建設されると、完成当時は市政の発展を象徴する「シカゴ随一の建築モニュメント」としてもてはやされ、大袈裟にも「世界八番目の驚異」とまで言われた。フレデリックは都会の生活に自分の居場所を見いだした。オーディトリアム・ホテルを辞めたあとも「一年半のあいだ給仕として」シカゴのレストランを渡り歩いた。

フレデリックは一八九三年の夏頃にシカゴを去った。それはシカゴの歴史の一大転機ともいえる時期だった。五月一日、シカゴ万国博覧会が幕を開けた。そして五月九日、のちに「一八九三年恐慌」と呼ばれる全国的な経済不況のきっかけとなった銀行破綻がはじまった。街の経済は急に冷え込み、万博景気に沸くあいだシカゴに吸い寄せられた人々を含む何万もの労働者が、仕事も先のあてもないまま街を去っていった。

ニューヨークに行けばもっとましなことができる、フレデリックはそう決意した。聞くところによれば、ニューヨークの状況はシカゴほどひどくないという。しかもニューヨークにはシカゴを魅力的に見せたすべてが、さらに大きなスケールでそろっている。より多くの人、喧噪、興奮、活力、そびえ立つビル、ホテル、レストラン。仕事だってきっと見つかるだろう。シカゴの野心家が羨む全米でただひとつの街、それがニューヨークだった。そしてニューヨークの野心家の心をとらえる甘美な歌声は、ヨーロッパの大都会からしか聞こえてこなかった。

シカゴ同様、一八九三年のニューヨークの中心部はまだ圧倒的に白人が多かった。ヨーロッパ各地からやって来た移民と二世も大勢いた。多くの移民の困窮した生活、意味不明な外国語、奇異な習慣、こういったものを目の当たりにして、生粋のニューヨーク市民は街の将来に危機感を抱いた。そこで十九世紀末には、白人のニューヨーク市民の主導の下で、雑多な新参者たちを文化適応させ救済することを目的としたさまざまな改革が実施された。だが、同じ時期にニューヨークにやって来たアメリカ生まれの黒人たちは移民より数も少なく、例によって黙殺された。マンハッタンで歓迎されていないと感じた黒人たちの多くは、郊外の地域に住むことにした。一八九八年まで独立自治体だったブルックリンは、南北戦争のさなかの一八六三年にマンハッタン全域で白人暴徒が黒人を襲った「徴兵暴動」以来、黒人に人気の街だった。だがそのブルックリンでさえ一八九三年の時点で黒人の住民は非常に少なく、九五万の人口のうち一万三〇〇〇人ほどにすぎなかった。

ブルックリンに到着してからフレデリックがどんな仕事に就いたのか、彼個人の資質からも、より広い社会的背景からも容易に想像がつく。ニューヨークもシカゴ同様、ほとんどの黒人は給料の安い補助的な仕事にしか就けなかった。だがフレデリックは、この限られた選択肢のなかから最も条件のよい仕事を自力で手に入れた。それはシカゴ時代の給仕の仕事よりワンランク上の仕事でもあった。ブルックリンにあるクラレンドン・ホテルの「ベルボーイ長」になったのだ。クラレンドン・ホテルは、一八九〇年の夏に開業したばかりの大きくてとても目立つ建物で、当時は立地のよいところにあった。ブルックリン市庁舎から二街区北にあり、少し歩けば、十二街区先のブルックリン橋行きの高架鉄道の駅があった。ケーブルカーに乗ってブルックリン橋を渡ればそこはもうマンハッタンの南端で、目の前にニューヨーク市庁舎があった。このようにクラレンドン・ホテルは、二つの自治体の市庁舎を結ぶ交通網の一端に位置していた。

フレデリックは二十一歳になっていた。ベルボーイたちの「長」として責任ある立場にあったのだから、人に仕えるという意味でも人を使うという意味でも有能だったのだろう。ベルボーイは普通一日じゅう立ちっぱなしだ。つねに人から見られているので、制服、身だしなみ、立居ふるまいといった身なりがホテルの評判に直結する。部下のベルボーイたちに仕事を割り振ったり、勤務態度をチェックして給料に反映させたり、新人を指導したり、彼らへの苦情に対応するのも仕事のうちだっただろう。同僚に対しては威厳を保ち（同僚も全員黒人だったはずだ）、白人に対しては従業員としてまた召使いとして仕え、そのバランスをうまく取らなくてはならなかったに違いない。大切な客をじきじきに、念入りに接待するのもフレデリックの特権だっただろう。

その後の職歴が示すように、フレデリックはクラレンドン・ホテルで客たちの心をつかむことに成功した。数か月でホテルを辞めると、地元の著名な実業家、パーシー・G・ウィリアムズの身の回りの世話をする従者になった。ウィリアムズは一八九四年初夏、クラレンドン・ホテルに短期間滞在したときにフレデリックとおそらく出会い、有能な召使いなら誰もが備えている資質――機知と愛嬌のよさ――を彼が備えているのを見込んで雇ったのだろう。ウィリアムズはそのとき三十代後半で、まもなくニューヨーク地域最大のヴォードヴィル劇場のオーナーとしてアメリカの大衆娯楽史にその名を刻むことになる。フレデリックは、ウィリアムズの仕事ぶりや人柄をつぶさに見て貴重な教訓を得たに違いない。

それは、アメリカの社会で演じることを許される下っ端の役にフレデリックの野心が飽き足らなくなり、彼の能力もそこに収まりきらなくなってきた時期でもあった。ウィリアムズのように、知名度も金も人望もある人物の推薦状があれば、これからもずっとニューヨークで、従者やさらには執事として働いていけたはずだ。だがフレデリックには仕事以外に音楽への情熱もあった。そして音楽への情熱が昂じるあまり、ついに音楽の勉強のためにアメリカを飛び出すという当時の常識の枠を飛び超えた一歩を踏み出す。

のちにアメリカ領事に説明したところによると、「ヨーロッパに渡ったのは、ヘルマンというドイツ人の音楽教師の勧めだった」のだそうだ。ヘルマン先生は具体的にロンドンを勧めたという。フレデリックは歌手に憧れていた。ニューヨークで声楽の勉強をしたのは、両親がコアホマ郡に建てた教会で覚えた黒人霊歌の影響かもしれない。ドイツ人の教師については、フレデリックの人生に決定的な影響を与えたという以外何もわからない。彼は外国人だったので、アメリカにあった人種の壁をさっと飛び越えてフレデリックを弟子にしてくれたに違いない。才能を伸ばすならヨーロッパに行くのがいいと勧めたのも外国人だったからだろう。

＊＊＊

一八九〇年代は、ニューヨーク市とロンドンのあいだを客船がさかんに行き来していた。速くて人気で料金も安かった。一八九四年の秋には、毎週五、六便の船が、素性も稼ぎもさまざまな数千人もの乗客を乗せて出港していた。圧倒的多数の人が、運賃がいちばん安い「三等船室」を利用した。そこには驚くほどの数の労働者や職工、そのほか、社会や経済の最下層の人たちが収容されていた。国境を越える旅はいまよりずっと簡単で、切符を一枚買って出かけるだけでよかった。アメリカ人は出国するのにパスポートすら要らなかった。

フレデリックはその年の秋、おそらく十月九日に、北ドイツ・ロイド汽船の蒸気船ラーン号に乗ってニューヨークをあとにした。船の最終目的地は北ドイツのブレーメンだったが、途中でサウサンプトンに寄る予定だった。サウサンプトンはイギリス南岸の大きな港で、イギリスの玄関としてアメリカ人に人気だった。ラーン号は一週間の穏やかな航海を経て十月十六日にイギリスに到着した。直通列車に乗って二、三時間もすればロンドン中心部のウォータールー駅に着いた。

アメリカですでに変化は経験ずみだったので、フレデリックにとってロンドンはそれほど新鮮味がなかったかもしれない。実際、ホブソン・バイユーとシカゴの違いは、多くの点で、英語圏における世界最大の二つの都市、ニューヨークとロンドンの違いよりずっと大きかった。

だが、それとは別のもっと重要な点で、アメリカとイギリスには大きな違いがあった。その変化は、船の暗い貨物置場からまばゆい光が降り注ぐ甲板に出たようなものだった。「ニグロ」「有色人種《カラード》」「黒人《ブラック》」という言葉の意味が、イギリスとアメリカでは違った。フレデリックはロンドンで生まれてはじめて、故郷の同胞の圧倒的多数がけっして知ることのない体験をした。白人から、好奇、興味、いや、愛情さえこもった眼差しを向けられたのだ。

ヴィクトリア時代のイギリスは、人種的偏見と無縁の聖域ではなかった。大英帝国は何世代にも渡って南アジアやアフリカ、その他世界各地の文明をまるごと支配し、搾取してきた。イギリス本国でも、アイルランド人やユダヤ人たちは公然と差別されていた。だが当時イギリスでは黒人が非常に少なく、アメリカ生まれの「ニグロ」はさらに珍しかったので、フレデリックのような人間に対する態度は驚くほど寛容で――イギリスを訪れたアメリカ人をとくに「驚かせた」。

一見して矛盾とわかるイギリス人の俗物ぶりにたじろいだあるアメリカ人旅行者は、イギリスの大きな大学都市に行けば、「黒人たち《ニグロ》」が大学の舞踏会で貴族の娘や高い身分の奥方と踊っているところを見られるが、こうした女性たちはみな、通りでなじみの御用聞きに軽く挨拶することさえはしないと思っている、と述べている。また別のアメリカ人は、ロンドンの洒落たレストランに「石炭のように黒い二人の黒人《ニグロ》と二人の白人女性」がいるのを見てぎょっとして、「アメリカではこんなことはありえっこないのでとっとと店を出ようと思った」が、「ロンドンでは黒人《ニグロ》が高級レストランに入って、白人とまったく同じようにもてなされる」と残念そうに認めている。

ウィリアム・ドライスデールというアメリカ人の著名な新聞記者は、ヨーロッパを周遊する旅の途中で――そしてこのあとすぐにモンテカルロでフレデリックと印象的な出会いを果たす――次のように語っている。

ロンドンにやって来たアメリカ生まれのニグロは、事情さえ許せば二度とこの街を離れない。ここでは肌の色が不利にならないどころか、目新しさのために有利になる。高級ホテルに泊めてもらえる。財布さえ膨れていれば、下宿屋に住むことも、ナイトクラブに入ることもできる。劇場のいちばんいい席を取ることも、ハンサム型の二輪馬車に乗ることもできる。要するに、白い肌と薔薇色の頬をしたロンドン生まれの女中と同じことがなんでもできる。ここには黒人に対する偏見が存在しないので、故郷にいるよりずっと人間らしくなれる。

ドライスデールは、黒人のアメリカ人に対するイギリス人の態度を肯定的に受け止めている。そしてロンドンの人たちから、アメリカ南部で横行しているリンチの野蛮さ、黒人に対する白人全般の非人道的な態度について何度も忠告される。だが、イギリス人をよく知るにつれ、あたかも自分たちのほうが道徳的に優れているかのような態度に気圧されることはなくなり、アメリカ人の欠点に対する彼らの批判についてこんな指摘をしている。

[彼らの批判は] イギリス人が心底蔑んでいる黒い人《ダーキー》、すなわち黒い肌のインド人に押した烙印にすぐに気づくことがなければ、もっと説得力があるだろう。イギリス人の意見では、下層カーストのヒンドゥー教徒は畜生であり、家の外で筵《むしろ》に横たわり、足蹴にされ頬を張られ、米を

餌とする生き物なのである。

「誰にでも小さな欠点はある」ドライスデールはこう皮肉っぽく結んでいる。

フレデリックはロンドンに到着すると、（本人の記憶によれば）「音楽院《コンサヴァトリー・オブ・ミュージック》」に入学を申請した。大西洋を横断する旅のあとで手持ちの金が尽きかけていたのだろう。学校のために働く代わりに授業料と生活費を免除してもらえないかともちかけたが、入学は認められなかったという。一八九〇年代のロンドンで、黒人のアメリカ人がどんな待遇を受けていたかについての記録が残っていなければ、人種差別のために入学を認められなかったのだと思うところだ。おそらく学校は、働きながら勉強させてくれという学生を採りたくなかったのだろう。あるいは音楽の才能が足りないと判断されたのかもしれない。たしかにフレデリックは、イギリスでも大陸ヨーロッパに渡ってからも二度と音楽学校の扉を叩かなかった。その後のチャレンジ精神からいって、自分の才能を信じていたのなら、もういちど音楽の勉強を志しそうなものだ。

フレデリックは次に、レスター・スクエアで下宿屋をはじめようとした。こうして音楽学校での失敗を軽く水に流すだけでなく、魅力を感じたこの街に根をおろすあらたな方法を試みた。さらにこれは、シカゴやブルックリンで得たすべての経験を活かせる試みでもあった。だが下宿屋をはじめるのに必要な金をロンドンで誰に借りることができたのだろうか。

その答えはまったく別の場所にあったかもしれない。一八九五年二月八日、ケンタッキー州ルイヴィルで料理人として働いていたインディアは、コアホマ郡のトーマス家の土地を担保に二か月間、法外な利率で二〇〇〇ドル借りている。過去の経緯のあとでどうやって、またなぜその土地をインディアが所有することになったのかはわからないが、ロンドンで下宿屋をはじめようという息子に開業資金と当座の生活費を送ったのではないか。時期的には辻褄が合っている。

いずれにせよロンドンでは背伸びしすぎた。下宿屋の計画も失敗すると、フレデリックは一歩後退して、いちばんなじみのある職業に戻らざるをえなくなった。本人の記憶によれば、ドイツ人が経営する「チューブ」という食堂で働いてから、「ジェームズ夫人の下宿屋」に移った。そしてまもなく、もっといい仕事を求めて、あるいは漂泊の想いに駆られて、もしくはその両方の理由からイギリスを去りフランスに渡った。

フレデリックがパリに到着した日にちはほぼ特定できる。一八九五年七月十二日の数日前には到着していたはずだ。七月十二日に彼は、駐仏アメリカ大使J・B・ユースティスがパリ警視総監に宛てた紹介状を受けとっている。フランス語で書かれたその手紙のなかで大使は、この種の手紙の標準的な言葉遣いで、ブレイ通り二三番地に居住予定の「フレデリック・ブルース・トーマス氏」が住民登録に訪れたら歓迎してやってほしいと伝えている。当時はパリに住む予定の外国人の記録をつけるのも、警視庁の役目だった。

イギリス海峡は、ドーヴァーからパリ行き臨港列車の玄関であるカレー港までわずか三〇マイルで、一八九五年当時は一日三便あった連絡船に乗れば二時間足らずでフランスに着いた。それでもフレデリックにとってフランスへの移住は、アメリカからイギリスに移住したときに比べてひどく面食らう点がいくつかあっただろう。イギリス人の発音や語彙は、最初はアメリカ人には奇異に感じられるかもしれないが、それでも言語が同じであることには変わりない。とくにアメリカ深南部、中西部、ブルックリンの強い訛りにそれぞれなじんだ経験のある者にとっては、どうということもなかっただろう。だが、一八九〇年代は（そして二十世紀に入ってからもしばらくは）アメリカとイギリス以外のほとんどの地域で、ビジネス、政治、文化の第二言語はフランス語だった。英語しか知らないアメリカ人が、外国で、観光客向けの大型ホテル以外の場所で英語を話す人に出会うことはまれだった。フランスにせよヨーロッパ大陸のほかの国にせよ、働いて生きていこうと思ったら、一刻の猶予もなくフランス語を習得しなければならなかったはずだ。フレデリックには外国語の才能があった。あたらしい経験を求めて住み慣れた世界をさっとあとにする生き方は、優秀な語学学習者に必要な自信と社交性を彼が充分に備えていたことの証だろう。

フランスに渡ってからも執事や従者として働いていたので、ぐずぐずしてはいられなかった。主人と楽に、そしてすみやかに意思の疎通がはかれなくてはならないし、仮に主人が英語を話せたとしても、小売店主や御用聞きといった外部の人間とのやりとりもあった。何枚かの書類に残された住所から察するに、フレデリックの主人はみな裕福だった。彼らの家はすべて凱旋門の近くの、パリでも華やかな地区にいまも現存する優美な建物のなかにあった。

フランスもイギリスのように黒人に寛容だった。それどころか、当時パリの人々の黒人に対する態度はロンドン以上に進歩的だった。黒人アメリカ人で、作家で作曲家でもある知識人、ジェームズ・ウェルドン・ジョンソンは、一九〇五年にはじめてパリを訪れたときに抱いた感慨を次のように伝えている。おそらくフレデリックも同じような思いを抱いただろう。

フランスの土を踏んだその日から、自分のなかで奇跡が作用しているのを感じるようになった。人生と環境にすみやかに適応しなおしているのを感じた。子供の頃以来はじめて、自分がただの人間だという感覚を取り戻した［……］ふいに私は自由になった。不快、不安、危険が迫っているという感覚から、人間と黒人という二元論が孕む対立から、それが強制する思考と行動の無数の操作から。多数の禁止や禁忌にはっきりと目につくように、あるいは目立たないかたちで従わなければならない問題から、また、特別の蔑み、特別の寛容、特別の謙遜、特別の情けから解放されて、私はただの人間になった。

パリではロンドン以上に黒人が珍しかったので、フレデリックのような者は好奇心の格好の対象とされ、雇用の機会も増えた。隣国のお堅いイギリス人に比べて、フランス人は階級の違いにずっと無頓着だったので、ロンドンよりパリで働くほうが性に合っていると思ったかもしれない。パリでは使用人が、通りでも店でも、本当の身分を知る赤の他人からでさえ「旦那さま《ムッシュー》」「お嬢さま《マドモワゼル》」と丁寧に挨拶してもらえた。雇用条件も給仕より従者のほうがよかったはずだ。

一八九六年頃の写真を見れば一目瞭然だが、フレデリックは容姿端麗な青年でもあったので、パリでは浮名を流す相手にことかかなかっただろう。パリをよく知る白人のアメリカ人は、少々やっかみを滲ませながら「フランス人はわれわれのように、黒人《ニグロ》からプランテーションの時代を連想することがない。白人の女たちは、オセロを見つめるデズデモーナのように、愛情と感嘆のこもった眼差しで黒人《ニグロ》を見つめている」と述べている。次の男性の発言は、フレデリックの状況をいっそう言いえているだろう。「どこに行っても同じ光景を目にする。かわいいフランスの小間使いたちは、アメリカ人のお供をする黒人従者に夢中だ」。

一八九〇年代のパリは、世界じゅうの人々から近代都市文明の都と目されていた。パリ——それはかりそめにも教養と地位を手に入れた者ならば、誰もがいちどは住んでみたいと憧れる街だった。フレデリックにとってパリでの暮らしは、世界の成り立ちを知る基礎教育の総仕上げとなった。パリを知ったあとで——パリの美術館と劇場を、歴史的建造物と広い並木道を、カフェと最新流行の店を、寺院を、高級料理を、にぎやかなヴォードヴィルを経験したあとで――フレデリックがまだ見たことのないものをさしだせる都市は西ヨーロッパのどこにもなかった。

それから三年間、フレデリックは方々を旅した。数か月ごとに違う都市で働きながら、パリには二度戻ってきた。そのあいだにはたくさんの国境を越えた。当時ヨーロッパのほとんどの国はパスポートなしで入国できたが、それでも政府が発行する公式書類は身元証明書として便利だったし、いざというときは旅行者を守ってくれた。そこで一八九六年三月十七日、フレデリックはパリで最初のパスポートを申請した。答えなければならなかった質問事項のなかに、アメリカへの帰国時期を問うものがあったが、これに対しては「二年以内」と回答している。ただしそれが本心だったのか、態度を保留しておくほうが賢明だと考えてそう回答しただけなのかはわからない（アメリカのパスポートは二年ごとの更新が義務づけられていた）。アメリカに永久に帰国する意思がないのではと大使館職員に勘ぐられるのは具合が悪かったのだろう。この頃から過去を偽るようになり、今後もそれは続く。申請書を見ると「出生地／ケンタッキー州ルイヴィル」「居住地／ブルックリン」とある。出生地をルイヴィルとしたのは、おそらくその頃はまだルイヴィルにインディアが住んでいたため、そしてそこに住んでいる黒人が全員元奴隷とはかぎらなかったためだろう。居住地をブルックリンとしたのは、フレデリックの面接を担当した二等書記官が父親の大使と同じく南部人だったので、無作法な言葉をかけられるのを避けようとした可能性がある。

パリを発ったフレデリックは、最初にブリュッセル、次いで北海に面したベルギーの人気保養地オーステンデに行った。そこで彼はグラン・オテル・フォンテーヌという、とりたてて高級ではないが、当時評判だった『ベデカー』という旅行案内書が推薦するホテルで働いた。オーステンデのほとんどのホテルが寒い季節は休業するなか、グラン・オテル・フォンテーヌは一年じゅう営業していた。ただしフレデリックは寒くなる前にオーステンデを去り、南フランスへ向かった。

一八九六年秋、おそらくこのときはじめてフレデリックはリヴィエラを訪れ、このリヴィエラで、彼の技術と経験がみごとに認められ報われた。そのシーズンのメートル・ドテル〔ホテル、レストランなどで客を出迎え見送るまですべてのサービスを監督する責任者〕に抜擢されたのだ。彼を雇ったG・モレル氏が所有するホテルは、カンヌの有名ホテル、オテル・デザングレだった。街の北端に位置するこのホテルの自慢は、南側から燦々《さんさん》と降り注ぐ太陽の日差しと、美しい娯楽庭園と、グルメたちをうならせるおいしい料理とワインだった。そのほかにも贅沢で快適な空間、行き届いたサービス、エレベーター、浴室つき客室、電話、テニスやビリヤードなどの娯楽施設がそろっていた。世界じゅうから口うるさい客が集まってくるこういった大型ホテルのメートル・ドテルの立場は、たいへんな責任が伴うものだった。メートル・ドテルのポストは、経験豊富な生粋のフランス人給仕たちのあいだでも垂涎の的だったはずだ。カンヌには大勢のイギリス人観光客がいたので、ひどい訛りがあったにせよ、フレデリックが英語を自在に操れたことはホテルにとって強みになったはずだ。だが、上司や給仕、その他の従業員とも意思の疎通をはかる必要があったのだから、フランス語が流暢でなければこのポストに就くことは考えられない。また、ヨーロッパ各地からやって来る階級も国籍もさまざまな客たちの心の機微や文化にも深く通じていなければならなかっただろう。

リヴィエラのシーズンが終わり、一八九七年春、パリに帰ったフレデリックはシャンゼリゼ通りのキューバというレストランで給仕として働いた。それからドイツを西から東へ横断する大旅行に出かけ、ケルン、デュッセルドルフ、ベルリン、ライプツィヒの各都市に短期間滞在して働いた。こうしたふらふらとした足取りが示すように、このときはまだ完全にしっくりくる場所が見つからず、ヨーロッパの違う場所を見てみたいという好奇心を満たしている最中だったのだろう。ヨーロッパの給仕たちがみなそうであったように、フレデリックも、ドイツのレストランやホテルで実践されているという厳格な規律と完璧なサービスの話をさんざん耳にして、どんな世界なのか覗いてみたくなったのかもしれない。だが、誰もがそうであったようにフレデリックも、ドイツ人のお客を喜ばせるのは相当手ごわいとすぐに気づいたらしい。ドイツからパリに戻ると、一八九七年暮れにはふたたび南に向かった。今回の目的地は、はじめて訪れるニース、そしてコート・ダジュールの小国、世に名だたるモナコ公国の首都モンテカルロだった。アメリカから来た白人との記念すべき出会いが待っていた。

ドライスデールはヨーロッパを旅行中の新聞記者で、一八九八年二月の第一週にイギリス人の友人とモナコに到着した。彼らはフランスの海岸線沿いに、ニースなど西の方角の町を通りながらやって来た。車窓の左手には絵のように美しい丘陵地帯、右手には紺碧の地中海が広がるフランスの田園地帯の美しさにすでに充分圧倒されていたドライスデールだったが、モンテカルロの駅を出た瞬間、目の前に広がるきらびやかな街の光景にあらためて息を呑んだ。街の中心であるカジノは、ふんだんに装飾が施された巨大で優美な薄黄色の石造りの建物で、周囲を見おろす丘の上を占領する広場の一角にあり、その周りを（ドライスデールの言葉によれば）「夢にときどき現われるが、現実に目にすることはまずない花と熱帯植物のおとぎの国」が囲んでいた。豪華絢爛たる街の様子と、街に二五軒あるホテルが客を迎えに駅に寄越すきらびやかな馬車、御者、馬を見て、ドライスデールのつましい倹約精神は吹き飛び、彼と友人はオテル・ド・パリで豪遊することに決めた。オテル・ド・パリはカジノ会社の系列の、ドライスデールによれば「この街で圧倒的に巨大で高級で金のかかる」ホテルだった。オテル・ド・パリは現在と変わらず、当時もカジノの真正面にあった。

王族のような格好のベルボーイに海の見える美しい客室に案内されたドライスデールは、荷ほどきをしながら、メイドに、フランス語でお湯を頼もうと思った。すると背後からこんな声が聞こえてきた。「このアメリカ人のだんなさまは、わっしにまかせておくんなせえ」。

顔をあげるまでもなく、扉のところにいるのがどういった人物か察しがついて、ドライスデールは心底ほっとした。ヨーロッパの有名な都市を数か月かけて旅行したあとで、同じ故郷の気さくな黒人の召使いに、（ドライスデールの言葉をそのまま借りるなら）「完全に心を許せる」相手に会えたことが嬉しかった。この男になら旅にまつわる細かい心配事をなんでも相談できる。オランダ、ドイツ、ベルギー、フランス、どの国のホテルの「ボーイ」も非の打ち所なく礼儀正しく気が利いたが、この黒人の若者は「黒い肌の友であり兄弟であり」、「ゆりかごの頃から育ててやった」かのように気心が知れた相手で、ヨーロッパ人に比べれば「揺らめくろうそくの炎の隣で輝く電気の光」だった。

ドライスデールはフレデリックに純粋に好意を抱いていた。だがそれは、無意識の家父長的な人種差別に染まった好意だった。ドライスデールはペンシルベニア州で生まれ、ニュージャージー州で人生の大半を過ごし、ニューヨークの新聞に記事を書いていた。それにも関わらず、フレデリックに関する彼の記述には、十九世紀末から北部人のあいだに現われるようになった南北戦争前の古きよき南部（騎士道精神あふれる農園主とか、自分の境遇に満足している奴隷と彼らとの麗しき主従関係といったイメージ）への郷愁が透けて見える。とはいえ、たんに肥っていてすでに四十六歳と若くなかったこともあり（実際このわずか三年後に亡くなっている）、なにくれとなく世話を焼いてもらえるのも嬉しかったのだろう。このように、黒人であれば優秀な召使いと期待するのは、ドライスデールにとってはしごく当然のことだった。しかも、フレデリックが二十代半ばだったにも関わらず彼を「少年」と思い込み、「サンボ」「エボン（黒檀）」「日焼けした天使」「浅黒の弟」とさまざまな蔑称で呼び、フレデようだ）。

リックの言葉を、非白人で学のない人間の発音をことさら誇張する方法で記録している（実際には、フレデリックは金持ちの白人客の相手をするとき、相手に合わせて英語の訛りを調節するようになっていたようだ）。

ドライスデールはフレデリックの本名をあきらかにすることもせず、彼を「ジョージ」と呼んでいる。それはおそらくプライバシーへの配慮から、イギリス人の友人を含め旅で出会ったすべての人の本名を伏せていた姿勢と一貫するものではある。ただし「ジョージ」という名前を選んだのは、黒人の召使いたちを、彼らの個性を否定する「一般的な」名前で呼んでいた白人アメリカ人の風習の影響かもしれない。その驚くべき例が、プルマン列車のポーターたちだ。彼らは全員黒人で、その多くは南北戦争後に雇われた元奴隷だった。乗客たちは、本名に関わりなく彼らを全員「ジョージ」と呼んだ。誰も何の疑問も抱かず、彼らを雇った実業家ジョージ・M・プルマンに「敬意を表して」そうしていたのだった。

当然のことながら、ドライスデールはフレデリックの出自に好奇心を抱き、質問をはじめた。「ケンタキー州からまいりやした」それが答えだった（フレデリックはここでも出身地を偽っている）。「こっちに来て四年ぐれえになりやす」。

なぜヨーロッパへ来たのかという問いに対しては、「世のなかを見るためでごぜえます、だんなさま」と応じた。

フレデリックが現われてドライスデールがほっとした理由のひとつは、もうこれでフランス語と格闘しなくて済むからだった。これからは「ドゥ・ロー・ショー（お湯）」と言う代わりに英語で「お湯を一杯頼む」と言えばいい。いっぽう、フレデリックはフランス語がぺらぺらだった。パリで三年ほど暮らすあいだに覚えたという話だった。数か月前にコート・ダジュールに来たのは、さらに語学の勉強をするためだった——今度はフランス語のほかにイタリア語も身につけようと思っていた。ところが残念なことにニースではイタリア語がほとんど使われておらず、しかもフランス語や、古くからこの地方に伝わるプロヴァンス語と混ざってひどく訛っているため、モナコに移動したのだそうだ。だが、モナコのイタリア語も訛りがひどいことがわかったので、二、三週間もしたらミラノへ発つつもりだという。

ドライスデールは、フレデリックがどれだけフランス語を話せるのか確かめる機会に何度か遭遇した。そして実際、彼のフランス語がじつに達者だったのでひどく感心した。とくにドライスデールを驚かせたのは、ところ変われば人間はこうも変わるのかということだった。ドライスデールは、フレデリックの「南部訛り」は、モンテカルロの公園から聞こえてくる楽団の演奏より音楽的だと言いながらも、訛りが強すぎて、フレデリックは「本物の英語」をけっして話せるようにはならないと考える。ところがその黒人特有の南部訛りが、ドライスデールと話すにせよ、パリから到着したばかりのフランス人と話すにせよ、フランス語にまったく影響しないのを知って心底驚愕する。

英語でははっきり発音できなさそうな音もフランス語でなら難なく発音できた。だから、英語とフランス語、両方の言葉で彼と話をするととても不思議な気分になった。本人に言わせると、教師がよかったのだそうだ。パリっ子のような完璧なフランス語を話していたかと思うと、次の瞬間には綿花畑で耳にするような英語で「その長靴は濡れちまったから、ぴかぴかにゃあならねえ」と言う。

いっぽう、ドライスデールは悲しげに、自分にはフランス語の素養が「生まれつき欠けている」と言っている。当時のやり方から考えて、おそらくフレデリックは教室で授業を受けるのではなく、経験豊かな教師と一緒にパリの街を徒歩か馬車で巡りながら、日常的かつ実践的な表現を身振り手振りを交えながらくり返し模倣してフランス語を習得したのだろう。

フレデリックの美しいフランス語は、ドライスデールが「堂々たる」「紳士的」「きわめて洗練されている」と形容した世慣れた態度とみごとに調和していた。フレデリックは容姿にも秀でていた。背の高さは当時の男性の平均身長五フィート九インチをやや上回るくらい、すらりとして、濃い褐色の肌をしていた。顔の造作のバランスもよく、高い頬骨、アーモンド型の大きな瞳、高く存在感のある鼻、大きな口はにっと笑うとじつに魅力的な表情になった。お洒落でもあった。フレデリックのすべてが、彼が正真正銘の国際人《コスモポリタン》に生まれ変わったことを物語っていた。必要なときに自分に合った仕事が見つかるだろうか、そんな心配にいっさい煩わされることなく、ヨーロッパじゅうを心の赴くままに自由に旅することができる国際人に。

ドライスデールが部屋に落ち着くのを手伝い、「世界のどこの従者もこのサンボにはかなわない」やり方で服にブラシをかけて埃を払うと、フレデリックは宿泊客名簿を取りに行った。モナコでは法律により、宿泊客は全員、氏名、住所、職業を名簿に記入することが義務づけられており、警察が毎日チェックするので正確に書かなくてはいけないことになっていた。ところがドライスデールは軽率にもこれをはねつけ、そんなつまらないことで私を煩わせるな、名前や職業なんてなんでもいいからおまえが適当に書いておけとフレデリックに言いつけた。

フレデリックはこれ幸いとばかり、勝手がよければ自分の経歴を詐称したように、ドライスデールの名前や職業でふざけてみることにした。二つの大陸にまたがり六つの国で大勢の客たちにみごとに仕えてきた歳月が、人の性格を一目で見抜く名役者にフレデリックを変えていた。しかも人間の本性を知りすぎたあまり、法律や社会規範に反映されているはずの道徳全般を敬う気持ちはすっかり消えていた。フレデリックは、抽象的な原理原則ではなく、人と人の個人的なつながりに投資した。そして愛情を惜しみなく注ぐことができた。

フレデリックはマントルピースの上に黒い宿帳を置くと、ドライスデールの言葉によれば「激しい苦悩を経験している」かのような表情を浮かべてなにやら書きはじめたというが、ドライスデールの言葉は信用できない。なぜなら彼の言葉は、フレデリックの巧みな、そして皮肉な追従とわかるものよりもむしろ、彼の表情に投影されたドライスデールの人種的偏見について多くを語っているからだ。「いかがでござえましょう」フレデリックから宿帳を手渡されたドライスデールは、ばつの悪いことに従者と自分の「形勢がかなり逆転」したことを悟った。その宿帳には「G・W・イングラム閣下、居住地／ワシントン、職業／アメリカ合衆国上院議員、前滞在地／パリ、モナコには二週間滞在予定、予定目的地／エジプト、カイロ」と記されていた。

面白くはなかったが、自分が一歩譲らなければならいことをドライスデールは悟った。「こんな虚偽の申し立てがばれたらぶざまな失態につながりかねない」からだ。そのうえ、何でもいいから適当に書いておけと言った手前、優雅に退却する方法を探さなくてはならなかった。

「私の友人は記帳を済ませたかな?」

「まだみてえです……ただいまお部屋に行ってまいりやしょう」

「いやいや、それには及ばん」ドライスデールはフレデリックに言った。「やつを煩わせるまでもない。おまえが書いてくれた名前と職業はやつにこそふさわしい。私はその下に自分の名前と『家柄』を書いておくよ」

こうして若いイギリス人の友人が、ドライスデールがせいいっぱい気を利かせたつもりで「人生最大の名誉」と呼んだものを受けとり、「当面、アメリカ人の上院議員」になった。

従者や給仕なら誰しもそうであるように、フレデリックもへりくだった態度をとって主人に気に入られようとしただろう。彼らの仕事とはそういうものであり、主人にいかに気に入られるかにチップの額もかかっているのだから。だが、ドライスデールとその後遭遇した場面の記述を読むと、フレデリックが落ち着いた自信にあふれ、客よりもずっと地元の文化規範に精通していたことがわかる（ドライスデールはオテル・ド・パリに約一か月滞在してから、地中海沿岸をめぐるのんびりとした旅行を再開した）。

フレデリックの自信と洗練された態度は、ドライスデールの記事に描かれている稚拙な肖像が誤りであることを教えてくれる。ホテルに到着した最初の晩、ロビーを突っ切って玄関に向かうドライスデールとイギリス人の友人を見かけたフレデリックは、二人のマナー違反を未然に食い止めるために急いで駆けつけた。

「おそれいりやす、だんなさま……カジノへお出かけなさるのでごぜえますか？」

「いいや」と私は彼に答えた。「今晩は行かないよ。これからカフェに行こうと思ってね」

「おお、そいつは失礼いたしやした」

「夜会服をお召しでねえお客さまは、夜はカジノに入れねえ規則でして、そうお伝えしたかっただけです。入り口まで行って、入れてもらえねえとなりゃ、だんなさまたちがこっぱずかしい思いをするんじゃねえかと思ったもんで。昼は大丈夫ですが、夜は夜会服をお召しになっていただくのが決まりでして、失礼いたしやした」

また別の機会には、ドライスデールとイギリス人に、地元のモナコ人は入場が許されないカジノにどうすれば入れるのか、説明することもできた。「切符を申し込んで買わにゃあいけねえ［……］けんど、あとは難しいこっちゃなあんもねえ。扉のなかに入ったら、すぐにあっちが見つけて案内してくれるから。あいつらは目はすばらしくいいからなあ」。たしかにそれは、日常業務に関するささいな発言ではあるが、細かいことまでよく見ている、仕事のできる男の言葉でもある。

フレデリックは同僚たち、とくに地元のモナコ人の能力と比べた自分自身の能力については、いつになく率直だった。「どのホテルも給仕は必要だけんど」ドライスデールにあるときこう説明した。「ここのイタ公どもはなんもわかっちゃいねえ」。

ヨーロッパで見いだした個人の自由と寛容な社会に支えられて、フレデリックは生まれてはじめて自信をもってのびのびとふるまえるようになった。仕事の腕だけとれば、自分のほうが同僚より上だ、そんな思いに突き動かされて前進を続けていたのだろうか。各国を渡り歩き、仕事を転々としていたのは、好奇心を満たしたいという思いのほかに、根をおろし、キャリアを積める場所を捜していたのかもしれない。

一八九八年三月半ば頃、フレデリックはモンテカルロを去りイタリアへ旅立った。次の年もヨーロッパ探検を続けた。今度はほぼ東を向いて、ロシアの方角に五つの都市をあらたに巡った――ミラノ、ヴェネツィア、トリエステ、ウィーン、ブダペスト。どこでもパターンは同じで、数週間から数か月ホテルかレストランで働いてひととおり街を見て回り、次の街までの旅費を稼いだ。どの街に行ってもこうした仕事を見つけることができたのだから、前の雇い主に充分な身元保証書を書いてもらえたのだろう。自分を売り込むのもうまかったに違いない。それがなによりの推薦状だった。

一八九九年の春、フレデリックははじめてロシア行きを考えた。細かい情報はないが、金持ちのロシア人に、おそらく貴族の、それもきわめて高い地位の人物に従者として雇われ、その人物が彼をサンクトペテルブルクに連れていこうと考えたらしい。ひょっとするとその人物は大公だったのかもしれない（大公はロシア皇帝の息子および男の孫に授けられる称号）。モンテカルロで会って気に入られたのかもしれない。だがロシアへの入国は、これまでフレデリックが旅してきた西欧や中欧の六か国と違って一筋縄ではいかなかった。権威主義的なロシア帝国に入国するには、パスポートが必要だった。しかもロシアの在外公館で、パスポート査証《ビザ》を発給してもらう必要があった。それはじつに労力を要する手続きだった。フレデリックはブダペストで必要な書類を集める作業に取りかかり、同じ年の五月二十日にパスポートの更新を完了した。

このときのパスポートの申請書には、職業は「給仕」とあり、一年以内にアメリカに帰国する予定とはっきり記されている。パリでの申請書と違って、今回の居住地はシカゴになっている。申請書の記載が不正確なのは、何を書こうとそれが、アメリカに帰る気がないのではないかという疑惑をかわすための方便にすぎないからだろう。身体的特徴についてひとつだけ変わっている点がある。この頃になるとひげをきれいに剃っているのではなく、「黒い口ひげ」を生やしている。のちにフレデリックは左右に伸びたみごとな口ひげをたくわえるようになる。申請書には、ヨーロッパを駆け回っているときと違う目的でロシアに向かおうとしているのではないかと疑わせるものはない。それどころか、ロシアを訪れたあとはフランスに戻る予定と記されている。

あたらしいパスポートを手に入れ、ブダペストのロシア領事館でビザの申請も済ませた。だが、ビザの手続きのために受けなければならなかった短時間の面接は、アメリカ生まれの黒人をひどく混乱させるものだった。アメリカの大多数の外交官と違い、ロシア領事館の職員たちはフレデリックの肌が黒いことを問題にしなかったはずだ。それどころか、当時ロシアにアフリカ系の人間はほとんどいなかったので、フレデリックの容貌に好奇心を露わにしたかもしれない。だが、人種に無関心な代わりにロシア人には別の偏見があった。フレデリックはこれまでヨーロッパのほかの国で、その偏見がこれほど悪意に満ちたかたちをとって現われるのを見たことがなかった。それは反ユダヤ主義だった。ロシア政府は公式の規則によって、ビザの申請者がユダヤ人かそうでないか、領事館の職員に確認することを求めていた。その規則の目的は、ユダヤ人のロシアへの入国を制限し、入国を認めた場合でも移動の自由を制約することにあった。

フレデリックの場合、ユダヤ人か否かという問題は簡単に決着がついただろう。だが、フレデリックがその質問に衝撃を受けなかったはずがない。なぜならそれはユダヤ人が、いうなればロシアの「黒人」であることを意味したからだ。フレデリックがヨーロッパ滞在中に反ユダヤ主義を知らずにいたとは考えにくい。とくにフランスでは、一八九四年から九九年にかけて「ドレフュス事件」（フランス軍のユダヤ人将校ドレフュスが冤罪で起訴された事件）に世論が騒然としていた。だが、フランスの状況のように、一部の国民にしか支持されず国の法律に抵触する憎しみの暴発と、ジム・クロウ法が支配するアメリカ南部を連想させる、国家の法システムに支えられ、国民全体に差別感情が蔓延するロシアの状況とでは大きな隔たりがある。

ただし比較が及ぶのはそこまでだ。ロシアのユダヤ人は、これまで奴隷の身分に貶められたことはなかった。ロシア人が奴隷にしていたのは、同じロシア人のキリスト教徒の農民で、ロシアの農奴は、アメリカの黒人奴隷が自由の身となるわずか二年前の一八六一年に解放されたばかりだった。さらにロシア人は政令によって穏便に農奴を解放したので、南北戦争のような血なまぐさい惨事が起きることもなかった。だが、ビザの申請手続きを経てはじめて足を踏み入れる国で、フレデリックはヨーロッパで経験してきたのとはまったく異なる帰属意識を味わうことになる。これまでフレデリックを多かれ少なかれほかの外国人と同じように受け入れてくれた国々と違い、ロシアでは、フレデリックはあきらかに、蔑まれ虐げられている少数派の一員ではない者となる。その違いは、どの国の大多数の白人よりもアメリカ生まれの黒人の心に突き刺さったはずだ。

3　モスクワにまさるものなし

ロシア帝国の国境を越える――それはフレデリックにとって完全に未知なる体験だった。外国人には猜疑の目が向けられ、在外公館でパスポート査証を発給してもらわねばならないのは序の口だった。西欧の汽車は、レールの間隔が広いロシアの線路を走ることができなかった。ひとつには、敵が侵入したとき線路を利用できないようにロシア人が軌間を広くしたからだという。そのため国境に到着したすべての乗客は、さらに東に向かうにはロシアの汽車に乗り換えなくてはならなかった。国境の駅では制服を着た役人が、旅行者のパスポートを念入りに調べ、荷物をくまなく探った。手続きに数時間かかることもあった。書類に不備があった不運な乗客は、乗って来た汽車でそのまま送り返された。

政府の監視は国境で終わりではなかった。どこに滞在するにせよ、フレデリックはパスポートを警察に提示しなければならなかった。ただし通常は、宿の主人や下宿の家主が旅人に代わりこの作業を行なった。ロシアを訪れた旅人は、旅行が終わっても荷物をさっとまとめて汽車に飛び乗るわけにはいかず、警察に旅の目的を報告して、地区の責任者に出国の妨げになるようなことは何もしていないという証明書を発行してもらう必要があった。フレデリックの場合、通常ビザが認める半年より長くロシアに滞在する予定だったので、アメリカのパスポートをロシア政府の旅券局に預け、代わりに居住許可証を出してもらったはずだ。許可証は一年ごとに更新する必要があった。

煙草と酒の持ち込みが規制されているのはヨーロッパのほかの国々と変わりなかったが、これら以外にも旅行者には奇妙に感じられる禁止品目があった。そのひとつがトランプだ。トランプは、販売から皇族の慈善事業まで国が収益を独占していた。さまざまな話題を扱う出版物も、検閲法によってその場で没収されるおそれがあった。当時人気があったベデカーの旅行案内書は、ロシアで面倒に巻き込まれたくないなら「政治、社会、歴史的性質を帯びた著作物」はいっさい携行すべきでない、さらに「疑いの目をいっさい向けられないために」荷造りに新聞を使うのもやめたほうがいいとまで言っている。

フレデリックが到着した一八九九年、ロシア帝国は最晩年に突入していたが、これほどすみやかにかつ荒々しく帝国が崩壊するとは誰にも予想できなかった。若くひ弱な皇帝ニコライ二世の下で、専制体制は老いの深みにいよいよはまり込んでいくかに見えた。無能で腐敗した反動的な政府には、本物の脅威と自分の妄想の区別がもはやつかなかった。急進派は反乱を主張し、革命家は騒擾を扇動し、テロリストは政府高官や皇族を暗殺した。だが、政府は真の敵からわが身を守ろうとして、改革の旗手となりえた人たちにも激しく鞭をふるった。それは、市民社会を要求する進歩的な弁護士や新聞記者、西欧の政治哲学を読み漁る大学生、ロシア社会の暗部を描写する世界的に著名な作家たちだった。そしてその中間に圧倒的多数の国民が——ほとんどが農村部に暮らす無学で貧しい人々がいた。

ひとたび汽車が国境を離れ、国の心臓部に向かって長い旅をはじめると、旅行者たちは国の支配が男性国民の画一的管理にまで及んでいることを知って驚愕した。大きな駅のプラットホームに立つ男性の半分は、なんらかの制服を着ているようだった。警察官、軍人、鉄道員、教師、役人、大学生さえ制服を着ていた。また、政府の反動的な政策を反映するかのように、ロシアでは時間さえずれていた。ロシアは、西欧で普及しているグレゴリオ暦ではなく、ユリウス暦を採用していた。一八九九年にオーストリアかドイツからロシアを訪れた旅行者は、時間が十二日逆行したことに気づいただろう。つまりウィーンかベルリンで五月二十二日だったら、モスクワかサンクトペテルブルクでは五月十日だった。一九〇〇年にはさらにずれが拡大し、十三日になった。

　広大な国土のために、ロシアを横断する旅人には時の流れも違って感じられた。なだらかな平原が続く景色は単調だった。ヴェルジュボロヴォ駅〔現在リトアニア南西部のヴィルバリス近郊にあった駅〕で東プロイセンとの国境を越えてからモスクワまでは七〇〇マイル、三十時間の旅が待っていた。汽車は眠気を誘うように時速二五マイルでじりじりと進み、駅ごとに長時間停車した。どの町も小さく、町と町の間隔は離れていて、面白みに欠けた。規則正しい車輪の音を反響させながら電柱が後ろに飛び去っていく。五月後半、窓の遠くには春の雪解け水を満々と湛えた沼や小川がわびしく輝いていた。地平線まで続く緑の平原を、モミやシラカバの黒々とした森がときおり遮った。道は数えるほどしかなく、道の上に何かを見かけたとしても、よぼよぼの馬に荷車を引かせる蓬髪の農民くらいのものだった。

　ロシアでの最初の年、フレデリックはそのほとんどをサンクトペテルブルク、モスクワ、オデッサを旅して歩いた。今回もホテルやレストランで働きながら、それぞれの街の感触をつかんでいった。最終的に彼はモスクワに定住する。興味深い選択だ。サンクトペテルブルクは一七〇三年、ピョートル大帝の命によってロシアの北の外れに建設された、非の打ち所なく美しい帝国の首都である。西欧の近代都市のような外観をもつこの街には、パリやベルリンにも引けをとらない広々とした並木道と壮大な宮殿と庁舎があった。フレデリックが働いていたであろう、街の高級レストランの大半はフランス人かドイツ人の店で、料理も店の雰囲気も西欧風だった。オデッサは、サンクトペテルブルクの一〇〇〇マイル南に位置する黒海沿岸の巨大な港湾都市で、こちらも美しい広場と建物、木々が両端を縁どる街路、国際的な性格を備えた近代的な計画都市だった。いっぽう、サンクトペテルブルクとオデッサのほぼ中間に位置するモスクワは、年輪を重ねていく木のように、八〇〇年の歳月をかけて少しずつ成長した街で、フレデリックがこれまで見てきたどの街にも似ていなかった。

かつてモスクワ公国の中心だったこの街は、この国の歴史と宗教の心臓だった。「住民の性格と特異性を表現した街があるとすれば」ベデカーの案内書はこう断言する。「それはモスクワだ」と。モスクワをはじめて訪れた者の目に飛び込んでくるのは、屋根の上のいたるところに光輝く、幾百ものロシア正教会のタマネギ型をした黄金のドームと、八端十字架だった。二十世紀の幕が開ける頃、モスクワの建物はほとんどが二階か三階建てで、それより背の高い建物は中心部に数えるほどしかなかったので、遠くからでも教会がよく見えた。教会から二本か三本通りを離れると市内でも民家はまばらだった。天に向かって伸びる多数のクーポラを従えた極彩色のロシアの教会は、西欧人の目には別世界の建物のように映っただろう。一八一二年、モスクワに進軍する前に丘の上で足を止めたナポレオン・ボナパルトにも、遠くで輝くおびただしい数のクーポラと鐘楼はじつに東洋的に感じられた。

街の中心部に着くと、もうひとつの建築の驚異が目に入る。モスクワ川沿いの高台に立つクレムリンは、中世に建てられた巨大な赤煉瓦の要塞で外周は一マイルを超える。高さ六五フィートの城壁の上には燕尾型の銃眼があり、さらにその上に一九の尖塔がついている。その隣に広がるのが広大な赤の広場だ。広場の片隅に立つ聖ワシーリー大聖堂は、十六世紀に創建された鮮やかな色彩の渦で、切子模様と縞模様のクーポラを頭に載せたその姿は旋回しながら空に突っ込んでいくかに見える。要塞、広場、教会のこの組み合わせは、モスクワっ子にとって神聖な場所であると同時に、かけがえのない過去との生きたつながりでもあった。モスクワの偉大さを確立し、帝国の土台を築いた初期の皇帝たちは、クレムリンの壁のなかのアルハンゲリスキー（聖天使首）大聖堂に葬られた。ロシアの全皇帝はサンクトペテルブルクから足を運び、クレムリンのウスペンスキー（生神女就寝）大聖堂で戴冠式をあげた。そしてクレムリンのなかにあるイワン大帝の鐘楼があらたな皇帝の誕生を街に、帝国に、そして全世界に最初に告げ知らせた。「モスクワにまさるものなし」とロシアの諺は言う。「クレムリンを除けば。クレムリンにまさるものなし、天国を除けば」。

フレデリックのように、モスクワの四つの大きな駅のどれかから街の通りに降り立った者は、身にまったく憶えがないような、それでいて懐かしいような、音と景色と匂いの豊かなタペストリーに包み込まれただろう。モスクワは活気あふれる騒々しい街だった。毎日の礼拝の時間を合図する教会の鐘の音は、豪華絢爛な教会そのもののように複雑なパターンを帯びていて、街の「音風景」に欠かせないものとなっていた。鐘撞き人が規則正しく鳴らす中くらいの鐘の音、数トンもの重さがある巨大な鐘のゆっくりとした深い響き、そのあいだを縫うように小さな鐘がけたたましく鳴り響く。疾走する馬の蹄が鋭いスタッカートを刻み、馬車や荷車の車輪の音が丸石を敷いた道路や広場の上で轟いた。フレデリックが到着した頃、街に姿を見せはじめた自動車が、ときおり爆音をあげながら道路を通過すると、そのあとには鼻をつく排気ガスが立ちこめ、おびえた馬が後ろ足で立ちあがった。一八九九年に最初の路面電車が敷設されたが、モスクワの足はまだほとんどが馬力頼みだった。街じゅうで厩肥と、幾千もの台所やサモワールの煙突からあがる炭や木の煙の臭いが混ざり合っていた（サモワールは持ち運びできる真鍮の湯沸かし器で、当時はどの家庭でも一日に何度も湯を沸かしお茶を淹れていた）。

モスクワの中心街には驚くほど雑多な人々が集まっていた。道行く人の多くはヨーロッパ風の服や、ロシア人が「ドイツ」服と呼ぶ簡素な服を着ていた。紳士はフロック・コートを着てシルクハットをかぶり、淑女は優雅なドレスに身を包みコティかゲランの香水をまとった。将校たちの礼装には輝く肩章がついていた——こうした人たちはみなウィーンかロンドンの住人のように見えた。外国人の姿も珍しくなかった。街の中心部のいたるところにドイツ人かフランス人の名前が書かれた看板が掲げられていた。だが、そのすぐ隣には古きロシアのモスクワがあった。灰色の羊の革を身にまとい、靭皮靴を履いたぼさぼさの髭の農民たち。地面に届きそうな法衣を着たロシア正教の司祭たち、彼らの顔はひげに覆われ、裾に向かって広がった帽子の下からまっすぐな髪がのぞいている。裾の長い外套を着た昔気質の商人たち。これみよがしにせり出したお腹は商売繁盛の印だ。街の通りで誰はばかることなく信仰心が披露されるので、外国人たちはいつもぎょっとさせられた。庶民は、教会や道端の十字架の前を通りかかるとかならず——男性であれば帽子を脱いで——頭を下げ、ゆったりとした仕草で、額、胸、右肩、左肩の順に十字を切った。イコン〔聖像〕が届くところにあれば、身を乗り出して、信仰の印におそるおそる接吻した。

　フレデリックが見てきた西ヨーロッパと違って、モスクワでは誰もが肌が白く、目が丸いわけではなかった。スラヴ民族が暮らす帝国の心臓部は、過去数世紀にわたってロシア人が征服と吸収をくり返してきた国々に囲まれており、帝国の国土の三分の二はウラル山脈の向こう側、すなわちアジアにあった。モスクワの通りにも帝国全土から集まってきた被支配民族がいた。コーカサス地方のチェルケス人、クリミア半島のタタール人、中央アジアのブハラ人。彼らの色鮮やかな民族衣装を目にすると、モスクワがいかに東にあるかがあらためて実感させられ、多くのヨーロッパ人は、ロシア人にはごく控えめに言って、アジア的な要素があるという思いをいっそう強くした。人類の三大「人種」のなかで「黒色人種」だけが珍しかった。ロシアは、ヨーロッパの多くの国々と違ってアフリカで植民地の野望を追求したこともなければ、アメリカ大陸の多くの国々と違ってアフリカの人々を奴隷にしたこともなかったからだ。ときおりヨーロッパ巡業のついでに立ち寄る芸人を除けば、ロシアを訪れる機会に恵まれた黒人はきわめて少数で、定住することを選ぶ者は皆無に等しかった。フレデリックがこの街にいたあいだ、一〇〇万を超す人口のなかで、ここに暮らす黒人は一〇人にも満たなかっただろう。だが、街の通りには民族も宗教もさまざまな人々がひしめき合っていたので、フレデリックは、その数字から予想されるほどには目立たなかった。

ジャマイカ出身の黒人のアメリカ人、詩人のクロード・マッケイは、一九一七年の革命の数年後にロシアを訪れて、「モスクワ特有の人種のるつぼ」に衝撃を受けた。彼は「ロシア人にとって私は、別の種類の人間というだけでしかなかった。むしろ、まだなじみのない異邦人だった。彼らはみな、老いも若きも私に好奇の目を向けた。親しみのこもった清々しい態度で」と語っている。いっぽう、白人のアメリカ人は外国でも人種的偏見に縛られていた。革命前にロシアに移住した黒人歌手エマ・ハリスは、アメリカの駐モスクワ領事サミュエル・スミスによってこの事実を思い知らされた（フレデリックもスミスに会っている）。ロシアの地方都市カザンで、日本のスパイの容疑を着せられて逮捕されたハリスは、アメリカ領事館に助けを乞い、スミスの仲介によって釈放された。だが、モスクワに到着したハリスを見たスミスは、「なんてこった！　ニグロの女だったとはな！」と叫んだ。その一言でハリスは、もし自分が黒人とわかっていたら助けてもらえなかっただろう、そしてこれからはどんな助けも当てにすべきではないと悟ったのだった。

ロシア人のこうした態度のおかげで、ロシアに一時的に、あるいは永久に住むことにした少数の黒人は、人種的偏見にいっさい遭遇することなく自由に職業を選ぶことができた。フレデリック本人ものちに、ロシアでは「肌の色による差別が存在しない」と説明して、「アメリカの南部女性」だと誇らしげに名乗った旅行客を仰天させている。

肌の色による差別が存在しないために、ロシアは、同じアメリカ人でも黒人と白人にはまるで違う国に見えた。帝政ロシアでは人は肌の色で判断されない。そして自分は、ほかのロシア人と同じように自由で——不自由でもある。その事実を知ってフレデリックは歓喜したことだろう。だが、自分の祖国はほかの国々を照らす一条の光であり、その国の市民権が世界にまたとない自由を自分に約束してくれているとかたくなに信じるアメリカの白人にとって、ロシアはまったく別のもの——無知蒙昧な信仰にむしばまれた反動的な専制君主国家にほかならず、それをあざやかに凝縮しているのが、アジアを連想させるモスクワの外観と旧弊な宗教文化なのだった。

地図で見るモスクワは車輪に似ている。クレムリンを中心に複数の大通りが半径一マイルのスポークのようにサドーヴォエ環状道路《コリツォ》（ガーデン・リング）に向かって放射状に延びている。サドーヴォエ環状道路は街の中心部を囲む、広い通りがつながってできた帯だ。フレデリックのモスクワでの住まいと、これから彼がはじめる事業はすべて、街の北西部の凱旋広場付近、サドーヴォエ環状道路と、車輪のスポークのひとつトヴェルスカヤ＝ヤムスカヤ通りとが交わる大きな交差点の近くにあった（この交差点はいまもある）。この地域には、当時モスクワで最も人気があった大衆演芸場が何軒か集中していた。モスクワに到着したフレデリックはここで働きはじめたのかもしれない。

モスクワでの最初の数年間、フレデリックが何をしていたのか、正確なところはわからない。本人はのちに、小さな食堂で給仕として働きだしたと語っているが、別のところでは、とあるロシア人貴族の従者になり、その後執事頭になったと主張している。ただし、ひとつだけたしかなことがある。モスクワに来てまもなくフレデリックはある重大な決断をした。家庭をもつことにしたのだ。

一九〇一年、フレデリックは三十歳になろうとしていた。青春時代が終わりを迎えようとする時期だ。その年のはじめ、モスクワに腰を落ち着けてから一年が過ぎようという頃、フレデリックはヘドウィグ・アントニア・ハーンという女性と出会い、その年の九月十一日、クレムリンの近くの聖ペトロ・パウロ福音ルーテル教会で二人は結婚した。ヘドウィグは二十五歳のドイツ人だった。バルト海沿岸、西プロイセンのプツィッヒという小さな町の出身で、父親は電信係というしがない家庭の生まれだった。ヘドウィグもすでに一見して若いという年ではなかったが、美しい女性で、そういう意味で二人はお似合いのカップルだった。身長は五フィート八インチと女性にしてはやや高く、濃い褐色の髪と瞳、卵形の顔、秀でた額、色白で鼻筋が通り、顎がきゅっと尖っていた。お堅い娘ではなく、エキゾチックな顔立ちの外国人と結婚前から深い仲になった。最初の子オリガは、一九〇二年二月十二日、結婚式の五か月後に生まれた。まったく違う世界で生まれ育った二人ではあったが心から愛し合っていて、ヘドウィグはフレデリックの妻となり、母親になれたことに深く満足していた。オリガに続いて一九〇六年には長男のミハイルが誕生し、フレデリックは息子の誕生をことのほか喜んだ。一九〇九年には次女のイルマが誕生した。

夫妻が蜜月時代を過ごした家は、チュヒンスキー横丁一六番地にあった。そこはサドーヴォエ環状道路から少しだけ外側に出た、いわゆる「中産階級向け」の半郊外の住宅地にあり、凱旋広場から歩いて二十分という便利な場所だった。すでにフレデリックにはヘドウィグを「家庭の務め」に専念させられるだけの稼ぎがあった。サドーヴォエ環状道路の内側のもっと開発が進んだ地域に比べると、トーマス一家が住んでいたあたりには田舎町の風情が漂っていた。当時、モスクワ郊外のこうした住宅地には大小の沼が点在する空き地が残っていた。ほとんどの家が木造の平屋か二階建てで、丸石で舗装された通りも何本かあったが、残りはすべて未舗装だった。街灯もまばらで灯油が使われていた。

教会に残された結婚の記録には、フレデリックの人種に関する言及はいっさいないが、そこには驚くべき事実が書かれている。フレデリックは、ローマ・カトリック教徒として申請しているのだ。つまり、幼い頃に慣れ親しんでいた教会に比較的近いヨーロッパのプロテスタントの宗派に属さないという選択をしたのだ。歴史、地理、権威、建築、美術、音楽、儀式の点で考えれば、カトリックとAME教会の違いも、プロテスタントとAME教会の違いも大差なかっただろう。また、ずっと振り返っても、フレデリックにとって信仰が重要な意味をもっていたことを示す証拠はほとんどない。だがそれでも、カトリックを選んだ意義は大きい。旧世界で最も由緒ある「高尚な」教会の信徒と名乗ることによって、アメリカの文化の旗印になるものを捨て、国際的なヨーロッパ人に生まれ変わる決定的な一歩をここでも踏み出している。

＊＊＊

それからまもなくフレデリックは技術と実績に見合った仕事を見つけた。一九〇三年、凱旋広場のすぐ西（現在のボリシャヤ・サドーヴァヤ通り一六番地）にあったアクアリウムという娯楽庭園のメートル・ドテルになったのだ。アクアリウムは、モスクワの活気に満ちたナイトライフの中心地で、上流の富裕層、それも軽佻浮薄なところのある庭園のショーに眉をひそめたりしない人たちを上得意にしていた。水を連想させるその名前は、一八九八年にその場所にあったがすでに忘れられて久しい噴水や洞窟《グロット》、金魚が泳ぐ池に注ぎ込む人工の小川にちなんで名づけられたものだった。

フレデリックの雇い主はシャルル・オーモンというフランス人だった。彼は、ここを訪れる客たちが、壮大な魔法の世界にやって来たかのような気分を味わえるように庭園を改築した。玄関には彫像を上部に頂いた巨大な白亜の柱が並び、電気の光に照らされた大理石の階段が庭園に続いていた。庭園の左手にはムーア人の宮殿のような巨大な建物があった。彫刻を施したクーポラや円柱、アーチで装飾されたその建物にはレストランが入っていた。庭園の奥には広いステージがあり、テントのなかで楽団が流行の音楽を演奏していた。客たちは、小石が敷き詰められた歩道をそぞろ歩く。沿道の木には電球が吊され、露店の売り子が菓子やみやげ物を勧め、呼び込みがボーリングやゲームで腕試しはいかがと通行人を手招きする。庭園は都会の騒音や喧噪から逃れて息抜きができる場所、人を見たり人から見られたりする場所、軽い気晴らしができる場所、そしてひょっとするとつかの間の恋愛遊戯を、ことによると火遊びさえ楽しめる場所だった。手頃な入場料を払って日暮れに入園すれば、早朝の閉園時間まで園内で過ごすことができた。

もう少し高いチケットを買えば、敷地のなかにある巨大な屋内劇場に入場できた。そこでは、ウィーン、パリ、ロンドン、ベルリンから直輸入された豪華絢爛な最新のオペレッタや喜劇が上演されていた。演目はどれも肩の凝らない展開の早いものばかりで、きわどい内容のものも多かった。劇場には個室も用意されていて、なかにいる客が、観客席からは見えないが舞台にいる俳優には見えるようにカーテンで仕切られていた。一九〇〇年代初頭、個室の常連だった大物たちのなかで最大の有名人は、皇帝の叔父でモスクワ総督でもあったセルゲイ大公だった。もっと若い皇族たちは一階の最前列に堂々と陣取った。屋内劇場のショーが終わったら、「カフェ・シャンタン」に移動して夜の続きを楽しむこともできた。こちらは屋内劇場とは別の、レストランが併設された野外劇場で、客はステージを向いた小さなテーブルに座って食事や飲み物を注文し、調教された動物や曲芸師やオペラ歌手など、舞台の上でめまぐるしく入れ替わる二〇から三〇のショーを気が向けば観て、気が向かなければ無視した。

オーモンはひとかどの成功をおさめた、有能で非情な経営者だった。フレデリックは（反面教師の部分も含めて）彼からじつに多くを学んだ。アクアリウムのような施設の経営者にとって、収益の大部分を占めるのが料理、とくに酒の売り上げだった。そのためモスクワのナイトライフに醒めた目を向ける観察者は、繁盛しているレストランにとって、さまざまなショーは客を惹きつけるおとりにすぎないとよく文句を言っていた。たしかに、娯楽庭園の経営者たちはあの手この手を使ってこの二つを結びつけようとした。そのため歌やダンスのショーは、客の大半を占める男性客の心をつかむのがなにより得意な、魅力的な娘たちを看板にしたものが多かった。だが誘惑はそこで終わりではなかった。当時の習いで、お目当ての娘がいる店に来た客は――金と勇気があれば――出番が終わったら自分のテーブルに来て同伴するように、娘に誘いの手紙を送ることができた。

コーラスガールら女性出演者の搾取は、オーモンが手を染めた悪行のひとつだったが、フレデリックは潔白だ。一九〇三年、フレデリックはこうしたひとりの娘の運命に関わることになった。ナタリヤ・トルハノヴァは、夢見るような瞳をした、愛らしい顔立ちのグラマーな女優で、先頃、チェーホフの戯曲を立て続けに上演してロシア演劇界に革命を起こした、世に名だたるモスクワ芸術座の舞台に立つことを熱望していた。だが夢は破れ、貧窮のどん底に落ちたトルハノヴァは、友人の助言に従ってアクアリウムの仕事に応募した。オーモンは彼女を気に入り、その場で雇って軽い喜劇に出演させることにした。しかもトルハノヴァが予想もしなかった高額の月給を提示して、契約書の細則をごまかし、最初の面接で署名するように急き立てた。

トルハノヴァが自分の陥った状況を悟ったのは、最初のショーが終わって帰り支度をはじめたときだった。共演者が楽屋に駆け込んできて、この世間知らずめがと、とげとげしい口調で罵りだしたのだ。「気でも違ったのかい？　個室のお客さまからすぐにでもお呼びがかかろうっていうときに！　それなのに休もうって？　働かずにパンをもらおうって？　だめ、だめ、お嬢ちゃん！　ここじゃそうはいかないよ。さあさ、いい子だ、お呼びがかかるまで楽屋でじっとしてな。メートル・ドテルの誰かが呼びに来るから」。はたして数分後にメートル・ドテルのひとり「ニグロのトーマス」(と、トルハノヴァは呼んでいる)が現われた。彼はとても丁寧な口調で、一八号室のみなさまがお待ちです、どちらさまもとても礼儀正しくてしらふですと言った。トルハノヴァはしおしおとフレデリックについて行った。こうして「本物のゲイシャ」のように毎晩働く一年間の「悲しみの道」がはじまった。

かいがいしく世話を焼いてくれたフレデリックらメートル・ドテルたち——トルハノヴァは彼らを「優しい子守女たち」と呼んだ——がいなければ、彼女の運命はもっと悲惨だっただろう。トルハノヴァの回想によれば、個室で客の相手をするときはいつもメートル・ドテルの誰かが気を配って彼女のための「特製」シャンパンボトルを目の前に置いてくれたという。じつのところそれはお茶を混ぜたミネラルウォーターだったので味はひどかったが、見た目は本物そっくりだったので、アルコールを口にせず済んだ。客にワインなどの酒を注がれても、部屋の様子を見守っているメートル・ドテルがさっと飛び込んできて片付けてくれた。トルハノヴァも、自分の歩合を店全体で貯めているチップに寄付して彼らの好意に報いたので、アクアリウムのレストランの従業員たちから好かれていた。トルハノヴァは自分の仕事を厭うあまり、客が買ったものをいっさい取っておこうとせず、「どんな花も果物も」「汚らわしい」と思っていた。フレデリックはそんな彼女の気持ちを察するばかりか心に留めていて、あるときトルハノヴァをひどく感動させた。一九〇四年一月一日、あたらしい年のはじまりに、フレデリックは従業員一同から感謝を込めてと言って、みごとな花束をプレゼントしてこう言った。「ここにはレストランから拝借した花はただの一本もございません。そしてリボンは……パリから直接取り寄せたのですぞ!」

フレデリックはアクアリウムで出世の階段を駆けあがった。あたかも、ロシアに根をおろすことで、自分自身の運命の支配者になったかに見えた。だが、彼が第二の祖国と決めた国の地中深くでは歴史の力がうごめいていた。それは、最初は、フレデリックのように日々の暮らしに忙殺されている者にはわからないほどの動きだった。そしてその力が、フレデリックがロシアにやって来て五年目になろうかというときはじめて爆発し、その勢いのすさまじさゆえに、彼が自分の手で築きあげた生活の脆弱さはおろか、彼を取り巻く世界全体の脆弱さをも露呈することになる。

一九〇四年二月八日（新暦）の夜、大日本帝国海軍が、中国旅順港沖に停泊中のロシア帝国海軍の太平洋艦隊を奇襲した。あるアメリカの歴史家の言葉を借りるなら、「最初の真珠湾攻撃はこうして成し遂げられた」のである。ロシアと日本の帝国主義的野望はすでに満州で衝突していた。日露戦争の引き金となった日本海軍の奇襲は、それから一年半にわたり巨人ロシアが日本という小人の手にかかって次々と嘗めさせられる苦杯のはじまりにすぎなかった。日本軍は、旅順港そのものを包囲して最終的に攻略し、続いて満州でロシア軍を蹴散らした。そして一九〇五年五月二十七日から二十九日にかけて行なわれた日本海海戦（対馬沖海戦）では、バルト海から日本沿岸まで二〇〇〇〇マイルの道のりを半年以上かけて航海してきた旧式のロシア艦隊を撃滅した。アメリカ大統領セオドア・ルーズベルトの仲介によって、一九〇五年八月、ニューハンプシャー州ポーツマスで日露講和会議が開かれた——ロシアにとっては遅すぎたくらいだ。国内ではすでに何か月も革命の騒乱が続いていた。首都サンクトペテルブルクの六〇〇〇マイル東ではじまった戦争は、ロシア帝国を頭のてっぺんからつま先まで揺るがす大騒擾のきっかけとなり、このとき生じた亀裂が十二年後に帝国を木っ端微塵に打ち砕くのである。

戦争とそれに続く出来事のために、元アメリカ市民として、フレデリックは妙な立場に立たされた。

数十年前、すなわち南北戦争中から戦後にかけて、ロシアとアメリカは友好関係にあった。アメリカは北軍を支援したロシアに感謝していた。政治的にも通商的にも両国は互恵的な関係にあった。たとえば一八六七年には、ロシアがアメリカにアラスカを売却するという大がかりな商取引も行なわれた。だが、二十世紀が近づくにつれ、アメリカの世論はおもに二つの理由からロシアに背を向けるようになった。専制的な絶対君主制への嫌悪と、ロシアにおけるユダヤ人の待遇への反感だった。事実、アメリカは日露戦争の最中も日本に肩入れして、ニューヨークの銀行家たちはロシアが敗北するように日本に多額の融資をした。

こうして、フレデリックが暮らしている国は、生まれ故郷の国で悪しざまに言われるようになっていった。別の皮肉な展開もあった。アメリカではジム・クロウ法が衰えることなく存続していたが、さらに敵意は中国人にも向けられるようになり、あきらかに人種差別的な連邦法によって中国人の入国や国籍の取得が制限されだした。その結果、ロシア人はアメリカ人を、アメリカ人はロシア人を偽善者と呼ぶようになった。ルーズベルト政権が、ロシア全土に広がるユダヤ人に対するポグロム〔集団的な略奪、虐殺、破壊行為。ユダヤ人を対象としたものが多かったがドイツ人、アルメニア人なども対象になった〕をめぐってロシア政府に抗議を申し入れると、ロシアの駐ワシントン大使は、アメリカの街角では黒人がリンチされ、中国人が袋だたきにされているというのにロシアを「非難するとはアメリカ人は無作法だ」と不満を訴えた。

悲惨な結果に終わった日本との戦争は、ロシア帝国にとってこれ以上ない最悪の時期に起きた。二十世紀の幕開けと同時に、ロシア全土に騒乱の波が広がりはじめていた。工場の劣悪な環境に抗議して労働者がストライキを行なった。学生が人権を求めて街頭で行進した。地方では農民が貴族から土地を奪おうとした。政治、経済、教育の幅広い改革を求めて市民が次々と委員会を立ち上げた。社会革命党（エスエル）が「戦闘団」を復活させ、戦闘団は大物政治家を相次いで暗殺した。一九〇二年と○四年にはそれぞれ内務大臣が暗殺され、○五年二月にはモスクワ前総督でアクアリウムの常連だったセルゲイ大公が（フレデリックもアクアリウムで会っているはずだ）、クレムリンの敷地内で文字通り粉々に吹き飛ばされた。

一九〇五年の年明け早々、のちにいう「第一次」ロシア革命が勃発する。一〇万人の労働者がストライキをはじめたため、サンクトペテルブルクの街は麻痺した。一月九日（欧米では一月二十二日）――「血の日曜日」としてロシアと全世界を震撼させることになる日――平和にデモ行進を行なっていた民衆に軍隊が発砲した。皇帝と政府に対する激しい怒りがロシア全土を覆い、革命的な騒乱をさらに煽った。大規模なストライキが続き、農民や少数民族が蜂起し、軍隊の内部でさえ反乱が起きた。ついにニコライ二世も反対勢力の大きさを認識し、十月十七日（三十日）、市民の自由と、ドゥーマと呼ばれる立法府の設立を約束する十月詔書を公布した。ロシア帝国は立憲君主国になるための大きな一歩を踏み出した。だが、こうした早い時期に約束され、達成された事柄の多くは、続く十年間、皇帝によっても大臣たちによっても実行に移されなかった。

十月詔書の狙いは国を落ち着かせることにあったにも関わらず、革命のうねりはますます激しくなった。モスクワはサンクトペテルブルクの騒動を上回る大規模な暴力行為の舞台になった。一九〇五年十二月八日の夜、アクアリウム劇場の「包囲」と呼ばれる事件が起きた。その晩、六〇〇〇人を越える民衆が、アクアリウムの劇場で開かれた大規模集会に集まり、弁士の演説に耳を傾けていた。アクアリウムは、最も戦闘的な革命家たちの住居と職場が集まる工業地区の近くにあったために集会場として人気があった。軍と警察が建物と敷地を取り囲んでいたが、その日の包囲は比較的穏便に収束した。

事態が悪化したのはその翌日だった。アクアリウムより市の中心部に近く、アクアリウムから徒歩十五分のところにあるストラスナヤ広場（現在のプーシキン広場）で、おとなしくデモを行なっていた群衆がうかつにも騎兵隊を挑発した。神経を尖らせていた騎兵隊は怒りにわれを忘れ、一般市民に向けて大砲を数発お見舞いした。多くのモスクワ市民はそれまで革命家たちにいっさい共感していなかったが、これには言葉を失い猛然と腹を立てた。そして、柵、家の扉、電柱、鉄の門扉、路面電車、プラカードなど手近なものを手当たり次第かき集めて道にバリケードを築きはじめた。アクアリウムは騒ぎの中心にあり、バリケードが入り口のすぐ外に積み上がっていた。市内のいたるところで、武装した革命家と軍の小競り合いがはじまった。サンクトペテルブルクに駐在していたアメリカ大使、ジョージ・フォン・レンガーク・マイヤーはワシントンに暗号電報を送り「ロシアは一時的に気がふれてしまったらしい。政府には国じゅうの法と秩序を回復する力がないに等しい。省庁は混乱し、郵便局も電信局もストライキで使い物にならない。しっかり組織されているのは社会主義者だけに思われる。彼らはいつでもどこでもその気になればストライキをはじめることができる」と伝えた。

モスクワで最悪の戦闘は、サドーヴォエ環状道路から少し外側にあるプレスニャ地区で起きた。フレデリックと家族が暮らしていた場所からは、徒歩で三十分だ。十二月十八日、政府はようやく反乱分子を鎮圧することができたが、それまでに革命家と市民合わせて七〇〇人あまりが殺され、約二〇〇〇人が負傷した。軍と警察の犠牲者は七〇人だった。これらの数字は、外国の新聞が最初に報じたものよりずっと少なかったが、国外にいる人たちの恐怖と、国内にいる人たちの絶望と憤怒を正当化するには充分だった。

騒乱の日々の余波はその後何年も続いた。一九〇六年には社会革命党員らによって、役人と警官、そして通りすがりの罪のない市民一四〇〇人が殺された。一九〇七年、その数は三〇〇〇人にのぼった。その翌年は一八〇〇人だった。死神は反対向きにも大鎌を振った。この間、帝国政府は数千人のテロリストと革命家を逮捕して処刑した。だが振り返ってみれば、こうした犠牲者をすべて足し合わせても、一九一七年にボリシェヴィキが政権を握ってから流れだした滔々たる血の川に比べればほんの滴りのようなものだった。

モスクワで混沌と暴力が猖獗《しょうけつ》を極めたこの時期に、フレデリックと家族がこの街にいたとしたら、どんな日々を送っていただろうか。当時この街にいた何十万もの市民のように、ほとんど家にこもりきりで肩を寄せ合い、窓には近づかないようにしていただろうか。開いている食料品店を捜しに行くとき、あるいは街で何が起きているのか噂を仕入れるときだけ思い切って外に出たのだろうか。

だが、彼らがこういった事件をほとんど、それどころかまったく見ていなかった可能性もある。一九〇五年十二月二十六日、サンクトペテルブルク駐在のアメリカ大使が、首都とモスクワに住むアメリカ市民の現状に関する報告書を両都市の在留者名簿と一緒に国務長官に送っている。当時サンクトペテルブルクとモスクワにいたアメリカ人の数は驚くほど少ない。サンクトペテルブルクに七三人、モスクワに一〇四人だけである。モスクワの名簿を作成したのはスミス領事だが、名簿にフレデリックと家族の名前はない。スミスはフレデリックとヘドウィグに少なくとも二回、彼らがパスポートの申請書に署名した一九〇一年五月と、直近では〇四年五月に会っているので、二人と顔見知りだったことは間違いない。

実際、フレデリックが日露戦争から一九〇五年の革命後にかけての一時期、具体的には一九〇四年十一月から〇六年九月までのあいだ、モスクワをしばらく離れていたことを示す証拠がある。十数年後、フレデリックはアメリカ人外交官たちに「一九〇五年、サンフランシスコに向かう旅の途中でフィリピン諸島のマニラに立ち寄った。日露戦争がはじまった頃だった。通訳としてロシア貴族のお供をしていた」と説明している。アメリカ人旅行者にも同じ内容の、もっと詳しい話をしている。

それは真実だったのか、それともつくり話だったのか。自分は四半世紀外国で暮らしてきたが、アメリカへの忠誠心を失ったわけではないと外交官たちを説得するつもりだったのなら、サンフランシスコに行こうとしてフィリピンまでしか行けなかった話をでっちあげてなんの得になっただろう（フィリピンは当時アメリカの植民地になったばかりだった）。偶然にも、反対の方角を指している証拠がある。ベルリンには妻の親戚がいた。モスクワの騒乱を逃れるために一時的にベルリンに身を寄せていた可能性もある。ひょっとしたらそこでレストランを開いていたかもしれない。だが第一次世界大戦後、敗戦国のドイツは世界じゅうから非難されていたので、ドイツとのつながりを認めることは、とくにアメリカの役人を相手にする場合、身のためにならないと思ったのかもしれない。ただ、残された断片的な証拠から考えると、ベルリンにいた可能性の方が高そうだ。

深刻な被害を受けながらもアクアリウムは生き延びたが、経営者のオーモンは革命の最中に目にした暴力や破壊行為にすっかり怖じ気づいてしまった。そのうえ放埒な経営のつけが回ってきて、一九〇七年を迎える頃には破産は時間の問題になっていた。オーモンはフランスに高飛びした（逃げるついでに従業員の金も盗んでいった）。こうしてアクアリウムはそれから何年か続く冬の時代に入った。

フレデリックにはあたらしい仕事が必要だった。そして彼が次に手に入れた仕事は、彼が給仕という職業の頂点にのぼりつめたことを示していた。モスクワの数ある有名レストランのなかでも、十九世紀初頭創業の歴史と名声によってひときわ際立つ名店があった。ヤール・レストランは――モスクワっ子たちはたんにヤールと呼んだ――多くのグルメたちによってロシアで最高の店、ヨーロッパじゅうでも屈指のレストランのひとつと認められた店だった。ヤールは給仕たちの憧れの店でもあった。名声のためだけでなく、著名で裕福な常連客の多くが太っ腹だったからだ。遅くとも一九〇八年の年明けには、フレデリックはヤールのメートル・ドテルになっていた。それはロシアに来てからの成長の証でもある。おそらくその頃には、文法的な間違いはしょっちゅうあるにせよ、ロシア語を流暢に話していただろう。一部の客とのやりとりにフランス語が役立つことはあっても、それ以外の大勢の客、雇用主、レストランの従業員たちとはロシア語ですみやかに意思の疎通がはかれなくてはならなかったはずだ。

ヤールはモスクワの北西の外れにあった。そこでフレデリックはあらたな職場の近くに住むため、閑静なチュヒンスキー横丁からペテルブルク街道一八番地に家族を連れて引っ越した（ペテルブルク街道は、モスクワから約三五〇マイル北西に位置する帝国の首都に通じる幹線道路だった）。アクアリウムの近くにあった元の住まいに比べると、街の中心部から二マイル以上遠くなったが、集客という点でヤールは恵まれた環境にあった。街道を挟んで向かい側の、ホディンカ平原の端にはモスクワ競馬場とモスクワ航空協会の飛行場があった（ホディンカ平原は一八九六年、ニコライ二世の即位記念祝賀会の最中に一〇〇〇人を超える市民が圧死する事件が起きた場所である。多くの人がこの悲劇をニコライ二世の治世の不吉な前兆と捉えた）。二十世紀初頭、世界は飛行機に熱狂したが、ロシアも例外ではなかった。モスクワ市民がはじめて飛行機を見たのは一九〇九年九月十五日、ホディンカ平原でフランス人飛行士ルガニューがヴォワザン複葉機の公開飛行を行なったときだった。数千人の観客がその光景に息を呑み、その後曲芸飛行が公開されるたびに観客の数は増えていった。華奢な飛行機が披露するぞくぞくする離れ業に拍手喝采するにせよ、悲惨な墜落事故の犠牲者を悼むにせよ、シャンパンなどの飲み物が提供できてヤールはご機嫌だった。

フレデリックがヤールで働きはじめたときの経営者はアレクセイ・アキモヴィッチ・スダコフだった。ヤールは、彼が一八九六年に買収してから二十年のあいだに評判の店となり、大いに繁盛した。

スダコフは筋金入りの完璧主義者だったので、フレデリックのプロ意識と都会的センスを確信していなければ、人の目につく責任ある立場に彼を置くことはしなかっただろう。フレデリックとスダコフは、一見したところまったく似ていなかったが、経歴にはいくつか顕著な共通点があった。スダコフはヤロスラヴリ県の農家に生まれ、給仕補として厳しい修業時代を経て店の支配人になり、ついに小さなレストランを買収して自分で経営するようになった。ミシシッピ州の田舎町に黒人の子として生まれ、都会のホテルやレストランで修行を積んだフレデリックの経歴とよく似ている。二人とも自分の才覚だけで、そして飲食業界と娯楽業界の裏と表を一から十まで知り尽くしたことによって成功したのだった。

だが、ヤールにはもうひとり、フレデリックが人生の師と仰いだ人物がいたようだ。スダコフその人がヤールの影の「帝王」と呼んだアレクセイ・フョードロヴィチ・ナトルスキンである。ナトルスキンはヤールの第一メートル・ドテルで、すでに三十年間その地位を守り抜いてきた。つまりフレデリックの直接の上司であり、面と向かって言葉で、あるいは態度で、すでに充分洗練されていた彼の技にさらに磨きをかけてくれたのだろう。ナトルスキンは、親子代々ヤールを贔屓にしてきた常連たちのあいだでは有名人で、堂々とした物腰と、客の望みや好みを見逃さないきめ細やかな心配りの絶妙なバランスによって賞讃と尊敬を集めていた。客は格調高い給仕に丁重にもてなされると大喜びするのだった（のちに多くの客も、フレデリックがまさにこういった点において傑出していたと証言している）。ナトルスキンの計算された気配りの技は、彼の魔法にかかってすっかりくつろいだ気分になった客たちによって存分に報われた。大公たちは記念に取っておけと言って宝飾品を贈り、実業家たちはチップをたっぷりふるまった。そこで引退する頃には二〇万ルーブリ――今日の貨幣価値にして数百万ドル相当――もの貯金ができていた。ナトルスキンはその金でモスクワの不動産に投資した。ナトルスキンの人生と仕事の流儀をフレデリックは多くの点で見習い、師をはるかに上回るようになる。

フレデリックがこうした厳格な同僚たちとうまくやっていたことから予想されるように、彼らの関係は実利的な思惑だけでなく、互いへの尊敬と愛情にさえも根ざしたものだった。その証拠が、ヤールの二十世紀史上最大ともいえるイベント、一九〇九年十二月十九日の、大改築後の営業再開を祝う祝賀会（フレデリックも準備を手伝った）のなかに存在する。その日はスダコフの長年の労をねぎらう多数の讃辞が寄せられた。フレデリックも五人の古参の同僚と一緒に感動的な祝いの言葉を書いて署名している（もちろんロシア語で）。そこには、自分たちはスダコフの「最も身近な助手で協力者」であり、スダコフが「精力的で実直な経営者」であるがゆえに「敬礼」し、「たぐいまれな人間性の持ち主」であるがゆえに「頭を垂れる」と書かれている。そして自分たちがスダコフを「心から愛する」のは、「巧みな経営手腕」のためだけでなく、スダコフが「誠実で善良なるものすべてに反応する繊細な魂」をもっているからなのだという。祝辞はスダコフの「長い歳月《ムノーガヤ・レータ》」を願って結ばれる。じつはこれは、司祭に長命を授けたまえと神に祈願するロシア正教の聖歌のタイトルだ。聖歌のタイトルを宣言して祝辞を結べば、伝統的に聖歌を歌いだす合図になっていたのだろう。祝辞に署名した六人も、その場にいた大勢と声を合わせて歌ったに違いあるまい。

西欧人の感覚からすると、有名レストランの営業再開を祝う席で、信仰の表現である聖歌を歌うのは奇異に思えるかもしれない。つまるところヤールはたらふく飲み食いし、ジプシー（ロマ）の合唱や器量よしのコーラスガールに情熱をかきたてられるために行く場所なのだから。だが、当時のロシアの規範から言えば、こうした場所で祈りが捧げられることはまったくおかしなことではなかった。それは宗教儀式と信仰が、社会生活のあらゆる側面と社会のあらゆる階層にいかに浸透していたかを表わすものでもあった（ただし、このように宗教と世俗とが混然となった節操のない状態を嘆かわしいと考える少数派はつねにいた)。ヤールの聖歌は、ロシア人の意識のなかで罪と許しがたやすく共存することを示すものでもある。ロシア人は、悔い改めれば罪はかならず贖われ、情熱は、正しく導かれさえすれば魂の救済につながると嘘偽りなく信じていた。この数年後、ヤールの最も評判の悪い常連のひとり、怪僧ラスプーチンがこの二重性を体現してみせることになる。

職場のフレデリックはどんな様子だったのだろうか。アメリカ・グラモフォン社のフレッド・ガイズバーグは、ヤールでフレデリックが働いている姿を何度か見かけて、彼の洗練された物腰とその魅力に感心している。ガイズバーグがモスクワに来たのは、世界的に有名なロシアのバスオペラ歌手フョードル・シャリャーピンと長期レコーディング契約を結ぶためだった。ガイズバーグがとくに感銘を受けたのは、フレデリックが「モスクワの貴族と富豪を全員」記憶しているだけでなく、「つねに非の打ち所のない服装と抜け目ないまなざしで、客をひとりずつ玄関ホールで歓迎する」その腕前だった。フレデリックは、目の前にいる客が、社交界でどの程度の地位にある人物か、どれくらい金を使いそうかすばやく計算しながら、前回店に来たときはどんな料理や酒を喜んだかを思い出すことができた――どちらにも並外れた記憶力と人間観察力が必要とされる――それこそが、フレデリックがヤールで異例の出世を遂げた理由のひとつだった。加えてフレデリックはとても人あたりがよかった。ガイズバーグは、フレデリックが「どこに行っても人気があった、とくにご婦人方のあいだでは大人気で、かわいがられていた」ことを強調している。さらに、フレデリックがヤールで、ロシアのほかの有名娯楽施設の給仕たちとともに記憶に残るもてなしの新基準を打ち立てたこともほのめかしている。「私の意見では、気ままなナイトライフを求めるのであれば、パリ、ベルリン、ウィーン、ブダペスト――いずれの都市もサンクトペテルブルクとモスクワにはかなわない」と結論している。

富裕層を相手にした高級レストランでは、どの店でもメートル・ドテルが日頃から腕を振るうのだろうが、ヤールではときにその手腕が限界まで試されることがあった。そうなった理由のひとつはモスクワの文化規範だった。とくに商売がうまくいって金がありあまっている商人階級のなかには、自分たちのロシア的な「広い心」に世間が注目し、記憶に留めてくれるように、虚勢や抑えの効かない情熱を見せつけることにこそ価値があると考える者たちがいた。さらにヤールは、金に糸目をつけずに宴会のできる店として人気だった。こうして、後世に語り継がれる乱痴気騒ぎが実際に何度か起きた。一九一一年頃、ヤールを訪れたアメリカ人作家ロイ・ノートンは（当時フレデリックはヤールでまだ働いていた）、すでにしばらくヨーロッパに滞在してさまざまな国の「浪費家」の行動を研究していたが、浪費にかけてはロシア人が群を抜いており、モスクワでその最たる例を見物しようと思ったらヤールに行くのがいいと即座に結論した。とくにノートンが驚嘆したのは、正餐会用の部屋で、温室栽培のパイナップルをボールに見立ててサッカーをしたら楽しいだろうと言いだした道楽者の話だった。その年の冬、モスクワで温室栽培のパイナップルの価格はおよそ四四ルーブリ、ないし二二ドルだった（今日の貨幣価値に換算すると約一〇〇〇ドル）。男は荷車一台分のパイナップルを注文して、部屋のあちこちで次から次へとパイナップルをキックし、磁器を割り、テーブルをひっくり返し、輸入物のシャンパンをまき散らした。にこやかな笑みを浮かべて店の主人がさしだした請求書には三万ルーブリ（今日の貨幣価値にして七五万ドル相当）と書かれていた。フレデリックがノートンに語ったところによれば、「おそらくひと月に平均五〇件の請求が行なわれ、一晩の宴会代は平均七五〇〇ルーブリほどになる」ということだった。

ロシアに来てから十年も経たないというのに、フレデリックの前途は順風満帆に見えた。有名レストランで高給を得られる地位に就いた。またひとり、あらたな家族が生まれようとしていた。ヘドウィグはお腹に三人目の子を宿していた。一九〇九年二月二十四日、イルマが誕生し、三月三十一日、聖ペトロ・パウロ教会の牧師によって自宅で洗礼を授けられた。だが、あらたな家族が誕生した喜びもつかの間、産後の肥立ちが悪くヘドウィグは衰弱していった。トーマス家の人々の話によれば、フレデリックがイルマによそよそしい態度をとるようになったのは、どういうわけか、最愛の妻の死はこの娘のせいだと思い込んだからららしい。イルマの悲劇的な運命も、家族との思い出を成人してからいっさい封印したその態度も、父と娘のあいだで広がった亀裂の深さを暗示している——暗い幼少期の原因になった父との葛藤をイルマはけっして乗り越えることができなかった。

イルマを産んだあとでヘドウィグがどういった不調に悩まされていたのかを示す直接の証拠はないが、たくさんの可能性が考えられる。二十世紀初頭のモスクワでは衛生学が進歩し、産院で出産する人も増えていたが、それでも出産には母子ともに危険が伴った。産褥熱が次々とおそろしい合併症を引き起こすことも珍しくなかった。一九一〇年一月十七日、ヘドウィグは肺炎と敗血症の合併症で亡くなり、さまざまな宗派の外国人が葬られるモスクワのヴヴェジェンスキー墓地、通称「ドイツ人墓地」に葬られた。三十四歳だった。

母親が死んだとき、オリガはもうすぐ八歳だったので、母の死が何を意味するのかある程度理解できる年齢になっていた。だが、ミハイルはわずか三歳、イルマは一歳にもならなかったので、二人にとって母の死は、わけのわからない、混乱する辛い出来事でしかなかった。二人には母親の記憶もなかった。フレデリックにとって、メンフィスで父親を殺されて以来、身近な人を失うのはこれがはじめてだった。もちろん、ヘドウィグを失ってからもフレデリックの人生は続いていくが、彼女と二人で築いた家庭生活の清明な調和は二度と取り戻すことができなかった。

妻を亡くしたフレデリックにとって緊急の課題は、子供たちを養育する手立てを捜すことだった。ヤールでの収入があれば、家政婦を雇うくらいどうということはなかったので、経験豊かな乳母を見つけるのが妥当な解決策に思われた。彼が白羽の矢を立てたのはヴァレンチナ・レオンチナ・アンナ・ホフマンという女性だった――のちにその選択は大きな過ちであったとわかる。みんなから「ヴァリ」と呼ばれていたこの女性は、当時二十八歳で、十八世紀以来ロシア帝国に吸収されていたバルト海沿岸の小国、ラトビアの首都リガの出身だった。ホフマンという姓と、英語とドイツ語に堪能だった（もちろんロシア語も）事実から、当時バルト地域で優勢だったドイツ系の出身できちんとした教育も受けていたのだろうと推測される。現存する写真を見るかぎり、器量は十人並みでかなり大柄な女性だ。その後のなりゆきから考えて、凡庸な容貌がフレデリックとの関係に影響したのかもしれない。

ヤールで働くかたわら、フレデリックは次の大きな一歩を踏み出す準備もはじめていた。おそらく数年前から心のなかで計画を温めていたに違いない。あいかわらずたっぷりとチップをもらっていたので、貯金は相当たまっていた。いや、人生でこれほど大金を手にするのははじめてだった。次にどう出るか、決断の時が来ていた。ナトルスキンのように定年まで働き続けるか――安全な道だ。それとも、スダコフのように多少の危険は冒しても自分の事業に投資するか。フレデリックはスダコフの――そして父親の――背中を追いかけることにした。自分の腕と情熱に賭けてみることにしたのだ。

フレデリックが直面する事業のリスクは、国全体を脅かすはるかに大きなリスクと切り離せないものだった。だが、情熱を傾けて野心を追求したということは、ロシアはなんとかしてこの難局を乗り越えると信じていたのだろう。一九〇五年の革命は、ロシア帝国の社会政治制度の脆弱さを露呈した。またいつ同じことがくり返されないともかぎらなかった。一九〇八年から一〇年にかけて、それまでの年に比べればテロの件数は減ったものの、それでも七〇〇〇人を超える政府の役人と、三〇〇〇人を超える市民が殺された（このなかには強権をふるったピョートル・ストルイピン首相の、一九一一年の衝撃的な暗殺事件も含まれている）。政治と経済の改革を要求する労働者のストライキは、一九一〇年にはここ数年間で最低レベルにまで減った。二〇〇〇件ほどあった労働争議もほとんどが小規模で、参加者もわずか五万人程度に留まった。だが、一九一〇年頃から好況に沸いていたにも関わらず、こうした小康状態は国の根本的な問題が解決された徴候とは言えなかった。翌年、ストライキの件数は増加し、一九一四年には危機的なレベルにまで増えるが、政府はあいかわらずやみくもで愚かな暴力で労働者を抑えつけようとしていた。一九一二年にはとくに痛ましい事件が起きた。シベリアで平和裏にデモを行なっていた数千人の金鉱労働者に向かって軍が発砲し、一四七人が犠牲となったのだ。ドゥーマは徹底的な調査を要求したが真相は闇に葬られた。この期に及んでも、帝国政府が危なっかしく、それどころか沈みかけながら漂流を続けているという印象を払拭できるようなものは何もなかった。

ただし、こんな脅威は遠くの雷のようなもので、浮かれ騒ぎを求めるモスクワ市民の情熱はまったく衰えることがなかった。同時代の多くの証言によれば、一九一〇年代に入ってから、モスクワの人々はいよいよ血眼になり貪欲に快楽を追求するようになっていた。フレデリックの周囲の人間は稼ぎまくっていた。そこで、彼も同じようにやってみることにした。

4 最初の富

一九一一年十一月、モスクワのナイトライフを愛してやまない人たちの耳に、胸躍る知らせがいくつか届いた。来春、アクアリウムが経営陣を刷新して営業を再開するという。四年前にオーモンが従業員の金を持ち逃げして以来、アクアリウムは何度も人手に渡り、貸し出されたり、又貸しされたりしていた。どの経営者も出だしは好調なのだが、モスクワでいちばん広く、緑の美しい空間であるにも関わらず、すぐに行き詰まってしまうのだった。モスクワの舞台業界の動向を追いかけるジャーナリストのなかには、アクアリウムを復活させようとする経営者にオーモンが呪いをかけたのだと言いだす者まで現われた。

さらに人々を驚かせたのは、経営を引き継いだ意外な三人組が、高額な賭け金が必要なモスクワのナイトライフのゲームに参加したことがないにも関わらず、そろいもそろって自信満々なことだった。三人のうち二人はロシア人だった。実業家のマトヴェイ・フィリッポヴィチ・マルトゥイノフ、元バーテンダーで、先の経営者の下でアクアリウムのメートル・ドテルにまでのぼりつめたミハイル・プロコフィエヴィチ・ツァリョフ。そして三人目が、ヤールの常連にはすっかりおなじみのフレデリックだった。彼はいまや「フョードル・フョードロヴィチ・トーマス」と名乗るようになっていた。

アクアリウムの経営に乗りだすことは、フレデリックにとってあらたな自分にふたたび生まれ変わるための大きな一歩だった。興行の世界に飛び込むために、フレデリックはとてつもなく給料のいい仕事という保証を捨て、苦労して貯めた金と家族の幸せを危険にさらさねばならなかった。だが、さらにもっと根源的な変化もあった。ロシア人の名前と父称を名乗ることによって、フレデリックは、世間が自分を認知する言葉そのものを変えた。モスクワでビジネスをやっていくにはそのほうが都合がいいというたんなるポーズではなかった。それは、「フョードル・フョードロヴィチ」は家族のあいだでもフレデリックのアイデンティティの一部になった。フランスに住む彼の二人の孫は、祖父のアメリカ時代の名前とミドルネームを知らなかった。彼らは、祖父には「フョードル」という名前しかないものと思い込んでいた。それは彼らの父親（フレデリックの長男）が、家族に思い出話をするとき、いつも自分の父親を「フョードル」と呼んでいたからだった。

アクアリウムの経営は、大がかりで、野心的で、金のかかる事業だった。施設はここ数年野ざらしになっていたので、大規模な修復が必要だった。少なくとも最初は、フレデリックと共同経営者たちが貯金をはたいてこうした経費を賄うことにした。あらゆる課題のなかで最も差し迫っていたのは、開園当日の晩にモスクワっ子たちの目を眩ませ、夏のあいだじゅう通い続ける気にさせるショーを手配することだった。そこで一九一二年二月、凍えるような寒さと雪だまりのせいで春がまだ遠い先のことに思えるなか、来たるべきシーズンに出演させる芸人たちをスカウトするために、フレデリックは西ヨーロッパを目指して出発した。舞台に出る芸人を選ぶという重要な過程を、共同経営者や斡旋業者まかせにするのではなく、自分で監督するのがフレデリックの流儀だった。この旅は、フレデリックが共同経営陣のなかでいち早く頭角を――とくに芸術的審美眼という問題に関して――現わしたなかった）。

ことを示すものでもある。数か国語をあやつれたことも役に立った（ほかの経営者たちは外国語が話せ

フレデリックは秘書と助手を連れて、ウィーン、ベルリン、パリ、ロンドンなどの大都市を急行列車で六週間かけて回り、最高の劇場でなるべく多くの演目を観た。大衆演芸《ヴァリエテ》は国際ビジネスだったので、フレデリックのようなロシアの興行師は、人気の役者やスターを獲得するために外国勢と張り合わなければならず、それには興行師のほうも一芝居打つ必要があった。いかにも贅沢な生活に慣れているかのようにふるまうことで、劇場支配人はたんに金があるだけでなく、これはと思う芸人に気前のいい契約を提示できる立場にあることをそれとなく匂わせるのである。そのため一般に興行師というものは、ウィーンのケルントナー・リングにあるグランドホテルや、パリのヴァンドーム広場のオテルリッツといった有名ホテルの広々としたスイートルームをあらかじめ電報を打って予約し、部屋を花束で盛大に飾りつけていた。それは目をつけたスターたちを昼食や打ち合わせに招いてあっと言わせるためであり、仕上げに自分でも盛装して、金持ちで世慣れた洒落者を演じてみせたのだろう。

ヨーロッパに出かけた最初のスカウト旅行でも、その後何年かにわたる同様の旅行でも、フレデリックは金にいっさい糸目をつけず、アクアリウムのヴァリエテに出演させるために目をつけた最高の芸人たちと契約を結んだ。そのあまりの気前のよさに、一部の芸人が受けとっている報酬の額を嗅ぎつけたモスクワのあるジャーナリストが、払いすぎだと不満を言いだすほどだった（モスクワの興行師たちのあいだで価格戦争がはじまりかねないからだろう）。黒人アメリカ人の二人組の歌手、ジョージ・ダンカンとビリー・ブルックスは、ロシア巡業の途中でしばらくフレデリックの店に出演していたが、フレデリックがいつも、芸人が五人から二五人も登場する大がかりなショーで観客たちを感動させようと努力していたことを憶えていた。ダンカンとブルックスは冗談で、フレデリックはなんで

も見境なくステージに載せようとしたから、「二〇頭かもっとたくさんの象に曲芸させてみたい」と誰かが言いだしたら、そのとおりにしただろうと述べている。そして、いつでも自分たちの演奏と舞台装置には誇りをもっていたし、幕があがれば自分たちのやっていることは「とにかくビッグに」見えたが、それでも「トーマスの演目は貨車何台分もの大道具を使っていたから、俺たちはまるで小人のようだった」と悲しそうに認めた。

一九一二年四月二十八日、モスクワの日中気温がついに一〇度台に届きはじめた頃、アクアリウムのあらたなシーズンが幕を開けた。冷たい大陸性気候のせいで、街の住民たちは家の外に出たくてうずうずしていた。そこで日中はまだ肌寒く、夜は気温が氷点下近くまで下がったが、フレデリックと共同経営者たちはアクアリウムの開園に踏み切ることにした。開園までの五か月は目が回るように忙しく、金が飛ぶように消え、気力体力を消耗する日々ではあったが、いまや準備は万端だった。フレデリックが西ヨーロッパで契約した芸人たちの第一陣とロシア各地の芸人たちがモスクワにぶじ到着した。あらたな施設が建てられ、ペンキが塗り直され、方々の花壇に花が植えられ、庭園は装いを一新していた。レストランも改装され、あらたなスタッフが持ち場についた。数年前、オーモンが経営者だった頃からアクアリウムで公演を行なっていた有名なサブーロフ一座も、今シーズンに屋内劇場で上演する喜劇やオペレッタのリハーサルをしていた。アクアリウムの開園を知らせるポスターが街じゅうに貼りだされた。そこには出演する芸人たちの名前も書かれていた。おもな新聞、雑誌にも広告が載った。あとは門を開け、来園者の顔を拝むばかりだった。

園には初日から人が詰めかけた。ひと月も経たないうちから今シーズンが黒字になることはあきらかだった。夏の繁忙期を前に、あらたな経営陣はわが目を疑った。ヴァリエテが行なわれる野外劇場の切符売り場は、ほぼ毎晩「完売御礼」の札を出さなくてはならなかった。サブーロフの笑劇も連日大賑わい、カフェ・シャンタンのテーブルも夜中過ぎまで予約でいっぱいだった。モスクワの舞台業界事情に詳しいジャーナリストのなかには、「三人組」のひとり「トーマス氏」こそ、アクアリウムの驚異的な成功の立役者であるとめざとく指摘する者もいた。実際、経営陣はそれからすぐに「トーマス・グループ」と呼ばれるようになった。「ガンマ」という筆名の記者は、フレデリックが外国から呼んできた芸人たちについて「トーマス氏はいい趣味をしている」と褒め、彼が野外劇場用に組んだプログラムを「おみごと」と言うほかないと評している（ただし庭園のほかのいくつかのショーについては辛口なコメントをしている）。なにより重要なのが彼の簡潔な結論だ。「アクアリウムはモスクワっ子のお気に入りの場所になり、エルミタージュを」――エルミタージュは、モスクワにもうひとつあった大型娯楽庭園で、アクアリウムに唯一対抗できるライバルだった――「はるかに引き離した」。

その言葉どおり、この二つの施設はこの先何年も競争を続けることになるが、エルミタージュもつねに経営は順調だったとはいえ、アクアリウムはそれを上回る注目を集め、それを上回る金を稼いだ。こうなったのは、フレデリックにすぐれた経営手腕と、大衆娯楽の世界で次に何が流行るかを見抜く目があったからだ。モスクワには、洒落たレストラン、カフェ、ヴァリエテ劇場、演劇の劇場、オペラハウス、コンサートホール、映画館がところせましと軒を連ねており、それぞれが街の住民の注目を得ようと凌ぎを削っていたが、「トーマス・グループ」が経営権を握ってからはアクアリウムの名声に翳りが差すことはなかった。

開業した最初の晩からアクアリウムに人が詰めかけた理由のひとつは、趣味も懐具合もさまざまな客たちのニーズに応える幅広い娯楽を提供する才能がフレデリックにあったからだ。とはいえそれらのなかでもとくに際立っていたのは、園内にあふれる性的解放感だった。フレデリックも共同経営者も、アクアリウムの敷地で売春を奨励したことはなかった。モスクワではほかの場所でも売春がさかんに行なわれており、すぐ近くの通りにも街娼たちが立っていた。アクアリウムの複数あるステージで、いかがわしいショーばかりが上演されていたわけでもなかった。それにも関わらずアクアリウムはたちまち、色事を好む人たちが気軽に楽しく公序良俗を棚上げできるエロスの園とでもいったものになってしまった。これを助長したのは、公園のような背景、都会を抜け出したかのような雰囲気、すぐ手の届くところにいる魅力的なショーガールの刺激的なパフォーマンス、気晴らしを求めてぶらぶらする客たち、そしてジャーナリストたちが園の放埒な雰囲気を記事で大きく取りあげることを好んだという事実だった。

アクアリウムの常連客が、典型的な温かい夏の夜、庭園に流れていたゆるく享楽的な空気を巧みにとらえている――通りの熱気と騒音を逃れて庭園に入れば、爽やかなそよ風が迎えてくれる。木々の梢には蛍のような小さな明かりがたくさん揺れている。月――煌々と輝く大きな球体――が空に浮かび、売店やステージの上で旗が陽気に翻っている。砂がまかれた小道の上をそぞろ歩く人々の足音は、浜辺を優しく洗うさざ波のようだ。手招きするようなオーケストラの調べが道の反対側のステージから聞こえてくる。クリスタルの花瓶に活けた花がフットライトを虹のように囲んでいる。薄い夏服を着た女たちが幸せそうな弾んだ笑顔を浮かべている。きらきらと輝くその瞳、女たちが渇望するのは愛、幸福、酒、「いや……金だけだろう」常連客は、わけ知り顔の皮肉な調子でそう結論する。観客は、野外ステージの曲芸師たちを食い入るように見つめ、喜劇役者の卑猥な冗談に腹をかかえて笑う。そのかたわらに立っているのは一目でそれとわかる放蕩者。洒落たタキシードの襟に小さな花を挿し、胸ポケットから派手な赤いハンカチーフをのぞかせている。彼は、大きな胸をした金髪ぼさぼさ頭の女性がピアノの鍵盤を叩いて、じつに勇ましく「ドイツ風の」行進曲を弾くのを憎々しげに見ている。

その一分後には、舞台に登場した二十歳になるやならずのほっそりとした槍投げ娘を物欲しげに見つめる。そうかと思えば、隣に立っている女性に冗談めかした誘いの言葉を囁きかける。「この短い夏の夜を私とともに過ごしませんか?」と。その隣を禿げた皺だらけの小柄な老人が通り過ぎる。老人と腕を組んでいるのは目も眩むばかりの美貌の娘。娘は通りすがりのすべての男に燃えるような眼差しを投げかけ、ついてらっしゃいと誘惑する。老人に対する総攻撃が開始され、三十分後、老人はひとりぽつんとあらたな「餌食」がかかるのを待っている。かたや、目も眩むばかりの美女は薔薇色の頬をした学生を横に従えて、庭園の玄関でひと騒動起こし、車を呼べと耳障りな声でがなりたてている。まじめで律儀なモスクワっ子とその妻たちは、野外ステージの近くに陣取ったが最後、何時間でもそこに突っ立って幕間のあいだも離れようとしない。「五〇コペイカ」の入場料で、できるだけたくさんの見世物を楽しもうという魂胆だ。彼らは花火が終わってからやっと家路につく。

アクアリウムの雰囲気が、ロシア人であれ外国からの訪問者であれ、とくに若い男性を強く惹きつけたのは当然だった。開園から数か月後、在モスクワ英国領事館に副領事として着任したばかりのR・H・ブルース・ロックハートという二十五歳の童顔のスコットランド人が、イギリス人の友人ジョージ・ボーエンを伴ってアクアリウムを訪れた(ロックハートはのちに数々の危険な任務をこなしてナイトに叙せられる)。その夜の訪問は後世に残る出来事になった。二人ともアクアリウムを訪れるのははじめてだったが名前は知っていた。その夏、アクアリウムはすっかり有名になっていたうえ、彼らが勤める英国領事館が(ロックハートの言葉をそのまま引用するなら)アクアリウムを「牛耳る」「ニグロのトーマス」と、「キャバレーの出演者として雇われているイギリス娘たちとの契約」に関してたびたび揉めていたからだった。その最初のシーズン、フレデリックは、アクアリウムの経営についてはまだ駆け出しだったかもしれない。だが、このすぐあとに紹介するロックハートとの出会いからわかるように、色恋、嫉妬、自殺、そして警察が絡んだ刃傷沙汰を解決するのはお手のものだった。

ロックハートとその友人は、アクアリウムの娯楽施設が道徳的にどう階層化されているかをじつによく理解していた。それによれば「道徳的に文句のつけようがないオペレッタ劇場。同じくご立派な野外ミュージック・ホール。それよりあきらかに品の落ちるテラス式のカフェ・シャンタン、そしてジプシーの合唱や内輪のどんちゃん騒ぎに欠かせない貸しきりの『個室』が並んで」いた。ある晩、すでに別の店でたらふく飲み食いしてきた二人は、当然の流れでカフェ・シャンタンを選びいちばんいいボックス席を取った。「高揚した気分」だったにも関わらず、最初はつまらない演目が続いて退屈していた。するとどつぜん照明が暗くなって様子が一変した。

楽団がイギリスの曲を演奏しはじめた。幕があがると、舞台の袖からイギリス娘が――驚くほどはつらつとした美しい娘が――軽やかな足取りでステージの中央に走り出て、歌と踊りの演目をはじめた。その声は甲高く耳障りで、ひどいウィガン訛りがあった[つまりランカシャー出身だった]。それでもダンスは踊れた。そしてモスクワの人たちはイギリス娘の踊りを観るのははじめてだったので、立ちあがって娘を見ようとした。二人の青年もそうした。イギリス人たちはにわかに元気になった。給仕頭が呼ばれ、注文した紙と鉛筆が届くと、二人はもじもじとあれこれ考えた末に――なにしろ二人ともこうした経験ははじめてだった――僕たちの席に来ないかと、二人で書いたメモを送った。娘がやって来た。ステージを降りた娘は、十分前に観たときほど美しくなかった。とくに機知に富んでいるわけでも性悪でもなかった。十四歳から舞台に立っていると言い、人生を達観していた。だが、イギリス人であることに変わりはなく、娘の身の上話を聞いて僕たちは興奮した。僕たちの内気でぎこちない態度を娘も面白がっていたと思う。

ところが、興味津々のロックハートとボーエンの会話に邪魔が入った。給仕が娘宛てのメモをもってボックス席に入ってきた。娘はメモを読み、申し訳ないがちょっと失礼すると言って出ていった。するとその直後に、

扉の向こうで激しく言い争う声が聞こえた――ロンドン訛りの男の声しかほとんど聞こえなかった。それから取っ組み合う音がして、「ぶっ殺してやる」という捨て台詞が聞こえた。扉が開いたかと思うと閉じられ、真っ赤な顔をしたわれらがランカシャー娘が帰ってきた。どうしたの？　何でもない。イギリス人の騎手がいるの――頭のいかれた飲んだくれ、そいつのせいであたしの人生めちゃくちゃよ。可哀想に、僕たちは同情の言葉を口にして、シャンパンを追加注文した。そして五分もすると、その出来事のことはきれいさっぱり忘れてしまった。

だが、そう長く忘れてはいられなかった。一時間後に扉がふたたびさっと開いた。

今回現われたのはトーマスその人だった。彼の後ろには警察官がいて、扉の外には給仕と娘たちが大勢おびえた顔をして集まっていた。ニグロは頭を掻いて言った。事故がありましてね、お嬢さんをちょいとお借りできますか？　イギリス人の騎手がピストル自殺したんです。

たちまち酔いが醒めた。僕たちは勘定を済ませると、娘のあとについて通りの向こうの悲劇の現場になったみすぼらしい家具付きの部屋に行った。僕たちは最悪の事態を覚悟した。醜聞

に巻き込まれ、面目が丸つぶれになるかもしれない。目撃者として検死審問に呼び出されるのはほぼ確実だ。僕たち二人の目に事態はひどく深刻に映った。こんなときはトーマスに腹の内を打ち明けるのがいちばんだろう。そう思って相談すると、彼は僕たちの不安を笑い飛ばした。「わっしにおまかせくだせえ、ロックハートのだんな」と彼は言った。「ご心配なさるな。だんなさまがたもイギリス人の嬢ちゃんも、警察の面倒になることはありますまい。やっこさんたちは、こういう修羅場にゃ慣れてますからなあ。それにこうなるってこたぁずいぶん前からわかってたんだ」

数日後、ロックハートも友人も人心地ついて、フレデリックは正しかったと認められるようになった。やっと二人とも、フレデリックが少なくともヤールで働いていた頃にはとっくに認識していたある事実を学習したのだった（ヤールでも愛憎劇は日常茶飯事だった）。それは、ロシアでは警官や役人は、地位や社会的立場のある者なら誰にでも恭順の意を示す。しかもそういった態度は例外なく「現金という具体的な物でさらに補強できる」という事実だった。フレデリックは、給仕、従者、メートル・ドテルとして長年経験を積んできたので、アクアリウムの経営をはじめるまでに、客が何を欲し何をおそれているのかを読みとる達人になっていた。そして一九一二年の夏を迎える頃には、大勢の人間を雇い、毎週何千人もの客を楽しませる事業をモスクワで繁盛させるあらゆるルールに――明文化されたものにもそうでないものにも――精通していた。

一九一二年の夏、それはフレデリックがはじめて金持ちになったときでもあった。九月、シーズンの終わりを目前に控えて、ある新聞記者が、アクアリウムの経営陣の最終利益がいくらになるかを探りあてた。なんと純益にして一五万ルーブリ、今日の貨幣価値にしてひとりあたりおよそ一〇〇万ドルだった。アクアリウムの開園から一年足らずでフレデリックは、ミシシッピ州はおろかアメリカじゅうの黒人が、さらにいえばほとんどの白人さえ想像したこともないようなレールの上を——ロシアの一流興行師たちの世界に続くレールの上を——走りだしていた。

アメリカ人の目から見ると、モスクワで著名人の仲間入りを果たす際に、フレデリックの人種がいちども問題にされなかったことも驚きというほかない。ひどく独断的な「ガンマ」というジャーナリストでさえ、フレデリックの肌の色にたったいちどだけ、それも間接的に触れているだけだ（モスクワの定期刊行物でほかの評論家たちはフレデリックの肌の色にいっさい言及していない）。ガンマは気の利いたことを言おうとして、古代ローマ史を引き合いに出し、「トーマス氏」は現代の「ユリウス・カエサル」にほかならず、「ガリア」ではなくヤールで「黒くなった」と書いている。大げさにもガンマは、フレデリックはヤールで技に磨きをかけ、それによってアクアリウムを「支配」できるようになったが、それはまるでガリアを征服してからローマの独裁者になったカエサルのようだと言いたいのだ。つまりここで言われているフレデリックの「黒さ」は、明白な人種的特徴でもなければ、彼のアメリカの過去とも関係ない。むしろ、すぐれた経験や技術を修得したことの比喩であり、たんなる個性である。

ちょうどその頃、シカゴの旅行客たちがアクアリウムを訪れている（彼らはアクアリウムを「モスクワの施設のひとつ」と呼んでいる）。彼らはフレデリックの「成功」と「ダイヤモンドで飾り立てた」身なり、そして彼の混血の子供たちが「ロシアの名門校に通っている」という事実にひどく「驚愕」し、帰国するなり矢も楯もたまらず自分たちが見てきたことを地元の新聞に報告した。フレデリックも、客たち一人ひとりに細やかな気配りを見せ、二十年前に働いていたオーディトリアム・ホテルの思い出話などをして、客たちをすっかり魅了した。「ブランクさん、こんばんは」フレデリックは客にめいめい名前で呼びかけた。「席を移るのがご面倒でなければ、もっとよいお席を用意いたしましょう。お発ちになったとき、シカゴはどんな具合でしたかな」。なぜフレデリックが成功したのか、きっと客たちにも察せられただろう。

二人の共同経営者と負担を分かち合っていたとはいえ、アクアリウムのように大規模な施設を繁盛させるために、フレデリックは息つく間もなく働いたはずだ。こういった施設の運営は一年じゅう待ったなしだ。そのため最初のシーズンが終了するとただちに、次のシーズンの準備に取りかからなければならなかった。一九一二年九月、フレデリックはふたたび汽車に乗り、今回は、サンクトペテルブルク、キエフ、オデッサとロシアの主要都市を巡り、一九一三年の夏シーズンに出演させる芸人たちをスカウトした。それと同時に、寒くなったらアクアリウムの敷地ではじめる「スケート・パレス」の準備も進めていた。

だが、フレデリックの野望はアクアリウムのさらに先にも向けられていた。最初の成功が、より多くを求める彼の欲望に火をつけた。その秋、モスクワ演劇界にこんな噂が飛び交うようになった。フレデリックがあらたな事業について話し合いを重ねている。今度はひとりでやるつもりらしい。ターゲットは、街のど真ん中にある、経営破綻した庭園つきの劇場だった。

「シャンティクリア」は散々なシーズンを終えたばかりだった。経営者のステパン・オシポヴィチ・アデリは、建物も従業員も使い物にならなくなるまで酷使する時代遅れの経営者だった。そこでフレデリックがここを引き継ぐ意向を明かすと、モスクワの娯楽業界の関係者はその知らせを歓迎した。「この人物ならやってくれるはずだ」ある雑誌の編集長はそう太鼓判を押した。「彼ならば大きく手堅い事業を興すノウハウを心得ているだろう」。フレデリックは業界関係者だけでなく、一般人にもその名を知られるようになっていった。それを鮮やかに示すかのように、モスクワのあるジャーナリストは「F・F・トーマスはわれらの寵児」になったと宣言している。こうしたフレデリックを絶讃する記事のなかに、なかなかよく撮れた写真を掲載しているものがある。写真のフレデリックは、落ち着いた穏やかな眼差しをこちらに向けている。片方の腕をステッキの柄にゆったりと預け、小粋な帽子をかぶり、洒落たスーツの胸に花を挿し、ふさふさとした立派な口髭をたくわえている。

フレデリックは、ベル・エポックを代表するパリの有名レストランにちなんで、店の名前をシャンティクリアから「マキシム」に改めることにした（ヨーロッパじゅうの街で、カフェ・シャンタンにマキシムという名前をつけるのが流行していた）。そしてただちに店の改装に取りかかった。当時のモスクワ市民は――お目当てが音楽や演劇のまじめな公演であれ、オペレッタや喜劇、ヴォードヴィルといった軽いジャンルのものであれ――劇場に足を運ぶときは、日常を離れどこか別の場所にやって来た気分が味わえることを期待していたので、劇場は恥も外聞もなく贅沢に飾り立ててあることがお約束になっていた（芸術志向の強い前衛的な劇場は例外だったが）。それはつまり高価な布と金箔、高い天井と輝くシャンデリア、細かい模様の漆喰でごてごてと装飾するということだった。フレデリックもこの公式に忠実に従った。一九一二年十月中旬には店の内装が整い、出演者のリストも完成した。黒人のアメリカ人の二人組、ダンカンとブルックスは、なにもかもあたらしくなった豪華絢爛な空間を見て、店内のすべてが「金とビロードだった。扉から一歩入るとカーペットに足が深く沈み込んでしまうので、地下まで潜ってしまうのではないかと思った」と語っている。

「十月二十日開店」の広告がお目見えすると、楽しいことに目のないモスクワっ子たちは期待に胸を高鳴らせた。「マキシムに行くよ　友と手をとり観劇に」ある雑誌は語呂のいいキャッチコピーで街にあふれる歓迎ムードを伝えようとした。だが、ふいに横槍が入り、開店は数週間延期せざるをえなくなった。

いざこざの原因は店の立地だった。マキシムの住所は、コジツキー横丁とグリニシェフスキー横丁に挟まれたボリシャヤ・ドミトロフカ通り一七番地だったが、その界隈には教会が三つもあった。（いずれも一九三〇年代のソヴィエト政府の反宗教キャンペーンで取り壊された）。ロシア正教会は、劇場の演し物は本質的に軽薄で罰当たりなので、どんな種類のものであれ、信仰の場の近くに劇場があるとはけしからんと考えていた。聖職者たちは、教会の近くでなくても、正教の重要な祝日のあいだは、街じゅうの劇場が興行を慎むべきだとも主張していた。モスクワの世俗権威は、宗教的な政策の施行について多少融通を利かせることはあってもたいていは教会の肩をもった。フレデリックの前任者のアデリも、シャンティクリアの経営を試みた数シーズンは周囲の教会から無理難題を散々突きつけられてきた。さあ今度はフレデリックの番だ、世間はそう考えていた。

こんなとき、万事につけ頼りになるのが人脈か金、もしくはその両方だった。モスクワ特別市長官アレクサンドル・アレクサドロヴィチ・アドリアーノフ少将は、サンクトペテルブルクの宮廷でも皇帝侍従武官団の一員という栄えある要職についている、体制が公式に認める重鎮のひとりだった。教会の熱心な擁護者で、正教の重要な祝日のあいだは劇場の公演を禁止するように、折にふれモスクワ警察に命じていた。三つも教会のある場所でカフェ・シャンタンを開業しようとすれば、モスクワで最も影響力のある役人のひとりを敵に回しかねない。だが実際には、フレデリックは数日遅れただけで店を開業することができた。そしてマキシムはそれから革命まで、モスクワでどこよりも人気で繁盛しているナイトクラブになる。おそらく何者かが裏で糸を引いていたのだろう。なるほどマキシムの開業から一年も経たないうちに、この一件にまつわる噂がモスクワの新聞雑誌で報じられた。その「何者か」の名前はあきらかにされないが、「有力者」で、マキシムで「かなり頻繁に」夜を明かし朝の七時まで過ごすとされている。しかもその行状がサンクトペテルブルクでも話題になるほどの重要人物で、政府もこの問題に疑惑を向けはじめているとも書かれている。こういった事情は、帝政ロシアでは機密とされていた。また、問題の有力者がモスクワ特別市長官アドリアーノフその人だという公的な証拠もいっさいない。それでもアドリアーノフか、モスクワ市当局の高官、あるいは警察の大物がマキシムの開業に関与していた可能性は否めない（問題の人物が、おいそれと手出しできない大物であったこともあきらかだ）。

それはともかく、フレデリックの問題はたちどころに消えてなくなり、一九一二年十一月八日、マキシムはついに開業した。それはモスクワの夜の世界を彩る一大イベントだった。こうした店が開店するときはかならず顔を出す有名人から、楽しい時間が過ごせるあたらしい店を探し求める一般人まで大勢の客がやって来て、「きわめて贅沢」な店の内装に目を丸くした。ここより多少民主的なアクアリウム（ただし実際には門番が入園者をきびしく選別していた）とは対照的に、フレデリックは、マキシムのターゲットはモスクワの富裕層に絞ると決めていた。彼は、この店は「ヨーロッパのプログラム」を上演する「第一級のヴァリエテ劇場」だと強調し、「明るく快適な空間、洗練されたムード、そしてバー」を提供することを客に約束した。カウンターで風変わりなカクテルが飲めるというアイデアは、当時ロシアでは新鮮だった。劇場のショーが終わると、客は「キャバレー」で続きを楽しむように招かれた。「キャバレー」には個室も用意されていた。夜の催しがはじまるのは午後十一時からで、あたらしい店が洗練された大人の遊びと呼ばれているものに力を入れているのはあきらかだった。

マキシムの立地は、教会からすれば問題だっただろうが、人目につきやすく交通の便がいいという点では申し分なかった。フレデリックが、なぜ別の場所を捜すのではなく、街の区画整理に対処する労をとったのかも頷ける。だが、自分の店で上演するショーの種類のために、彼はまたしても知恵を絞らなくてはならなかった。ボリシャヤ・ドミトロフカ通りはクレムリンから放射状に広がるモスクワの「車輪」のスポークのひとつで、一七番地はいまと変わらず当時も赤の広場から歩いてわずか十五分のところにあった。同じエリアには、チェーホフの芝居と切っても切れない関係にあるモスクワ芸術座や、ロシアのみならずヨーロッパでもクラシックバレエとオペラの殿堂として名高いボリショイ劇場など、高尚な芸術作品ばかりを扱うモスクワの有名劇場が軒を連ねていた。こうした錚々たる場所に店を構えるからには、下世話なショーを上演しているという評判はなるべく立てたくないが、そういったショーを完全にやめてしまうわけにもいかない。何か手を打つ必要があった。

フレデリックは、一部のショーについては言葉数を少なくしてうやむやにし、残りの部分を大々的に宣伝する作戦に出ることにした。十一月の開店早々、彼はこともあろうに、マキシムは「家族向けのヴァリエテ劇場」だと謳う広告を打ちはじめた。ところがその広告には、ヴァラエティ・ショーが終わったら、パリのムーラン・ルージュから直輸入した有名な「マキシムのカンカン・カルテット」が観られるともはっきり書いてある。これを読むとまるで、夕方の早い時間帯には夫が妻を同伴してマキシムで堂々と観劇し（もちろんこの場合の「家族」に子供は入らない）、スカートをたくし上げ、嬌声をあげ、ペチコートを翻らせるパリのコーラスラインのような俗悪なショーはすべて、もっと夜が更けてから舞台に登場するかのようだ。

今日の「成人向け」娯楽に比べれば、まだまったくおとなしいものではあったが、マキシムではもっときわどいショーもやっていた。フレデリックは、マキシムに「テーマ」のある空間をつくり、明かりを落とした居心地のいいその部屋を「サロンカフェ・ハーレム」と名づけた。常連客の大半は富裕層の男性で、彼らは低いソファーに寝そべり、エジプト煙草かマニラ葉巻をくゆらせながら、リキユール入りのトルココーヒーをすすり、絨毯敷きの床で腰をくねらせて踊る東洋の「ベリーダンサーたち」のむき出しの腹をとろんとした目で眺めた。

だが、マキシムは「家族向けのヴァリエテ劇場」だと謳う広告は、フレデリックの動向を見て見ぬふりをしていたに違いない当局は懐柔できたとしても、万人の目を欺くことはできなかった。モスクワのナイトライフを追いかけることを生業とするある批評家は、このあたらしいカフェ・シャンタンは「破廉恥」で、開店早々「あきれ果てた淫蕩のかぎり」を尽くしていると激怒した。彼はさらに、この店はモスクワの悪名高い公衆浴場のような「家族的」雰囲気を醸しだすことに成功していると皮肉な口調で褒めちぎり、最後に、マキシムのような店が存続を許されているのに、これと比べれば「無邪気な赤子」も同然のもっと小さな店が、当局によって閉店に追い込まれているのはなぜだろう、と首をひねってみせる。

それは無知を装う挑発的な疑問だった。実際に問題だったのはこういうことだ。店の存続を「許して」もらう代償として、フレデリックは誰にいくら支払ったのか。問題の「保護者」を店の豪華な宴会でときどきもてなせばそれで済んだのか。それとも分厚い封筒も手渡さなければならなかったのか。これから幾度となくくり返されるように、フレデリックは、自分の利益を守るためなら法律や規則の裏をかくことに良心の呵責をいっさい感じなかった。そうせずにいることが、世間知らずのすることや、時代の不文律に外れることであるならなおさらだった。

その年の春から初夏にかけて、フレデリックは以前にも輪をかけて働いた。アクアリウムは夜明けまで営業していたので、ろくに寝る時間もなく抵抗力が弱っていたに違いない。六月に重い肺炎に罹った。二週間以上、自宅でベッドから起きあがることもままならず生死の境をさまよった。回復はしたものの、肺が弱ってしまい、いつまたこのおそろしい病気がぶり返さないともかぎらなかった。

二年半前に妻のヘドウィグを肺炎で亡くしたときの辛い記憶もよみがえった。妻を失ってから家庭は不安定になっていた。そこで、一九一二年の秋、スケート・パレスとマキシムの開業準備を進めるかたわら、彼はこの問題にも決着をつけようと考えるようになった。その頃には、ヴァリ・ホフマンが子供たちの乳母になってから数年が経ち、多忙を極めるフレデリックに代わって子供たちを養育する責任を一手に引き受けるようになっていた。

子供たちはヴァリにすっかりなついて、彼女を「おばちゃん」と呼ぶまでになっていた。ヴァリがフレデリックに関心があるのもあきらかだった。もうじき三十歳、オールドミスと呼ばれる年頃だった。フレデリックも若くはなかったが、精力的で人を惹きつける魅力にあふれていた。金持ちで、これからますます成功しそうなオーラを漂わせていた。二人の関係のその後を考えるに、おそらくフレデリックは、ヴァリに対して感謝と親しみから生まれた好意しか感じていなかったのだろう。再婚して家庭が落ち着けば、拡大を続ける事業にいま以上に集中できるという思惑もはたらいたのかもしれない。一九一三年一月五日、二人はヴァリの生まれ故郷のリガ近郊の町、ダウガヴグリヴァのリヴォニア福音ルーテル教会で結婚した。あたらしい家族の記念写真は二人の関係をうまくとらえているように見える。新婦が喜びにあふれた、ご満悦とでもいった表情を浮かべているのに対し、新郎は考え深げな、警戒するような視線をこちらに向けている。

こうしてフレデリックは家族が安心して暮らすための手段を手に入れた。そして、ペテルブルク街道からモスクワ中心部に戻り、アクアリウムの近くの同じ地区のなかで二回引っ越しをくり返してから、マーラヤ・ブロンナヤ通り三二番地の八部屋から成る立派なアパートメント（一三号室）に落ち着いた。それは六階建ての近代的な美しい建物で、その界隈ではひときわ背が高く、当時人気の建築家の設計により一九一二年に建てられたものだった。閑静な通りの向かいには、いまもモスクワっ子たちの憩いの場として人気のパトリアルシエ池という有名な公園があった。フレデリックは子供たちの教育にも金を惜しまなかった。第一次世界大戦前夜のロシアでは、モスクワのような大都市でさえ、学齢期に達した子供でなんらかの教育を受けているのは全体の半分ほどだった。その状況は地方ではさらにひどく、公教育の質の改善と普及の拡大が急速に進められていたにも関わらず、下層階級のあいだでは文字の読み書きができない人がまだ圧倒的に多かった。金のある人は私立学校に子供を通わせるのが一般的で、モスクワにはそういった学校が数百あった。私学に通っていた生徒をすべて合わせても七〇〇〇人ほどしかいなかったことから、どの学校も非常に規模が小さかったと考えられる。フレデリックもこうした私学のひとつに子供たちを通わせていた。おそらくカトリックか、福音ルーテル派のドイツ人などの外国人組織が運営する学校だったのだろう。彼の子供たちは全員ロシア語以外に複数の外国語を習得し、そのうち二人は西ヨーロッパの大学に進学した。自宅での会話はもっぱらロシア語だった。

フレデリックは仕事にほぼ全精力を注がねばならず、子供たちと過ごす時間がほとんど取れなかった。それでも父親の秘蔵っ子だったミハイルは、愛情深いが非常に厳しい親としてフレデリックを記憶していた。ミハイルの心に鮮明に焼きついた幼少期の出来事がある。まだ幼かったミハイルに責任感を植えつけようとして、父親が召使いをわざと激しく殴ったのだ。ミハイルが、本当は自分で食べたにも関わらず、リンゴを取ったのは召使いだと嘘をつくと、フレデリックは息子に教訓を授けるいい機会とばかりに、誰が犯人か重々承知のうえで召使いに罰を与えると言って息子を脅した。そしてその老人を何度か殴りさえしたのだった。ミハイルは、リンゴを食べたと白状したばかりか、その教訓を生涯忘れなかった。

ヴァリとの結婚がもたらすかに思われた家庭の安定の誓いは長続きしなかった。アクアリウムの舞台に出演させる芸人の発掘という重大な任務のために、フレデリックの周りにはつねに魅力的な若い女性たちが群がっていた。「キャスティング・カウチ」〔契約や出演を交換条件に性的行為を強要すること〕はハリウッドの専売特許というわけではなく、ロシアの劇場やカフェ・シャンタンの支配人は、ステージ以外の場所でも男性客にサービスさせることを見越して女性芸人を雇っていたので、ある程度は女衒のようなものであった。とはいえ、フレデリックがモスクワ時代もそれ以降も、女性に対して権力を濫用したことを示す証拠はいっさいない。

だが、真実の愛は別問題だ。ヴァリと結婚した頃、フレデリックはエルヴィラ・ユングマンという、若く、美しく、気立ての優しいドイツ人の女性と出会う。エルヴィラは歌手で踊り子でもあり、モスクワに来る前は西ヨーロッパのヴァリエテ劇場でかなりの成功をおさめていた。人気と魅力を兼ね備えていたので、一九一〇年前後にはベルリンのゲオルク・ゲルラッハ社から宣伝用絵はがきのシリーズが発行されている（ゲルラッハ社は、芸能界の有名人の写真を大量に発行していることで当時ヨーロッパで知られた印刷会社。ファンたちはこういった写真を競い合うように収集した）。エルヴィラの絵はがきのなかには当時にしてはかなりきわどいものもある。たとえばある写真では、豊かな髪をお尻までおろし、タイツとダンスシューズと、それに体にぴったり合ったボディス〔ビスチェに似た丈の短い衣服〕しか身につけていないので、ふくよかな体のラインと驚くほど細い腰がはっきりわかる。だが、もう少し慎み深い格好をした別の写真では、一九一二年にマキシムのステージで演じたアメリカのカウガールの衣装を着ている。当時ロシアで西部劇なんてありえないと思われるかもしれないが、じつは十九世紀末、バッファロー・ビル・コディと彼が考案した「ワイルド・ウェスト・ショー」〔拳銃さばきや駅馬車襲撃などを実演してみせるショー〕がイギリスやヨーロッパ大陸を巡業して大成功をおさめ、二十世紀初頭のヨーロッパではカウボーイもインディアンも大人気だった。エルヴィラは、ヴァリエテ劇場の芸人にしては教養があり、母語であるドイツ語のほかに英語も堪能で、フランス語も身につけていた。ロシア語も上手で、外国人だとロシア人に気づかれないこともあった。ヴァリと結婚して一年も経たないうちに、フレデリックはエルヴィラと逢瀬を重ねるようになり、一九一四年九月十日に二人の最初の息子となるフレデリック・ジュニアが(母は息子を「フェージャ」、すなわち「フョードル」の指小形で呼んだ)、次いで一九一五年には二人目の息子ブルースが誕生した。二人は一九一八年まで正式に結婚しなかったが、エルヴィラは家庭に入り、フレデリックの忠実な伴侶として最後まで苦楽を——とくに苦しみを——ともにすることとなった。二人の情事の顚末は、ドラマチックな物語としてトーマス家の子々孫々のあいだで語り継がれることとなる。

アクアリウムとマキシムの順風満帆の滑り出しも、家庭生活の軋轢も、事業を拡大し続けようとするフレデリックの野望を鈍らせはしなかった。一九一三年、初夏の訪れとともに、モスクワの舞台業界に噂が流れはじめた。昨年の冬と夏のシーズンに最も成功した二人の興行師「F・F・トーマスとM・P・ツァリョフ」が野心的な新規事業計画を立てているらしいというものだった。まず二人は、三人目の共同経営者マルトゥイノフから五万五〇〇〇ルーブリ(今日の貨幣価値にして一〇〇万ドル以上に相当)で経営権を買い取った。そして経営を二人体制に改めて、これまで二人が個別に、あるいは共同で経営してきた三つの施設——アクアリウム、フレデリックのマキシム、そしてツァリョフのアポロ(ヤールの近く、市郊外ペトロフスキー公園内の人気ヴァリエテ劇場とレストラン)——をひとつの事業にまとめることにした。それは二人が、自分たちの会社をモスクワ最大の大衆娯楽企業にするための第一歩を踏み出したことを示していた。さらに翌年、自分たちの会社を「第一ロシア演劇株式会社」という法人組織に改めるとき――それはロシアの大衆娯楽における革新的な概念だった――二人は次の一歩を踏み出す。一九一四年一月、新会社の財政の詳細が発表されたが、それは目を見張るものだった。資本金は総額六五万ルーブリ（今日の貨幣価値に換算して一二〇〇万ドルに相当）、その内訳は一株二五〇ルーブリ（今日の貨幣価値にしておよそ四六〇〇ドル相当）の株式二六〇〇口だった。新会社の事業計画も同じくらい野心的だった。たとえばそのなかには、モスクワ全域とロシアの各都市に、演劇、オペラ、オペレッタ、そしてロシアはもちろん世界じゅうで大流行していた映画を上演上映できる劇場をあらたにオープンさせるというものもあった。新会社には、モスクワの資本家グループも出資者に名を連ね、フレデリックとツァリョフは取締役に選出される予定だった。フレデリックとツァリョフが、事業の拡大に必要な資本を提供する企業家を見つけられたということは、彼らがモスクワの富裕層のあいだでうまくやっていて、フレデリックが彼らに全面的に受け入れられていたことの証左である。第一次世界大戦という邪魔が入らなければ二人の計画は成功していただろう。

＊＊＊

フレデリックの店の評判が広まるにつれ、彼の店は外国人観光客たちにとって外せない名所になった。こうして、ヨーロッパ旅行のついでにロシアに立ち寄ることにしたアメリカ人が、ときおり店を訪れるようになった。カール・K・キッチンという派手な名前の、自称「ブロードウェイ族」の遊び人がこの店に吸い寄せられたのもそんな理由からだった。彼は一九一三年から一四年にかけての冬、ヨーロッパの各首都のナイトライフを実地体験するというはっきりした目標を掲げて旅行していた。

モスクワにやって来たキッチンは、ロシア人の友人から、それならば何をおいてもマキシムを訪れるべきだと薦められた。友人から、その店は「アメリカ人が経営している」と聞いたキッチンは喜ぶと同時に驚いた。思いもよらない展開が彼を待っていた。

キッチンの友人は、これから店で会う人物について彼にあらかじめ警告する必要があるとは思わなかった。そしてマキシムを訪れたキッチンの反応から、なぜフレデリックが、必要に迫られても、アメリカに帰国する気になれなかったのかがよくわかる。

「トーマスの店の経営者は本当にアメリカ人だった」とキッチンは語る。「こんなに真っ黒なアメリカ人を見るのは生まれてはじめてだった」。

トーマス「氏」は「黒人」〔原文のculludはcoloredの南部黒人訛り。キッチンの差別意識を感じさせる言葉〕紳士だった。数年前に大公の従者としてロシアにやって来たのだそうだ。殿下はことのほかこの男に目をかけて事業をはじめさせた。こうしていまやトーマス「氏」はロシアでも最大規模の高級ミュージックホール付きレストランの経営者である。彼は、ニューヨークの人に会えて嬉しいと言い、店の案内をみずから買って出た。おかげでわれわれは入場料一〇ルーブリを浮かせることができた。

マキシムの経営者兼主人として、みずからショーの一部になるのは、フレデリックにとってお手のものだった。全ロシアを統べる皇帝の子息あるいは孫の従僕だった過去を吹聴することで、この国の最重要人物のひとりの近くにいて、たっぷりと報いられたことをほのめかすのだった。こうした話をするほうが、レストランの下働きから苦労して出世した話をするよりもよっぽど客は喜んだ。とくにアメリカから来た白人の客にこういった話をして、彼らがショックを受けるのを見るのは痛快だっただろう。

キッチンの態度に自分に対する反感が透けて見えるのを、フレデリックは見逃さなかっただろう（実際キッチンは回想記のなかで、フレデリックを皮肉っぽくトーマス「氏」と呼んだり、彼の南部黒人訛りの拙劣な再現を試みたりしている）。だがフレデリックは、キッチンが店にいるあいだは終始にこやかにふるまい、有名店の主人として、結局のところ小物にすぎない白人アメリカ人の侮蔑をやり過ごした。

いっぽう、キッチンはマキシムの建物、とくにメインレストランの規模に圧倒された。彼は、このレストランには数百人分の席があり、夜のショーがはじまる前からすでに席が埋まりかけていたと記している。キッチンは、客が「洒落た服を着ている」ことにも気づくが、すぐに「品がいいとは言えない」とつけ加える。このとき目にした、さまざまな民族が混然としている状態が気にくわないというのが彼の本音なのである。「『あちらの小さな人をご覧くだせえ』トーマス『氏』はそう言って、東洋人風の顔立ちをした小柄な男を指した。『あの方はペルシア絨毯の商人、モスクワでも一、二を争う享楽家でごぜえます。こちらにおいでになるたんびにかならずシャンパンをダース単位で注文なさり、五、六〇〇ルーブリ落としていかれる』」。フレデリックやモスクワっ子にとって重要なのは、民族や人種ではなく金であり個人の才覚だった。ただし多くのロシア人にとっては、ユダヤ人という明白な例外はあったが。

キッチンが気づいていたかどうかは定かでないが、フレデリックは、自分の店を自慢するだけでなく、偏見に凝り固まっているキッチンに、自分のほうが格上であることをそれとなく匂わせている。カフェ・シャンタンで舞台の様子を見てからさりげなくこんなことを言っているのだ。「今晩はあんまりいいショーをお目にかけることができねえ」「大公様がモスクワの御殿でパーティを開かれるってんで、わっしも友人として一肌脱がせていただこうと、芸人たちを半分そっちにやっちまったんでさ。まあ、こうしたロシアのだんな様たちのお手伝いをさせていただけるってこたあ、それも大公殿下となりゃ、喜ばしいことですからなあ。みなさんたいへんな享楽家で、わっしの店にたくさんお金を落としていかれますでなあ」。こういったきらびやかな人脈の話をすれば、どの国の旅行客もみな感心したが、とくに自分たちの国に、神秘的で魅力的な皇族の「血」にあたるものがないアメリカ人には効果てきめんだった。

フレデリックに店のほかの部屋も案内してもらったキッチンは、客が一晩じゅう楽しく金を払い続けるようにマキシムがじつにうまく設計されていることをよく理解した。

キャバレーの部屋はがらんとしていた。トーマス「氏」は、この部屋は午前二時半まで開かないのだと説明した。タンゴの部屋も人気《ひとけ》がなかった。最初の踊りがはじまるのは午前二時とのことだった。照明を落としたトルコ風の部屋には客が四、五〇人いて、インド人の楽団が演奏していた。アメリカ風のシャンパン・バーにも同じくらい人がいた。そこにはボトル一本一三ルーブリと一四ルーブリ（六ドル五〇セントと七ドル）のシャンパンしか置いていなかった。

今日の貨幣価値に置きかえると、シャンパンがボトル一本数百ドルしたことになる。すなわちペルシア人商人は店を訪れるたびに何千ドルも支払っていたはずだ。フレデリックが街いちばんの「享楽家」と呼んだのももっともだった。

キッチンのような人間をさらりと優雅にかわせたことは、みずからの成功によって得た自信と余裕の表われだ。だが、フレデリックに近づいてきたのは外国人観光客ばかりではなかった。そして彼は、苦労して手に入れた利益の一部をよこせと（フレデリックに言わせれば）理不尽な要求をする者たちのことも同じようにさらりとかわした。彼が対応を迫られた問題のなかには、教会との調整のような知恵と労力を要するものもあったが、それに比べればこれから紹介するエピソードなどは小うるさいハエを追い払うようなものだったろう。

一九一二年十二月、ロシアとフランスの劇作家・作曲家協会は知的所有権に関する協定を結んだ。協定は一九一三年十月三十日に発効する予定で、それはちょうどフレデリックが、二度目の冬のシーズンを迎えるために改装を終えたマキシムの営業再開準備に奔走している頃だった。これまでロシアとフランスの舞台演出家は、外国で書かれた音楽や戯曲を使ってやりたい放題をやっていた。あらたな協定が発効すれば、著作権を無視した作品の濫用や盗用に歯止めがかかるはずだった。当時ロシアでは服から何からパリ風のものがもてはやされていたので、フランス人にとっては得になることが多く、彼らは自分たちの最も価値ある輸出品目のひとつ、大衆音楽について効力を発揮するこの協定の実現にとくに意欲的だった。

モスクワで、フランス側の代理人に指名されたのは、やたらと威勢はいいが、とくに頭がいいわけでも成功しているわけでもないロシア人弁護士、グリゴリー・グリゴリエヴィチ・コンスキーだった。彼にとってこれはじつに実入りのいい取り決めに思われた。なにしろフランスの最新の音楽は、街じゅうの無数の店で数かぎりなく演奏されており、使用料を取り戻すことに成功すれば、そのうち一パーセントが彼の懐に入ることになっていたのだから。そこでコンスキーはフレデリックに狙いをつけて、五年以上しぶとく追い回したが、結論から言えば、狩人より獲物のほうがずっと悪知恵に長けていた。

一九一三年四月初旬、協定が正式に発効する五か月前、夏のシーズンがはじまろうかという頃、コンスキーは、フランスの大衆音楽が日常的に演奏されているモスクワの有名劇場やレストランを回りはじめた。彼は手はじめに、アクアリウムの共同経営者のなかで最重要人物と目星をつけたフレデリックに接近して探りを入れたが、空振りに終わった。フレデリックは、最初は新参者を装って、自分はヴァリエテ劇場の経営をはじめてから日が浅く、前例をつくったり、公に使用料を支払う第一号になったりして共同経営者を怒らせるような危険を冒すわけにはいかないのだと訴えた。そしてフランス側の主張の正当性は否定せず、しかし狡猾にも、契約書には署名せず内密に使用料を支払うというのがいちばんうまい解決策ではなかろうかともちかけた。

コンスキーにそんな提案が受け入れられるはずがなかった。法律で定められた使用料の代わりにこっそり現金を受けとれば、国家間の協定を踏みにじることになってしまう。フレデリックが、コンスキーに金を払う《ペイ》代わりに、コンスキーで「遊ぶ《プレイ》」ことにしたのはあきらかだった。コンスキーの注意を逸らすために、あたらしい法律とうまくつきあっていく前例をつくるには、アレクセイ・アキモヴィチ・スダコフに接近するのがいいと弁護士に勧めた（スダコフは、ヤールの名物経営者で人望も厚かった。フレデリックの元雇用主でもある）。

この計略はコンスキーの注意を逸らせるという前半部分はうまくいったが、結局、スダコフを相手にしても埒が明かなかった。スダコフのような年季の入った経営者たちは、フランスの音楽や芝居やオペレッタを無断で使うのがあたりまえになっていて、とつぜん使用料を払えと言われて、当然のことながら断った。コンスキーはひるまず、有名人にあたったらいいというフレデリックの助言に従って、次にアクアリウムの商売敵であるエルミタージュ・ガーデンの経営者、ヤーコフ・ヴァシリエヴィチ・シチューキンに接近した。シチューキンは、はじめはいくらか払ってもいいと言ったが、ふいに気を変えて支払いを待ってほしいと言いだした。春シーズンは寒くて客の入りが悪く、金が入ってこないというのが表向きの理由だった。それでもコンスキーは、最初の約束にすっかり気をよくして、自分の計画がうまくいっているものと確信し、ふたたびフレデリックのところに行って、シチューキンが先陣を切ったからにはアクアリウムの経営陣も契約書にサインしてはくれまいかと尋ねた。サンクトペテルブルクの上司に送ったコンスキーの報告書には「シチューキンほどの大物が応じたとあらば、もちろんアクアリウムも契約に応じます、とトーマスは回答した」とある。

フレデリックの返事にコンスキーは舞いあがった。一丁上がり、とでも思ったのだろう。「これがいかなる効果をもたらすか、ご想像がつくでしょう！！！」コンスキーは有頂天だった。仮にフレデリックひとりがフランスの協会に年間二五〇〇ルーブリ（今日の貨幣価値に換算して数十万ドル相当）支払ったとして、二〇〇から三〇〇ルーブリの手数料が懐に転がり込んでくる。それだけで月収数か月分だ。ほかの経営者も払えば儲けはさらに大きくなる。

自分がいまだにたらい回しにされていることに、コンスキーは気づいていなかった。モスクワの有名店の経営者たちは、ときに商売敵だったかもしれないが、この哀れな弁護士に対しては結託すると決めたらしい。あれこれ約束したにも関わらずコンスキーで遊び続けた。気を変えたり、あたらしい条件をもちだしたり、面会を延期したり、自分たちのあいだを右往左往走り回らせた。モスクワやサンクトペテルブルクの劇場支配人のなかには、契約書にサインして使用料を払った者たちもいたが、最大手の経営者たちはほとんどが煮え切らない態度をとって、交渉を引き延ばしたり、コンスキーにはした金を払ってお茶を濁したりしていた。

夏が終わる頃、弁護士はようやく「トーマスと友好的な合意に達するのは不可能」だと気づいた。

そして雇用主に、自分は「あらゆる手を使い果たした」、これからは「醜聞を起こす」ために必要な措置を講じるつもりだと言い、さらにこの脅し文句をエスカレートさせて「戦争をはじめる」とまで言っている。「醜聞」や「戦争」といった穏やかならぬ言葉から、コンスキーの怨みの激しさが伝わってくる。この期に及んでも、もちろん報酬は欲しかったのだろうが、世間の注目を集める大きな裁判を起こして、あらゆるごたごたの原因をつくったフレデリックを懲らしめてやりたいと思っていたのはあきらかだ。

この頃にはコンスキーも、自分の相手が駆け出しではないとわかっていた。上司に、フレデリックは「モスクワのみならずロシア全土でも五本の指に入るレストラン経営者」であり、じつは老舗のヤールよりマキシムのほうが規模が大きいと報告している。だが、敵の正体を知ってコンスキーは不安にもなった。フレデリックが「訴訟をおそれて」おらず、彼を相手取って訴訟を起こすには準備に二、三年はかかりそうで、使用料の支払いに抵抗しているモスクワのほかの経営者たちもフレデリックに追随するであろうとわかったからだ。それでもコンスキーは悪あがきをやめなかった。訴訟のための証拠を集め、公証人の署名が入った「〔知的財産侵害の〕停止」命令をフレデリックに送り、マキシムと喧嘩して首になった演奏家を見つけだして、金と引き換えに店で演奏されていたフランスの曲の一覧を提供させることまでした。

だが、すべては徒労に終わり、コンスキーはフレデリックからただの一コペイカも受けとれなかった。一九一四年の夏、第一次世界大戦の勃発と同時にロシアとヨーロッパの社会は一変した。フランスとロシアは同盟関係にあったが、巨大な歴史の嵐が迫り来るなか、コンスキーのささやかな訴訟など二、三年もするとすっかり影が薄くなり、やがてその出来事が象徴していた世界もろとも影もかたちもなくなってしまった。あとには紙の記録だけが残った。それはいまもフランスの公文書館に保管されていて、モスクワで活躍していた当時のフレデリック・ブルース・トーマスの不屈の横顔を興味深く伝えている。

＊　＊　＊

モスクワで華々しい成功をおさめ、アメリカ領事館で職員と会う機会も減り、フレデリックはアメリカの人種差別的政策と無縁の生活を送っていた。ただし、アメリカ本国にいる黒人の状況に無関心だったわけではない。一九一二年秋、アクアリウムの次のシーズンの計画を立て、マキシムの開業準備に取りかかったちょうどその頃、フレデリックはある黒人男性をモスクワに呼び寄せることを決意した。その人物は二十世紀初頭、「地球上最も有名で、最も悪名高いアフリカ系アメリカ人」と呼ばれていた。その名も「ジャック」・ジョンソン、ボクシング世界へビー級チャンピオン――当時世界で最も人気があった観戦型スポーツの頂点にいた男だった。フレデリックがジョンソンを招こうとしたのは、客足が鈍る冬のシーズンのあいだ、アクアリウムに客を惹きつける目玉がほしいという抜け目ない商売上の動機もあっただろうが、苦境に陥っている黒人の同胞に、大西洋の対岸から救いの手をさしのべようとする異例の試みでもあった。フレデリックはジョンソンの動向を注意深く追いかけていたのである。

一八七八年、元奴隷の子としてテキサス州ガルヴェストンに生まれたジョンソンは、一九〇〇年代初頭までに、黒人、白人を相手に数十回の勝利をおさめていた。世界王座を狙える実力があるのはあきらかだったが、当時ボクシング界に存在したカラーライン制度のために、最初は白人のチャンピオンたちから同じリングにあがることを拒否されていた。だが、ジョンソンはあきらめなかった。そして一九〇八年、ヘビー級チャンピオンだった白人のトミー・バーンズを倒した。アメリカの白人たちはことさらこの結果に憤慨して、ジョンソンをぶちのめし、彼の人種にふさわしい（と自分たちが信じる）場所に引きずりおろす「偉大な白人の星」を待望して騒ぎはじめた。こうして一九一〇年七月四日、のちにいう「世紀の決戦」が実現した。ここでもジョンソンは、白人の人種差別主義者、ジェームズ・J・ジェフリーズ――六年前に無敗の世界ヘビー級チャンピオンとして引退したが、当時の記事をそのまま引用するなら「白人がニグロよりすぐれていることを証明するというただひとつの目的のために」リングに復帰した――をマットに沈めた。ジョンソンがジェフリーズに対しておさめた勝利はあらゆる点で桁外れだった。獲得賞金は二二万五〇〇〇ドル。今日の貨幣価値にして約五〇〇万ドルだった。ジョンソンのこれまでの勝利をみくびっていた人々は衝撃に口をつぐんだ。ジョンソン勝利の知らせが全米の黒人の耳に届くと、彼らは街の通りに雪崩れ込んで喜びを爆発させた。怒りと屈辱に燃えた白人たちは即座に反撃した。全米二五の州と五〇の都市で暴動が起きた。リンチを止めるために警察が介入した事件もあったが、黒人二〇人以上と白人数人が死亡し、白人黒人どちらの側にも数百人以上の負傷者が出た。

大勢の白人アメリカ人を憤慨させたのは、ジョンソンのリングでの武勇伝ばかりではなかった。この拳闘士は目立ちたがりのショーマンで、高級服に速い車、そして――当時世論を最も激高させたのがこれだったのだが――白人の尻軽女が大好きだった。ジェフリーズがジョンソンに「ふさわしい」場所を教えてやるのにしくじると、人種差別主義的な白人たちは、ジム・クロウ法時代の次善の武器であった「法律」をもちだした。一九一二年十月十八日、ジョンソンは十九歳の白人売春婦ルシール・キャメロンと公然と関係したという理由でシカゴで逮捕された。ジョンソンは、一九一〇年に制定された連邦法で、「不道徳な目的のために」州境をまたいで女性を移送することを禁じたマン法に違反したかどで起訴された。ジョンソンはルシールと結婚することによってまんまと裁判を免れた（結婚によりルシールは彼に不利な証言ができなくなった）。だがその結果、全米で怒りが再燃し、人々はいよいよ熱心にジョンソンを経済的に立ち行かなくさせ、刑務所にぶち込もうとするようになった。

フレデリックがジョンソンにはじめて接触したのは、ジョンソンが逮捕されてからわずか数日後のことだった。それは偶然ではなかった。一年前、ヨーロッパでさまざまなスポーツイベントを興行していたリチャード・クレーギンというアメリカ人が、フレデリックの助けを借りて、モスクワでボクシングジムをはじめようとしたことがあった。そのときは、ロシアではこれまで欧米風の懸賞金がかかったプロボクシングの試合が行なわれたことがないという理由で、帝国政府にアイデアを却下されクレーギンは帰国したが、すっかりあきらめたわけではなかった。彼は、万が一政府が考えを変えたときに備えて、自分の計画を（アメリカの新聞記事によれば）「モスクワのアクアリウム・ガーデンの経営者トーマス氏の手にゆだねて」ロシアをあとにしたのだった。そして、一九一二年十月二十日頃、政府はまさしくその考えを変えた。それは完璧なタイミングだった。あまりに完璧すぎて、フレデリックが一枚嚙んでいたのではないかと勘繰りたくもなるほどに。それはジョンソン逮捕のわずか二日後だった。ジョンソンが逮捕されたことは、全米各地の多数の新聞で瞬く間に報じられ、ヨーロッパをはじめ世界じゅうのマスコミにもすぐに取りあげられた。フレデリックはクレーギンに電報を打ち、ボクシングの試合を認める政府の決定を伝え、モスクワで、一九一三年一月一日に幕を開ける「大トーナメント戦」を自分たちで企画しようともちかけた。トーナメント戦は一週間にわたって催され、ヘビー級王座を賭けた最後の「戦い」ではジョンソンと、当時ヨーロッパで人気だった黒人のアメリカ人ヘビー級ボクサー、サム・マクヴェイが対決するはずだった。すべての試合の舞台は一万人の観客を収容できるアクアリウム。クレーギンはただちにジョンソンのマネージャーに、アクアリウムからの具体的な申し出を電報で伝えた。そこには支払保証のついた小切手五〇〇〇ドル、ロシア行きチケット三往復分、マクヴェイ戦の懸賞金三万ドル、試合の記録映画の収益金の三分の一も含まれていた。今日の金額に換算してみると、これがじつに気前のいい提案であることがわかる。前払い金として約一五万ドル、予想どおりジョンソンが勝利すればさらに七五万ドル、そのうえ映画の収益金の一部も支払おうというのだから。この申し出を受けてアメリカでは蜂の巣をつついたような騒ぎが起きた。全米じゅうの新聞がこのニュースを報じた。ジョンソンの名はよくも悪くも世間に知れ渡っており、大金が絡んでいて、決戦の舞台が遠い外国だったからだ。そのうえ複数の新聞が、この申し出の主がアクアリウムの黒人経営者であることを取りあげた。ただしその記述はあまり正確でなく、シカゴ出身の「トーマスというニグロ」となっている。ジョンソンは一も二もなく承諾して、自分はモスクワに行きたくてうずうずしているという声明を出した。フレデリックの尽力で、ロシアはいまやアメリカの人種差別主義から逃れられる避難所としてジョンソンに手招きしていた。

だが、たびかさなる努力の甲斐もなく、ジョンソンは一九一三年の夏までアメリカを離れられず、フレデリックは壮大な計画をそっくり延期せざるをえなかった。ジョンソンは、アメリカを出国したあとも一年近くかけてヨーロッパの各都市を巡業したので、ようやくロシアに到着したのは、一九一四年七月も半ばだった。フレデリックとジョンソンは出会った瞬間に意気投合した。「トーマスと自分は親友になった。彼の公園に二人で作戦本部を立ち上げた」とジョンソンは回想している。この二人の黒人は生い立ちがよく似ていた。そしてまったく異なる二つの白人社会で成功した。共通点はそれだけではなかった。ジョンソンの生き生きとした回想録からわかるように、二人ともほら話が大好きで、実際以上に自分をよく見せようとしたり、過去に尾ひれをつけたりした。彼らはともに根っからのショーマンだったのだ。

戦争が近づいていた。そこでわれらがホスト［フレデリック］はロシアの戦争準備にかかりきりになった。なぜなら彼はロシアの政財界である重要な役割を果たしていたからだ。皇帝ニコライの密使もつとめていた。軍事評議会とか、戦争準備のさまざまな局面に彼も関係していると知ったときには仰天した。彼の公園［アクアリウム］のホテルやレストランには軍の司令部が置かれていた。そんなわけで、自分と仲間たちと、何人かの軍の将校とで、こうしたレストランで一緒に食事をしているとき、戦争が現実になったことを知った。食事中、友人の将校たちが電話に呼び出され、宣戦布告がなされた、ただちに戦闘態勢に入る、至急部隊に合流せよと指示されていた。

この話は事実がほんの少し混じっただけの作り話がほとんどで、しかも、どこまでがフレデリックの嘘でどこからがジョンソンの創作なのか解きほぐすのが難しい。たしかに、将校たちはアクアリウムで過ごすのを好んだはずだ。シャンパンを飲み、コーラスガールを見て鼻の下をのばしただろう。そのなかには黒人のアメリカ人のチャンピオンに会って、楽しく食事をした者もいただろう。また、フレデリックにはロシアの有力な財界人に——ひょっとすると政治家にも——知り合いがいたのは間違いない。フレデリックは人あたりがよくて心の広い経営者だったので、こういった人たちからの覚えもめでたかったかもしれない。だが、皇帝の密使や、ロシアの政治舞台の立役者であったはずはない(補足するならアクアリウムにあったのはホテルではなく、一部の従業員向け宿舎だ)。

フレデリックがジョンソンのために考えた計画がロシアで実現されていたら、ジョンソンの人生はまったく違うものになっていたかもしれない。ジョンソンはシカゴを追われるまで、「チャンピオン

郵便はがき

おそれいりますが切手をおはりください。

101-0052

東京都千代田区神田小川町3-24

白水社 行

購読申込書

■ご注文の書籍はご指定の書店にお届けします。なお，直送をご希望の場合は冊数に関係なく送料300円をご負担願います。

書名	本体価格	部数

★価格は税抜きです

(ふりがな)

お名前 (Tel.)

ご住所 (〒)

ご指定書店名（必ずご記入ください） Tel.	取次	（この欄は小社で記入いたします）

『かくしてモスクワの夜はつくられ、ジャズはトルコにもたらされた』について (9722)

■その他小社出版物についてのご意見・ご感想もお書きください。

■あなたのコメントを広告やホームページ等で紹介してもよろしいですか？
1. はい（お名前は掲載しません。紹介させていただいた方には粗品を進呈します） 2. いいえ

ご住所	〒　　電話（　　）		
（ふりがな） お名前	（　　歳） 1. 男　2. 女		
ご職業または学校名		お求めの書店名	

■この本を何でお知りになりましたか？
1. 新聞広告（朝日・毎日・読売・日経・他〈　　〉）
2. 雑誌広告（雑誌名　　）
3. 書評（新聞または雑誌名　　） 4.《白水社の本棚》を見て
5. 店頭で見て 6. 白水社のホームページを見て 7. その他（　　）

■お買い求めの動機は？
1. 著者・翻訳者に関心があるので 2. タイトルに引かれて 3. 帯の文章を読んで
4. 広告を見て 5. 装丁が良かったので 6. その他（　　）

■出版案内ご入用の方はご希望のものに印をおつけください。
1. 白水社ブックカタログ 2. 新書カタログ 3. 辞典・語学書カタログ
4. パブリッシャーズ・レビュー《白水社の本棚》（新刊案内／1・4・7・10月刊）

※ご記入いただいた個人情報は、ご希望のあった目録などの送付、また今後の本作りの参考にさせていただく以外の目的で使用することはありません。なお書店を指定して書籍を注文された場合は、お名前・ご住所・お電話番号をご指定書店に連絡させていただきます。

のカフェ」という酒場を経営して繁盛させていた。モスクワでなんの支障もなく同じことができたはずだ。フレデリックが共同経営者になってくれただろう。西ヨーロッパ巡業中にずっとつきまとい、アメリカに帰国してから再浮上する問題にも煩わされずに済んだだろう。だが残念ながら、ジョンソンとフレデリックが一緒に過ごすことができたのはそこまでだった。一九一四年七月下旬、彼らを取り巻く世界は狂気に向かって進みはじめた。

一九一四年八月一日、ドイツがロシアに宣戦布告した。ジョンソンは、このままモスクワに留まり、ロシアと、ドイツ、オーストリア＝ハンガリー帝国の長い国境線上で戦いがはじまれば、ヨーロッパのほかの地域から分断されてしまうことに気づいた。そこで、フレデリックの助けを借りて急いでロシアを発ったが、途中でたくさんの手荷物を手放さなくてはならなかった。ジョンソンはその後もフレデリックを忘れず、一九一七年のボリシェヴィキ革命でロシア帝国が崩壊した動乱の時期も、一九一九年にフレデリックが間一髪でコンスタンティノープルに脱出したときも、友人の消息を遠くから見守っていた。

5　ロシア人になる

ロシアの土を踏んでから十五年間、フレデリックは一種の魔法円のなかで生きてきた。その魔法円に守られていたおかげで、ストライキ、暗殺、処刑、日露戦争直後に国を揺るがした革命の混乱、それに続く逮捕、ポグロム、弾圧の影響にほとんどさらされることもなく、才能を開花させることができた。歴史の力が生身の人間に姿を変えてモスクワの通りという通りを闊歩したときも、フレデリックは音楽と笑いに満ちた世界の入り口に立って、歓迎のしるしに両腕を広げ、休息を求める人たちを店のなかに招き入れればよかった。アクアリウムにもマキシムにも入場するのに必要なのは金だけだった。そして外で何が起きていようが、店に入るだけの金をもつ人はつねにいた。矛盾することに、日露戦争後、ロシアの政局が不安定で停滞していたその時期は、工業、農業、商業全般が急速に発展した時代でもあった。これほど大勢の人がこれほど多くの金を稼いだ時代はロシア史上かつてなかった。一九一四年の夏が来るまで、この世界が永久に変わってしまうことをフレデリックに予感させるようなものは何もなかった。

一九一四年六月二十八日、オーストリア＝ハンガリー帝国の一部だったバルカン半島の小国、ボスニアの首都サラエボで、黒手組というテロ組織の一員だった十代のセルビア人が、ハプスブルク家の皇位継承者フランツ・フェルディナント大公とその妻を暗殺した。ガヴリロ・プリンツィプというその暗殺者は、自分は、南スラヴの人民を支配するオーストリアに鉄槌を下したのだと信じていた。だが実際は、彼が放った銃弾をきっかけに、ヨーロッパ、そしてアジアとアフリカの一部地域をも呑み込むまったくあたらしい戦争がはじまった。その戦争はアメリカを引きずり込み、ドイツ帝国、オーストリア＝ハンガリー帝国、オスマン帝国、そしてロシア帝国を崩壊させた。十数か国で数百万の人命が失われ、数百万の人々の生活が激変した。サラエボから遠く離れたモスクワにいたフレデリックもその数百万のひとりだった。

一九一四年、ヨーロッパの列強諸国は、オーストリア＝ハンガリーとドイツを盟主とする中央同盟（同盟国）か、それに敵対するフランス、イギリス、ロシアの三国協商（連合国）のいずれかに絡めとられていた。七月二十八日、フェルディナント大公暗殺の一か月後、オーストリア＝ハンガリー帝国が、苛酷な最後通牒に対する回答を不服としてセルビアに宣戦布告した。ロシアは反射的に、そしてじつに感傷的な理由で——ロシアとセルビアは同じ「血と信仰」を分かち合っているという信念から——セルビアを援護した。その後ドイツが、八月一日ロシアに、三日にはフランスに宣戦布告した。八月四日、ドイツがベルギーを侵略すると同時にフランスにも攻撃を仕掛けると、イギリスがドイツに宣戦布告した。八月二十三日には日本が連合国の一員として参戦し、十月二十九日にはオスマン帝国がロシアを攻撃した。一九一五年にはイタリアが、一七年にはアメリカが連合国に加わった。それは世界史上未曾有の大規模で、破壊的で、そして無用の戦争だった。

戦争がはじまってから二週間もしないうちに、フレデリックは運命の決断をした。魔法円の外に出ることにしたのだ。そのために彼が選んだ方法は、それ自体が注目に値するというだけでなく、ロシアに住む黒人のアメリカ人の経験において前例のないものだったと言える。フレデリックは皇帝の臣民になることを願い出たのだ。彼がそうしたのは、戦争がはじまったときに身の回りで立て続けに物騒な事件が起き、紙切れだけに基づくアメリカ市民権にしがみついていてもこうした脅威に対処できないと思ったからだった。短期的には、この思い切った行動が功を奏して、このあとさらに数年間羽振りのいい生活が続く。だがのちに、このうえなく無力な立場に陥り、はるかに深刻な脅威が迫っているときに、このときの決断がわが身に跳ね返ってくるとは、さすがのフレデリックにも予見できなかった。

一九一四年八月二日（八月十五日）、フレデリックは、サンクトペテルブルクの内務大臣宛てに、自分と家族のロシア国籍を求める請願書を作成した（帝国の首都はそれからまもなくペトログラードに改称される。ペテルブルクという名は、実際にはオランダ語に由来するが、戦争で神経質になっているロシア人の耳にはその響きが「ドイツ的」すぎるというのが改称の理由だった）。請願書はモスクワ特別市長官アドリアーノフ少将の精査を経て、同年十二月十九日に内務大臣に転送された。フレデリックがモスクワのナイトライフの重要人物であることは当然アドリアーノフの耳に入っていただろう。個人的に知り合いだった可能性も高い。アドリアーノフは、請願書に付属書類と添え状を同封したが、添え状には請願者は「フリードリヒ・ブルス（フョードル・フョードロヴィチ）・トマス」「アメリカ合衆国出身の黒人市民《ニグロ》」とあり、「トマスの請願の実現に対して私の側になんら異存はございません」と一言書き添えられている（おそらくロシア人にありがちな習慣で、「フレデリック Frederick」とすべきところを、自分になじみの深いドイツ語形の「フリードリヒ Friedrich」と思わず書いてしまったのだ）。

フレデリックの請願書はかなり変わっているので、以下に全文を引用しよう。請願書の冒頭で、フレデリックは「フョードル・フョードロヴィチ・トーマス（フレデリック・ブルース・トーマス）、アメリカ合衆国市民」と名乗り、自分がアメリカ人であると同時にロシア人でもあることを強調する。そして、キリル文字に翻字したアメリカ名で書類に署名する。翻訳では終始平身低頭している原文の調子を完全に再現することは不可能だ。

陛下、おそれおおくも陛下に請願を述べ伝えさせていただく栄誉を賜りましたこと、恐悦至極に存じます。

ロシア全土をお治めになられる皇帝陛下に、わたくし、ならびにわたくしの家族を、ロシアの臣民として受け入れていただきたく心よりお願い申し上げます。モスクワを住まいと定めて十七年、あらゆるロシアの風物にもなじみ、ロシアと皇帝陛下への愛はいよいよ募るばかり、さすれば栄えあるロシア臣民の称号を賜ることこれかないますれば光栄の至りにございます。

わたくしの妻はロシア人で、子供たちはロシアの学校で学んでおります。

モスクワ特別市長官府発行の許可証とアメリカのパスポートを添付いたします。

一九一四年八月二日、モスクワ

フレデリック・ブルス・トーマス

ロシアとその皇帝への愛の告白と、ミシシッピ州コアホマ郡ホプソン・バイユーの道なき森、沼地、綿花畑に囲まれた農場で生を享けた瞬間、この二つを並べてみれば、フレデリックがこれまでにどれだけ長い距離を移動してきたかがありありとわかる。

フレデリックは、モスクワを住まいと定めて「十七年」と言っているが、実際はそれより二年少ない。内務大臣宛ての請願書に添えられた書類には、ほかにも不正確な記述や虚偽の記述があるが、これはその典型だ。請願書の核心部分は、一連の質問に対するフレデリックの回答が記された一枚の用紙で、回答は彼が住んでいた街区の警察署長によって認証されている。フレデリックはそこで、必要とあれば真実を語り、可能であれば誇張し、咎め立てされる心配がなければ過去を粉飾した。たとえば、ロシア語は話すのも読むのも達者だと言っているが、それは半分しか本当ではない。ロシア語ですみやかに意思の疎通を図ることはできたが文法的な間違いは多かった。学歴を水増ししてシカゴで「農業学校」を卒業したと称している。使い走りや給仕や従者として働いていたと言うより、そちらのほうが聞こえがよかったからだろう。

無能で知られるロシアの官僚制度は、全権を握る皇帝を中心に回っていたが、その動きは最高にいいときでもナメクジのように鈍重で、戦争がはじまって前線でも銃後でも問題が山積みになるとますます動きが遅くなった。そのようなわけで、内務大臣が国籍を求める新規の請願書をすべて（たった一一二通だった）帝国閣僚会議に送ったのは、翌一九一五年、五月二日のことだった。五月十四日、請願書は閣僚会議で承認され、ペトログラード郊外にあるツァールスコエ・セローの夏宮で皇帝に提出された。翌日、ニコライ二世は書類に――青い鉛筆で――「承認」と記した。こうして一九一五年五月十五日（二十八日）、フレデリックは正式にロシア人になった。彼の人種は、書類で何度か言及されることはあっても、いちども問題にはならなかった。

うわべの誠実さにも関わらず、フレデリックの市民権の申請は打算的な、時宜を得た行動で、そこにはある動機が隠されていた。一九一四年六月二十四日（七月七日）、請願書を提出する約五週間前、そしてプリンツィプがサラエボで銃弾を発射する四日前、フレデリックは自分と「公式の」家族――ヘドウィグとのあいだに生まれた三人の子供たちとヴァリ――のパスポートを更新するためにモスクワのアメリカ領事館を訪れている。一九一二年に受けとったパスポートの有効期限が切れたためだ。そしてもちろん、これまでいつも行なってきたように更新の申請書に署名した。前回もモスクワには「一時的に」「滞在している」だけで、「二年以内に」アメリカに帰国する予定と言明しているのだが。つまり、ヨーロッパの国際情勢が比較的正常にみえていたときは、国籍を変える必要性をまったく感じていなかったが、それから一か月もしないうちに戦争がはじまり、その結果、自分の身に火の粉が降りかかりそうなことがあきらかになると、にわかにロシアと皇帝への「愛」に目覚めたというわけだ（ただし、一九一四年までに「あらゆるロシアの風物になじんでいた」という言葉は信じて構わないだろう）。もしも戦争がはじまらなければ、フレデリックは現実のモスクワと「仮想の」アメリカ市民権のはざまに見つけた特別な空間のなかでこれまでどおり働き暮らしていたのだろう。

フレデリックが回避したこともある。それは非常に大胆なことだった。フレデリックはある理由からロシア国籍という盾を得ようとするいっぽう、別の理由で自分のやったことを隠そうとした。純粋に個人的な利益と、モスクワの興行師という目立つ立場のあいだでこれに必要な操作をやってのけるのは容易ではなかっただろう。彼が二枚舌を使っていたことは今日まですべての人に隠されていた。知っていたのはたぶんエルヴィラと、ひょっとするとオリガ、そして本書の著者の三人だけだ。トーマス家の人々も、家族の歴史を語る際に誰もこの問題に触れていない。つまりおそらく長男のミハイルさえこの事実を知らなかったのだろう（ミハイルはのちに苗字の綴りを「Thomass」に改めた）。

フレデリックは、ロシア国籍を取得すると決めたことをアメリカ当局に隠していたのだ。モスクワ特別市長官府も、ロシア帝国内務省も、フレデリックがロシア帝国臣民になったことをアメリカ側に伝えなかった。その結果、モスクワのアメリカ総領事館も、ペトログラードのアメリカ大使館も、ワシントンDCの国務省も、フレデリックが正式にアメリカ国籍を離脱したことにまったく気づかなかった。その結果仰天するほかない二つの事態が生じた。四年後、オデッサで人生最大の窮地に陥ったとき、フレデリックは自分がアメリカ市民権を正式に放棄した事実をひた隠すことで家族と自分の命を救い、一九三一年、彼の死の三年後には、ロシアで生まれた下の二人の息子が父親の（存在しない）アメリカ市民権を盾にしてアメリカ人として認められるのである。そんなことになったのも、フレデリックがモスクワでアメリカ国籍を捨てた事実を国務省が把握していなかったからにほかならない。

もうひとつ、フレデリックは信じられないようなことをしている。ロシア人になったことを妻のヴァリに隠していたのだ。一九一六年七月二十七日、フレデリックと上の三人の子供がロシアに受け入れられてからまる一年以上が過ぎた頃、ヴァリは、一九一四年七月に発行されたアメリカのパスポートの更新手続きをしている。申請は受理され、ヴァリは、自分が「領事館の名簿にしかるべく登録され、米国パスポートはあたらしいものに切り替えるためワシントンの国務省に転送された」ことを通知された。フレデリックが国籍離脱したことを知っていたなら、自分のアメリカ市民権があくまで夫に依存していることを承知していたのだから、パスポートの更新をするはずもできるはずもない。一九一六年にヴァリが領事館から受けとった証明書は、フレデリックがロシア市民になった事実をアメリカ当局が把握していなかったことを裏づけてもいる。ヴァリの申請書からほかにもはっきりわかることがある。フレデリックは事実上イルマを捨てていた。申請書の用紙には、イルマはヴァリの「娘」として記されている（イルマは成人してから父親について口にすることさえ拒むようになる）。

なぜフレデリックはあえてロシア国籍を申請したのか。彼にとっては不本意であり、そして彼自身はせいいっぱいの抵抗を試みたにも関わらず、ヨーロッパで生じたあらたな歴史の潮流にすっかり呑み込まれてしまい、その結果から身を守るために自分にできる最大限の努力をするしかなくなってしまったのだ。一九一四年七月、オーストリア＝ハンガリー帝国がセルビアを威嚇しはじめると、ロシアでは愛国心と戦意が混然となった激しい感情が爆発した。たとえばモスクワでは、七月十四日（二十七日）と十五日（二十八日）の夜、中心部のそここでデモが発生した。数千人の市民がロシア帝国国歌「神よツァーリを護り給え」を何度も歌い、レストランからかき集めてきたオーケストラや楽団にもくり返し演奏させた。「ロシア、セルビア、万歳」という叫びと、オーストリア＝ハンガリーとドイツを口汚く罵る声が街に響き渡った。七月十四日の晩、自分たちの怒りをもっと力尽くで示してやろうと群衆が両国の領事館に向かいかけたときは、騎馬警官隊が介入してこれを制止した。だが、それから一年もしないうちに中央同盟国への憎悪はさらに増大し、モスクワで反ドイツの暴動が起きても警察はいっさい介入しなくなり、ドイツ国籍をもつ者は検挙されたり、街から追放されたりするようになった。

モスクワで暮らしはじめてから、フレデリックは大勢のドイツ人と家族ぐるみでつきあうようになり、ドイツとの縁ができた。とはいえそれは珍しいことではなかった。ヨーロッパ・ロシアには大勢のバルト系ドイツ人がいて、帝国社会のあらゆる局面で重要な役割を果たしていた。とくに役人や軍人にはドイツ人が多かった。ロシアとドイツ、オーストリア＝ハンガリーは、政治、経済、文化において古くから幅広いつながりを築いていた。一九一三年のロシアの全輸入品目の約半分はドイツ製で、ロシアの輸出先の三〇パーセントはドイツだった。ロシアとドイツの結びつきをなによりはっきりと体現していたのは皇后アレクサンドラだろう。歴代の多くの皇后のようにアレクサンドラもドイツの公女だった。だが、こういった結びつきは八月一日を境にすべて敵視されるようになった。皇后その人も例外ではなく、戦争がはじまると皇后のロシアへの忠誠心にも強い疑惑が向けられるようになった。こういったわけで、フレデリックが意を決してロシア国籍を獲得したことは、ドイツびいきの誹りを牽制するうえで大いに威力を発揮することになる（フレデリックは、エルヴィラのこともスウェーデン人だと主張しだす）。

ロシア国籍の請願書を提出すると同時に、フレデリックは、金に糸目をつけず愛国心を公の場で表明するようになった。一九一四年新暦八月下旬、東プロイセンでロシア軍とドイツ軍の大軍勢が激突し、戦局を伝える知らせがモスクワに次々と届いた。ドイツ人によって「タンネンベルク」と名づけられたこの戦いは数日で決着がつき、ロシアの二つの軍隊が撃破され、不名誉な敗北を喫した司令官のひとりが自殺した。この知らせを聞いたフレデリックとツァリョフは、八月十六日（二十九日）にアクアリウムで義援の夕べを開いて入園料と劇場のチケットの売り上げをすべて、モスクワをはじめロシア中心部の都市に続々と運ばれてくるようになった何千人もの負傷兵に寄付した。こうした会を大々的に宣伝することによって、フレデリックは世間の信用を勝ち得た。

モスクワの夜の世界は続いていたが、その背後で情け容赦なく戦局が展開されているからには、なにもかもが昔と同じとはいかなかった。ロシアの前線と西部戦線とでは戦いの性格がまるで違った。一九一四年八月から九月初旬にかけて、ベルギーを高速で突っ切ってフランスに侵攻したドイツ軍は、パリまであとわずか三五マイルというところで足止めを食っていた。ロシアが東プロイセンに急襲を仕掛けた――それはタンネンベルクの戦いで終わった――おかげで、フランスの首都は救われた。それから戦争の残りの大半の期間、西部戦線は膠着し、ほとんど動きのない苛酷な塹壕戦に突入して、イギリス海峡からスイスまで続く曲線に沿って累々たる屍の山を築く。いっぽう、東部の戦いはもっと広い範囲にまたがり、もっと動きがあり、そしてもっと血なまぐさかった。タンネンベルクのあと、一九一四年九月初旬、ロシア軍は四〇〇マイル南下して、オーストリア゠ハンガリーのガリツィア地方を攻撃して重要な要塞を奪うと、さらに別の要塞も包囲して一〇万人以上の兵士を捕虜にした。それから戦争がほぼ終わるまで、ロシア軍とオーストリア゠ハンガリー軍はガリツィア地方をめぐって大規模な一進一退をくり返す。そして死神が戦争の鎌を振るう向きを変えるたびに、ぞっとする数の人命が失われることになる。

ただし戦争の大虐殺の証拠すべてが、遠く離れた戦場の出来事を伝える特電によってもたらされたわけではない。ロシアの巨大な軍隊の動員数が増すにつれ――最終的に一五〇〇万人の男性が徴用された――アクアリウムやマキシムのような店で働いていた役者や劇場スタッフにもお呼びがかかるようになった。軍服を着た兵士の姿がモスクワのいたるところで――通りでも劇場でも路面電車でも――見られるようになった。帝国の西部国境沿いではじまった戦いを逃れた難民たちもやって来た。病院や診療所は大勢の負傷者ではちきれんばかりだった。捕虜になったオーストリア兵を乗せた貨車が、モスクワを通過して東に向かっていった。

だが、フレデリックとその同業者たちにとって最大の変化は、酒類の製造販売の禁止だった。一九二〇年にアメリカで施行された禁酒法と違って法律が公式に掲げられることはなかったが、ロシアの「禁酒法」は、総動員体制から戦争がはじまるまでのアルコール飲料販売の一連の規制から、戦時に帝国全土でアルコール飲料の販売を禁止した皇帝の「ご意向」までを指す。実際の販売の規制は地方当局の裁量にまかされたが、すべての地方当局がすみやかにこれに取り組んだ。モスクワが真っ先に独自の分類に従ってレストランによる酒の販売を規制し、続いてペトログラードが、そして残りの地域がこれに倣った。

最初は劇的な効果が現われたかに見えた。ロシア国民は酒を断ったことを心から喜んでいる、そう結論する者がロシア人のなかにも外国人のなかにも現われた。日露戦争のときのように、新兵が酔っ払って駆けつけることもなくなったので、軍隊の動員時間が半分で済むようになったかに思われた。「ロシアから酔っ払いが消えた」ニューヨーク・トリビューン紙はそう報じた。「世界史上類のない出来事」モスクワ在住のイギリス人も興奮した。「人類史上最大の改革」と絶讃する者もいた。ドゥーマは、禁酒法の実態を詳しく教えてほしいとアメリカ議会上院から正式に要請され、アメリカの代表団がはるばる地方都市のサマーラまで来て実態調査を行なった。

だが、はるか昔十世紀にキエフ大公国のウラジーミル一世が宣言したと言われているとおり、「ロシアの喜びは酒を飲むこと」にある。古い習慣はすぐに復活した。すこぶる不人気だったこの改革は、数年後のアメリカとまったく同じように、脱法、賄賂、密造酒の大海にたちまち溶けて消えた。モスクワの飲食業界で十五年間働いてきたフレデリックのことだ、この状況を眉ひとつ動かさずに見つめていただろう。

「禁酒法」が完全に実施される前でさえ、ロシア人は規制を回避するあの手この手の策を講じた。たとえば一九一四年十一月中旬のペトログラードで、数千人の男女、そして子供までもが明け方四時の吹きすさぶ雪嵐のなか、酒店の外で行列をつくっているのをひとりのアメリカ人が目撃している。それは禁酒法が発効する前日のことだった。モスクワでは発効後、ウォッカであれワインであれ酒を合法的に入手するには医者に処方箋を書いてもらうしかなかったが、それが通用するのは一回だけで量もかぎられていた。だが、ほんのわずかな量に制限されていたはずのものも、「医薬用」と書かれた蛇口を賄賂でこじ開ければ、すぐにごくごく飲めるようになった。非合法の蒸留所や密造酒の製造も急増した。

モスクワでは、金があり、どこに行けばいいかを心得ていれば何でも手に入れられた。フレデリックが相手にしていた富裕層の客は、最高のものしか期待していなかった。そして禁酒法の時代に、こうした客たちを満足させる才覚に恵まれていたおかげで、フレデリックは三年という短い期間で何度も大儲けすることができた。酒販売の取り締まりを担当している警察官に賄賂を握らせるのが、アクアリウムやマキシムのような高級店の経営者たちの常套手段だった。こういった賄賂は相当の金額にのぼったはずだ。たとえば、アクアリウムがあった地区の警察署長だったリチャルド・フォミチ・ジチコフスキーとやらは——フレデリックもこの男に賄賂を贈っていたはずだ——二人の愛人に自動車一台と二頭の馬、二人乗りのオートバイを買ってやれるほど金を貯めこんでいた。

モスクワの飲食店のなかには、ジュースやミネラルウォーターが入っていた瓶やピッチャーに酒を入れて出し、体裁をとり繕っていた店もあった。給仕がウォッカをティーポットに入れてテーブルまで運び、客が磁器のカップに注いで飲む店もあった。だが、それ以外の店では禁酒法などどこ吹く風とばかり何でも堂々と売っていた。品不足で酒の値段が高騰し、密造業者が大儲けするようになった。一九一五年には、洒落たカフェ・シャンタンでフランス産のシャンパン一本が現在の貨幣価値にして一〇〇〇ドル近くすることもあった。禁酒法が施行されるまで、ウォッカの販売はロシア政府の専売事業で、国庫の莫大な収入源になっていた。いまや密造業者が原価の数千倍の値段で密造ウォッカを売り、しかも政府の仲介業者をいっさい通さないため、こうした巨大な利益が民間人の手に流れ込むようになった。ニコライ二世さえ自分で言いだした禁制を無視して、あいかわらずレモン入りのコニャックを飲んでいるが、ご時世がご時世なので、侍従武官団を連れて前線を視察するときはクリスタルのグラスでなく銀のカップを使っているという噂だった。

こうした享楽的な雰囲気のために、戦争がはじまってから一年が過ぎる頃、フレデリックがアクアリウムで「前代未聞の成功」を欲しいがままにし、「莫大な」量の「賞讃と銀ルーブリをかき集めている」という噂がモスクワで流れた。酒の価格の高騰にも関わらずなぜそんなことが可能になったかといえば、戦争とモスクワのナイトライフにあらたに生まれた熱狂的な空気のために、ロシアにあたらしい金の流れができたからだった。兵士が動員されるようになると、高級レストランで浴びるほど酒を飲み、戦地に将校たちを送り出す壮行会が義務づけられるようになった。勇壮な軍隊行進曲をオーケストラが威勢良く演奏し、「野蛮なチュートン族の大群」に対するロシア軍の勝利を祈願して全員で乾杯する、そんな席で誰がけち臭いことなど言っていられようか。しばらくして、ぞっとする敗北の知らせが続々と舞い込むようになると、こうした祝いの席にぴりぴりした、熱に浮かされたような空気が忍び込むようになった。だがそれでも壮行会はいっそう熱心に開かれるようになった。

戦争が長引くにつれ、流行の高級レストランには金回りのいいあらたな客層が姿を見せるようになった。軍の関係者もいたが、前線というより銃後の「英雄」とでもいった連中で、自分たちの手を介して戦地に送られる大量の補給物資の一部をかすめとることに成功した兵站部の将校や、裕福な家庭の子弟に兵役免除権を売る軍医たちだった。それから、どんな戦争にもかかならずいる商人たち――ブーツや缶詰の肉から榴弾まであらゆるものを軍隊に供給することを請け負って荒稼ぎする連中――がうようよいた。こうした時代にマキシムは「モスクワっ子のお気に入りの店」としてその地位をいっそう盤石にした。フレデリックが考えたそのキャッチコピーは広告に何度となく登場した。

一九一五年一月、凍てつく冬のさなか、死神がガリツィア地方で戦争の大鎌をまたしてもばっさりと振るい、モスクワ市民の注意を釘付けにした。カルパチア山中で、オーストリア＝ハンガリー軍がロシア軍に対して反撃に打って出たが、攻撃は無残な失敗に終わり、前進を続けるロシア軍は三月には巨大要塞都市プシェムィシルを陥落させた。このまま隊列を組んで山道を越えれば、ハプスブルク帝国の双子の首都ブダペストとウィーンに達するのではないかと思われた。

その頃南部でも重大な事件が相次ぎ、モスクワ市民は、不安と興奮の入り交じった気持ちでそのなりゆきを見守った。すでにこのときコーカサス山中と黒海沿岸ではロシアの第二の前線が展開されていた。この期に及んで宿敵オスマン帝国が中央同盟国と手を結んだのである。戦争開始の二か月後には、トルコの軍艦がオデッサを含むロシア南岸の都市を砲撃した。世界のこの場所に人々をおびき寄せる最大の獲物はコンスタンティノープルだった。ロシア人が本能的な紐帯を感じずにはいられない東方正教会の古《いにしえ》の総本山、歴史あるこの街を手に入れることができたなら、ロシアは黒海から海峡地帯を通って地中海に自由に行き来できるようになる。そして地中海は世界のすべての海とつながっている（事実、戦後のオスマン帝国の分割を画策した秘密協定で、フランスとイギリスはコンスタンティノープルと海峡の割譲をロシアに正式に約束していた）。

モスクワ市民はどちらの前線からの知らせにも愛国心を惜しみなく爆発させた。二月上旬、モスクワの劇場支配人たちは「モスクワの芸術家よりロシア軍へ」と銘打ったキャンペーンを組織した。戦地に送る物資を募る義援コンサートやショーが一週間にわたって続き、フレデリックはそこで華々しい役回りを演じた。マキシムも新聞で大きく取りあげられた。このキャンペーンは、クレムリンの南にあった、巨大な白亜の救世主ハリストス大聖堂の荘厳な祈禱で幕を開け（この大聖堂は、一九三一年にスターリンによって爆破され、装飾が施された大理石の大半は、モスクワにあらたに建設された地下鉄の駅の壁になった。大聖堂は二〇〇〇年にようやく再建された）、ボリショイ劇場付近のボリシャヤ・ドミトロフカ通りにあったモスクワ貴族クラブの大ホールで行なわれた記念ガラ公演で幕を閉じた。公演にはモスクワのすべての劇場とサーカスの芸人が登場した。キャンペーンは大成功に終わり、役者と彼らを後援した劇場はモスクワ市民にたっぷりと感謝された。

その二か月後にフレデリックが市の当局と揉めたとき、大事にならずに済んだのも、こうやって積み上げてきた善行の賜物だろう。一九一五年四月、マキシムは営業停止命令をくらった。モスクワの高校生やペトログラードの法学部生を店に入れたというのが表向きの理由だった。あまりに儲かっていて、禁酒法を無視して酒を売っていたように、年齢その他の法的規制などまともに取り合ってはいられなかったのだろう。罰金や店の閉鎖が商売を続ける代償にすぎないことはよくあった。マキシムの一時的な問題のために、フレデリックがペースを乱すことはありえなかった。いずれにせよ冬シーズンはもうすぐ終わりだった。ペースを乱すどころか、あるジャーナリストによれば、数週間後に迫るアクアリウムの夏シーズンに備えて「精力的に準備を」続けていた。その春には家庭でも喜ばしい出来事があった。四月二十五日、フレデリックとエルヴィラの二人目の息子が誕生したのだ。両親はこの子に、父親のミドルネームをとってブルースと命名した。

だが、あらたな脅威が現われた。フレデリックの名声と成功は、おこぼれに与《あずか》ろうとする強欲な役人だけでなく、彼を辱め、傷つけてやろうとする嫉妬深いライバルたちも引き寄せた。その年の四月、フレデリックはアンドレイ・Z・セルポレッティ（本名はフロンシテイン）の攻撃にさらされた。セルポレッティは、モスクワの演劇雑誌の好戦的な編集者で、風刺劇作家でもあり、仲間の芸人たちを売り込む機会と、宿敵への恨みを晴らす機会を絶えずうかがっていた。彼は、ヴァリエテ劇場の支配人たちが違法な酒の販売で稼いだ利益を、役者たちの給料を削ることでさらに水増ししていると苦言を呈し、はっきりとフレデリックを標的にして、文法的な間違いの多い彼のロシア語を笑いものにした。

セルポレッティの最初の攻撃が比較的穏やかなものだったとすれば、一年後にはじめた攻撃は危険だった。当時モスクワで排外感情が非常に高まっていたことを考えればなおさらだった。セルポレッティの書いたものは、悪意に満ちた短編小説の体裁をとってはいたが、ロシアに住む黒人としてフレデリックを標的にした紛れもない攻撃でしかない。ただしこの場合でも、フレデリックが黒人であるために攻撃されたのでないことは断っておこう。

セルポレッティは気の利いたところを見せようとして、フレデリックの名前や職業にいくつか馬鹿げた偽装をほどこしてから彼の半生をざっと紹介する（セルポレッティがフレデリックの半生を熟知していたのはあきらかだ）。それによると、この「市民」は――セルポレッティは棘のある口調でフレデリックを「市民」と呼ぶ――生まれ故郷の「エジプト植民地」で「蔑まれて」いた（こうした言葉はすべて、フレデリックのロシア国籍の申請、アフリカ系という出自、アメリカにおける黒人の地位、アメリカがイギリスの元植民地であったことをあてこするものだ）。彼はパリからロシアに下僕としてやって来た。ロシアのパンを糧にして「肥え」、ロシア人の人のよさにつけこんで大金を稼ぎ、レストランの給仕頭になり、メートル・ドテルになり、ついに娯楽庭園の経営者になった。（このあたりでセルポレッティは本題に取りかかる）こうしたさもない出自と「分不相応の」成功――セルポレッティはフレデリックの成功を歯軋りするほど妬んでいる――にも関わらず、彼は「その地位のためにお高くとまり」、ロシア人の芸人らに対して「ニグロらしい鈍重で傲慢な」態度をとるようになり、あろうことか彼らを「豚」と呼んでいる。そしてセルポレッティは悪意を込めたとどめの一撃をお見舞いする。それは第一次世界大戦中のロシアでは、一九五〇年代のアメリカで誰かを「共産主義者」呼ばわりするのと同じくらい危険な告発だった。フレデリックは「外国人全般、とりわけドイツ人と気脈を通じている」と言ったのだ。いろいろと理由を並べ立ててはいるが、セルポレッティがなぜフレデリックを敵視したのかは明白だ。フレデリックはアクアリウムやマキシムの舞台に、地元のロシア人よりも外国人の芸人を好んで登用すると思われていたのだ（セルポレッティとその子分たちはもちろんロシア人だった）。

フレデリックは、機会あるごとに自分のロシア魂をアピールし続けることによって、セルポレッティの告発をみごとにはね返した。たとえば一九一五年五月十九日、ロシア国籍の申請が承認されたわずか数日後にモスクワではじまった盛大な愛国パレードでは中心的な役割を果たしている。それはロシア軍にとって転換点ともいうべき重大な時期の出来事だった。ドイツ軍がガリツィア地方に侵攻し、多大な犠牲者を出したロシア軍は撤退を余儀なくされた。最初は秩序正しく行なわれていた退却はしだいに前線じゅうに広がる「狂乱の宴」とでもいったていたらくとなり、部隊は次々と持ち場を離れ、何十万もの一般市民も難民となって怒濤のように東へ逃げていった。ドイツ、オーストリア＝ハンガリー連合軍の進撃は五か月続いた。こうして一九一五年十月には、ロシア軍は今回の戦争で手に入れたすべてを失ったばかりか、一〇〇マイル押し戻され、十八世紀末以来支配してきたポーランドの領土からも追い出された。

　とはいえ五月末頃までは、進行しつつあった惨事の全容はモスクワに伝わっていなかったので、楽観的な愛国的ムードが漂うなか、「兵士に煙草を」と題した三日間のイベントがモスクワ赤十字社によって企画された。五月十九日、モスクワじゅうの劇場から数千人の役者と芸人が、フレデリックとツァリョフの計らいで集合場所になっていたアクアリウムの庭園に集まってきた。参加者は長い列をつくって午後四時にアクアリウムを出発し、トヴェルスカヤ通りを通ってクレムリンへ向かった。列の先頭は連合国の民族衣装に身を包み、美しく飾りつけした台車に乗ったアクアリウムの役者たちだった。やがてほかの団体や乗り物や山車もたくさん集まってきた。パレードの参加者は何千にもなり、大勢の観客が詰めかけた。

　パレードの先頭が赤の広場に入るのと同時に、大勢の司祭を従えた主教による野外祈禱会がロブノエ・メストではじまった（ロブノエ・メストは歴代の皇帝がこの上に立って布令を読みあげたという円形の台座)。「奇跡を行なう」と言われ古くからモスクワ市民に崇敬されてきた、イヴェルスカヤの生神女のイコンが近くの礼拝堂から台座に運ばれてきた。同じ赤の広場の聖ワシーリー大聖堂からもイコンや旗が続々と届けられた。モスクワじゅうの病院から負傷兵たちが看護婦に付き添われて集まってきた。そそり立つクレムリンの赤い煉瓦の壁と、高級百貨店〔GUMの前身〕の華麗なファサードに挟まれた広大な敷地を何万もの群衆が埋め尽くした。男たちは帽子を脱ぎ、女たちはつま先立ちになって目を皿のようにした。わが子を抱きあげる者もいた。主教と司祭と補祭は、勇猛果敢なロシアの兵士のために、皇帝とその「神聖なる家族」のために、艱難辛苦の時代を生きる信心深いロシア正教徒のために祈りを唱えた。おごそかな沈黙が群衆を包んだ。司祭たちの金襴の法衣が午後の日差しを浴びて輝き、彼らが振る香炉から甘い香の匂いが漂った。讃美歌を歌う男声合唱の低い声が波のようにうねった。祈禱会の最後に、巨大な群衆がとつぜん「神よツァーリを護り給え」を歌いだした。国歌は何度も何度もくり返された。パレードの先頭にいたアクアリウムの役者たちは、十七世紀の戦争でモスクワをポーランド人から解放した祖国の英雄ミーニンとポジャルスキーの像の近くにかたまっていた。

　祈禱会が終わると、行列はふたたび役者たちに先導されてアクアリウムの庭園に戻った。その夜と続く二日間、兵士のための義援特別公演が街じゅうの劇場で催された。数百人のボランティアが街の通りや店や食堂で寄付金を募った。フレデリックとツァリョフもみずから寄付金用のカップを手にしてアクアリウムにやって来た人々のあいだを回った。彼らの活動は新聞や雑誌の記事で幾度か取りあげられ賞讃された。

　生粋のロシア人でもこれほど愛国心をアピールすることはできなかっただろう。フレデリックの活動は、数千とは言わないまでも数百人のモスクワ市民に目撃された。街の有力者を含むさらに多くの人の知るところとなった。フレデリックは、ロシアで知らぬ者のないモスクワ商人と実業家の博愛精神の伝統に、自分の名をしっかりと刻みつけもした。セルポレッティがこの黒人の元アメリカ人にどんな復讐を企てようと、フレデリックが自分の周囲に築きあげた善意の防壁を突き崩すことは不可能だった。

フレデリックは人間業とも思えない絶妙のタイミングでロシア魂を示したのだった。その一週間後、モスクワ市民は熱狂的な愛国心と不可分のもうひとつの顔をあらわにした――敵への憎悪、そしてよそ者への猜疑心である。多くの者が、ガリツィア地方におけるロシア軍の悲惨な撤退は、銃後における妨害工作や裏切り抜きには説明がつかないと考えていた。五月下旬になるとドイツ人を標的とした暴動が街で起きるようになった（その後暴動はほかの外国人も標的にするようになった）。数百軒の店が略奪され、いくつかの通りはまるごと焼き払われた。あるイギリス人は、モスクワでもとくに洒落た通りだったクズネツキー・モスト通りの、ツィンマーマンという有名楽器店の四階の窓からグランドピアノが押し出され、歩道に激突してボーンと陰鬱な音を立て、その上をばらばらになった楽譜が白い鳥の群れのように旋回するのを見たという。背筋の寒くなる光景だったそうだ。群衆がトヴェルスカヤ通りの途中まで押し寄せたこともあった。その先にはアクアリウムがあった。こうした暴動は経済にも社会にも多大な損失を与えた。被害総額は現在の貨幣価値にしておよそ一〇億ドルと言われている。政治的にも重い代償を払わねばならなかった。暴徒の大半は下層階級だったが、彼らはリンチや暴動を利用して政府の戦争遂行に不満を表明するやり方に味をしめた。当時そのことに気づいた者はほとんどいなかったが、モスクワの「反ドイツ」ポグロムは、未来に待ち受けるさらにひどい事態の前兆だった。

戦争がはじまって一年が過ぎる頃には、フレデリックと彼の第二の祖国は別々の道を歩きはじめていた。ロシア軍の死傷者は一〇〇万人にのぼり、さらに一〇〇万人が捕虜になっていた。あらゆる証拠が示すように、この国にはこれほど長く、これほど大きな戦争に対する準備がまったくできていなかった。制御することはおろか、理解することさえできない歴史的事件のあいだを迷走するニコライ二世は、一九一五年九月、職業軍人であり叔父でもあるニコライ大公を軍最高司令官から解任し、軍人としての経験は皆無であったにも関わらず、ロシア全軍の指揮をみずから執ることにした。いっぽう、トルコの海峡地帯を力ずくで手に入れ、黒海に続く航路を開き、ロシアに物資を送って支援しようとするイギリス軍の試みは無残にも失敗した。このときのガリポリ防衛戦のトルコの英雄ムスタファ・ケマル大佐が、のちに祖国の救世主となり、フレデリックの人生にも決定的な影響を与えることになるとは、この時代の数ある皮肉のひとつと言えるだろう。

だが、フレデリックはあいかわらずこうした問題に影響されることもなく、大金を稼ぎまくり、その金を今度はどこに投資しようかと考えはじめていた。彼が目をつけたのは不動産だった。一九一五年の夏、ペトログラードのチニゼッリ・サーカスが競売にかけられるらしいという噂が流れてきた。本当だとすれば大いにそそられる話だった。それというのもモスクワは、経済的にも文化的にも重要な街ではあったが、それでもこの国では二番目の都市だったからだ。チニゼッリ・サーカスは立派な、そして非常に投資しがいのありそうな物件だった。それは、この手のものとしてはロシア最古の常設建物で、ヨーロッパじゅうを見渡しても最も有名なサーカスのひとつであり、皇族を筆頭にペトログラードの上流階級のあいだで非常に人気があった。

競売の日が十二月七日と決まり、フレデリックはペトログラードへ旅立った。競売には各界の大物たちも参加する予定だった。フレデリックも数年前にヤールで会ったことがある、有名なバスのオペラ歌手シャリャーピンの代理人も来ていた。どの参加者も金がうなるほどある者ばかりだった。競りは年間賃貸料六万ルーブリ（今日の二〇〇万ドル相当）からスタートし、参加者は全員本気であることを示すために保証金三万ルーブリを供出しなくてはならなかった。

最低金額しか用意できなかった者はすぐに脱落した。ペトログラードの実業家が七万三〇〇〇ルーブリと言えば、モスクワから来た参加者が七万六〇〇〇と言い、フレデリックがさらにそれを上回る七万八〇〇〇ルーブリを提示した。だが、誰かがすかさず八万と言ったので、フレデリックは勝負を降りることにした。競売をめぐる黒い噂を嗅ぎつけていたのかもしれない。数か月後、意外にも落札者がチニゼッリ・サーカスを以前借りていた人物であることがわかって、競売ははじめからいかさまだったという風評が立った。

だが、投資する金はまだあった。フレデリックが次に注目したのはロシア南部とオデッサだった。最初に南部に出かけたのはアクアリウムやマキシムの舞台に出演させるあたらしい芸人を捜すためだった。戦争がはじまって西ヨーロッパに出かけるのが難しくなると、あらたな才能を手っとり早く発掘するにはロシア国内の都市を捜すしかなくなったからだ。オデッサは多言語が飛び交う国際都市で舞台業界にも活気があった。第一次世界大戦前夜、街の人口は六三万でそのうち三分の一がユダヤ人、三万人がギリシア人、アルメニア人、ドイツ人、ルーマニア人、イタリア人、その他諸々の外国人だった。フレデリックは一九一六年の二月と七月の二回オデッサを訪れ、その間にデュエット歌手、女性ものまね芸人、地元のスター女優、ジプシーのロマンスを大人顔負けの歌唱力で歌う十歳の少女など話題になりそうなさまざまな芸人と契約を結び、アクアリウムの劇場を来シーズン借りたいという興行師たちとも交渉した。フレデリックはオデッサの街そのものもすっかり気に入ったに違いない。二回目に訪れたときには一〇万ルーブリ（今日の貨幣価値にして約三〇〇万ドル）で瀟洒な別荘を購入している。

オデッサの気候はモスクワよりやや温暖なくらいだが、街の最大の魅力は黒海に面したその立地にあった。幅が広くまっすぐな、緑が色濃く影を落とす通り、優雅な石造りの建物、まるで地中海沿岸の都市と言っても通りそうだった。フレデリックが生きていた時代、オデッサは商業の一大中心地で、二つの首都から離れていたにも関わらず寂しくも田舎臭くもなかった。最新式のホテルにレストラン、お洒落な店、人気のカフェ、数軒の劇場——垢抜けた金持ちは、こういったものがそろった街の有名な目抜き通りに引き寄せられた。外国の港からやって来た船乗りや街のごろつきたちは、商業港の近くの、ビールの匂いがたちこめる騒がしい酒場にたむろしていた。郊外の、潟に築かれた土手の上にぽつりぽつりと別荘が立ち、その先には輝く海がどこまでも広がっていた。一九一六年のこのとき、わずか二年後にオデッサが自分の人生でどんな役割を果たすことになるかなど、フレデリックに予想できたはずもなかった。

戦争が二年目に突入すると、その影響はモスクワでも無視できなくなっていった。ヨーロッパや南方の前線から汽車で送られてくる負傷兵たちで街ははち切れそうになっていたが、ロシアの戦争準備全般について言えるように、病院の数も不充分であることがわかった。当局は、あらたな収容施設の準備が整うまで代用できる民間の建物を捜さなくてはならなくなった。こうしてヤールは営業を止めて一年近く店を政府に明け渡した。レストランは病院に改装され、テーブルの代わりにベッドが整然と並べられた。ベッドに横たわっていたのは静かに、そして泰然と傷みをこらえる兵士たちでそのほとんどが農民の出身だった。アクアリウムやマキシムの広々とした劇場も、診療所や医療品倉庫として利用できるのではないかと軍事委員会が査察に来たが、例によってフレデリックがうまく立ち回ったために、一九一五年も一六年も軍に接収されたのは広い敷地のほんの一部だった。

そのほかにも戦争のさまざまな負担が興行師たちの肩にのしかかってきた。一九一五年年末から、モスクワ軍管区司令官の通達により、燃料と電気の不足のため、すべての劇場は午後八時から深夜までに営業時間を短縮することになった。劇場でショーを上演するたびに、戦争努力を支える新税と、「マリヤ皇太后基金」と総称される皇族の公式慈善団体への強制的な「寄付」を納めなくてはならなかった。税金が劇場の総収入の三〇パーセントにのぼることもあった。

　ペトログラードから届く知らせもますます気がかりなものになっていき、帝国の中枢が揺らいでいるという思いを誰もが強くしていた。ニコライ二世は、ペトログラードから四〇〇マイル南に離れたモギリョフ〔現在のベラルーシ領マヒリョウ〕の軍司令部にいて、政府を直接統制することができなかった。産声をあげたばかりのロシアの議会は、戦争の勃発と同時に生じた純粋な愛国心の高まりを足がかりにしようとした。ひょっとすると議会は、不安を募らせている国民と皇帝のあいだを取りもつことができたかもしれない。だが、皇帝ニコライはいかなるかたちであれ議会に協力しようとせず、首都に危険な権力の真空を招いた。真空の一部を埋めていたのが彼の妻、皇后アレクサンドラだった。心が狭くだまされやすいこの女性はなにかにつけて政治に干渉したが、彼女自身が帝国ロシアの稀代の悪党、グリゴリー・ラスプーチンの操り人形だった。こうしてニコライが首都を留守にしていた一年半のあいだに「大臣の更迭劇」と呼ばれる事態が生じた。四人の首相、五人の内務大臣、三人の外務大臣、三人の陸海軍大臣、三人の運輸大臣、四人の農務大臣が次々と誕生した。有能な者はごくわずかでほとんどが無能な小心者だった。

　国の雰囲気がいよいよ暗くなるにつれ、兵士も市民も誰もが求めていた娯楽や気晴らしに熱病のような空気が忍び込むようになった。第一次大戦前夜、アルゼンチンではじまったあたらしいダンスの流行は、パリに飛び火し、世界じゅうに拡大した――タンゴブームである。タンゴはロシアでもたちまち大人気になり、あたらしいものにつねに目敏いフレデリックはタンゴブームに便乗しようと劇場の広いスペースを改装してそれぞれタンゴにちなんだ名前をつけた。そのためあるジャーナリストから、マキシムはモスクワの「タンゴ王国」になったと評されたほどだった。戦争中もタンゴの人気は高まるいっぽうで、プロのダンサーや歌手たちのなかに、エレガントで様式化されたタンゴのエロティシズムに不気味な味付けをする者が出てきた。「死のタンゴ」で有名になったカップルの男性は、燕尾服を一部の隙もなく着こなし、顔には骸骨そっくりのメーキャップをしていた。そこには戦場から届く身の毛もよだつ知らせがメロドラマ風に影を落としていた。ドイツ皇帝ヴィルヘルムにちなんだ「ヴィルヘルムの血まみれタンゴ」や、恋人に捨てられた男が相手の女性を刺し殺す「最後のタンゴ」などの人気の曲も同様だった。

戦争中、ロシア人はタンゴに解放感を見いだし、ウォッカやワインから高揚感を得ていた。まもなく麻薬、とりわけコカインに同様の喜びを見いだそうとする者が出てきた。周囲に渦巻く出口の見えない問題を忘れて恍惚感に浸るために、コカインに手を出すサークルが都会にいくつも現われた。コカインはすぐに退廃《デカダンス》の、すなわち病み衰えていく国家の精神の象徴になった。前線の戦いは潮の満ち引きのように一進一退をくり返し、大臣や廷臣は権謀術数をめぐらせ、戦争成金は金策に明け暮れている。多くの者にとって日常生活はいよいよ困難になっていった。そうでない者たちにも人生は無意味に思えた。

「コカイン狂」と呼ばれるようになったコカイン中毒者の姿は、モスクワ演劇界でも珍しくなかった。そしてそのなかでもとくに有名だったひとりの俳優とフレデリックは懇意になった。マキシムの舞台に出演していたアレクサンドル・ヴェルチンスキーは（のちにコンスタンティノープルでもフレデリックの店に出演する）、人生の辛さ悲しさへの諦念と、遠い異国への逃避願望を歌った歌で一九一五年末に大人気になった。代表曲は一九一六年に発表された「小さなコカイン娘」で、「身寄りのない哀れな娘が／雨に濡れたモスクワの大通りでコカインの餌食になる」ことを嘆いた歌だった（のちに、同じく麻薬をテーマにした「ハシシ・タンゴ」というダンスも披露している）。ヴェルチンスキーは、イタリアのコンメディア・デッラルテのうぶで哀れな道化、コロンビーナにいつも心をずたずたにされるピエロの扮装をして舞台に登場した。死人のように真っ白くおしろいを塗り、目と眉毛は凶事を連想させる黒でくっきりと縁取りし、深紅の口紅を塗ったその姿は、あの世からやって来た浮かばれない亡霊のようだった。

一九一六年を迎える頃、フレデリックとロシアの運命はくっきりと明暗が分かれていた。アクアリウムとマキシムはあいかわらず繁盛して金が転がり込んでいた。だが、フレデリックのあらたな祖国は、治療法はおろか、どうすれば進行を遅らせられるのかさえ誰にもわからない無数の病によって内部から食い荒らされ、死にかけていた。この国は血を流し続ける男たちだった。国民は悲惨な戦争を支持するのをやめた。帝政に反対して革命を扇動する声が日ごとに高まっていた。燃料と食料の不足がいよいよ深刻化した。生活費の高騰に反発して労働者がストライキに打って出た。ペトログラードの巨大なプチーロフ軍需工場（ヨーロッパ最大の軍需工場で三万人が働いていた）、黒海沿岸のニコラエフ海軍工廠、五万人の炭鉱労働者が働くウクライナのドンバス地域のような、戦況に重大な影響を及ぼす工場でもストライキが起きた。政府の対応は手荒く、身体条件を満たす者は徴兵し、そうでない者は逮捕して裁判にかけた。そして足りなくなった労働力を補うために、トルキスタンや中央アジアのイスラム教徒数十万人を徴用して、前線の近くの軍需工場で働かせようとしたところ反乱が発生したので、軍隊を派遣して力ずくで鎮圧しなくてはならなくなった。数千人の犠牲者が出た。

だが、帝国をむしばむ病気のなかで最も醜悪な徴候はラスプーチンだった。「聖人」を自称するこの男は、十年近くにわたり悪性腫瘍のように皇后アレクサンドラにとり憑き、皇后を通じてニコライ二世と政府の要人にも影響力を行使していた。ろくに文字も読めない、ずるがしこくて好色なこの農民は、貪欲と原始的な神秘思想とぺてん師の手口を組み合わせて、おべっか使いたちを惹きつけ、だまされやすい人間たちに催眠術をかけた。皇后は痛々しいばかりに内気で高慢な女性で、その人生は、信仰と悪意、そしてひとり息子である皇太子アレクセイの健康に関する気も狂わんばかりの不安に支配されていた（アレクセイは王位継承者で、史上最も有名な血友病患者である）。目撃者の証言によれば、皇子が出血して生死の境をさまようたびに、ラスプーチンが不可思議な力で病状を落ち着かせることができたため、皇子の母親は「聖人」の治癒能力を信じるようになり、ほかのあらゆる問題についても彼の助言に従うようになったのだという。

ラスプーチンの悪名はロシアばかりか世界じゅうに知れ渡っていたため、同時代の人のなかには、自分の半生記にぴりっとスパイスを効かせるために、ラスプーチンに会ったなどとでまかせを言う者もいた。ジャック・ジョンソンもそんな誘惑に負けたひとりで、回想録の著者によれば、フレデリックの紹介でラスプーチンに、こともあろうにペトログラードの宮廷舞踏会で会ったと主張していたという。文書による証拠が示すとおり、そんなことがあろうはずがない。だが、ラスプーチンのモスクワでの不埒な行状の尻拭いをさせられるはめになった何人かをフレデリックがよく知っていたのは事実だ。下劣な商談をまとめるためにペトログラードからやって来たラスプーチンは、一九一五年三月二十六日の夜、取り巻きを連れてヤールを訪れた。ヤールの経営者は、当時はまだ、フレデリックの元上司で師匠でもあるアレクセイ・スダコフだった。「聖人」はこれまでも乱行を重ねていたが、今回はさらにその上を行った。取り巻きを連れて個室におさまったときにはすでに酔っ払っていて、食事と酒をさらに注文してコーラス隊を呼び、どんちゃん騒ぎをはじめた。いつもながら一座の中心はラスプーチンだった。コーラス隊にお気に入りの歌を歌わせ、コーラスガールたちに（警察官の調書をそのまま引用するなら）「人を小ばかにした踊り」を踊らせ、自分でもロシアの民族舞踊を踊り、女たちを代わるがわる自分の膝に座らせた。そうかと思えば「聖人」としての役目も忘れず、「私欲を捨てて愛せ」（つまり、愛を神聖化するために自分に身をまかせよということ）と女たちに命じるメモを殴り書きした。スダコフは、何が行なわれているのかを聞くと仰天して、上の部屋でどんちゃん騒ぎをしているのはラスプーチンではない、皇帝一家の悪名高い「友人」を騙る偽者だと言って常連客たちを説得しようとした。それを聞きつけたラスプーチンは激怒して、じつに破廉恥な方法で自分が正真正銘のラスプーチンであることを証明してみせた。自分と皇后の関係について卑猥なほのめかしをし、自分が着ているカフタン〔裾が長く重厚な男性用コート〕は皇后が手ずから縫ったものだと自慢し、あげくの果てにズボンをおろして若い女たちに一物をさらけ出した。

　ラスプーチンの行状とその影響と考えられるものに激しい怒りが向けられ、彼の大勢の敵はこれを好機ととらえた。一九一六年の年明け早々、皇帝の従兄弟を含む三人の有力者がペトログラードでラスプーチンを暗殺した。手際の悪い血生臭い方法で、三人は自分たちの祖国を、その心臓に巣くう悪性腫瘍のひとつから救おうとした。だが彼らは大きな勘違いをしていた。腐敗はすでにあまりにも深いところにまで広がっていて、男をひとり殺したくらいで取り除けるものではなかった。だが、政権の中枢にいる者たちと違って、この三人は少なくとも国の内部に目を向けた。それは方向としては間違っていなかった。

　命が尽きるまでの数か月間、ロシア帝国は同時に二つの方向から脅かされていた。だが、皇帝も大臣も軍の司令官たちも、中央同盟国による外部からの脅威にほぼ全神経を集中させ、戦争の「勝利による終結」に全力を傾けていた。その結果、帝国の社会と政治の秩序全体をむしばむ重大な内部の脅威――前線を守る大勢の兵士、労働者、農民を含む圧倒的多数の国民の不満――はほとんど顧みられなかった。革命勢力がこの機に乗じ公然と反旗を翻す条件は整っていた。

結局、帝国政府はやみくもに勝利を追い求めることでみずからの首を絞めたのだ。帝国が崩壊する半年前、ロシア軍はもういちど大規模な攻勢に出るべく兵力を結集して、オーストリア゠ハンガリーを相手にしたこの戦争で最大の勝利をおさめた。のちにいう「ブルシーロフ攻勢」である。事実、歴史家のなかには、この戦いは連合国が同盟国におさめた唯一最大の軍事的勝利であり、世界史上最も犠牲者の多い戦いだったと考える者もいる。だが、これは典型的な「ピュロスの勝利」〔損害が大きく得るものが少ない勝利のこと。古代ギリシア・エペイロスの王ピュロスに由来〕だった。信じがたいほどの数の死傷者と脱走兵を出したロシア軍の崩壊がはじまった。ブルシーロフ将軍の大勝利があらためて浮き彫りにしたのは、富と人、そしてこの国に眠っていた莫大な可能性の浪費だった。それこそが、第一次世界大戦でロシアが辿った悲劇的な運命だった。

***

いっぽう、モスクワのフレデリックには、激動の時が刻々と迫っていることが見えていなかった。食料も酒も電気も燃料も人手も不足していたので、以前のようにやっていくのは月を追うごとに厳しくなっていたが、劇場もレストランも連日盛況であいかわらず利益が転がり込んでいた。こうした困難な時期に、フレデリックがひとつだけこれまでのやり方から変更したことがあったが、皮肉にもそれは彼個人が成功していたことが原因だった。経営の日常的な雑事から解放されるために、劇場をほかの興行師たちに貸し出して、積極的に事業に口を出す経営者から受動的な投資家に転身することにしたのだ。それと同時に、アクアリウムの多角的事業のうち日常業務の管理を、舞台監督、会計士、料理長、何人かのメートル・ドテルといった一部のベテラン従業員に委ねて長年の労に報いることにした。それは、モスクワの演劇界では前例のないじつに気前のいい行ないだった。未来についてはあいかわらず楽観的で、賃貸関係の契約期間はすべて数年単位で、提示して受けとった賃貸料も高額だった。

それどころかフレデリックは、ロシア帝国が滅びる数日前に、モスクワに人生最大の投資をして、自分とロシアの運命をこれまで以上に固く結びつけた。彼はしばらく前からモスクワの不動産を物色していて、ついに、立地、質、規模、収益の点で自分にぴったりの物件を見つけた。一九一七年二月十六日、フレデリックは、車輪のように広がるモスクワのスポークのひとつ、カレートヌイ・リャード二番地にあった、六つの隣接する建物（なかにはそれぞれ広さの異なる三八の賃貸用物件があった）が入った街区の所有者になった。それはクレムリンから一マイル足らずのところにあり、皮肉なことに通りの向かいには、アクアリウムの唯一のライバルだったエルミタージュ・ガーデンがあった（エルミタージュ・ガーデンはいまもそこにある）。フレデリックは四二万五〇〇〇ルーブリ、現在の貨幣価値にして七〇〇万ドル相当を支払った。

物件の購入にあたり、フレデリックは意外な偶然に相好を崩したに違いない。この物件の元所有者のひとり――ミハイル・ミハイロヴィチ・カンタクージン公爵にしてスペランスキー伯爵という錚々たる二つの爵位をもつ人物――には、アメリカとの華やかな縁があったのだ。一八九九年に彼が結婚した相手の女性は、ジュリア・デント・グラントといって、南北戦争時の北軍司令官で、アメリカ合衆国第十八代大統領もつとめたユリシーズ・S・グラントの孫娘だった。じつにジュリアは、祖父の大統領在任中にホワイトハウスで生まれ、結婚したのちに夫とロシアで暮らしたのである。カンタクージン公爵は皇帝の側近で、戦争中に将軍にまでなった人物だった。南部で生まれた黒人の息子がモスクワで、こんな名家との不動産取引に関わることになろうとは、ホプソン・バイユーの誰に想像できただろう。

この物件の購入で、フレデリックは戦争中に稼いだ金をひととおり投資し終えた。フレデリックが不動産を重視したのは、第二の祖国により深く根をおろそうとする強い思いの表われというだけではない。ロシアの歴史のなかで、まさにこの瞬間に不動産を購入するという行為は、両親と共通する特徴的な性格を表わしている。それは、自分ならやり遂げられるという確信だった。

6　喪失と逃走

一九一七年二月

フレデリックはこれ以上ない最悪のタイミングで、モスクワに人生最大の投資をした。カンタクージン公（スペランスキー伯爵）からアパートメントを購入したきっかり一週間後に、ペトログラードで一九一七年の最初の革命が勃発した。旧暦二月二十三日（西ヨーロッパでは三月八日）、数か月前からパンと燃料の不足に抗議してストライキを行なっていた郊外の工場地域の労働者数十万人が、自分たちの怒りを政府に直接訴えるために街の中心部に雪崩れ込んだ。当時前線にいた皇帝は、首都守備隊の司令官にデモ隊を蹴散らすように命じたが、不満を抱いた兵士たちは群衆に銃口を向けることを拒否した。まもなく兵士と一部の将校までもがデモ隊と融和してデモに合流した。バルチック艦隊の水兵たちも反乱を起こした。暴徒たちは街の各地区を占拠して政府の建物を攻撃しはじめた。三月十一日、反乱はモスクワをはじめとする各都市にも飛び火した。ニコライ二世は譲位を迫るドゥーマに解散を命じたが、大多数の議員が解散を拒否し、その翌日臨時政府の創設を発表した。臨時政府の構成員は大半が穏健な改革派で、より急進的な一派――ペトログラード労働者・兵士代表ソヴィエトは第二勢力だった。皇帝は不承不承ペトログラードに引き返そうとしたが、首都とモスクワが反乱者に制圧され、自分が将軍たちからも見放されていることを知ると、三月二日（十五日）、弟のミハイル大公を皇位継承者に指名して、息子の皇位継承権ともども譲位した。そのミハイルも翌日には退位して臨時政府にあとを託した。こうして三百年間続いたロシア帝国は、歴史家リャザノフスキーの言葉を借りるならば「すすり泣きもせず」息絶えたのである。

帝政が崩壊した知らせにロシア全土が沸き返った。いたるところで、帝政のシンボルだった双頭の鷲の彫刻と紋章が破壊された。モスクワでは、赤の広場近くの市ドゥーマ前で、軍と反徒たちが緊迫した表情でにらみ合いを続けていたが、まもなく兵士たちが反徒側に合流して銃剣に赤いリボンを結んだ。夥しい数の人が街の通りや広場に押し寄せた。人々はペトログラードでの革命を支持する赤い横断幕を掲げ、「ラ・マルセイエーズ」を合唱した。三月二十五日の日曜日、数十万の市民が参加した巨大な「自由の行進」がモスクワ中心部を練り歩いた。それを見ていたあるアメリカ人は、行進が整然としていて、沿道の観衆もみな上機嫌で、警察の姿はなく、さまざまな階級の人たちが気安く肩を並べている様子に感激した。時代の過渡期によくあるように、行進には古いものとあたらしいものが入り混じっていた。「土地と人民の意志」という革命のスローガンが書かれた横断幕が翻るその空に、赤の広場入口のイヴェルスカヤ礼拝堂の祈りの声がこだました。行進の一部には祝祭的な雰囲気を漂わせているところもあり、革命のポスターをまとったラクダやゾウを連れたサーカスの一座が通ったときはとくに群衆は大喜びした。サーカスに続いてやって来た荷車には、「旧体制」と書かれた札が貼られた黒い棺桶が載っていた。棺桶の上にはしかめっ面をした小人が「プロトポポフ」と書かれた服を着て座っていた――プロトポポフは帝政最後の悪評高い内務大臣で、すでに新政府によって収監されていた。

だが、一九一七年の春の出来事がすべてお祭り気分の平和的なものだったわけではない。フレデリックら資産家たちは、革命が自分たちの生活と安寧を脅かしていることにすぐに気づいた。モスクワでは、皇帝が退位する前からすでに反徒たちによって警官隊が武装解除され、解隊させられていた。臨時政府は最初の措置のひとつとして広範な市民的自由を宣言するに際し、テロリストを含むすべての政治犯に恩赦を与えた。モスクワでは二〇〇〇人あまりの窃盗犯と殺人犯も釈放された。街では犯罪が急増し、強盗や空き巣が頻発した。学生有志を中心にあらたに組織された民警は役に立たないことがわかったので、家屋の所有者は互いの身を守るために自警組織を立ち上げねばなければならなかった。こういったことは、この先に待ち受けているさらにひどい無政府状態の先触れにすぎなかった。

もうひとつ、国全体の運命に決定的な影響を与えた初期の法令がある。首都の第二勢力だったペトログラード労働者・兵士代表ソヴィエトが発布した「命令第一号」だ。このソヴィエト（「評議会」）は、軍事問題に関しては臨時政府のすべての命令を無効にする権利が自分たちにあると宣言し、中隊にいたるまで軍のすべての部隊は代表者による兵士委員会を立ち上げ、いかなる状況においてもその決定に従うべしと命じた。この「民主的な」命令は、その狙いどおりロシア帝国軍の階層的な指揮系統の息の根を止めた。それはロシア帝国軍への弔いの鐘にもなったようだ。帝国軍は、一九一七年年初頭には息も絶え絶えではあったが、それでも破壊的な社会勢力に抵抗しうるロシアに残されたただひとつの組織だった。そして破壊勢力はいまや台風の目のようにぐんぐん力を蓄えつつあった。

その頃には、開戦当時の愛国心の高まりは遠い過去の話になっていた。兵士たちは平和を欲していて、集団で脱走するケースがあとを絶たなかった。上官に背き、彼らを殴ったり撃ち殺したりする部隊さえ現われた。前線をまたいでドイツ軍やオーストリア゠ハンガリー軍と融和する部隊も出てきた。ところが、臨時政府には依然として戦争の現実が見えていなかった。連合国に恩義があると信じ、

「決定的勝利」以外にありえないという既存の目標に固執し、愛国心を煽ってもういちど攻勢に打って出ようとしていた。無能な政府と圧倒的多数の兵士（彼らのほとんどが農民と下層階級の出身だった）の亀裂は帝国全土でますます広がっていった。農民は戦争には関心がなかった。彼らが求めているのは土地改革だった。労働者は賃金の値上げ、労働時間の短縮、工場の自主管理を求めていた。都市住民は食料と燃料と日用品の不足に終止符が打たれることを望んでいた。ロシアの戦争努力を支持していることを表明しようとして、設立から数日足らずで最初にアメリカが、続いて協商国のほかの国々も臨時政府を承認した。だが新政府は自分たちの国民の支持をとりつけることができず、その失敗の代償を払わなくてはならなくなった。

モスクワ演劇界は国のあたらしい政治的現実にすばやく順応しはじめた。ただし最初期の変化の多くは表面的で、ほとんどの活動がこれまでどおり続けられ、あいかわらず儲かっていた。モスクワ総督に代わって行政の長になった「コミッサール」（人民委員〔旧ソ連において特定の部門で全権を帯びた人物〕）がかつて「帝室」を冠していた劇場の名称を「モスクワ国立劇場」に改めた。十九世紀の超愛国的オペラ、ミハイル・グリンカの「皇帝に捧げし命」がボリショイ劇場のレパートリーから外された。そのいっぽう、帝政時代の検閲制度が廃止されるとともに、国民生活に対するロシア正教会の影響力がいちじるしく弱まったため、卑猥で不敬な芝居が方々で上演されるようになった。とくに人気があったのがラスプーチンや、彼と皇帝一家の関係を揶揄するもので、「ラスプーチンの幸福な日々」「グリーシカ〔ラスプーチンの愛称〕のハーレム」「『ロマノフ社』の破綻」といったタイトルの劇が上演されていた。

このようにいたるところで偶像破壊が行なわれ、扇情的な革命のスローガンが叫ばれていたにも関わらず、由緒ある帝政時代の組織の多くは、一九一七年いっぱいは惰性で続いていた。そして驚くことに、フレデリックはあえてこの時期を選んで最も古色蒼然とした組織のひとつに加入したのである。一九一七年六月十日（二十三日）、彼は正式にモスクワ「第一ギルド商人」の会員になり、彼の名前は正式に「商人街《ゴスチナヤ・スロボダ》」の名簿に登録された（「商人街」は中世にさかのぼるモスクワの地名だが、この頃にはこの商人組合のたんなる名称になっていた）。いちばん年長の子、十五歳になったばかりの娘のオリガも父親と一緒に入会した。

フレデリックが手に入れた称号は十八世紀初頭に制定されたもので、当時は称号の保有者に、兵役、体刑、人頭税の免除といったいくつかの重要な特権が付与された。それは名誉の称号でもあり、資格を与えられた者にはひときわ高い社会的地位が約束されていた。二十世紀初頭にはそんな称号など時代錯誤以外のなにものでもなかったとはいえ、その特典に魅力がないわけではなかった――第一ギルドの商人は原則として皇帝のいる宮廷への参上、官服の着用と帯刀が許された（ただしフレデリックが入会したときには、ニコライ二世はかつて自分のものだった宮殿のどこかに監禁されていたのだから完全に形骸化していたことは言うまでもない）。だが、フレデリックにとってその称号は、自分が選んだ職業の頂点を極め、ロシア人の同業者たちからも自分の地位が認められたことの証にほかならなかった。オリガを入会させたのは娘への期待の表われだろう。いずれ時が来れば、自分が築いた事業の経営にほかの子供たちも参加させるつもりでいたのではないか。

だがまたしても、フレデリックが選んだタイミングは最悪だった。第一ギルドの商人になることによって、フレデリックは、自分は金満ブルジョア資本家に間違いありませんと胸を張ってみせたのである。それは古きロシアでは名誉ある階級だったが、激しさを増す革命の嵐のなかでじきに呪いとなってしまう。歴史の流れに絡めとられてしまっただけでなく、いまや歴史の力が自分に襲いかかろうとしていることにフレデリックが気づくのはこの直後だった。

一九一七年の後半には悲惨な歴史的事件が次から次へと起きた。帝政崩壊の数週間後、ドイツはロシアをとらえた革命の熱狂を煽るために、共産党の急進勢力ボリシェヴィキの指導者、専横で手段を選ばないウラジーミル・レーニンを亡命先のスイスからペトログラードに送り込むことにした。それからの数か月間、レーニンと彼の信奉者たちは、非力で国民の心も離れていくいっぽうの臨時政府をあらゆる手を使って攻撃した。彼らは戦争からの即時撤退、工場の労働者による自主管理、広大な私有地の接収と農民への分配を主張した。こうした目標は少しずつロシアの大衆の心をとらえていった。だが、臨時政府にはこれらを支持する気力も能力もなかった。七月、陸海軍大臣アレクサンドル・ケレンスキーの発案により、ガリツィア地方のドイツ軍に対するあらたな攻勢が試みられたが、それをきっかけに反乱が起きてロシア軍の残党も崩壊した。八月末、信用を失った臨時政府に対する右派からの攻撃があった。クーデターの首謀者は軍最高司令官ラヴル・コルニーロフ将軍だった。この反革命の亡霊を前にして、急進派と、臨時政府を支持していた労働者が力を結集し、クーデターは未然に食い止められた。だが、この出来事で得をしたのはボリシェヴィキだけだった。一九一七年九月末には、ボリシェヴィキは首都最大の軍事勢力になっていた。

一九一七年の夏、フレデリックは、受動的な投資家というみずからに課していた役割から抜け出すことにした。急速に左傾化しつつある政局に合わせてやっていく方法を捜す必要があった。そこで彼は、二月革命以来権力の座をめぐって臨時政府と敵対しているペトログラード・ソヴィエトの、いわばモスクワ版にあたる、モスクワ兵士代表ソヴィエトと手を組むことにした。計画では、アクアリウムにあたらしく「兵士の劇場」を創設して、これまで扱ったことのない演目を上演することになっていた。重点を置くのは軽い娯楽作品ではなく、演劇、クラシック音楽、オペラのまじめで有名な作品。彼の計画の趣旨は、革命が掲げる高邁な理想——旧体制の邪悪な勢力によって無知蒙昧の状態に留め置かれている（と言われる）兵士たちを教育し、それによって高尚な文化に大衆が触れられるようにする——にぴったりだった。これからの時代は兵士たちも、ロシアや外国の最良の、「厳密に民主的な」作品に触れられるようになる。演劇ならば、ゴーゴリ、トルストイ、ゴーリキー、チェーホフ、シラー、イプセン、シェイクスピア、オペラならば、チャイコフスキー、リムスキー＝コルサコフ、ムソルグスキーの作品に。交響曲や室内楽の演奏会にも。こういった企画はフランスやウィーンの艶笑劇ほどは儲からないだろうが、劇場を空っぽにしておくよりはいいに決まっていた。あきらかにポピュリストである革命勢力に劇場を貸し出すことで新体制と手を結んだのは、モスクワの有名興行師のなかではフレデリックが第一号だったようだ。政治思想ではなく冷徹な現実主義に基づいて行動したのは間違いない。一九一七年の秋、ほかの興行師に貸し出されていたマキシムでは、大幅な変更はいっさいなく、おなじみのレパートリーが上演されていた。

一九一七年十月

一九一七年十月二十五日（十一月七日）、ペトログラードでボリシェヴィキが蜂起した。その二日前、一時的に避難していたフィンランドからレーニンが変装して首都に潜入し、いまこそ権力を奪取する時が来たと信奉者たちを確信させた。レーニンの有能な片腕レフ・トロツキーが赤軍を率いて、街の重要な拠点を次々と占拠した。その夜、ボリシェヴィキが指揮する兵士、水兵、工場労働者たちが冬宮を襲った。かつての皇帝の住まいではそのとき、臨時政府が閣議を開いていた。冬宮の守備は二〇

○人ほどの士官学校生に女性部隊と手薄で、彼らは数時間抵抗した末に降伏した。ボリシェヴィキは閣僚たちを逮捕したが、時の首相ケレンスキーは一足先にアメリカ大使館から車を借りて脱出していた。ペトログラードで、臨時政府に対してボリシェヴィキが起こしたクーデターは、数人の犠牲者を出しただけで成功した。その数は、二月の皇帝退位後の犠牲者より少なかった。

いっぽう、モスクワではもっと深刻な抵抗があった。臨時政府が倒れた次の日の朝、クレムリンを包囲したボリシェヴィキ軍の前に、モスクワ陸軍士官学校の学生とコサックが立ちはだかった。彼らは互いに相手の非合法性をなじり一歩も引かなかった。先に発砲したのはボリシェヴィキだった。それから数日間、市内のあちこちで赤軍と、臨時政府に忠誠を変わらず誓う少数派とのあいだで激しい白兵戦がくり広げられた。状況はたちまち混沌を極め、街は分裂症のような様相を呈した。広場の片側にパンの配給を求める行列ができ、反対側で士官学校生と赤軍が銃火を交えていた。あるイギリス人の回想によれば、鉄道や郵便局などの公共機関が機能し続けるいっぽう、街じゅういたるところで激しい銃撃戦がはじまったという。ある晩彼は危険も顧みず、モスクワ芸術座にチェーホフの有名な『桜の園』を観に行った（モスクワ芸術座とマキシムは数街区しか離れていない）。だが帰り道では機関銃の弾にあたらないように腰をかがめなければならなかった。

家族の安全についても、店や財産についても、フレデリックは心配する理由に事欠かなかっただろう。十一月十日には路面電車が止まり、電話が通じなくなった。銀行も企業も営業を停止した。流れ弾や爆弾の破片が飛んでくるのをおそれて、人々は必要なとき以外外出しなくなった。好戦的なボリシェヴィキの兵士や荒々しい顔つきの工場労働者が、肩からライフル銃を下げて街の通りを巡回するようになった。アパートメントでは建物委員会が手持ちの拳銃を集め、玄関に交代で見張りに立ち、武装した怪しげな男たちに押し入られるのを防ごうとした。ほかの住民たちも不法侵入者に備えて服を着たまま寝た。

週末を迎えるまでに、モスクワ中心部の無数の建物は、ライフル銃や機関銃、大砲の砲弾でぼろぼろになっていた。クレムリンのなかの最も由緒あるいくつかの聖堂も例外ではなかった。衝撃を受けたあるモスクワ市民は、今回の同胞相争う戦いのあいだにロシアの象徴である街の心臓が負った傷は、一八一二年にナポレオン率いる外国軍がもたらした被害より大きいと語った。また、あるアメリカ人は、街の中心部にあった部屋の窓から見た光景を次のように語っている。

私たちがいまいる家は倒壊寸前だ。目の前の並木通りは荒れ果てている。これほど異様で悲惨な光景は見たことがない。道にはガラスと瓦礫が散乱し、木も、街灯も、電柱も銃痕でぼこぼこだ。広い通りに、数頭の馬と何人かの亡骸が横たわっている。壊れたガス管からまだ炎があがっている。並木通りの散らかった緑地のそばで煙をあげる建物の残骸は、燃えて真っ黒な炭になった巨大なバリケードのようだ。

犠牲者は五〇〇〇人とも七〇〇〇人とも言われている。だが十一月二十日、モスクワの軍事革命委員会は勝利宣言し、士官学校生および反対分子は全員降伏したか殺害されたと発表した。

戦闘が終わってから数週間、モスクワ市民は不安な日々を過ごした。ボリシェヴィキが次にどう出るのか誰にもはっきりとしたことはわからなかったが、ペトログラードで、力尽くで権力を手に入れた彼らが、その力を街じゅうで見境なく濫用しているのは不吉な前兆に思われた。それでも、フレデリックと同じ世界に身を置く者たちは、前と同じようにやっていこうとするしか選択肢がなかった。どこもかしこも破壊され、混乱し、物価は高騰し、食料も燃料もいよいよ心細くなってはいたが。マキシムは戦闘の被害を受けなかったので、劇場を借りている支配人はおなじみのレパートリーで続けていこうとした。メロドラマ、喜劇、軽快なフランスの歌、ダンス音楽、そしてときには時流に多少配慮して真面目くさった芝居も上演した（食欲を減退させるこんなメニューはあまり長続きしなかっただろう）。アクアリウムも同様に一九一七年の最後の数か月は、モスクワ守備軍の公式劇場としてこのうえなく高尚な演し物を上演し続けた。どちらの店も営業を続け、金を稼いでいた。フレデリックもそうだった。

だが、ひどく過酷な冬がロシアにやって来ると、新政府は好戦的な本性を表わしはじめ、フレデリックと同業者たちに危険が迫っていることがあきらかになってきた。ボリシェヴィキの火急の課題は政権の座を盤石にすることであり、そのためには外部と内部のあらゆる脅威を排除する必要があった。そこで彼らは、ロシアを大戦から離脱させることで外部の敵を、自分たちが敵とみなすすべての階級を敵に回したまったくあたらしい戦争をはじめることで内部の敵を排除しようとした。

ボリシェヴィキが信奉するマルクス主義的世界観によれば、ヨーロッパじゅうを巻き込んだこの戦争を遂行しているのは「ブルジョワ資本家」の勢力であり、彼らの利己的な経済的・地政学的関心は、労働者と農民が真に切望するものと関係ないどころか、むしろ敵対するものだった。そこでボリシェヴィキは、政権を奪取するとただちにドイツに停戦を申し出て、一九一八年三月三日、両国はブレスト＝リトフスク条約に調印した。ボリシェヴィキはロシア帝国が所有していた土地、人口、耕作地の四分の一、鉄鉱業と石炭産業の四分の三、その他多くのものを放棄することに合意した。条件は過酷だったが、こうしてボリシェヴィキは思うがまま内部の敵に集中できるようになった。

誰がどんな人間かを決めつける彼らのやり方にフレデリックは不気味な既視感を覚えたのではないか。黒人がアメリカで人種差別的な分類を免れられなかったように、新生ソヴィエト国家ではすべての人間が社会経済的階級によって分類されるようになった。一見似ていないように見えて、マルクス主義者や共産主義者のいう「階級」という概念は、「人種」のレッテルとよく似た歪んだはたらきをした。その人が何で生計を立てているのか、あるいは立ててきたのかによってボリシェヴィキにいったん烙印を押されたら最後、取り消すことはできなかった。そして、金のある者、資産や事業の所有者は、貴族、聖職者、警察官、裁判官、教育者、将校、官僚――要するにかつて帝政を支え仕えてきたすべての人たち――と同様に歴史の間違った側にいた。当時ロシアを訪れていたあるアメリカ人は、こうした考え方の極端な例を次のように語っている。

ボリシェヴィキは、「資本家《ブルジョワジー》」は全員頭の皮を剝いでやると意気込んでいた。そしてボリシェヴィキから見ればハンカチを身につけている者、白い襟の服を着ている者は全員ブルジョワジーだった！　こうして私たちの友人の何人かは召使いに泣きついて古い服を譲ってもらった。ぼろを着ていたほうが通りで撃たれる可能性が低いからだ！

アメリカから来た黒人という出自によって、フレデリックの階級の「罪」が軽くなるはずはなかった。ボリシェヴィキはアメリカ人を憎悪していた。フランス人のこともイギリス人のことも。連合国がロシアを戦争につなぎとめようとしていると信じていたからだ（それは事実だった）。フレデリックは、ロシアで金持ちになったことで、アメリカで黒人として虐げられてきた過去に勝った。だが結局、肌の色が変えられないように、新政権に貼られたレッテルから逃れることはできなかった。

十月革命によって、ぎくしゃくしていたフレデリックとヴァリの関係にも変化が生じた。これまでぎこちないなりに安定していた二人の関係は、私怨と政治が絡み合った毒々しいものに変化した。革命によってロシアの伝統的な規範がことごとくひっくり返されると、ヴァリはまるでアメリカの白人女性のように、別居中の夫を「ニグロ」呼ばわりしはじめた。

一年以上前から、フレデリックはヴァリに愛人がいることに気づいていた。イルマとミハイルとオリガが、マーラヤ・ブロンナヤ通り三二番地の広いアパートメントであいかわらずヴァリと暮らしていたので、状況としては厄介だったが、ヴァリに対するこれまでの仕打ちを考えるとあまりうるさいことも言えなかった。ヴァリの愛人については名前も十月革命前の職業もわからないが、フレデリックがのちに「ボリシェヴィキのコミッサール」と語っていることから、もともと革命の熱心な支援者だったに違いない。こうして愛人がモスクワの新政権の重要人物となったために、ヴァリとの関係はフレデリックにとって危険になった。ヴァリが夫に対して抱く怨みを、愛人が政治権力を使って援護できるようになったからだ。

それからまもなくフレデリックはヴァリの激しい怒りを買う。フレデリックは、新政権とうまく折り合いをつける方法を模索するかたわら、危険で窮屈で物がないモスクワから家族が逃れて暮らせる場所がないかと考えるようになっていた。ボリシェヴィキがブレスト＝リトフスク条約に調印したことをきっかけに事態は一変した。二月、ウクライナの占領を開始したドイツは、三月中旬にはオデッサも支配下におさめた。新生ソヴィエトにとってそれは手痛い領土の喪失だったが、金持ちのロシア人や、ボリシェヴィキから逃れたい人々にとっては福音だった。つい最近までドイツ人は憎むべき敵だったにも関わらず、いまや多くのロシア人が、ドイツ人のほうがまだましだと考えるようになっていた。最悪の場合でもドイツ人は占領地において、ボリシェヴィキがロシアで自分たちに押しつけてくるよりもよっぽどなじみのある社会秩序を回復してくれるだろう。フレデリックはオデッサに別荘をもっていた。エルヴィラと子供たちをオデッサに避難させれば危険から救いだすことができるはずだ。そのうえエルヴィラはドイツ人でベルリンには親戚がいるのだから、ドイツ占領地域では余計有利だろう。フレデリックはそう考えた。

だが、脱出先を捜すのは、フレデリックと家族が乗り越えなければならない数々の困難のはじまりにすぎなかった。ボリシェヴィキは国民が自分たちの統治下から逃げ出すのを好まなかったので、モスクワから出て行こうとする者は誰でも特別許可証を手に入れなければならなかった。フレデリック自身の申請は問答無用で却下された。それは彼自身の未来に暗雲がたちこめていることを意味したが、エルヴィラと子供たちの許可証は、役者や芸人たちに適用される抜け穴を使って手に入れることができた。フレデリックは、妻はまだ現役でステージに立っており、南の都市に巡業に行かなくてはならないのだと主張した。

それからもさまざまな障害が待ち受けていた。この一年のあいだに国じゅうどこでも汽車の旅はひどく困難になっていた。運行は不規則になり、切符も品薄だった。列車の傷みもひどく、エンジンの故障による遅れはしょっちゅうだった。モスクワで汽車に乗れたとしても、実際に目的地にたどり着ける保証はなかった。どの駅でも非常に多くの人が乗り込もうとするため、乗客は居場所を確保するのに必死だった。けれどもフレデリックはここでもがんばり抜いて六人全員の乗車券を確保した。あとは分かれて暮らす二つの所帯から全員を呼び集めるばかりとなった。

エルヴィラが出発する前夜、フレデリックはマーラヤ・ブロンナヤ通りのアパートメントにミハイルとイルマを引きとりにいった。フレデリックが来ることをヴァリは知らされていなかった。フレデリックが寝室に入ると、驚いたことに、そこにはヴァリと彼女の愛人がいた。その先は想像するまでもない。「八つも部屋のある家の上階で、わっしはあの女がコミッサールと寝床に入ってるところに鉢合わせしたんでさあ」と、フレデリックはのちに知人に語っている。

フレデリックの不意の来訪とその理由にヴァリは烈火のごとく怒った。愛人のほうを向いて、フレデリックから長年受けてきた辱めの仇をとってくれとせっついた。それはこけおどしではなかった。このときコミッサールは銃をもっていた。しかもフレデリックは不貞をはたらく夫であるばかりか、階級の敵でもあった。修羅場が続いた。フレデリックがのちに手紙に記したところによれば、「女は愛人のボリシェヴィキに、私を殺すように迫ったのです。幼かった娘と当時はまだやはり子供だった息子のおかげで……私は殺されずに済みました。二人が声をあげて泣いたので、ボリシェヴィキは見逃してくれたのです」。

続く混乱のさなか大急ぎで逃げ出したせいで、フレデリックはミハイルしか連れて行くことができなかった。アパートメントにはイルマが取り残された。そしてフレデリックはその後二度とこの娘に会わなかった。イルマは自分の意志でヴァリの元に残ったのか、それともヴァリに引き留められたからなのか、ヴァリが引き留めたとしたらそれは愛情なのか打算なのか。いずれにせよこの幼い娘は大人たちの愛憎のもつれの犠牲者だった。そして、フレデリックとヴァリが正式に離婚したあと何年間も交渉の駆け引きに利用されることになる。

コミッサールとぶざまに鉢合わせしてから、フレデリックはヴァリとできるだけ距離を置くようにした。家族法が大幅に改正されたのはちょうどこの時期だった。革命のわずか二か月後、新政府によってあらたな家族法が導入されるのだが、それはフレデリックにとって願ってもないものだった〔夫婦のどちらかいっぽうが請求すれば離婚が成立するようになった〕。こうして彼はしかるべき手続きを踏んでヴァリと離婚し、エルヴィラと結婚して、フェージャとブルースを嫡出子とした。エルヴィラはそれから生涯「トーマス」姓を名乗る。こうしてエルヴィラと四人の子供たちはオデッサに向かう長く困難な旅に出た。

フレデリックは晴れて事業に専念できるようになった。一九一八年の最初の数か月間にとったすべての行動からあきらかなように、フレデリックは、ボリシェヴィキもその政策も一年とはもつまいと考えていた。民主的な手続きを経て選出され、あらたな代議制をつくりだすと考えられていた憲法制定議会がボリシェヴィキに蹴散らされたあとでさえその考えは変わらなかった。一九一八年一月には、ボリシェヴィキに敵対する「白軍」の武装反乱が、ドン・コサックの本拠地があるロシア南西部ではじまっていた。その春モスクワでは、無政府主義者の集団を市の中心部から追い出すために、ボリシェヴィキは大砲、装甲車、重機関銃まで担ぎ出さなくてはならなかった。ドイツ人がブレスト＝リトフスク条約を無視してロシアの残りの地域も占領してくれればいい、そんなことを言うロシア人もいた。

フレデリックは、可能なかぎりあらたな時流に適応するため、そして自分が築きあげたものを守るため、決死の努力をはじめた。その頃には以前の借主がマキシムを見限っていたので、フレデリックは昔ながらのやり方とプログラムを復活させようとした。そして一シーズン一〇万五〇〇〇ルーブリという目玉が飛び出るような賃貸料と、五年間というじつに楽観的な契約期間であらたな借主に劇場を貸し出すことにした。アクアリウムの冬の劇場はモスクワ守備軍に接収されていたにも関わらず、一九一八年一月にはボリス・エヴェリノフという興行師とあらたに契約を結び、その年の夏はアクアリウムの両方の劇場でオペレッタと笑劇を上演することにした。エヴェリノフは前払い金としてフレデリックに一七万五〇〇〇ルーブリ払った（今日の貨幣価値にして約三〇〇万ドル）。たいへんな賭け金だが、二人とも充分に元はとれると思っていた。

だが、それから数週間もしないうちに、フレデリックの計画のあらかたは幻想にすぎなかったとわかる。三月、劇場を次々と飲み込んでいたボリシェヴィキ政権の波がついにフレデリックの足下にも押し寄せてきて、彼も施設を手放さざるをえなくなった。マキシムの大劇場は国有化され、フレデリックが得意としていた娯楽性に富む演目よりずっと高尚な芸術的目的を掲げる劇団に引き継がれていった。フレデリックが取り戻すことができたのは、同じ建物のなかの狭苦しい空間だけだった。そこに簡単な食堂を開くことを許され、一食三ルーブリの安い食事を、労働組合に所属する劇団関係者や役者に提供するようになった。モスクワで一、二を争う高級レストランを長年仕切ってきた人間にとって、それは奈落の底に突き落とされたも同然の仕打ちだった。とどめの屈辱は、自分のものだった劇場の支配人として雇われたことだった。

アクアリウムをめぐる状況は、最初はそれよりいくらか錯綜していたものの行き着いた先は同じだった。新政権の側に多少の紆余曲折があったあと、フレデリックとエヴェリノフの計画は白紙に戻された。血に飢えた素顔の上に上品ぶった仮面をかぶろうとするボリシェヴィキ政府は、「ブルジョワ」のきわどい笑劇や軽薄なオペレッタの上演を許さないことにした。

こうして計画がお流れになったあとも、フレデリックとエヴェリノフは、自分たちが知るたったひとつの世界に潜り込める余地はないか、最後にもういちどだけ試そうとして、夏のシーズンにアクアリウムでクラシックバレエの公演をするのはどうかと提案した。それは革命演劇が、兵士とその仲間たちのために担うことを期待されている「文化的で啓蒙的」な役割とも合致していた。ここでも劇場支配人として磨き抜かれたフレデリックのセンスが発揮された（ただしモスクワでそのセンスが冴え渡るのもこれが最後だった）。有名バレリーナがバレエの短い演目を踊るのはヴァリエテ劇場でも定番だったので、フレデリックはどのバレエが人気かよく知っていた。そこで十九世紀フランスの有名なロマンチック・バレエ、「ジゼル」なら成功は堅いだろうと提案した。フレデリックの目に間違いはなかった。「ジゼル」は、彼がモスクワから逃亡したあと何年もアクアリウムの舞台で上演され続けた。

マキシムとアクアリウムの国有化はモスクワ全域を呑み込もうとする変化のはじまりにすぎなかった。フレデリックはすでに歴史の波にとらえられ、このままでは海の底に引きずり込まれかねなかった。この国は誰ひとり予想できなかった方向に進みだしていた。共産主義革命はプロレタリアートの独裁と私有財産制の廃止の第一歩であるというマルクスの宣言に従って、ボリシェヴィキはロシア帝国の社会と政治の基盤をことごとく徹底的に解体した。帝政時代の階級と称号を廃止し、企業や工場の管理を労働者委員会に委ね、農民の手で地主の地所を分割すべきだと宣言した。外国との貿易は政府が独占し、銀行と教会の資産は国有化された。教育と娯楽は厳格なイデオロギーの統制下に置かれた。帝政時代の司法制度に革命裁判所と「人民裁判所」がとって代わった。ボリシェヴィキは、クーデター後すみやかに「反革命・サボタージュ取締非常委員会」――悪名高い政治警察「ЧК（チェカー）」――を創設し、ロシア史のソヴィエト期を通じて続く国家による恐怖政治に着手した。一月、憲法制定議会が解散させられると、ボリシェヴィキとはじめは同盟関係にあった政党も含め、すべての政党は反革命的であると宣言された。一九一八年一月三十一日、政府はグレゴリオ暦（新暦）を採用し、あらたな時代のはじまりを国民に印象づけた。

革命を契機とする国の変革が、無私無欲の平和的なものになるはずがなかった。レーニンいわく、あらたに権力の座についたプロレタリアートの使命は「盗人から盗め」だった。農民と労働者はこの言葉を額面通りに受けとり、都市でも農村でも、裕福な家や地所、企業、教会は一斉に没収され略奪されはじめた。国が行なう接収と武装集団の強奪は区別がつかなかった。

多くのモスクワ市民が、赤軍とチェカーによる接収、盗み、ゆすりの被害にあった。新政府に目をつけられた建物が差し押さえられ、所有者や住人が通りに放り出され、彼らの家やアパートメントに新政府の人間が引っ越してくるといった光景が街のあちこちで見られた。カレートヌイ・リャードにあったフレデリックの豪邸も似たような運命を辿っただろう。ヴァリの愛人なら、マーラヤ・ブロンナヤ通りの広いアパートメントに彼女をかくまれてやれたかもしれない。

同じ階級の者がみなそうであったように、フレデリックもいつどこで襲われても不思議はなかった。灰色のコートを着て毛皮の帽子をかぶったボリシェヴィキの兵士たちが袋小路や裏通りに潜んでいて、これといったアパートメントに目星をつけ、逃走中の将校や隠しもっている食料の捜索を口実に押し入って強盗をはたらく事件があとを絶たなかった。どんな理由があるにせよ夜の外出は非常に危険になった。三月中旬、ボリシャヤ・ドミトロフカ通りの、マキシムの目と鼻の先で、人気女優がその晩舞台で着る予定だった高価な毛皮の外套を二着盗まれた。その同じ月、六人組の武装した男がマルチヤヌィチという有名レストランに押し入り、その場にいた客全員から数十万ルーブリ相当の現金と宝飾品を巻きあげた。誰ひとり抗議の声をあげようとさえしなかった。何が当てにできるというのか。地元の警察に電話しても、「その人たちは法律に従って行動したのです。抵抗するなら、あなたを逮捕します！」と言われるのがおちだった。

フレデリックの仕事仲間のひとり、スホドルスキーという劇場興行師が受けた被害は有名だ。三月上旬、一五人の男が高級住宅街にあるスホドルスキーの屋敷の外で馬を止め、人っ子ひとり逃げ出せないように入り口をすべて塞いでから、武器を抜いて、屋敷に侵入した。そして家じゅうをひっかきまわし、スホドルスキー夫妻を袋叩きにして、現金二万四〇〇〇ルーブリと金目のものを盗んで逃走した。命が助かっただけ夫妻は運がよかった。

富を再分配しようとする新政府の努力は、ならず者を派遣して自宅にいる個人を襲撃させるだけに留まらなかった。銀行接収の第一波で必要な資金（今日の貨幣価値にして一〇〇〇億ドルから一五〇〇億ドル）をかき集めるのに失敗したボリシェヴィキは――彼らはその金で国内の勢力を盤石にし、さらにその力を国外に向け、世界同時革命ののろしをあげようと考えていた――次に銀行の貸金庫の中身に目を向けた。一九一八年の夏までに、モスクワだけで三万五四九三個の貸金庫の中身が没収された。そこには、金、銀、プラチナの延べ棒が五〇〇キロ、金、銀、プラチナの硬貨が七〇万ルーブリ相当、ツァーリの肖像入り貨幣が六五〇〇万ルーブリ、六億ルーブリの公債と社債、そして大量の外貨が入っていた。これらはモスクワにあった大量の金庫のごく一部にすぎず、やがてその他の金庫もこじ開けられた。

一九一八年の夏までに、フレデリックはモスクワを脱出する決意を固めていた。親しい知人の多くが街を去り南に向かっていた。元共同経営者のツァリョフも、ドイツが占領するキエフで冬シーズンに備えて劇場を借りたという話だった。六月初旬、モスクワ市当局が、街の劇場に中間業者を使うことを禁じたため、フレデリックは、国有化されたマキシムの劇場支配人という仕事を解かれることになった。街では健康と衛生状態が悪化して、コレラとチフスが流行しはじめた。七月、社会革命党員が、ドイツとの講和条約をなきものとするためにドイツ大使を暗殺し、街の重要拠点を占拠して反乱を起こそうとした。ボリシェヴィキは軍隊を投入してただちに反徒を鎮圧し、この機に乗じて支配をさらに強化した。その月の下旬には、ニコライ二世が、妻、息子、四人の娘たちとともに遠く離れたウラル山中のエカテリンブルクで、地元のソヴィエト執行委員会によって処刑されたという知らせがモスクワに届いた。

フレデリックは、マキシムが入った建物の一角に開業することを許された安食堂で生計を立てるよりほかなくなった。当時モスクワでは、平時の流通ルートが完全に機能しなくなっていたので、どんな種類の店であれ食堂を経営するには人脈と知恵が必要だった。街は飢饉寸前で、日用食料品は配給制になり、闇市の物価は高騰した。この頃、「担ぎ屋《メシヨーチニキ》」と呼ばれるようになる小規模な起業家が現われてこうした隙間の一部を埋めるようになった。近郊の村から大勢の農民が、地元でつくった食べ物（小麦粉、パン、バター、雑穀、卵）を詰めた袋を担いで続々と街にやって来るようになった。彼らはこうした食べ物と、当時はまだ街の闇市にあった、スカーフ、キャラコ地、糸、砂糖、石鹸、マッチなどのさまざまな製品を交換した。空腹を抱える街の住民は反対に郊外に出かけるようになった。ボリシェヴィキの守備隊は、こうした取引を一種の不法な投機とみなして止めようとしたが、都市の食糧不足は深刻で、都市と郊外では物価の差が大きかったので、こうした危険な取引が必要とされ、かつ儲けも大きかった。当然ながら、売り手と買い手はモスクワの駅で待ち合わせるようになった。フレデリックも駅で食堂の食材を仕入れたり、街からの脱出計画を練ったりすることができた。

一九一八年八月、フレデリックはモスクワを脱出した。チェカーの逮捕者リストに名前が載り、命に危険が迫っていることを知ったからだった。数年後、フレデリックから当時の話を聞いたテキサスの旅行者は、その話をじつに面白いと思って書きとめ、帰国後新聞社に送った。それによれば、フレデリックは食堂で働いていたおかげで、「運搬人として毎日駅に通うことができた。そして約半年間、毎日駅に通って相手が油断したすきに、許可をもらって旅行に出かける友人の助けを借りて、汽車の個室に身を潜めて新政府の手の届かないところにある別荘に脱出することができた」のだそうだ。

フレデリックの旅は違法だったので、エルヴィラの旅以上に危険だったはずだ。ボリシェヴィキの兵士か役人かチェカーに許可証の提示を求められたら、その場で逮捕されていたかもしれない。もっとも、街を出る正式な許可証がなくても、金さえあればどんな書類も手に入れることができた。一九一八年、パスポートはモスクワの警察で約一二〇〇ルーブリで売られていた。汽車に乗ったあと、それがどんな旅になるかは運まかせだった。フレデリックをかくまってくれた友人は個室をおさえていたのだろう。つまりその人物はかなりの有力者か、有力な人物と縁故がある人物だったということだ。力もコネもない者は自分で最大限努力するしかなかった。南に向かう旅の途中で何が起きるかも運まかせだった。モスクワからドイツ占領下のウクライナまで、途中の駅で長時間停車しながらもたった二日で到着する汽車もあれば、ボリシェヴィキだかギャングだか――見分けがつかないことも多かった――武装した男たちに人里離れた場所で汽車の行く手をふさがれ、銃口を向けられて汽車から全員降ろされ、所持品を奪われたあげくに旅を再開する汽車もあった。汽車そのものの状態も悲惨だった。人が多すぎるだけでなく、車両はぼろぼろで、衛生状態も劣悪だった。窓ガラスは割れ、盗みが横行し、水も食料もめったに手に入らなかった。停車駅で強盗に襲われることも珍しくなく、気の休まる時がなかった。若い女性のひとり旅はとくに危険だった。

ドイツ占領下のウクライナ国境に到着した乗客はみな一様に歓喜と憤怒の入り交じった思いを味わった。いっぽうで、彼らはボリシェヴィキから逃れつつあった。だがそのいっぽうで、汽車から降りると、傲慢な征服者のような態度をとる、木製の鞭をもったドイツ人たちに家畜のように追い立てられた。ドイツ人の役人たちはやたらと時間をかけてパスポートを調べた。そして、チフス、インフルエンザ、天然痘などの伝染病が広まるのを防ぐためだと言って、見るもおぞましい不潔な仮設小屋に旅行者たちを何日も閉じ込めた。それが終わるとやっと、旅を再開することが許された。

オデッサ

国境を越えてドイツ領に入った瞬間、ボリシェヴィキ側にいたときフレデリックにずっとつきまとっていた階級の汚名と脅威は消え去ったが、一歩進むたびにまたあらたな困難が現われるようになった。まず、自分はアメリカ人ではなくロシア人だと主張しなくてはならなかった（すぐに反対のことを主張しなくてはならなくなったが）。一九一七年四月以降、アメリカは中央同盟国と交戦状態にあったので、彼らの領土に入ったアメリカ人は敵国人として登録され、名目上は捕虜扱いとされた。黒人のアメリカ人に会ったことがあるドイツ人なら誰でも、フレデリックの外見と英語の話し方から彼の正体に気づいたはずだ。

オデッサは、金持ち、もしくは金持ちに見える人間にとって例外なく危険な街でもあった。ロシア南部を占領したドイツとオーストリアはウクライナに傀儡国家を建て（そこにはオデッサも含まれていた）、三万の軍隊を駐留させた。駐留軍の出現によって、十月に政権の座について以来ボリシェヴィキがオデッサで展開してきた「ブルジョワジー」に対する恐怖政治に終止符が打たれた。だが、ボリシェヴィキが全員逃げ出したわけではなく、一部は地下に潜伏して、占領軍と地元の協力者をどうやって追い出すか策謀をめぐらせ、散発的なゲリラ戦を執拗にくり返した。ゲリラ戦はオデッサの日常のひとコマになっていた。

モスクワと同様、ボリシェヴィキはオデッサでもすべての監獄を解放したので、数千人の窃盗犯と殺人犯が通りにあふれ出ていた。これに勢いを得たのが、伝説的な図太さにかけては一九二〇年代のシカゴのギャングにも負けないと評判のオデッサのギャングたちだった。彼らは彼らで自分たちの恐怖支配を行ない、家に押し入り、金品を強奪し、白昼堂々と人殺しをした。

オデッサはとくに夜が危険だった。ある著名な弁護士はある晩遅く、危険を顧みず有名なロンドン・ホテルまで歩いてみたところ、外にいた十二分間のあいだにあらゆる方角から一二二発の銃声が聞こえたという。こうした銃声は一晩じゅう鳴りやむことがなく、そして誰が誰を撃っているのか

──ボリシェヴィキが駐留兵をだろうか、あるいは強盗が家に立てこもる住民をだろうか──それはまずわからなかった。

フレデリックの別荘もだが、高級別荘はたいてい人がまばらな郊外に立っていたので、泥棒たちの格好の餌食だった。フレデリックもそれなりに名が知られていて、オデッサに到着したときは、モスクワやペトログラードから逃げてきた有名な興行師や芸人たちと一緒に地元の新聞で報じられた。そのため目をつけられる確率も増えたはずだ。「ブルジョワジー」に落とし前をつけてやるとあいかわらず鼻息の荒いボリシェヴィキと、昔からいる泥棒とに挟み撃ちにされて、街の中心部に引っ越すのが賢明と判断したのではないだろうか。街にいれば少なくとも軍の警備が守ってくれたし、人目もあった。

だが、周囲にさまざまな危険が渦巻いていたとしても、オデッサの住民はいくつかの点で、ボリシェヴィキが支配する北部ではありえなくなった自由を謳歌できた。ドイツ人とオーストリア人は急進的な社会経済秩序を打ち立てることには関心がなく、支配地域の住民たちのほぼ好きにやらせていた。その結果、オデッサの住民は、自分たちが気に入っているありとあらゆる娯楽や気晴らしを追求することができた。熱に浮かされたかのように享楽を追い求める彼らの様子を、同時代の人々は疫病の時代の饗宴になぞらえた。

日中、オデッサの美しい通りは言葉も宗教もさまざまな南方の人々でごった返した。商店やレストラン、ロビナやファンコニのような人気のカフェは身なりのいい人たちでいっぱいだった。これらの店は投機家たちが、通貨、外国からの積荷、ボリシェヴィキの領土に置き去りにした土地、要するに価値のあるものならなんでも取引する場所でもあった。日が落ちると人々は、劇場、レストラン、カフェ・シャンタン、賭博場、そしてセックスや麻薬専門のいかがわしい酒場に群れ集った。彼らは紙切れのように金をばらまき、その手でつかめるだけ快楽をつかみとろうとし、ここ数年で味わった恐怖といまも店の外に潜む恐怖を忘れてしまおうとした。シャンパンのコルクが勢いよく宙を飛び歌手が声を震わせて歌う頃、企業や家の主たちはみな鉄の鎧戸に門をかけ玄関の扉に錠をおろした。深夜になると街の中心部は、住民がひとり残らず死に絶えてしまったかのように不気味なほど人気がなくなった。ふいに劇場や映画館の扉が開いて家路につく観客たちの話し声や足跡が静寂を破るが、それもつかの間、すぐに散発的な銃声が響き渡るばかりとなる。タクシーはつかまらず、つかまったとしても運転手に法外な料金をふっかけられるので、どんなに近くても、歩いて外出しなければならないときには細心の注意が必要だった。ある海軍将校は夜の外出についてこんな忠告をされたという。「通りで誰かを見かけたら、とくに二人か三人で固まっていたら、すぐに通りの反対側に渡って拳銃の安全装置を外せ。誰かにあとをつけられたら問答無用でぶっ放せ」。

これが一九一九年四月まで、フレデリックが九か月間暮らした世界だった。このときオデッサで彼は何をしていたのだろう？　難民のなかにはモスクワの舞台業界でつき合いのあった興行師や芸人が大勢いた。歌手のイザ・クレメル、アレクサンドル・ヴェルチンスキー、ロシア初の無声映画スター、ヴェラ・ハロードナヤもそうだった。オデッサの興行師や劇場経営者のあいだにも一九一六年以来一緒に仕事をしてきた仲間が大勢いた。カフェ・シャンタン、劇場、あるいはレストランの経営に携わるのが自然であり、彼にしてみればお手の物でもあっただろう。モスクワではいつも誰かと組んで仕事をしてきたのだし、街のいたるところに続々とあたらしい店ができていたのだからなおさらだった。オデッサには別荘以外に、モスクワで接収を免れた多少の現金やその他の資産もあっただろう。この一年のあいだにオデッサでは何度か政体が入れ替わったが、ボリシェヴィキの統治下でも多くの民間銀行が営業を続けており、結局一九一九年四月までその状況は続いた。たしかなことは、オデッサに身を寄せた難民の大半がそうであったようにフレデリックも、当時の言葉を借りるなら「トランクの上に腰掛けて《ナ・チェモダーナフ》」ボリシェヴィキ政権が崩壊するか追放されたならすぐにモスクワに帰って財産を取り戻そうと身構えていた。

一九一八年十一月十一日を境に万事が一変した。この日午前十一時、パリ近郊の森でドイツが連合軍に降伏し、ついに第一次世界大戦が終わった。それからまもなく停戦協定が結ばれると、ドイツ軍はオデッサを含む占領地からの撤退を開始した。

その後次々と届いた知らせを聞いて、ロシア北部から逃れてきた難民たちは喜びに包まれた。連合軍の艦隊がすでにコンスタンティノープルに到着しオデッサに向かっている、フランス軍がオデッサに上陸する予定だ、白軍がボリシェヴィキとの聖戦をはじめるためにロシアに残った拠点で勢力を集結させている、フランス人にとってボリシェヴィキはドイツの継子、連合軍の大義に背いた裏切り者だ、などなど。興奮した人々はオデッサの港を見下ろす並木通りに連日詰めかけるようになり、救世主を乗せた船を一目見ようと水平線の彼方に目を凝らした。フレデリックをはじめ難民たちにとって故郷に帰る日が来るのはもはや時間の問題でしかないように思えた。

十二月十七日、連合軍の軍艦がついにオデッサに到着した。地元の白軍部隊が、オデッサにやって来てからまだ日も浅いウクライナ兵らを追い出すと、その日のうちに連合軍の前衛部隊一八〇〇名が上陸した。十二月十八日には、戦車、大砲、砲車、装甲車、そして飛行機まで——近代戦争の兵器をすべてみごとに備えた七万人にのぼる軍隊の第一波が輸送船から上陸を開始した。これほど巨大な装備があれば、フランス軍以下連合軍のオデッサ駐留は盤石と思われた。

人々は港へと続く通りに殺到し、救世主よ、解放者よと上陸する兵士たちを歓呼の声で迎えた。何か月も不安が続いたあとの夢のような喜びの光景をいっそう現実離れしたものにみせたのは、異国情緒あふれる兵士たちの姿だった。実際フランス本国からやって来た兵士はほとんどなく、圧倒的多数が北アフリカのフランス植民地出身の兵士だった。モロッコから来たイスラム教徒の黒人兵、アルジェリアから来た、フェズをかぶりだぶだぶの派手な赤いズボンをはいた三万人のズアーブ兵。カーキ色のスカート状の下衣をはき長い房飾りのついた帽子をかぶった、いかつい風貌のギリシア兵も大勢いた。

連合軍は続々と流れ込み、黒海を背にしてオデッサの街を中心に半径二〇マイルの扇形に広がった。コンスタンティノープルの司令部にいるフランス軍最高司令官フランシェ・デスペレ将軍は、この堅固な壁があれば白軍も勢力を拡大できると請け合った。

フランス軍の占領がはじまった当初はオデッサの街に活気が生まれた。いっそう多くの人々がレストランや劇場に詰めかけるようになり、中心部の銃撃戦は減り、投機家は以前より忙しくなった。だが、一九一九年の春が近づくにつれ状況は急激に、そしてありとあらゆる点で悪化しはじめた。オデッサから七〇マイルほど東の二つの都市で、ボリシェヴィキが立て続けに連合軍を破り、オデッサそのものを目指して進軍をはじめた。白軍は、国内であらたに補充した兵力ともフランス軍ともうまく連携することができなかった。三月になる頃には、オデッサ市民は飢えに呻吟し、電気、ガス、水道は使い物にならなくなり、チフスが流行しはじめた。パリとコンスタンティノープルの最高司令部は、オデッサ作戦のすべてが戦略的過ちであり、オデッサからの撤退は避けられないと判断した。こうして一九一九年四月六日、フレデリックはまたしてもボリシェヴィキから逃げる羽目になった。

7　コンスタンティノープルでの再起

コンスタンティノープルのアメリカ総領事館には、オデッサからついにガラタ埠頭に上陸した難民たちに現実的な救いの手をさしのべるための金も意欲もなかった。フレデリックは最初に家族を連れてペラ・パレス・ホテルに逗留した。ペラ・パレス・ホテルは街で一、二を争う高級ホテルで、そんな贅沢をする経済的余裕はなかったはずだが、不潔で食べ物にも事欠く皇帝ニコライ号と屈辱的なカヴァカの検疫所を経験したあとだけに、高級ホテルの清潔で快適な環境にどっぷり浸ることができてさぞかしほっとしたに違いない。

ペラ・パレス・ホテルは、街のヨーロッパ地区の高台に立つ創業一八九五年の近代的なホテルで、オリエント急行の乗客の定宿になっていた。この伝説の大陸横断鉄道は（小説や映画の世界だけでなく現実の世界でも）ロンドン、パリ、ヴェネツィアとスタンブール地区のシルケジ駅を結んで走っていた。ペラ・パレス・ホテルは、スルタンが住むドルマバフチェ宮殿を除けば、コンスタンティノープルではじめて電気、電動式エレベーター、給湯設備のそろった建物だった。第一次世界大戦を挟んだ全盛期には、オーストリア＝ハンガリー帝国のフランツ・ヨーゼフ一世、イギリス国王エドワード八世、近代トルコの建国者ムスタファ・ケマル（アタテュルク）、アーネスト・ヘミングウェイ、グレタ・ガルボ、アガサ・クリスティなど大勢の有名人がこのホテルに滞在した。ステンドグラスと大理石と金箔入り漆喰の豪華な内装を施されたこのホテルは、ボスポラス海峡と金角湾のみごとな眺望も自慢だった（近年の大改装によって往年の輝きを取り戻している）。また、イスラム教国トルコという大海に浮かぶ国際色豊かな西欧化された島、ペラという地区の縮図でもあった。

当時、ペラ・パレス・ホテルはコンスタンティノープルの社会経済活動の中心のひとつで、金のある人、もしくは金を活かすアイデアのある人たちの交流場になっていた。コンスタンティノープルに到着してまもなく、フレデリックはモスクワ時代の古い知人に出会った。ニッツア・コドルバンは、大きな鼻、後ろになでつけた髪、悲しげな瞳、満面の笑顔が印象的なルーマニア人の音楽家で、ツィンバロンの名手だった（ツィンバロンはジプシー音楽で非常に人気があったハンマーダルシマーに似た楽器（どちらも大型の打弦楽器））。

コドルバンは、前途の困難に立ち向かおうとするフレデリックの情熱と希望に胸を打たれた。「死に物狂いでやってみるつもりだ」黒人はそう宣言した。「それに、いくつかアイデアもある」。

続けてフレデリックは、すべてをゼロからはじめるつもりであることをあきらかにし、自分はこれまで黒海よりはるかに大きな障害を乗り越えてきたのだから、ここで立ち止まるわけにはいかないのだと言った。そして、自分はこのあたらしい街が気に入ってる、なんとなくモスクワを思い出すんだなどということも漏らした。

そして、すでに妻に対して誓ったように、コドルバンにもきっぱりとした口調で、もうたくさんだと言った。コンスタンティノープルで何が起ころうと離れるつもりはない。ここが俺の死に場所になる、そう言い切ってから「ボスポラスの夜を征服してからな」とつけ加えた（とコドルバンの鮮やかな回想録には記されている）。「だからよ、俺と一緒にやらないか?」そう言って口をつぐむと忘れがたい笑みを浮かべた。

　フレデリックの熱意に心を打たれて、コドルバンはコンスタンティノープルにいましばらく留まることにした。そして二人の共通の思い出に触れて、自分が働くことになるあたらしいナイトクラブの名前は、モスクワの店にあやかって「新マキシム」にしてはどうかと提案した。だが、フレデリックはあせって動こうとはしなかった。「マキシムはまだだめだ。運が逃げないようにゆっくりやらなくちゃいけない」そう説明してから「最初の店はステラにしよう」と言った。


　物理的にも文化的にも相当の距離を移動してきたにも関わらず、ペラが驚くほど自分に合っていることにフレデリックは気づいた。ペラには西欧諸国の大使館がすべて集まっていた。一流企業、銀行、最新のレストラン、バー、店も軒を連ねていた。目抜き通りの建物の多くは、明るい色の石を使った西欧風の五、六階建ての建物だった。街の顔ぶれは多彩で、トルコ人以外に、ギリシア人、アルメニア人、ユダヤ人、そして地元で「レヴァント人」と呼ばれているヨーロッパ系の人たちが大勢いた。人々が話すトルコ語は、これまでに聞いたことのあるどの言語にも似ていなかったし、アラビア文字の表記はちんぷんかんぷんだったが、商売に使う言葉も街のエリートの第二言語もフランス語で、フランス語ならばフレデリックは流暢に話せた。おかげでコンスタンティノープルで働いて生きていくのもかなり楽になったはずだ。

　コンスタンティノープルとモスクワにはいくつか共通点があることにもすぐに気づいた。なぜならどちらも東洋と西洋、過去と現在にまたがる街だったからだ。革命前のモスクワは、西欧的な特性と国際的な性格を帯びた街であるいっぽう、東洋的な面影も色濃く宿していて、訪れる者をしばしば驚かせた。見慣れないかたちをした無数の教会、そして農民や聖職者、東洋的な顔立ちの住民たちが着ている伝統的な衣装がこうした雰囲気を醸しだしていた。コンスタンティノープルでも、ヨーロッパ地区の中心部を貫くペラ大通りに掲げられたフランス語の看板、自動車、路面電車、背広を着た男たち、こうしたものはみな「西洋」を宣言していたが、大勢の男たちがかぶっているフェズ（オスマン帝国の象徴とされた房飾りのついた赤い帽子）のように、コンスタンティノープルが二つの大陸、二つの文化の境界線上にあることを連想させるものが視界から消えることはなかった。

モスクワ同様コンスタンティノープルにも独自の宗教の「音風景」があり、街を訪れる者に自分がはるか遠くにやって来たことを実感させた。毎日の礼拝の時刻を知らせる教会の鐘の合唱の代わりに、この街ではただひとりの男が一日に五回、ミナレットのてっぺんから信者に祈りの時間が来たことを呼びかけるのだった。ムアッジンと呼ばれる詠唱者は、よく通るテノールで「神は偉大なり《アッラーフ・アクバル》」と切りだす。その声は振動しながら、金角湾を渡るそよ風に乗ったカモメのようにゆっくりと上昇と下降をくり返して伸びていく。そしてムアッジンの最後の言葉、「アッラーのほかに神はなし《ラー・イラーハ・イッラッラー》」は、背後でけたたましくぶつかり合う街の音——荷車の車輪や馬の蹄が舗道にぶつかる音、がたごとキーキーいう路面電車の音、狭い通りを突っ走る車の運転手が鳴らすクラクション、商品の美点を並べ立てる商人の金切り声——こういった音にかき消され、呑み込まれていくのだった。

ガラタからペラに続く急勾配の坂をのぼるだけで、民族の万華鏡を通過するような気分が味わえた。コンスタンティノープルの連合軍本部に勤務していた多数のイギリス人将校のひとり、ハロルド・アームストロングがその印象を次のようにまとめている（ただし西洋人らしい偏見の混じった描写ではある）。

そこには長いあごひげをはやしたアルメニア人司祭たちがいた。彼らはみすぼらしいガウンを着て煙突型の帽子をかぶっていた。それから、つばの折れたシルクハットをかぶったギリシア人司祭がいた。黒っぽいガウンの裾から薄汚れた長靴がにゅっと突き出していた。ターバンを巻いたホージャ［イスラム教の学校の先生］。フェズをかぶったトルコ人やフランス植民地兵。細長い目のカルムイク族。痩せこけた宦官。エフェンディやパシャ［領主や主人］といったトルコ人の支配階級。ロンドンのようにつばのある帽子をかぶっている者もいれば、テヘランやティフリス［現在のジョージアの首都。トビリシ］のように、つばのない黒いアストラカンの帽子をかぶっている者もいた。女性たちはベールか帽子をかぶっていた。行商人や物乞いは、見るもおそろしい大きな傷口や切断された手足をさらして施しをねだった。無駄話したり煙草を吸ったりしながらぶらぶらする者もいた。そうかと思えば、肘で人をかき分けたり、大急ぎで走ったり、体をひねったり、向きを変えたりする者もいた。誰かが私にぶつかって、私は狭い歩道からごちゃごちゃと車が走る通りにはじき出された。いたるところに混乱と騒音と喧噪があった。

　なかでも多くの旅人をぎょっとさせたのが、街の伝統的な荷担ぎ人足「ハマル」だった。彼らは、数百キロもの石炭や解体されたばかりの牛、高さが三フィートもある細長い新品のたんすなどを背中に担いで運んだ。細い道をまるまるふさいでしまうので、通行人は玄関口に身を寄せて通してやらなければならなかった。

　金角湾にかかるガラタ橋は、ヨーロッパ地区と、イスラム教徒が暮らす対岸のスタンブールを結んでおり、さまざまな文化が混在するこの街の状況をなによりみごとに示していた。対岸をめざして進む人々が織りなす壮大なパレードを見るというただそれだけのために、旅人たちはこの橋を訪れた。そこには、トルコ人、タタール人、クルド人、グルジア人、アラブ人、ロシア人、ユダヤ人、アメリカの軍艦の水兵、ぼろぼろのマントを着たジプシー、背の高い毛皮の帽子をかぶったペルシア人がいた。どんな日にも、弾薬がポケットにずらりと並んだチュニックを着て鞘におさめた短剣をベルトに挿したコーカサスのチェルケス人、慈善病院で働くゆったりとした黒の修道服をまとったカトリックのフランス人修道女、メッカに巡礼したことを示す小さな緑の印をターバンにつけたトルコ人の老人を見ることができた。橋を渡る乗り物も人と同じくらい多彩で、近代的な自動車、馬や雄牛が引く荷車、籠を担いだラバ、ときにはラクダの隊商が通ることもあった。

だが、ひとたび橋を渡り終えると人混みと騒音は潮が引くように消え去った。一九一九年のスタンブールは、古くから続くイスラム教の伝統が息づく町で、通りは狭く、ひっそりとして薄暗かった。風雨にさらされた二、三階建ての木造住宅の上階部分は、一年じゅう鎧戸をおろしたまま通りの上に突き出して光を遮っていた。スタンブールの生活は内向的で、夜になると一帯は静まり返り、人の気配がまったく感じられなくなった。だが、直径一マイルにも満たない中心部にはコンスタンティノープルの最も壮大な、そして古代から最も愛されてきた歴史的建造物が集まっていた。フレデリックが当時目にしたそのままの姿を今日私たちも見ることができる。中央にそびえるハギア・ソフィアは、六世紀にビザンツ帝国皇帝ユスティニアヌスによって現代の姿が築かれ、かつては東方正教会の総主教座が置かれたこともあったが、十五世紀にオスマントルコに征服されてからはモスクになっていた。その正面に、石に刻まれたこだまのように立っているのが、十七世紀に建立された青いタイルの巨大なスルタンアフメト・モスクだ。天に向かって垂直にそそり立つドームを六つのミナレットが守っている。ボスポラス海峡にせり出すセラグリオ岬の上に広がっているのがトプカピ宮殿。東屋と回廊と中庭がつくりだす迷路は、十九世紀にドルマバフチェ宮殿が建てられるまで四百年間スルタンたちの居城だった。スタンブールのいたるところにオスマン帝国の過去の栄光と、ビザンツ帝国の建築の驚異のなごりがあった。そして当時もいまと変わりなく、無数の通りと何千もの店とうず高く積み上げられた商品とを呑み込んだ市場という迷宮――グランドバザールに足を踏み入れることなくしてこの街を去ることはありえなかった。

フレデリックが腰を落ち着けることにしたヨーロッパ地区の街同様、コンスタンティノープルの戦後史も彼にとってじつに都合良く進行しているように思えた。連合軍は休戦協定のわずか数日後にトルコの占領に着手し、イギリス軍がペラを、フランス軍がガラタとスタンブールを、イタリア軍がスクタリ（ボスポラス海峡のアジア側）を管理することになった。アメリカはトルコと戦争をしていなかったので、領土はいっさい手に入れられなかったが、ペラに活動と利権を集中させていた。実際、アメリカ大使館も総領事館も、フレデリックが最初に逗留したペラ・パレス・ホテルの目と鼻の先にあった。

連合軍はトルコに居座るつもりでやって来た。広大なオスマン帝国を切り分ける合意はすでについており、トルコ人にはアナトリア高原の中心部だけを残し、鉱物と石油が豊富な領土は、誰がどこに住んでいるかはお構いなしに地図に線を引いて分割する予定だった。その影響は今日のイラクとアラビア半島にまでおよび、このときの決定の結果はいまも国際社会で受け入れられている。彼らはコンスタンティノープルの街そのものも、十九世紀以降の中国の上海のような国際都市に変貌させるつもりだった。連合軍は自分たちの立場を安泰にし、敗北したトルコ人を威圧するために、何十隻もの軍艦から成る艦隊をボスポラス海峡に率いてきてドルマバフチェ宮殿の沖に停泊させた。

イギリス、フランス、イタリア、アメリカの幾千人もの将校、兵士、水兵、外交官、実業家が街に雪崩れ込むと、それに伴ってペラの商売の性質も変わった。街にやって来た軍人の多くは酒と女と歌が大好きな独身男性だった。彼らが好むこういったものは、保守的なトルコのイスラム文化とは相容れなかったが、西欧化が進んだ鷹揚な地区は嬉々として彼らの欲望を満たそうとした。そして一九一九年の春、コンスタンティノープルで、この手の商売を誰よりも熟知していたのは言うまでもなくフレデリックだった。

歴史と社会の力が渦を巻いて街を駆け抜けたあとには、あらたな魔法円が生まれていた。そしてフレデリックはその魔法円のなかで、モスクワで富と名声を自分に与えてくれた世界を再現しようとした。それにはアメリカ人の外交官や彼らの人種差別とつきあわなければならなかったが、オデッサでジェンキンズに受け入れられたという前例がきっと役に立つはずだった。

トルコ人や、コンスタンティノープルに元から住んでいた人たちが、自分の人種をまったく意に介さないことにもフレデリックは慰められた。オスマン帝国は、かつては北アフリカ、ヨーロッパ、近東、アジアにまで広がっていた。そこにはさまざまな人種が暮らしており、白人のアメリカ人とはまったく違う方法で世界を理解していた。フレデリックが出会うトルコ人は、何はさておき、おまえはイスラム教徒かと尋ね、キリスト教徒だと答えると、白人のキリスト教徒の女性と結婚していることなどまるで気にしなかった。実際、トルコのスルタンの宮殿でアフリカ出身の黒人が出世して高い地位に就くことは珍しくなかった。一九二八年に現代トルコ語が導入されるまで公用語だったオスマン語には、アメリカでの「ニグロ」に該当する言葉さえなかった。黒い肌の人間はみな「アラプ」もしくは「アラブ」と呼ばれていた（のちにアフリカ系アメリカ人の作家ジェームズ・ボールドウィンは、この伝統が一九六〇年代のイスタンブールにも残っていることを発見する）。歴史はフレデリックをロシアからひどく手荒く追い出した。だが、歴史が彼のために選んだ追放先は当時世界に二つとない街だった。こうしてフレデリックはもういちどやり直す貴重なチャンスを与えられたのだった。

フレデリックがよく知るモスクワの活気に満ちた西欧風の大衆娯楽の世界に比べると、いやオデッサと比べても、コンスタンティノープルは遅れていた。フレデリックがやって来た頃、ペラには音楽が流れているヨーロッパ式の優雅なレストランは二、三軒しかなく、ステージでショーが観られる店も一軒か二軒、酒が飲めるバーなどの店も数えるほどしかなかった。こうした店の常連はほとんどがレヴァント人か続々と増えつつある外国人、とくに軍の将校たちだった。坂を下ったガラタ港付近の、雨が降ればぬかるみになるような悪臭が漂う狭い道には居酒屋や安売春宿がびっしり固まっていて、水兵や下士官たちのたまり場になっていた。そういった場所では麻薬、とくにコカインが簡単に手に入った。こうした店のなかには破廉恥の度が過ぎて、軍の当局に立ち入り禁止に指定されたところもあった。伝統を重んじる街のトルコ人男性は、西欧の娯楽を避け、酒も飲まず、家族以外の女性とつきあうこともしない代わりに、街のいたるところにある喫茶店に入り浸っていた。伝統的なトルコ人女性は、公共の娯楽にはいっさい参加せず、あえて外出するときはベールを着用し、夜の七時過ぎには家から一歩も出なかった。コンスタンティノープルに足りないもの、それはまさにフレデリックがモスクワで経営していたような、優雅でお洒落で一年じゅう西欧の音楽がかかっていて、ショーとダンスと酒が楽しめて、うっとりするような料理が出てくる店だった。

こういった店の開業資金を工面するために、フレデリックは共同経営者を募り、金貸しに頼ることにした。コンスタンティノープルはアジアとヨーロッパの交易の中心地で、さまざまな国籍の商人があふれていた。とくに派手にやっていたのがギリシアとアルメニアの商人だった。多くは戦争で大儲けした連中で、そのうちの何人かが半年で利息一〇〇パーセント以上というとんでもない高利の融資を申し出た。フレデリックに選択の余地はなかった。コンスタンティノープルに上陸したときにはすでに夏のシーズンの開幕が迫っており、これを見逃す手はなかった。適当な建物を買ったり借りたりする金はなかったので、規模はだいぶ小さいが、アクアリウムのような野外娯楽庭園をはじめることにした。コンスタンティノープルの夏はモスクワより早くはじまり、長く続く。万事うまくいけば秋まで営業を続けられるだろう。そのあとのことはそのときになってから考えることにした。

共同経営者と仕事をするのもフレデリックにとってはお手のものだった。五月十五日、到着して一か月もたたないうちにもうアーサー・ライザー・ジュニアとバーサ・プロクターという二人の共同経営者が見つかった。ライザーについてはスイス人だったということ、彼とイギリス人のプロクターがあらたな事業の株式の半分を所有し、残りの半分をフレデリックが所有していたというほか何もわかっていない。半分ずつでも相当の投資——三〇〇〇トルコポンド（現在の貨幣価値にして五万ドル）——だった。おそらくライザーは受動的な共同経営者で、具体的な経営に日常的に口を挟むことはなかったのだろう。

いっぽう、バーサ・プロクターは対照的に、軍人専門のバーの経営者だった。戦争中にギリシアのサロニカ〔テッサロニキ〕で「バーサのバー」というシンプルな名前の飲み屋を経営して一財を築き、戦争が終わりギリシアから引き揚げるイギリス軍を追ってコンスタンティノープルに来たのだった。「マダム」という呼称がふさわしいかどうかはともかく、彼女は、「フライパン」だの「スクエア・アース（四角いケツ）」だの「マザーズ・ルイン」〔酒のジンを意味するイギリスの方言〕だの「ファッキング・ファニー」だのといった奇天烈なあだ名をもつ愛嬌たっぷりのかわいいバーの娘たちと店のうまい酒とともに、常連たちから愛されていた。

バーサの経験と人脈こそまさにフレデリックが求めていたものだった。若かりし頃コーラスガールとして長年大陸のキャバレーを渡り歩いてきたバーサは、大衆娯楽業界の酸いも甘いも知り尽くしていた。フレデリックと出会った頃にはそれなりの年だったが、胸の大きな貫禄たっぷりの女性で、脱色してレモン色になった髪を頭の上に高く結いあげ、カウンターの奥のスツールに腰かけて静かに編み物をしながら、店の様子に目を配り娘たちに指図するのを好んだ。だが、一見無害なその姿は世を欺く仮の姿で、やり手経営者で男心の占い師という表の顔のほかに――コンスタンティノープルに駐留するアメリカ海軍情報局のロバート・ダン中尉の言葉を借りるなら――「第一級の英国スパイ」でもあった。バーサは外国人たちの会話を盗み聞きして役に立ちそうな情報をイギリスの情報機関に逐一報告していた。それは、コンスタンティノープルが連合軍の占領下で（ダンいわく）「政治情報が囁き交わされる世界の回廊」として陰謀、風説、スパイ活動の温床となっていた時期にはなにより生産的な気晴らしだった。外国生活が長かったにも関わらず、バーサはひどいランカシャー訛りが抜けなかった。「ねえ、あんたらの命令であの間抜けな探偵に何ができたっていうのさ……あいつらにゃなぁんも見つけられなかった……あんのくそたれがぁ」。フレデリックの英語にもひどいデルタ訛りがあったから、二人が丁々発止と掛け合う現場に居合わせた人はさぞ仰天しただろう。

バーサはイギリス人将校に人気で――バーサの店の酒の値段と娘たちは下司官や兵卒には高嶺の花だった――それはフレデリックにとって、コンスタンティノープルで事業をはじめるにあたってもその後もじつにありがたいことだったはずだ。二人はあらたに開業する店を、大西洋を挟んだ自分たちの祖国にちなんで「イギリス－アメリカ・ガーデン・ヴィラ」、またの名を「ステラ・クラブ」と命名した。二つの国名をハイフンで結んだ店名は、事業が二本柱で構成され、それぞれが共生関係にある店の経営方針をうまくとらえていた。バーサが自分のバーを仕切り、フレデリックがその他いっさい――ショーの契約、厨房とレストランのスタッフの手配、建築業者や食材などの卸売業者との交渉――を担当することになっていた。

「バーサとトーマス」と呼ばれるようになった二人の共同経営者は、ペラの北端のチクリと呼ばれる地域に広い土地を見つけた。通りの向かい側は路面電車一〇号線の終点だったので、街の中心部からの交通の便もよかった。だがその場所を選ぶのは冒険でもあった。一九一九年当時、そのあたりは市街地とは呼べないような場所だった。建物が立っているのは半分だけで、それもほとんどが煉瓦造りか風雨にさらされた木造の二階か三階建てのみすぼらしい家々だった。地域の残りの半分は大きな果樹園か野菜畑か空き地で、そこから少し先に行った田園地帯と見分けがつかなかった。ただし地代はかなり安く、日除けになりそうな樹齢を重ねた木もそこここに生えていて、ボスポラス海峡も一望できた（現在この地域には集合住宅が立ち並んでおり、通りからの視界は遮られている）。土地の一角には広々とした家もあった。おそらくフレデリックと家族はペラ・パレス・ホテルを引き払い、その後この家に引っ越して来たのではないか。

六月下旬、空き地だったその土地は小《ミニ》アクアリウムに変貌を遂げていた。簡素な木の建物がいくつか建てられ、東屋や売店、こざっぱりとした砂利道もあった。電球を吊した紐が園内に張り巡らされ、夜になると庭園全体をあかるく照らしだした。従業員が雇われ、飲食店が並んだ。野外ダンスフロアが園の中央を占め、奥のステージに向かってテーブルが並べられた。「ステラ・クラブ」は敷地のなかの建物の二階にあった。数週間前から地元のフランス語や英語の新聞に広告が出され、一九一九年六月二十四日火曜日、イギリス－アメリカ・ガーデン・ヴィラが開園した。

コンスタンティノープルのナイトライフの新時代がはじまっていた。ここに来れば庭園のレストランで第一級のディナーを味わうことができた。アメリカ風のバーも個室もジプシーの楽団も、多彩なショーもあった。バーサは「イギリス人のお友達を全員つつしんでご招待申し上げます」と言っていたが、招待の範囲をさらに威勢よく拡大して「サロニカ軍のお友達、全員整列！　心よりお待ち申し上げております」と呼びかけた。フレデリックも過去の名声を大いに活用して、ここに来れば「モスクワの有名メートル・ドテル、トーマスの特別監修による食事やディナー」が味わえます、と行き届いたサービスと洗練された料理が待っていることを強調した。やがてフレデリックはトレードマークになった温かいもてなしとはちきれんばかりの笑顔で、コンスタンティノープルでもその名を知られるようになる。

経営者たちの賭けは報われた。開業してから数週間、イギリス－アメリカ・ヴィラの前途は洋々と思われた。ただし出費は大きく儲けは少なかったが。変わりやすい夏の天気も気がかりだった。あるジャーナリストは、施設そのものは賞讃しつつも、同情的な口ぶりで「近頃の夜風は野外公演には不都合極まりない。チクリでは舞台の幕はおろか、更衣用の小屋の目隠し布さえ吹き飛んでしまった。おかげでみんなが、着替え中の［芸人］マダム・ミルトンとマダム・ババジャンをちらりと拝むことができた」と述べている。だが、天気が回復するにつれ客足ものびた。客のお目当ては、ロシアとフランスの折衷料理、かわいいロシアの女給、コドルバン兄弟率いるジプシー楽団の音楽に合わせて踊るダンス、そしてステージで次から次へと演じられる活気あふれるショーというここでしか味わえない組み合わせだった。

その夏、フレデリックはトルコのエンターテイメント史にさらに大きな貢献をした。八月三十一日、イギリス－アメリカ・ヴィラは、コンスタンティノープルでのフレデリックの成功と名声の鍵となるあるイベントの開催を発表した。「ただいまヨーロッパじゅうで話題沸騰、ミスター・F・ミラーとミスター・トムによるジャズバンドのコンスタンティノープル初公演」である。フレディ・ミラーは歌手のものまねが本業のイギリス人、ユーモアあふれる歌が得意で十八番は音の詰まりを強調した「ケ・ケ・ケ・ケイティ」だった。ミスター・トムはアメリカから来た黒人で、愉快なふりつけが持ち味の「異色の」ダンサーだった。二人ともプロのジャズミュージシャンではなかったが、軽妙な寸劇の合間にジャズを何曲か演奏した。ショーは大あたりで、こうしてフレデリックのおかげで彼ら二人が、ロンドン、パリ、上海、ブエノスアイレスなど世界各地でジャズが大流行の兆しをみせたのとほぼ同時期に、本格的なアメリカの黒人の音楽をトルコに伝えた功労者ということになっている。モスクワにいたときと変わらず、フレデリックはエンターテイメント業界のあたらしい流れをずっと注意深く追いかけていたので、この数年後にはさらに本格的なジャズをコンスタンティノープルに輸入する。だが、あたらしいものに敏感なその嗅覚をもってしても、この軽快な音楽が、当時はじまったばかりのトルコ社会の革命的変革に寄与することまでは予見できなかった。

その夏の終わりには、コンスタンティノープルのイギリス占領軍、自称「黒海の守備軍」が発行する権威ある新聞「オリエント・ニュース」がイギリス－アメリカ・ヴィラの圧倒的成功を宣言した。

チクリのイギリス－アメリカ・ヴィラに行けば、この街で最高のイヴニングショーが観られる。マダム・バーサとミスター・トーマスは、舞台に最高の芸人を集め、客席に最高に優雅な社交界の花形を惹きつけることに成功した［……］チクリのヴィラが今後もコンスタンティノープルで最良のヴォードヴィルを上演し続けるのは間違いないだろう。この冬のシーズンに登用するあらたな才能を発掘するために、ミスター・トーマスは芸人の宝庫ブカレストに赴く予定である。

だが、ルーマニアの首都ブカレストで芸人を手配するというフレデリックのあらたな計画の前に深刻な障害が立ちはだかった。ブカレストに行くにはパスポートが必要だ、そしてパスポートを手に入れるにはアメリカの総領事館で申請手続きをしなくてはならない。それはオデッサでジェンキンズに助けを求めたときよりはるかに複雑で危険を伴う作業になりそうだった。

十月二十四日、フレデリックは勝負に打って出た。その日はイスラム教徒の安息日にあたる金曜日で、信者たちがモスクの礼拝に出かけるため街の騒音と喧噪はふだんよりいくらか穏やかだった。アメリカ総領事館はペラ中心部の、大使館の角を曲がったところにあった。フレデリックを出迎えたのは副領事のチャールズ・E・アレンだった。

アレンはケンタッキー州出身の二十八歳の青年で、アメリカで高校教師、校長、鉄道事務員などさまざまな職を経たのち四年前に外交局に入局した。最初の赴任地はフランス西部の小都市ナントで、次がトルコ西部の田舎町アドリアノープル〔現在エディルネ〕と、いずれにせよ外交官として華々しいスタートを切ったとは言い難い。その後の行動からあきらかなように、白人の妻と混血の息子たちを引き連れてやって来て、自分はモスクワでは金持ちで有名人だったとかいう話をだらだらする目の前の黒人に対してアレンは好意的でなかった。

必要事項に対するフレデリックの回答をアレンは二枚の用紙にタイプした。一枚は標準的な「パスポートの申請書類」、もう一枚ははるかに厄介な「長期国外滞在の理由および国籍離脱疑義の克服のための宣誓供述書」だった。二人の会話は根本的に不誠実だった。フレデリックは経歴に関して正確さにあまりこだわらず、大小さまざまな間違いや疑わしい供述をくり返し、たとえば、ナッシュビルに住んでいて身元保証人になってくれるはずだという妹をでっちあげた。ただし今後の計画についてはずっと慎重で、パスポートが必要なのはロシアとフランスに行って「財産を処分し、アメリカに帰国して息子たちをアメリカの学校に入れる」ためだと語った。それがカモフラージュであるのは明白で、アレンが彼の言葉を額面通りに受けとったとは思えない。フレデリックは黒人のアメリカ人に温かいと言われるパリへの移住を夢見ていたかもしれないが、フランスに資産はなかった。ボリシェヴィキが権力の座におさまり、内戦が猖獗を極めているロシアに帰りたいとも思っていなかっただろう。フレデリックは（そしてアレンも）、アメリカに帰国したらどこに住もうと家族と自分が普通の生活を送ることはできないと重々承知していた。当時アメリカはジム・クロウ法の最盛期で、クー・クラックス・クランも復活していた。エルヴィラとの結婚も、多くの地域では白い目を向けられるだけでなく違法とされるはずだった（コンスタンティノープルの英語やフランス語の新聞にも、アメリカの人種差別主義的な政策やリンチ事件に関する身の毛もよだつ記事が定期的に掲載されていた）。

アレンとの面接で最大の問題になったのが数十年に及ぶ国外生活であったことは間違いない。国籍離脱したのではないかという疑惑も浮上した。フレデリックに釈明の余地はほとんどなかったが、それでも必死になって、一九〇五年にアメリカに帰国しようとしたがフィリピンまでしか行けなかったと主張した。実際にそんな旅をしたかどうかは確かめようもないが、その後別のアメリカ人たちにも同じ話をして、もっともらしい詳しい情報を伝えている。いずれにせよ、その話ではアレンの疑惑も国務省の疑惑も晴らすことはできなかった。

いっぽうのアレンも、フレデリックへの態度は投げやりかそれ以上に悪質で、用紙の重要な項目のいくつかを空欄のままにしていた。こうした不備があるだけで国務省に申請をはねられる充分な根拠になっただろう。ただしそれも書類が送られていればの話だ。アレンは書類をワシントンに送ることさえせず、領事館で十四か月間放置していた。書類の処理を棚上げすることでフレデリックの申請をあえて妨害した可能性が高い。

アレンとのやりとりは、その秋フレデリックに押し寄せてきたさまざま問題のはじまりにすぎなかった。次は金銭問題で、この問題のせいで総領事館におけるフレデリックの立場はますます苦しくなった。夏のシーズン中、ガーデン・ヴィラは大盛況だったにも関わらず店の経営は依然として収支が合わなかった。コンスタンティノープルでは食材、酒、燃料、家賃、なにもかもが非常に高かった。というよりも、フレデリックの借りた融資が莫大すぎた。秋になって天気がぐずつきだすと客足が落ち込み、財政問題はさらに悪化した。業者たちは、最初はフレデリックから直接借金を取り立てようとした。だが、返済を先延べされたり逃げられたりしているうちに、彼らは（フレデリックがアメリカ人だと信じていたので）アメリカ総領事館に苦情を持ち込むようになった。それはコンスタンティノープルが連合軍の占領下にあったからというだけでなく、トルコにおける治外法権をアメリカに認める、いわゆるカピチュレーションという制度があったからだ。すなわちアメリカの外交官には、自国民をトルコの法廷ではなく、自分たちの法廷で自分たちの法律に従って裁く権限が与えられていた。

最初の苦情が総領事館に届いたのは十一月の終わりだった。ギリシア人のゲオルギオス・マタキアスが、イギリス－アメリカ・ヴィラ用にフレデリックが購入したピアノの代金が支払われていない、代金が支払えないからレンタルに切り替えてくれと言われたままそのレンタル料も受けとっていないと訴えた。苦情が持ち込まれた先は、トルコにいたアメリカ人のなかで武官文官を通じて最も位の高い人物（戦後トルコに派遣されたアメリカ艦隊の司令官とトルコ高等弁務官を兼任していた）マーク・L・ブリストル少将だったので、この一件は総領事のガブリエル・ビィ・ラヴンダルがじかに担当することになった。ラヴンダルはフレデリックに対してアレンよりいくらか人情味のある態度を見せる。それはまったく違う経歴が影響しているのかもしれない（ラヴンダルはノルウェーで生まれサウスダコタ州で育ち、そこで新聞を発行し、州議会下院議員を一期つとめてから一八九八年に職業外交官になった）。ラヴンダルはフレデリックと直接話をして、ピアノを返して借金を清算することに同意させた。

だがその後の訴えはそうすんなりとはいかなかった。十二月初旬、イタリア人の小売店主エルマノ・メンデリーノがラヴンダルに手紙で次のように訴えた。フレデリックに届けたワインおよび食料品代二五二トルコポンド（現在の貨幣価値にして五〇〇〇ドル相当）が支払われないままになっている。いちど支払いを猶予してやったあとそれっきりだ、と。メンデリーノはカピチュレーションに直接言及して、フレデリックがこんな態度にでるのも、トルコの裁判所がアメリカ人に手出しできないと信じているからだと非難した。ラヴンダルはふたたびフレデリックを呼び出して二人のあいだを取りもとうとしたが、それから一年が過ぎてもイタリア人は金を受けとっていなかった。次に来たのはボチカロフというブルガリア人だった。彼は、ヴィラとフレデリックの自宅に届けた牛乳代三四・二八トルコポンドが支払われていないと訴えた。あるパン屋は毎日届けているパンの代金四七・九三トルコポンドが未払いだと書いてよこした。別の男は、フレデリックが約束した五五トルコポンドがまだ支払われないと苦情を言った。フランス人が経営する市内でも有名な会社――ユイスマンというさまざまな家具調度を扱う店――が、ヴィラ開業の数日前にフレデリックと契約して配達したという家具九六四・九五トルコポンド（今日の貨幣価値に換算して二万ドル超）の請求書を総領事館に突きつけた。フレデリックはこうした借金の一部を返済したが、それは九か月後、ラヴンダルがふたたび仲裁に入ったあとのことだった。その後も訴えは相次いだ。

こうしたすべてがフレデリックにとっては腹立たしく屈辱的だった。モスクワで借金取りに追われたことなどいちどもなかったことを思えばなおさらだった。借金のせいで誤解されることにもなった。フレデリックは、自分に都合がよければ法をねじ曲げることも厭わなかったが、小売業者を欺こうとするような男ではなかった。だが、腹を立ててヴィラで騒動を起こす借金取りの相手をするよりなお悪いのは、領事館で外交官たちの独善的な説教に耐えなければならないことだった。彼らの説教を聞いていると、何十人もの従業員に指図する実業家から、冷淡な上司の機嫌をとろうとぺこぺこする嘆願者に転落してしまったような気分になった。一九一九年、クリスマスを目前に控えてフレデリックはラヴンダルから次のように勧告された。「近日中にこれらの問題をすべて円満に解決すべし［……］これらの問題に関して法的手続きをとる手間も出費も避けるに越したことはないが、こうした訴えが続くようであれば訴訟も視野に入れざるをえない」。フレデリックの借金問題は、コンスタンティノープルにおけるアメリカの国益にとっても恥さらしとなりつつあった。

立て続けの困難に襲われた一九一九年の秋、フレデリックにはヴィラ以外に心を悩ませている問題があった。十一月、フレデリックは、四月にオデッサから避難する途中で家族とはぐれてしまった長女オリガの捜索に着手した。イギリス領事の楽観的な言葉とは裏腹に、ロシア南部から難民を乗せてコンスタンティノープルにやって来たどの船にもオリガの姿はなかった。フレデリックはコンスタンティノープルのイギリス大使館を通じて何度も問い合わせ、自分がどれだけ真剣かを示すために、娘が見つかった場合の渡航費として三〇ポンドをイギリス大使館に預けた。それはかなりの大金（今日の貨幣価値にして四〇〇〇ドル相当）で、三人の息子に食べさせるパンや牛乳代にも事欠くなか、これだけの金額を捻出するのは容易ではなかったはずだ。オデッサのイギリス領事館は協力してくれたがオリガは見つからなかった。フレデリックのもとに娘の消息が届くのはそれから数年先のことになる。

寒くて、湿っぽくて、雪の多いコンスタンティノープルの冬がやって来ると、経営問題はますます悪化し、破産の二文字が目の前をちらつくようになった。脳天気にも「ウィンター・サロン」と名づけたイギリス－アメリカ・ヴィラの施設は秋を過ぎると使い物にならなくなった。この状況を打開するには、またしても多額の出費が必要となるが、暖房の効く施設を捜すよりほかなかった。一九二〇年一月二十日、ペラのブルース通り四〇番地に「ロイヤル・ダンシング・クラブ」がオープンした。チクリに比べると街の中心部で、「ジョッキー・クラブ」という店があった場所だった（フレデリックは「ジョッキー・クラブ」という名前も存続させることにした）。新規の客を惹きつけ、以前からの客にも満足してもらえるように、フレデリックはいくつか革新的な試みに取り組んだ。この店は実質的には会員制クラブだった――それは上の階で賭博（具体的にはバカラ）を行なうために必要な手続きだった。フレデリックは社交ダンスにも力を入れて、アメリカ人やイタリア人の「教授」を招いてフォックストロットやシミーやタンゴの無料講習会を開いた。ジャズと「ダンス」、この二つがフレデリックのその後の成功の鍵を握るのであり、ジャズやダンスが楽しめる店やイベントがコンスタンティノープルに浸透するにつれフレデリックの店も黒字に転じはじめる。ジャズと同様にヨーロッパ式のダンスも一九二〇年代に入ってからトルコの政治や文化に取り込まれていくのだが、それというのもダンスが、オスマン帝国時代に男女を隔てていた壁を突き崩すきっかけとなったからだった。ムスタファ・ケマルも、一九二三年に開始した積極的なトルコ世俗化政策のなかで個人的にダンスを推奨している。

フレデリックにとって運のいいことに、バーサはその冬も共同経営者を続ける気でいたが、未払いの請求書をめぐっては不愉快な話し合いが重ねられるようになった。バーサのバーはあいかわらず軍人の客をおびき寄せるためになくてはならないおとりで、事業全体がなんとかもちこたえているのはバーサのおかげだった。ある晩、友人のイギリス人少佐とバーサのバーを訪れたアメリカ人の青年が、さまざまな国籍の人間が集うその店が醸しだしていた、みだらで蠱惑《こわく》的なムードを次にように伝えている。

バーサのバーはさながら「万国の軍服」を描いたリトグラフだ。片眼鏡をはめたフランス植民地部隊の司令官が隅のテーブルに腰をおろし、そのそばに美しい二人の娘が侍っている。イタリア軍の青灰色の制服を着た青年が二人カウンターに並んで腰かけている。別のテーブルには中欧の兵士たちが陣取っている。中央が平たくつぶれた彼らの帽子は房飾りがついていて重そうである。イギリス人の準大尉がちらほら、フランス海軍の下士官が二人いる。彼らが着ている軍服の青色はずっとみすぼらしくて冴えない。そのほかに数人の若い娘がいてこの絵を完成させている。

よっこらしょとバーサがカウンターに身を乗り出して、少佐のすぐ近くに象のような太い肘を載せる……

彼は遠い目をして酒をすすっている。

「アフロはどこだ？　バーサ」ふと思い出したように尋ねる。

バーサは値踏みするような目で少佐を見る。

「あの子はもうここにはいないよ」と、ぞんざいに返事をする。

少佐はアフロのことはそれ以上追求しない。

「メレクは？」

「スクタリの母親が病気なんだってさ」今度はやけに具体的に答える。

「ネクターは？」そう言って少佐は連れのほうを向く。「器量よしのアルメニア娘でね」

「ネクターならいるよ」とバーサ。

「どこだ」と少佐が尋ねる。

「もうじき来るよ」バーサが答える……

バーサが編み物を置いて、またなれなれしくなる。

「あたらしく入ったギリシア娘、きっと気に入るよ」

「ほう、新人か？」

「ああ、ドデカネス諸島の娘でね、今日スミルナから着いたばかりだよ」

「スミルナから？　ふむ、そいつはよろしくないな」と少佐。「スミルナはでかい港だからな」

バーサは腰をそらせて編み棒で首を掻くと横を向いた。

「ドリス」バーサが声をかけると……

ほっそりとした華奢な娘が戸口に現われた。娘が着ている白いドレスは胸元が四角く開いて、両肩から細い絹の肩紐で吊すタイプだったので、大理石のように美しい肩のラインがむき出しになっていた。頭から首、肩にかけてのラインはじつに優美で均整がとれていて、人工ではないかと思えるくらい完璧だった。頭は小さく顔の造作もじつに美しく整っていた。金色の髪をゆったりと後ろに垂らし、うなじから小さな耳がのぞいていた。瞳は大きく空色で、唇は薔薇色。穏やかであどけない子供のようなその表情はとても魅力的だった。

「いらっしゃい〔Baccal-um〕、ドリス」バーサはそう言って、娘の手をとり、少佐と友人に引き合わせた。

ロイヤル・ダンシング・クラブのおかげでフレデリックはその冬をなんとか乗り切ることができた。だが、春になり、ヴィラ・ステラの再開に向けて準備を開始した矢先に、バーサとライザーから、事業の見通しがあまりに暗いので自分たちは手を引くと言い渡された。それはフレデリックにとって深刻な打撃だった。彼にはひとりでやっていくだけの資金がなく、ヴィラの借金は総額四五〇〇トルコポンド——現在の貨幣価値にして七万五〇〇〇ドル相当——にまで膨れあがっていた。

この一件も総領事館に持ち込まれた。アレンもほかの職員もフレデリックの借金問題に苛立ちを募らせていたが、フレデリックがアメリカ人である以上、自分たちの援助を受ける資格があると思い込んでいたので手を引くわけにもいかなかった。彼らはフレデリックに拘束力のある仲裁に付すことを勧めた。手続きは複雑だったが、そこから抜け出したときには希望の光がふたたび輝きだした。これまでの共同経営者から自由になれたばかりか、あらたに共同経営者になってくれるロシア人の資産家が見つかったのだ。カルプ・チェルノフというその人物は、ステラは長期的にはうまくいくと信じていた。借金が消えたわけではなかったが、ラヴンダルに宛てた手書きの書簡で説明しているように、フレデリックは借金を分割で支払うために全力を尽くしていた。

一九二〇年七月十日、コンスタンティノープル

イギリス－アメリカ・
ガーデン・ヴィラ
チクリ　三一二番地

アメリカ総領事閣下

貴下
七月七日付の閣下のお手紙に答えて説明申し上げます。私どもトーマスとチェルノフは、先述の人物にだけでなく、借金四五〇〇（トルコポンド）をすべて返済すると六月に約束いたしました。私どもは最善を尽くしております。先月は寒くて、雨も多かったのですが、借金を四五〇〇トルコポンドから三〇〇〇トルコポンドに減らすことができました。問題の会社は借金

一〇〇〇ポンドのうち七〇〇ポンドを受けとっております。残りの三〇〇ポンドも半月以内に返済する予定でおります。この説明と数字が真実でありますことを閣下に信じていただけますように。

敬具

フレデリック・ブルース・トーマス

そうはいうものの内実は火の車だったので、フレデリックは書簡をしたためた数日後にエルヴィラを総領事館にやり、ラヴンダルに直接事情を説明させた。エルヴィラは気立てがよく魅力的な女性だったので、最終的にはその努力が実を結んだ。最も大物で最もしつこい債権者とのあいだをラヴンダルが取りもってくれることになり、フレデリックはさらに時間を稼ぐことができた。

その春、歴史を揺るがす二つの事件が起きて、トルコに住み続けるにせよロシアに戻るにせよ、フレデリックの未来は安泰となったかに思えた。まず、連合軍がコンスタンティノープルの占領体制を強化する方針を固めた。一九二〇年三月十六日、イギリスがコンスタンティノープルに補充部隊を上陸させ、実質的な戒厳令を敷いた。街の社会、経済、司法活動はすべて連合軍の統制下に置かれ、公私を問わず数百の建物が接収されて、連合軍の武官文官の住まいに充てられた。連合軍はトルコの政党を両翼ともに弾圧しようとして、オスマン帝国側の要人たちと、ムスタファ・ケマルを中心に結成された、スルタン制にも連合軍の占領にも反対する抵抗運動の指導者たちを一網打尽にした。

イギリスの一連の行動の目的は、きわめて苛酷なセーヴル条約を力ずくでトルコに承認させることにあった。セーヴル条約によって、オスマン帝国の国土の大半は連合国と傘下の国々に分け与えられることになった。すでにギリシアはエーゲ海沿岸のスミルナに侵攻し、三年に及ぶトルコ抵抗運動派との戦いをはじめていた。第一次世界大戦中とその直後にオスマン帝国が行なった大量虐殺の犠牲者であるアルメニア人は、自分たちの国家を宣言していた。クルド人も独立を主張していた。トルコにとってこの「第二の占領」は、国の主権と国民の誇りを打ち砕く壊滅的な打撃となった（そして連合軍のくびきを振り払う強烈な起爆剤にもなった）。だがフレデリックのような外国人にとって、「第二の占領」は朗報以外のなにものでもなかった。これによりコンスタンティノープルが、国際都市に向かって大きな一歩を踏み出したからである。コンスタンティノープルが国際都市に変貌を遂げた暁には、欧米の企業が――そして欧米の娯楽も――大いに繁栄するはずだった。

その春のもうひとつの進展は、フレデリックの第二の祖国の未来に影響することだっただけにいっそう有望に思われた。一九二〇年四月四日、ロシア南部に集結していた白軍の指揮官たちは、人望を失って退いたアントン・デニーキン将軍に代えて、ピョートル・ヴランゲリ将軍（男爵）を最高司令官に選出した。前任者より有能でカリスマ性もあったヴランゲリは、白軍を再編して規模を拡大し、即戦力となる黒海艦隊を創設した。その春、ポーランドによるウクライナ侵攻にも助けられて、ヴランゲリはボリシェヴィキとの戦いに立て続けに勝利し、白軍のロシア南部の支配地域を二倍に増やした。その偉業はただちにコンスタンティノープルの新聞各紙で報じられた。一時は、白軍が前年の雪辱を挽回して、ボリシェヴィキ政権が自滅するか打倒される日も遠くはないかと思われた。そうなれば、フレデリックをはじめ国を追われた者たちは故郷に帰って昔の生活と財産を取り戻せるはずだった。

だが、一九二〇年の春、街の人口における変化は、あらたに流れ込んできた連合軍だけではなかった。ほかの新参者たちの顔ぶれを見て、フレデリックは好機と同時に予想もしなかった脅威が現われたことを知った。白軍は奮戦しているようだったが、依然として難民が、ロシア南部から黒海を渡って怒濤のように押し寄せてくるため、コンスタンティノープルはますますロシア化した。新参者たちのなかには人気芸人が大勢いて、興行や劇場運営の経験者もおり、誰もが生計を立てる必要に迫られていた。ペラのあちらこちらにロシア人が経営するレストランやナイトクラブが出現しはじめた。多くの店が、外国人の目にはひどく魅力的に映る「ロシアの広い心」――すなわち羽目を外したどんちゃん騒ぎ――を売り物にしようとしたが、いまやそういったどんちゃん騒ぎに、失われた輝かしい過去を懐かしむ甘美な悲哀が影を落とすようになっていた。目の前にとつぜんライバルが現われたことにフレデリックは気がついた。

最大の脅威は、ユーリー・モルフェッシとナスチャ・ポリャコヴァという二人の有名歌手が、ステラから二街区しか離れていない場所にオープンしたストレリナという庭園だった。二人はフレデリックの客を吸いとってやろうとあえてその場所を選んだのだった。作戦は大あたりで、モルフェッシが「ステラは見る影もない」が、ストレリナは万事が「花開き」、「順調この上なし」と吹聴するほどだった。フレデリックはあいかわらず借金に苦しんでいたので、このまま客足が落ちればステラは閉園に追い込まれていただろう。だが、ステラで働いていた芸人のひとりがちょいと悪知恵を働かせてくれたおかげで救われた。その女芸人は、モルフェッシが消灯令を無視して店を開けていると連合軍警察に密告したのだった。ストレリナは閉園させられた。

だが、ロシア難民のあらたな波は、競争相手とともに貴重な人材ももたらした。バーサと一緒に店から姿を消した女性従業員の代わりになる娘たちである。難民のなかには大勢のロシア貴族がいた。貴族階級の女性はこれまで生活のために働いたこともなければ、職も金になる技能ももたない者が多かったが、そのいっぽうで若い令嬢たちのなかには非常に魅力的で、洗練された社交術も身につけていて、外国語、とくにフランス語が堪能な者がかなりいた。大多数は困窮していて、仕事の口があれば飛びついた。レストランの経営者は――フレデリックもそのひとりだったが――すぐに娘たちの価値に気づいた。美しくしとやかな妙齢の女性、とくに金髪碧眼の「公女」や「伯爵夫人」や「公爵夫人」は、より多くの客を惹きつけたい店にとって強力なおとりになった。とくにこれまで男性給仕しかいなかった男性客相手の店（保守的なオスマン帝国の社会では給仕は男と決まっていた）、それ以上に、黄褐色の肌、黒髪に黒い目、頭の先から爪先まですっぽり布を被ったトルコ人女性しか見ていない男性客が常連の店では、こういった呼び物は効果絶大だった。こうしてコンスタンティノープルでは、「女給《ダーム・セルヴーズ》」というフランス語が、街の男たち全員の妄想をかきたてる若いロシア貴族の女性を意味するようになった。イスラム教を信じるトルコ人も、レヴァント人も、連合軍の将校も、同胞のロシア難民も、異国情緒あふれる街を見に来た観光客も、男たちはみなロシア娘に夢中だった。身分の高い女性に給仕してもらっていると思うと、客は気が大きくなってチップをはずむので、こうした淑女の多くが身分を大げさに偽るようになり、恥知らずなまでに偽る場合も多かった。こうして一九二〇年代初頭のコンスタンティノープルに、ロシアのどの街にもかつてなかったほど大勢の貴族の女性が、皇族の女性までもが出現した。こうした娘たちの立場はあいまいで――賃金が満足に支払われなかったり、熱心に言い寄る男性客との食事やダンスを強制されたりすることも珍しくなかった――そのため必然的に多くの女性がたやすく娼婦に転落していった。

スラヴの美女《セイレン》たちの衣装は店ごとに特徴があった。ある店は「コーカサス風の丈の短い白のジャケット、黒のロングブーツ、髪を薄いスカーフで包み、ばっちりメイクした」おてんばなロシア娘を売りにした。もっとしっとりとした退廃的な魅力を追求する店もあった。たとえばやはり一九二〇年にコンスタンティノープルにやって来た歌手のヴェルチンスキーが経営していたナイトクラブ「黒薔薇《ラ・ローズ・ノワール》」では、「料理の合間にお客様の耳元で女給がボードレールの詩を囁きます。選りすぐりの上品な美女ばかり、金髪に黒薔薇を一輪挿しております」と請け合った。またある店では喜劇に登場する小間使いのようなエプロンが制服だった。娘たちはことさらに初々しさをアピールして衣装の効果を強めた。

コンスタンティノープルでは予想通りの反応が起きた。トルコ人貴族と高官の未亡人三二人から成る団体が、「梅毒と酒よりも危険で破壊的な悪徳と淫蕩の手先」をただちに街から追放せよ、という内容の請願書を市長に送った。イギリス大使ホレス・ランボールド卿は、イギリス高等弁務官デ・ロベック提督に宛てた手紙のなかで、皮肉な口調で、「オリガ・ミチェラッゼ公爵令嬢」は「連合軍警察のサンフォードとかいう物静かな好青年」との結婚を計画している。なにしろ「やつには金がある」と説明している。ミネソタ州のダルースからやって来たある観光客は、興奮冷めやらぬ口調で、自分が訪れたレストランの主人は「ロシアから逃げてきた大公で、女給は全員皇族のお姫様だった」と語っている。女給たちは「たまげるくらいかわいくて愛嬌があって、何か英語が話せるかいとひとりに聞いたら、風変わりなアクセントで『ええ、アメリカの男の子ならたくさん知ってる』と答えが返ってきた」そうだ。地元のイギリス系新聞に掲載された風刺漫画には、「マドモワゼル、フランス語は話せますか？」とフランス語で問いかけるトルコ人にロシア娘が、「いいえ、でも『愛』なら何語でも言えますわ」と答えている。

これとは正反対の哀切極まりない場面もあった。複数の外国人が、亡命ロシア人将校がレストランの席からさっと立ちあがり、厳粛な面持ちで女給の手に口づけするのを目撃している。将校と女給はかつてまったく違う世界で暮らしていたときの知り合いどうしだったのだ。コンスタンティノープルを旅行で訪れたフランス人のリュシアン・ミュラ公妃は、革命前にペトログラードで知り合った大勢のロシア人と胸をえぐられるような辛い再会を果たした。「S男爵」は路上で靴磨きをしていた。「X大佐」はレストランのクローク係になっていた。そして、フレデリックのバーで、ミュラ公妃は旧友の「B公女」と再会した。ペトログラードの舞踏会で最後に見かけたとき、「B公女」は「銀色のドレスを着て、目の眩むようなエメラルドがついたティアラを美しい額に載せていた」。「公女さまはわたくしに悲惨な身の上話を語ってくれた。人でごった返す家畜用の貨車に乗ってボリシェヴィキの手からどうやって逃げてきたかを」。公女が身の上話をするあいだ、彼女の「ボス」が近くを行ったり来たりしていた。「黒檀のように黒いその黒人は、かつてモスクワで一、二を争う高級レストランを経営していたのだという。公女さまはその店で何度も食事したり、ジプシーの音楽に合わせてダンスを踊ったりしたそうだ」。フレデリックの店で働く旧友を目にしたリュシアン公妃の回想を読むと、娘たちを讃美したり好色な目で見たりする男たちとは異なる視点からの女給《ダーム・セルヴーズ》たちの姿が垣間見えてくる。

　また、トルコ人の国民としての誇りがいかに傷つけられていたか、それが連合軍によるコンスタンティノープル支配の行く末にどう影響したかを教えてくれる記録もある。ある温かい夏の夜、鋭い目をした若きトルコ人愛国者がステラを訪れた。ムフティ＝ザデ・K・ジア・ベイは、アメリカで十年暮らした経験があり、アメリカをよく知っていた。あるとき彼は、ペラのナイトライフを覗いてみようと思い立ち、妻と友人を連れて街で「最高」だという「カフェ・シャンタン」に出かけた。三人が到着したとき、ステラは大勢の人でごった返していたが、保守的で伝統的なトルコの価値観に強い誇りを抱いていたジア・ベイは、店の放埒な雰囲気にすぐに嫌気がさした（ただし、フレデリックの態度には感銘を受けている）。

誰もが酔っ払っているようだった。浮かれ騒ぐ客たちは、アメリカ本国からやって来た黒人《ニグロ》ジャズバンドが奏でる不気味な音楽に血をたぎらせ、禁酒法前の最盛期のバワリー街でも見られなかったような光景がくり広げられていた。ごてごてと宝石を身につけて口紅を塗った「貴族の」女給たちが、客のテーブルに腰をおろし、酒を飲み、煙草をふかしていた。この店の主人である黒人のアメリカ人は、ボリシェヴィキが革命を起こす前にロシアで一財を成した人物だそうだが「……」いささか超然とした態度で店の客たちを見つめていた。正直なところ、客より彼のほうがよっぽど人間らしく見えた。少なくとも彼はしらふで、思慮と節度のあるふるまいをしていた。店にいる客の大半はそのどちらでもなかった。

ジア・ベイはステラのすべてに激高した。そこには、この街にのさばる外国人勢力と、副次的な立場に追いやられている街本来の住民であるイスラム教徒との関係が反映されていた。「見たところ本物のトルコ人はひとりもいなかった。大勢の外国人は、ほとんどがギリシア人とアルメニア人とレヴァント人だった——淫蕩な、酒で膨れた顔をして、快楽と物質を貪欲に求めていた」。ジア・ベイと妻は早々に店を出ることにした。そしてペラを無事にあとにして、ガラタ橋を渡り、スタンブールの家に着いてはじめてほっと息をつくことができた。「われらがスタンブール、夜の深い眠りに落ちているうるわしきトルコの街。哀れスタンブール、戦火に破壊され、みじめなその身を嘆きはしても慎み深く誇り高い。過去の栄光を夢見て、未来を信じる玉座を追われた女王よ」。ジア・ベイの態度は、フレデリックが属していた外国人世界に対する無数の脅威を象徴している。だがそのときはまだ、フレデリックにはこうした脅威を認識する理由がなかった。

コンスタンティノープルの男たちの妄想のなかで「ダーム・セルヴーズ」の存在感が増すにつれ、街のアメリカ人コミュニティでフレデリックと彼の店のロシア人女給の関係をあてこする噂が、しかも人種差別的偏見を帯びた噂が囁かれるようになった。たとえば、「ニグロが全員」そうであるように、フレデリックも「性的になりすぎる」傾向があり、「従業員の誰彼かまわず自分の愛撫を受け入れるように強要している」といったものだった。だが、こうした主張を調査したシカゴの新聞記者ラリー・ルーによれば、フレデリックは実際には、店で働く女給たちから「この界隈で誰よりも『潔白《ホワイト》』な雇い主」と見なされていた。というのもフレデリックは、女給たちにも敬意をもって接していたばかりか、誰からの誘いであれ断って構わないと言ってくれたからだ。そのなかには、誘いを断られ、「お高くとまりやがって」と不満を漏らす「大勢のイギリス人将校」もいた。

フレデリックは店の女給たちを守ってやっただけでなく、彼女たちの財布の足しになるように何度か特別公演を開くことまでした。こうした催しは花形スターか経営者の都合で企画されるのが一般的だったコンスタンティノープルのナイトライフの世界で、それはきわめて異例のことだった。彼の行動は純粋な優しさから出たものだったが、同時に若い娘たちを特別に宣伝できるという抜け目ない計算もはたらいていた。同じような動機から、一九二〇年七月二十四日の「物乞いの禁止によって救済された浮浪児」のために催されたチャリティ・フェスティバルの会場にステラを提供したこともあった。この催しは、フレデリックの店の花形スターのひとり、歌手のイザ・クレメルによって主催され、街の最高権威である連合国の高等弁務官たちによって承認された。こうした会の発起人として、クレメルとフレデリックはそろって賞讃された。第一次世界大戦中にモスクワで行なわれた愛国パレードの集合場所としてアクアリウムを開放したことが思い出される出来事だった。

ステラの二度目のシーズンは連日大盛況で、マスコミにも熱心に取りあげられていたにも関わらず、店はいまだに赤字だった。あらたな債権者たちに日々詰めかけられて、総領事館の外交官たちも苛立ちを募らせていた。苦情の件数が増すにつれてラヴンダルとアレンの口調も変わりはじめた。最初は形式的ながらも礼儀正しい要請書を書いていた二人だったが、とくにアレンの口ぶりからは「クレームに……至急対応されたし」「できるだけ早く連絡せよ」「とっとと返事しろ」といった具合に、礼儀正しさがかけらも感じられなくなっていった。

状況はさらに悪化した。フレデリックは、債権者を装い、金を取り戻すのを手伝ってくれと総領事館に圧力をかける恐喝者の標的にされてしまったのだ。フレデリックの評判は地に落ちていたので、外交官たちはこうした苦情をすべてまともに取り合った。最も悪質だったのがアレクセイ・ウラジミロヴィチ・ザヴァツキーというロシア人の詐欺師だった。この男は、一九二〇年六月に弁護士を雇い、コンスタンティノープルのロシア外交使節団（本家のロシア帝国が消滅したあとも、連合国の後押しを受けてロシア難民のために働き続けていた）の力も借りて、昨年の夏から賃金三〇〇トルコポンドが未払いになっていると主張した。アメリカの外交官たちは、この男に金を払えと圧力をかけたが、フレデリックは断固拒否し、これぞ「典型的なゆすり」の手口だと言ったが、彼のすることなすことすべてが厄介の種だという外交官たちの心証を変えることはできなかった。

一九二〇年の秋から翌年の冬にかけて、さらに恐るべき事態が発生した。前妻ヴァリの存在が急浮上したのだ。「ボリシェヴィキのコミッサール」との情事が不幸な結末を迎えると、九月早々、ヴァリはイルマを連れてソヴィエト・ロシアを脱出し、ベルリンにたどり着いた。そしてベルリンに落ち着くとただちにフレデリックの消息をつきとめ、連絡をとろうと奔走しはじめた。九月九日、ヴァリはアメリカ代表部に向かうと、夫がいまどこにいようと家族が再会するために必要なのだと言って、自分とイルマの身分証明書と緊急パスポートの申請手続きをした。一九二〇年のベルリンは幸せな街とは言い難かった。深刻な食糧不足、驚異的なインフレ、高い失業率、社会不安の増大。人並みの生活を送るにはフレデリックから経済的援助を取りつけるしかなかった。

駐ベルリン領事はヴァリの申請を受理し、アメリカ人と結婚しているという彼女の主張はワシントンで調査しなければならないという国務省の方針を説明した。そして届いた回答は心底がっかりする内容だった。まず、一九一六年にヴァリがモスクワでパスポートを更新した申請の記録がなかった（申請書を提出した証拠をヴァリはもっていたが）。さらにフレデリックが行なったパスポート申請の履歴も、彼がアメリカで生まれたという事実もいっさい確認できなかった。こうしてトーマス「夫人」の請求は却下された。それはヴァリだけでなく、フレデリックにも悪い知らせだった。

とはいえそれから数年間、遠いベルリンにいながらヴァリがどれだけフレデリックの足を引っ張ることができたかを考えると、コンスタンティノープル行きを実現する書類をヴァリが手に入れられなかったことは、フレデリックにとって幸いだった。十月初旬、ワシントンから却下の通知が届く前からすでに、ヴァリはコンスタンティノープルのアメリカ総領事館に宛てて英語とドイツ語で手紙を書きはじめ、しばらくするとイギリス大使館にも手紙を書くようになった。ヴァリは手紙で、自分は法律が認めるフレデリックのただひとりの妻だと名乗り、二人の関係の証拠だと言って一緒に写っている写真を同封し、エルヴィラを中傷し、病と貧窮に苦しむ現状を嘆き、自分と彼の娘への経済的な支援を乞い、夫は裕福なのだから自分たちを援助する余裕があるはずだと主張し、夫の正確な住所を教えてくれと訴えた。

この問題を担当することになったのはアレンだった。彼はヴァリの手紙の写しをフレデリックに転送し、そこに驚くほど思いあがった一言を書き添えた。「この問題に関して貴殿が誠意を示すことを要求する」。いまや総領事館はフレデリックの借金問題、アメリカ市民権の請求、そしてアレンの言葉を借りるなら、彼の「婚姻関係」問題にも巻き込まれていた。コンスタンティノープルのアメリカ当局にとって、フレデリックは耐えがたい重荷になりつつあった。

8　アメリカ市民権を求めて

一九二〇年秋、ヴランゲリ将軍率いる白衛義勇軍がボリシェヴィキに敗北し、コンスタンティノープルで故郷に帰る日を待ちわびていた難民たちの希望を打ち砕いた。一九二〇年十月、ポーランドと停戦協定を結ぶと、赤軍はロシア南部に兵力を集中できるようになり、白軍をクリミア半島に押し出し黒海まで追い詰めた。脱出するには海を渡るしかなかった。十一月初旬、ヴランゲリは一三〇艘の船から成る艦隊の編成に取りかかった。その艦隊とは――旧帝国ロシアの軍艦、輸送船、旅客船、商船、個人のクルーザー、そしてほかの船に牽引されるはしけ船だった。十一月十九日、この種々雑多な集団はよろよろと黒海を渡り終えてコンスタンティノープル沖に錨をおろし、ボスポラス海峡を人間悲劇が漂う多島海《アルキペラーゴ》に変えた。

船には一五万近くの人がいたが環境は劣悪だった。どの船にも定員をはるかに超える人が乗っていて、人が多すぎるために危なっかしく傾いている船もあった。衛生設備はとっくにパンクし、水も食料も底をついていた。ロシア船の周りには商売熱心なトルコ人を乗せた小舟が群がり、乗客たちは結婚指輪や首にかけた金の十字架を彼らがさしだす水差しの水やパンと喜んで交換した。船には怪我人や病人も大勢いた。多くの難民が背中に負う荷物のほか何ももたなかった。

白衛義勇軍の残党が一〇万人近く、残りは一般市民で二万人が女性、七〇〇〇人は子供だった。その後数日から数週間かけて、フランス軍が海岸沿いに建てた間に合わせの仮施設に難民の三分の二を強制収容した。仮施設が建てられた場所には、第一次世界大戦中に連合軍が上陸を試みて多数の死傷者を出した激戦の地ガリポリ半島も含まれていた。だが残り数万人は兵士も民間人もコンスタンティノープルに雪崩れ込み、その街に人道主義の末期とでも呼びたくなる状況をつくりだした。

十一月はすでに寒かった。冬の風が、広大なロシアの平原から黒海を越えて街に吹きつけるようになっていた。難民が身を寄せる場所、食料、衣服、医者、薬、なにもかもが足りなかった。連合軍司令部もアメリカ赤十字社もロシア大使館も民間組織もできるかぎりの手は尽くした。一部の難民は無人になった兵舎や崩れかけた建物など、大急ぎで指定された避難所に詰め込まれ、そこで凍りつく寒さと雀の涙ほどの配給に耐えた。運よくドルマバフチェ宮殿の厩舎に潜り込めた者もいた。だが多くの者は自分の腕と才覚で生き延びるしかなかった。彼らはありとあらゆる商売と仕事を試した。外国語の知識がある者は外国語教師になるか、連合軍のオフィスで働こうとした。そうでない者たちはガラタ埠頭で石炭かセメントの詰まった袋を運んだり、ペラの通りで靴紐や菓子をお盆に載せて売ったり、がらがらくじを回したりした。門番や皿洗い、女中として雇われた者もいればあっさり物乞いになった者もいた。ロシア帝国軍の将校たちはガラタ橋の上で勲章を買ってくれと通行人に呼びかけた。小説家のジョン・ドス・パソスは、片脚のロシア兵が通りに立ち、顔を両手で覆ってむせび泣いているのを見た。絶望のあまり銃で自殺する将校もいた。ペラ大通りのとあるアーケードは、非常に多くのロシア人女性が小さな花束を売り歩いていたことから「チチェキ・パサージュ（花の小径）」と呼ばれるようになり、その名称はいまも続いている。いくらかでも金がある者はみな商売をはじめようとした。こうして小さなロシア料理店が（ロシア人の好む表現を借りれば）雨後のキノコのように街のいたるところに現われた。古道具屋の店先には消滅した帝国の贅沢な残骸が並んだ。宝石、時計、イコン、毛皮——幸運な人たちが命からがら持ち出した品々だった。専門教育を受けた音楽家、歌手、踊り子が公演を行なうようになると、市民のあいだに西欧の芸術を愛好する風潮が芽生え、街の文化風景が不可逆的に変化した。ペラからガラタに続く急な階段の上に、投機家たちが闇両替所をつくった。一夜にして財を成し、翌日にはそのすべてを失った者も何人かいた。

誰の胸にもはじめからひとつの思いがあった。どうやってコンスタンティノープルから抜け出すか——どこかへ、どこでもいい、ここよりもっとましな場所へ。さてどうやって？　ヴランゲリ将軍は、最初はロシアに戻って戦うつもりで兵士をひとりも取りこぼすまいとしていた。だが連合軍にはすでに彼の反ボリシェヴィキ活動を支援する気がなく、まもなく白軍の兵士とその他のロシア人たちは、連合軍の手引きによって彼らを受け入れてくれそうな国へどこへなりと——バルカン半島、西ヨーロッパ、南北アメリカ、北アフリカ、インドシナ半島の国々へと散らばっていった。

フレデリックの目の前で第二の祖国の同胞を襲う悲劇が展開された。ステラのその秋のシーズンが終わると、ジョッキー・クラブが借りられなかったので代わりの店を捜さなくてはならなくなった。フレデリックがその冬借りることにした店は、ペラ大通りでもとくに人で賑わう一帯に立つアルハンブラ劇場のなかにあった。そしてそこから南に数街区しか離れていないロシア大使館のある界隈は、数千ものロシア人が、昼夜を問わず、職と食べ物と寝場所と情報とビザ、そして希望を求めて徘徊する巨大な集会場と化していた。フレデリックの店で働く厨房スタッフと給仕の大半、そして芸人たちの多くはすでにロシア人だったが、十一月の大避難のあとはさらに大勢のロシア人が職と助けを求めて彼の店の扉を叩くようになった。情にほだされて何人かを雇いはしたものの、すでに人手は足りていたのでたいていは断った。だが、フレデリック自身苦しい思いをしていたにも関わらず、空手で帰された者はひとりもいなかった。それから長い歳月を経たあとも、「フョードル・フョードロヴィチ・トーマス」は、コンスタンティノープルで避難生活を送ったロシア人亡命者たちの記憶に、誰にでも無償で食べさせてくれた「ロシアの広い心をもつ黒人」として、感謝とともに刻み込まれていた。

ロシア人たちの苦境を目の当たりにして、しかるべき書類を手にしているか否かでその人の社会的立場が一変してしまう場合があることをフレデリックはあらためて痛感した。そこで、十一月末にふたたび肺炎に罹り、病が完全に癒えていなかったにも関わらず、十二月下旬にあらためて総領事館に出向き、一年以上前に申請したパスポートはどうなったのかと問い合わせた。アレンが書類の途方もない遅れをどう説明したのか、そもそも国務省に書類を送っていないことを認めたのかも、いまとなってはわからない。だが、一九二〇年十二月二十四日金曜日、ついにアレンはパスポートの申請書と「長期国外滞在の理由に関する宣誓供述書」をワシントンに送った。といっても、外交行嚢に書類を入れる前でさえこの申請が通るはずがないとアレンは気づいていたはずだ。なぜならこの書類には唖然とするほど不備が残されていたのだ。そのうえ、申請が却下されるのをさらに確実にしようとするかのように、アレンはあきれるほど不誠実で悪意に満ちた文言を書き加えてもいる。

アレンは、この申請書は「放置されていた」と言い（ただしなぜそうなったかという理由には触れず）、フレデリックを「アメリカの黒人《ニグロ》」と呼び（フレデリックについて交わされた文書のなかで、アメリカ人の役人が誰ひとりいちどとして省略しなかった偏見のこもった言葉）、「職業／給仕」と記した。後者にはフレデリックを貶めようとするアレンの意図が感じられる。逆の立場であれば、フレデリックがアレン領事を、過去にそうであったという理由で「鉄道職員」と呼ぶようなものだ。だがアレンは、一九二〇年の時点で十年近くにわたりフレデリックが大物実業家だった事実を隠蔽しただけでなく、現在の事業において「トーマス氏が共同経営者なのか従業員なのかについてはかなり疑わしい」と主張して、フレデリックがたんなる成金だと誤解されかねないような言い方までしている。これも非常に不誠実な行為だ。この八か月間、アメリカ領事館の外交官たちは、フレデリックとアーサー・ライザー、バーサ・プロクター、カルプ・チェルノフとの関係を詳細に記録していたのだから。それどころかアレン本人が、二組の共同経営者間の株式譲渡を担当し、受領書の署名入りの写しを領事館の保管庫に入れていた。さらにたった一か月前には、フレデリックとチェルノフの正確な関係をつきとめるようにみずから命じた部下から、二人が対等な共同経営者であるという報告も受けていた。そしてアレンは申請書の最後に、領事館の外交官全員がフレデリックに対して感じている苛立ちを総括する手厳しい苦情を記した。

かの人物がコンスタンティノープルではじめた事業はかなり悲惨なことになっております。当領事館は、かの人物に届けた品物の代金を求めるあらゆる国籍の人たちとの数かぎりない言い争いに巻き込まれてきました［……］その結果、かの人物の存在は当領事館の絶えざる頭痛の種となっているばかりか［……］アメリカの威信にも好ましからざる影響を及ぼしております。よって、国務省におかれましては、同封の書類をご査証のうえ、長期に及ぶ国外滞在に鑑みて、アメリカ市民として保護を受ける権利がトーマスにあるか否かを確定していただきたくお願い申し上げます。

二週間後にフレデリックの書類を受理したのは、アメリカ国務省旅券審査課にいる大勢の事務員のひとり、ジョゼフ・B・クインランだった。当然ながら、クインランはこれを「かなり変わったケース」と判断して上司のG・ギルマー・イーズリーに書類を回した。クインランが中西部出身だったのに対してイーズリーはヴァージニア州出身だった。イーズリーがこの事例についてなんの疑問も抱かなかったのはそのせいかもしれない。

この黒人《ニグロ》はアメリカ市民であることを証明する書類をなにひとつ提出していない。国務省にも以前のパスポートの記録がいっさいない。アメリカとの縁故をいっさいもたず、これまでにパスポートの申請や住民登録によってアメリカ市民権を主張する、ないし保持するための手続きをとった形跡もない。アメリカに永住するために帰国する意志もほぼないか、まったくないようだ。よってパスポートは却下されるべきである。

この回答は、フレデリックを「黒人《ニグロ》」呼ばわりする特異なやり方において人種差別的であるばかりか、嘘、ないしはあきれるばかりの無能さの証拠でもある。フレデリックは国外に滞在するあいだ、アメリカ大使館と領事館で住民登録手続きをし、パスポートの延長を八回——最初は一八九六年にパリで、直近では一九一四年にモスクワで——申請している。これらの書類はすべて正式に国務省に送られた（そして十年後に出てくるのだがそのときにはもうあとの祭りだった）。イーズリーが実際にこうした記録を確認する労をとったのか、確認していたとしてもそれが彼の判断に影響を与えたかどうかは疑わしい。自分が判断を下している申請書が目も当てられないほど不備だらけであることを気に留める様子もない。

フレデリックにとって幸いなことに、この第一回戦では、イーズリーの勧告はさらに地位の高い役人によって見直されて覆された。アレンは面白くなかっただろう。国務省の回答が自分の頭上を素通りして上司のラヴンダルに送られたかと思えば、しかも国務長官その人に代わって回答を書いたのが、領事局長のウィルバー・J・カーだったのだから。二月末に届いた回答は、いかにもお役所らしい慎重な言葉遣いではあったがアレンに向けられた叱責で、所定の用紙にはっきりと印刷された指示に従わずみんなの時間を無駄にしたと彼を非難していた。さらにそこには、フレデリックは不備のない申請書と、自身がアメリカ市民であり、「妻とされる女性と婚姻関係にあること」を証明する書類を提出しなければならず、「子々孫々の代にわたるまでアメリカに永住する意志をもって帰国することもはっきり表明しなくてはならない」と書かれていた。

それはフレデリックにとって残念な知らせではあったが、もっと悪い事態だってありえたのだ。少なくともアメリカ市民権を求める主張をむげに却下されたわけではなかった（フレデリックがロシア国籍を取得していたことを国務省の誰かが嗅ぎつけていたらそうなっていただろう）。平たく言えば、もういちど申請してごらんと言ってもらえたわけだ。

いっぽう、ヴァリが次々と仕掛けてくる攻撃のせいで地に落ちた評判の回復にもつとめなくてはならなかった。ヴァリがコンスタンティノープルの領事館に宛てた書簡には、一九一三年に発行されたフレデリックとの結婚証明書の正式な翻訳を含め、彼女の主張を支持する複数の書類が同封されていた。フレデリックには自分の言い分を裏づける書類がただの一枚もなかった。その結果、ほとんどが書類から成る世界に身を置き、ほかの問題のためにすでにフレデリックを信用ならない人物とみなすようになっていた外交官たちは、フレデリックではなくヴァリを信じた。五月、ラヴンダルはヴァリに宛てた書簡でフレデリックを「貴殿の夫」と呼び、同じ日に書いたフレデリック宛ての書簡では、ヴァリを「ドイツにいる貴殿の妻」と呼んでいる。

こうしたすべてによって、ただでさえ険悪だったアメリカの外交官たちとの関係はさらにこじれてしまった。フレデリックには自分の言い分をくり返すことしかできなかった。フレデリックはその後すぐにラヴンダルに宛てて、丁寧な筆跡で詳細な返事を書き、そのなかで礼儀正しく、だがきっぱりと「いまいちど」事情を説明し、「私にはドイツに妻はおりません。なぜなら私の妻はここに、私といるからです」と断言している。さらに、「以前書面で説明しましたように、私はモスクワで前の妻と離婚しました。結婚が破綻した原因は前妻にあります。彼女は、ボリシェヴィキのコミッサールと二年間愛人関係にあったのです」と言ってから、次のように続けた。

私は、ボリシェヴィキがつくった法律の下でこの女性と離婚し現在の妻と結婚しました。ボリシェヴィキが支配するようになってからそれ以外に法律がなかったからです。閣下、こんな事情で離婚した前妻の肩をもつ男がこの世のどこにいるでしょうか。おそれいりますが閣下、この女性は病気ではありません。私にはベルリンにごく近しい親戚がおりまして、その者たちが、わが子がそこでどんな暮らしを送っているかきちんと教えてくれるのでございます。以前にも申し上げましたとおり、前妻は、娘イルマの母親ではございません。私とその女性のあいだに子供はひとりもおりません。その女性が私の娘を手元に置いているのは、わが子にひもじい思いはさせまいと娘のために私がその女のことも援助すると思っているからなのです。パスポートがあれば、かならずやベルリンに行って娘を引きとってまいりますものを。しかしいまはご覧の通り、私はここを離れることができません。私が前妻と離婚していまの妻と結婚していることが事実と証明できる書類につきましては、閣下、以前も申し上げましたとおり、ロシアで盗まれてしまい、コンスタンティノープルに参ったときにはただ一枚の書類ももっておりませんでした。私ごときのこうした不愉快な話でいまいちど閣下を煩わせてしまったことをお許し

ください。この女性との関係についてすべてきちんと説明できているとよいのですが。敬具

フレデリック・ブルース・トーマス
ミシシッピ州クラークスデール生まれ

手紙を書き終えてから、フレデリックは出生地を書き足した（違うペンを使っている）。パスポートの件もどうかお忘れなく、と外交官たちに念押ししようとしたのだろう。だが、手紙はなんの効果ももたらさなかった。外交官たちは彼の言葉を信じなかった。総領事館の職員は国務省に宛てた次の書簡で、エルヴィラをフレデリックの「自由恋愛の相手」と呼んでいる。

当時、ヴァリがイルマを連れてベルリンに現われたという以外にもうひとつ、フレデリックの私生活に意外な急展開があった。長女のオリガがルーマニアにいることがとつぜんわかったのだ。オリガは生きていた。元気でいるらしく、結婚して「ゴリツィン」という姓を名乗っていた。一九二一年六月十三日、オリガはブカレストからコンスタンティノープルのアメリカ領事館に宛ててフランス語で、自分がいまルーマニアのブカレストにいて、「素寒貧《マンク・トウタルモン》」であることをフレデリックに伝えてくれと頼む電報を送った。知らせを聞いてフレデリックはどれほど喜び安堵しただろう。オデッサから避難するときに姿を見失って以来二年間、娘の消息はまったくつかめなかったのだから。オリガはフレデリックの秘蔵っ子で、革命前夜には将来事業を手伝わせるために手ほどきもしていた。ゴリツィン家は、帝政ロシアの貴族のなかでもとくに有名な名門の家柄のひとつだった。ただしオリガの夫は、たんにその一族と苗字が同じだったというだけだろう。フレデリックは助けを求める娘の訴えに応え

た。一九二三年には毎月一五〇〇フラン、今日の貨幣価値に換算すると数千ドル相当をオリガに送金している（その頃にはフレデリックの側の事情もだいぶ改善されていた）。そしてオリガが勉学のためにパリに引っ越してからも三年間送金を続けた。

　経済的に苦しい状態は続いていたが、フレデリックは自分のものは倹約し、コンスタンティノープルで家族がなるべくいい暮らしができるように最大限努力を続けた。エルヴィラにはチクリの地元のデザイナーからあたらしい服を買ってやった（ただし五〇〇ドルもする毛皮のマフの購入は見送った）。親しくなったアメリカ人観光客に語ったところによれば、息子たちには「近東で指折りの名門校」で教育を受けさせていた。コンスタンティノープルで名門校といえば、外国人が経営する私立学校を指した。一九二一年の夏、ブルースは六歳、フェージャは七歳、ミハイルは十五歳になっていた。アメリカ市民権を取り戻すためにフレデリックが奔走していたこと、帰国したら息子たちをアメリカの学校に通わせるつもりだと主張していたことから考えて、息子たちは三人とも市内か近郊の英語で授業を行なう学校に通っていたに違いない。当時はいくつかそうした学校があった。ただし三人のうちで学業をまっとうするのはミハイルだけだ。ミハイルは、一九二〇年代に亡命ロシア人の若者たちにとって安息地《ヘイヴン》となっていたプラハで大学を卒業する。

　一九二一年八月の終わりから九月のはじめにかけて、トルコの歴史がふいに針路を変え、それとともにフレデリックの運命も変わった。コンスタンティノープルの南東約二〇〇マイル、草木も生えないアナトリア高原のサカリヤ川のほとり――ボスポラス海峡に面した権力が座す大理石の広間からはるか遠くに思えるその場所で、ムスタファ・ケマルの指揮の下に集結したトルコ国民軍が、連合軍の支援を受けて二年前にトルコを侵略したギリシア軍を血みどろの戦いの末に破った。国民軍の勝利は、大国民議会があらたな首都と定めたアンゴラ（現在のアンカラ）をめざして進軍していたギリシア軍に待ったをかけた。それは祖国解放戦争と国民が誇りをこめて呼ぶようになる、連合国占領軍に対する戦いの転換点でもあった。その結果、イタリアとフランスはアナトリアを分割する計画を断念してこの地域から撤退した。ケマルは一年後、連合軍に、コンスタンティノープルを国際都市に変貌させるという計画を含むセーヴル条約を力ずくで破棄させ、フレデリックはその決定の影響を直接被ることになる。一九二〇年四月、トルコ大国民議会によってすでに大統領に選出されていたケマルは、サカリヤ川の戦いでの勝利によって陸軍元帥に昇進し「ガーズィ」の称号を与えられた。「ガーズィ」とは、オスマン帝国の時代にさかのぼる名誉の称号で「異教徒と戦う戦士」という意味である。

遠くから聞こえてくる地鳴りのような不穏な戦争の気配、トルコの地政学的地図の変化──フレデリックはまたしても、今度こそアメリカのパスポートという避難所を手に入れなければという思いに駆られた。さらに、ここ数か月のあいだにようやく懐具合が上向いてきた。収入が増え、借金もほとんど払い終えて、残りの債権者やアメリカの外交官に対して以前より自信をもってふるまえるようになり、ときにはラヴンダルをうまくなだめることさえできるようになった。

こうして九月十五日にあらためてパスポートの申請をするため総領事館に出向いたときは、いつもより余裕のある態度で臨むことができた。今回面接を担当したアルフレッド・ブリはニューヨーク出身で、二年前の担当官だったアレンよりずっと良心的だった。それにも関わらずフレデリックは、なにより重要な「長期国外滞在の理由および国籍離脱疑義の克服のための宣誓供述書」のところでまたしてもこっぴどくしくじった。率直に言って、それは見当違いもはなはだしい、開いた口がふさがらないしくじりだった。彼は認めてしまったのだ。「目下、私がコンスタンティノープルで経営している劇場関係の事業は順調に成長を続けておりますので、願わくばロシアの近くにいて、機会があり次第モスクワに残してきた資産の様子を見にロシアに行きたいと考えております」と。そして、それでもまだ足りないと言うかのように、アメリカには「長男」を連れて「出張旅行」に出かける予定だが、「ヨーロッパとロシアで大きい事業をやっているので当分そばを離れるわけにはいかないし、家族にも自分と一緒にいてもらわなくてはならない」と本音を打ち明けた。フレデリックは大仕事をひとつ片付けたような気分になって意気揚々と大使館をあとにしたのかもしれないが、こいつにだけはアメリカ市民権をやるものかと躍起になっているコンスタンティノープルとワシントンの役人に自分が大きな得点を与えてしまったことには気づいていなかった。

ブリはフレデリックの申請を査定して国務省に送らなくてはならなかったが、そこには彼の複雑な心情がにじみ出ている。ブリは、フレデリックが非常に頭の切れる実業家で、コンスタンティノープルでも「指折りの高級キャバレーを所有し経営している」ことは認めている。フレデリックに同情的でもあり、アメリカ人には一般的だった人種差別主義的偏見からもそれとなく距離を置いている。

偏見のない目で見れば、白人女性を妻にもち、ここにいれば迫害とも差別とも無縁でいられる黒人男性が、アメリカに帰りたいと思わないのは当然だろう。さらにロシアやヨーロッパのほかの国に資産があり、人望も厚いとなれば、アメリカにあと数年は足が向かない可能性も高そうだ。

だが、フレデリックに同情を寄せ、人種差別主義的偏見から距離を置きつつも、ブリはフレデリック自身の言葉を使って彼に死刑宣告を下すことを躊躇しなかった。ブリは「彼が、アメリカに永住する目的で家族を連れて帰国することはあり得ない」と結論した。ブリの最終的な評価がフレデリックの破滅を決定した。「私の見たところ、トーマス氏はアメリカ生まれの黒人《ニグロ》であり、自由恋愛の相手と同棲している。［彼は］自身の長期国外滞在について、アメリカ人として保護されるに足る説明をすることができない。したがって彼にこうした保護は与えられないとの指示を当領事館に下されたい」。

フレデリックがパスポートの申請にけりをつけたのは、彼の人生における血湧き肉躍る時期、あわよくばもういちど金持ちになれるかもしれない野心的な新事業の計画を立てはじめた時期と重なっていた。九月半ば、ヴィラ・ステラの夏シーズンは終盤に差し掛かっていた。ステラのウィンター・サロンはまだしばらく営業を続けられた――十月に入っても甘く囁くようなヴェルチンスキーの退廃的な歌に大勢の観客が拍手喝采していた。だが、本格的な冬が来れば、きちんと暖房が効く場所に活動拠点をふたたび移さなくてはならないのは目に見えていた。そろそろ一年を通じて営業できる自分の店が必要だった。

フレデリックが見つけた物件は、ペラのタクシム広場のすぐそばにあった。ペラ大通りの北の端がスラセルヴィレル通りとぶつかるその界隈には、多くの娯楽施設が集中していた。つまり、ステラと違ってヨーロッパ地区の中心に位置していた。じつにその店は、街で最も大きくて豪華な映画館のひとつ、「マジック・シネマ」が入った建物の地下部分だった。コロネードが特徴的な映画館の美しい玄関を入ると、ゆったりとしてきらびやかな二十段の階段が、一度に数百人が収容可能な、煌々と明かりが輝く天井の高いホールへと続いていた。遠くの壁には窓と扉があって、扉を開けて広いテラスに出ればボスポラス海峡のみごとな眺望を楽しむことができた（建物が急斜面に立っているおかげで、テラス側から直接ホールに入ることもできた）。フレデリックは金に糸目をつけずその建物の地下部分に豪華絢爛な空間をつくりあげた。模様のある漆喰の天井、装飾がびっしりと施された柱、ぴかぴかに磨きあげられた窓枠と木の床。温かい季節になれば、テラスは広々とした庭園に早変わりし、砂利を敷いた小道からイトスギに縁取られたアジアの景色がはるか遠くに見えるはずだった。フレデリックは、モスクワにあった店への郷愁を込めてあたらしい店を「マキシム」と命名した。ただし今度の店は前よりずっとこぢんまりとしていて、劇場というよりは伝統的なナイトクラブに近かった。小さなステージの前にダンスフロアがあり、その周囲にテーブルが並べられた。フレデリックの店には欠かせないアメリカ式のバーもあった。続く五年間が、フレデリックがコンスタンティノープルではじめた事業の最盛期となる。そしてこの店は、主人がこの世を去ったあとも五十年間生きながらえて、イスタンブールのナイトライフ史に拭い去ることのできない足跡を残すのである。

フレデリックが「ほかに類のない複合娯楽施設」を計画していることが十月初旬にはじめて公表されると、ヴィラ・ステラの大勢のファンは歓声をあげた。フレデリックはその声にすばやく応えた。その月の終わりには、最初の冬のシーズンにシミー・オーケストラという魅力的な名前をもつバンドを率いる契約をハリー・A・カーターというドラム奏者と結んでいた。カーターはミネソタ州出身の白人のアメリカ人で、ヨーロッパとエジプトで数年間演奏活動をしていた。よっぽど腕のいい演奏家だったのだろう。フレデリックは太っ腹にも一日八時間働けば二〇トルコポンド（今日の貨幣価値にして週給で約三五〇〇ドルに相当）支払うと申し出ている。契約書には毎晩「最高級のディナー」をごちそうするという一文も盛り込まれていた。

一九二一年十一月二十二日火曜日の夜、マキシムはオープンした。この店は欧米文化に傾倒するトルコ人、レヴァント人、外国人たちといったコンスタンティノープルの最上流層に受けるように設計されており、客たちもこれに熱狂的に応えた。「ペラ最大の芸術的事件……類い希なる傑作……極上の贅沢……現代的な快適さ……ほかの店では味わえない豊かさ……おとぎ話のような雰囲気……本場のジャズバンド」。そしてこうしたすべてが実現したのも「笑顔を絶やさない店の主人」のおかげにほかならず、彼の「経営手腕」と「審美眼」が「完全な成功」を約束していると手放しの讃辞を送った。

マキシムが開店直後から評判の店となり、繁盛したのは、第一級の酒と料理、巧みなジャズの演奏、美しいロシアの女給、めくるめくショー、これらすべてを盛り込んだ夢のようなひとときを提供できるフレデリックの才能によるところももちろん大きかったが、フレデリック自身もマキシムの広告塔として、躍動する魂の象徴としてみずから表舞台に立って店の成功に一役買った。黒い蝶ネクタイを締め、一分の隙もない姿で店の玄関に立ち、世慣れた堂々とした態度で、顔には満面の笑みを浮かべて、店に来る客一人ひとりにそれぞれの言葉で――フランス語、英語、ロシア語、ドイツ語、イタリア語、トルコ語で――歓迎の挨拶をした。このナイトクラブの最も熱心なファンに負けず劣らずフレデリックも、自分の手でつくりあげたこの空間を存分に楽しんでいた。

フレデリックの魅力の虜にならない客、彼とマキシムを切り離して考えられる客はまずいなかった。「トーマスはこの店の創業者で、主人でもあり……はちきれんばかりの笑顔が印象的な陽気な黒人だ。客たちのどんちゃん騒ぎ、鼓膜が破れそうになるジャズバンドの演奏、目がくらむほどの贅沢ぶり、女たち、そして花とクリスタルで美しく飾られたテーブルのあいだを水を得た魚のように動き回っている」そう語るのはコンスタンティノープルの夜の歓楽街の常連だったレヴァント人である。彼ほどすれていないトルコ人でさえ、ジャズがつくりだすまったくあたらしい、痺れるような雰囲気に心惹かれながらも圧倒されてしまっている。

私たちは明るく照らされた地下に入った。そこでは有名な黒人音楽が演奏されていた。打楽器が激しくぶつかり合う音がした。なんたる騒音、なんたる不協和音だろうか［……］ある男が力まかせにシンバルを叩いていた。またある男は怒ったような顔をして、太い弦を張った楽器を爪ではじき続けていた。まるで完全にいかれてしまったかのように。ヴァイオリンとピアノとドラムも彼らと一緒に演奏していた［……］メッカに向かう途中で年老いた［アフリカの］アラブ人の巡礼者たちが行なっていた野性的で神秘的な儀式を思い出した。［……］

しばらくすると店の照明が落とされ、骨と皮ばかりに痩せた娘と筋肉隆々の男が登場した。二人とも半裸で、頭のいかれた男たちの音楽に合わせてステップを踏み、互いを激しく振り回した。しばらくして踊りが終わると割れるような拍手が起きた。刻一刻と夜は更け、三時になっていた。私はすでに朦朧としていた。頭がぼんやりして目が霞み［……］感じることも、聞くことも、歩くこともおぼつかなかった。つまりもはやこの世の人間ではなかった！

フレデリックは、店に来る客たちを自分が選んだ特別な仲間であるかのようにもてなしたので、客は何度でも彼の店に足を運びたくなった。フレデリックは人生の楽しみ方をよく心得ているうえに（長年の常連客の言葉を借りるなら）「黄金の心」の持ち主でもあり、苦しんでいる人たちを放っておけなかった。フィクレト・アディルという青年ジャーナリストは、開店直後のマキシムでフレデリックのこうした人柄をよく表わす事件を目撃した。それは、彼の店で働いていた美しいロシア人女給にまつわる出来事だった。その娘は公女を騙って金持ちのトルコ人青年をたらしこみ、全財産を貢がせた。青年は深く絶望し、友人たちは彼がその女給を撃ち殺すのではないかと心配していた。だが、その話を聞きつけたフレデリックが詳しく事情を聞きだしてみると、誰もが驚いたことにその娘も青年を愛するようになっていることがわかった。だが、すでに青年は破産し娘も文無し同然だ。二人の未来には絶望しかないと思われた。「そのときトーマスがあることをしたんだが、それを思い出すといまでも目頭が熱くなる」とアディルは回想している。

マキシムはその夜も大勢の客で賑わっていた。フレデリックは、二人のロシア人がダンスを踊り終えてお辞儀をするのを見届けると、ダンスフロアの中央に進み出た。

彼は、その場にいる全員を撫でるかのように長い指をした手をさっと振って客を静かにさせてから［フランス語で］呼びかけた。

「紳士淑女のみなさまがた、今宵私がお届けする演目は、みなさまにはご覧いただけない、ご覧いただけないが結末をお知らせすることはできる、そういった演目でございます。それではじめさせていただきましょう。ひとりの青年がある女性を愛しています。青年は、その女性に全財産をつぎ込み、ついには無一文になります。いっぽう女性は、最初は青年の金目当てで愛しているふりをしていましたが、いつしか彼女自身も恋に落ちてしまいます。今宵、女性はこう言いました。『わたしが働くわ、そしてあなたを支えましょう』と。ところが一文無しになった青年は、このうえ誇りまで失いたいとは思いません。愛し合う二人はみずから命を絶とうと決意を固めているところです」

トーマスはそこで口を閉じて、客席を見渡した。

こんな奇妙な話を聞かされて、マキシムの客たちは最初は当惑した。「それが俺たちに何の関係があるんだ?」声に出してそう尋ねる者もいた。それを聞くとフレデリックはこう答えた。「よくわかりました。十分以内に二人は死にます。それでは紳士淑女のみなさま、ごきげんよろしゅう!」

とつぜん、ナイトクラブは蜂の巣をつついたような騒ぎになった。人々の叫び声が聞こえた。「だめだ！　そんなことは許されない！　二人を死なせるわけにはいかないぞ！」トーマスの周りに人だかりができた［……］二人組がトーマスに近づき、うやうやしくお辞儀すると何事かを伝えた。

トーマスは給仕にお盆をもってこさせると、さっきと同じようにさっと手を振って客を静かにしてからこう言った。

「ご覧いただけないが結末をお知らせすることはできる、その演目の結末を変更することにいたしました。二人は死にません、結婚いたします。それではいまから、この二人を救うためにみなさまのお志を集めさせていただきましょう」

トーマスは先ほど話しかけてきた二人組のところへ最初にお盆をもっていった。一〇〇ポンド札、五〇ポンド札、それより少額の紙幣がお盆の上に重ねられていった。

そのあとで私たちは支配人の事務所へ戻った。ノックを忘れて部屋に入ると恋人たちが抱き合っていた。私たちは二人の前にお盆を置いてそそくさと部屋を出た。

アディルが目撃したものは、フレデリックにしかできない、打算と優しさが混じり合った行動だった（今回彼はそこにメロドラマのスパイスをたっぷり効かせた）。おそらくフレデリックは純粋に二人に同情したのだろう。だが、結果的には一ポンドも払わずに自分の名をあげ、恋人たちの心中話をでっちあげて物語を脚飾し、自分の演技で観る者の心を奪い、また何度でも店に足を運びくなるような絆を客と結んだのだった。

マキシムを開店してから数か月も経たないうちに、フレデリックはラヴンダルに、事業は「しごく順調にいっている」と言えるようになった。だがすぐそのあとで「現在の情勢に鑑みれば」とつけ加えている。彼の目下の懸念は、コンスタンティノープルに深刻な損害をもたらしつつある経済危機だった。だがそのいっぽうで、自分のいる小さなオアシスの周りには無数の脅威がひしめいていて、あらゆる点から考えて、自分の置かれている状況がいまだ予断を許さないものであることもはっきり自覚していた。ヴァリはあいかわらず情け容赦なく「夫が私と娘に誠意を示すようにあんたたちの力でなんとかしろ」といった趣旨の手紙でアメリカとイギリスの外交官を責めたて、フレデリックはいくばくかの金を送ることでこれに応えていた。支払いが遅いことに不満を持つ業者もまだ何人かいた。ボスポラス海峡を埋め尽くす連合軍の軍艦、武装して通りを巡回する連合軍の警官を見るたびに、この街に脅威が迫っていることを思い出さないわけにはいかなかった。ロシアで革命と内戦を経験してから、フレデリックは大規模な変動がもたらす危険を真剣に受けとめるようになった。店のバンドリーダー、カーターとの契約書に「戒厳令が敷かれた場合、あるいは当局によってマキシムが閉鎖された場合、契約は無効となる」と明記したのはそういうわけである。

数百年間続いた社会構造が占領下で解体されるにつれ、コンスタンティノープルの街も騒然とした変化に包まれた。スルタンが直轄していた行政組織は無力化し、何十万もの貧しい難民が国の内外から流入し、生活費が高騰し、血気盛んな若い兵士が軍艦や兵舎から続々と脱走した。そのすべてが日常犯罪と暴力事件の急増につながった。ジア・ベイ夫妻のように深夜に外出する者は、ペラとガラタを通るときは大急ぎで駆け抜けなくてはならなかった。どちらの町も（とくにガラタは）物騒だった。昼間から掏摸《すり》が通行人を餌食にし（ラヴンダルでさえ懐中時計を盗まれた）、「二階専門の男たち」が雨樋を伝って空き巣をはたらいた。商人たちは武装した夜警を雇わなければならなかった。夜警は杖で舗道を夜通し規則正しく叩いて泥棒を威嚇した。ギリシア兵もイギリス兵も、連合軍の兵士たちが酔っ払ってはあちこちの通りで喧嘩をはじめるので、街の住民は日が落ちるとおちおち外出もできなかった。ある晩マキシムでも、イタリア人の伯爵が、アメリカ海軍の「バブルズ」ことフィッシャー大尉と「喧嘩《フラカ》」をはじめてコートの下から拳銃を抜いたが、大尉にさっと取りあげられた。売春が横行し、行き場をなくした大勢のロシア人女性が街娼になった。街のコカイン中毒者は一万人にのぼり、一日にコカインが一〇キロ消費されていると言われた。

だが、フレデリックに迫っていたあらゆる脅威のなかで最も深刻なものは、遠いワシントンDCに存在した。一九二二年の年明け早々に宣告が下った。一月、国務省はフレデリックのパスポート申請の見直しを完了し、二月二十一日、ラヴンダルは回答を受けとった。ラヴンダルの助手、ジョン・ランドルフはフレデリックにたった一文で結果を伝えることができた。「貴殿の旅券課への申請について、国務省は今回もこれを認めず、よって本領事館は以後貴殿をアメリカ市民として保護する意向はないことをやむなく通知する」。ランドルフはベルリンにも結果を伝え、フレデリックの意に反してアメリカのパスポートや援助を手に入れようとしていたヴァリの希望も絶たれた。

ラヴンダルに宛てられた手紙には、国務省で六番目の地位にいたウィルバー・J・カーの署名があった。つまりその回答にはアメリカ政府そのものと同じ権威と重みがあった。申請にあたってのフレデリックの失言を考えれば、回答の内容は驚くに値しない。カーが重視したのは、フレデリックが、国外で手がける事業のためにアメリカに帰国する意志がないとみずから認めたことだった。「本人が妻と主張する白人女性と自由恋愛の関係にある」点にもとりたてて言及してはいるものの、フレデリックの申請を「認めない」決定的理由は、「たとえ本人が申し立てているようにアメリカ生まれであることを証明する証拠が提出されたとしても、前向きに検討することはできないだろう……本件においてはさまざまな事情をめぐるこれまでの陳述から、かの人物が、かつて存在したかもしれないアメリカとの絆を、ことごとく断ち切っていることは明白であるから」だった。

世の中の裏も表も知り尽くしていたフレデリックが、「認められなかった」事情を充分理解できず、肌の色や長期国外滞在以外の何かが問題だったと思い込んでいた節があるのは解せない。この問題について、アメリカ海軍情報局の青年将校ロバート・ダンに腹蔵なく話をしたときには、パスポートの申請が却下されたのはアメリカで生まれたことを証明できなかったからだと説明している。出生証明書を提出すればきっと問題は解決されるとダンが言うと、フレデリックは「ものを知らないヤンキーにはうんざりだ」とでも言いたげな「あきらめと憂い」の混じった表情を浮かべて、「なあ、ダンのだんな、わしらミシシッピ生まれのニガーは、出生証明書なんてもんはもらえっこないってこたぁ、あんたさんだって知ってらあな」と言った。こんな風に南部の黒人訛りを自己模倣して自嘲的にふるまうことをフレデリックはなんとも思わなかった（そしてダンも何のためらいもなく彼の言葉をそのまま書きとめている）。だがここで重要なのは、アメリカで生まれたことを証明できればなんとかなったとフレデリックが信じていたということだ。

そうこうするあいだにも夏シーズンの開幕が近づいていた。そして街には、フレデリックにとって願ってもないある重要な進展があった。アメリカ人観光客が押し寄せてくるようになったのだ。一九二二年早春、コンスタンティノープルは地中海周遊クルーズの人気寄航地としてふたたび脚光を浴びはじめた。街に上陸して一日か二日滞在する観光客は、三月だけで三〇〇〇人を超えた。それは戦前の記録を含めても最大の数字だった。陽気にライトアップされた観光船がやって来るようになって、くすんだガラタ波止場に活気が生まれた。観光船は、ボスポラス海峡に整列する巨大な灰色の軍艦とひどく対照的だった。羽振りのよさそうな観光客が市街を練り歩き、その後ろを、計算高い目をした料理店主、骨董商、土産物屋、そして宝石や毛皮など売り物になりそうな品物が手元に残っていたロシア人たちがぞろぞろとついて歩いた。

観光客のお目当ては、イスタンブールの歴史的建造物をさっと観て土産物をひとつふたつ選ぶほかは、なんといっても、音楽のかかっている洒落た店で酒を飲みダンスを踊ることだった。自分たちの国では、二年前に禁酒法が施行されて以来どちらも違法になってしまったからだ。この街で最高のナイトクラブはマキシムだ、アメリカ人観光客がすぐにそんな噂を広めたおかげで、それから数年間、フレデリックのかつての同胞たちが大勢、コンスタンティノープルを訪れるときは必ずマキシムに足を運んだ。

ふだんはフレデリックも自重して、高級料理と上質の酒、一流奏者のジャズ演奏、華やかなショー、磨きあげたダンスフロア、そして心をこめたサービスと魅惑的な雰囲気の十八番の組み合わせでアメリカ人観光客をもてなすだけに留めていた。それでもときには従業員たちと一緒にショーの一部になり、旺盛なサービス精神を発揮して、世間知らずでスケジュールにやたらと厳格な観光客たちを相手に一芝居打つことがあった。アメリカ人実業家で作家でもあったネグリー・ファーソンは、戦時中にモスクワでフレデリックと知り合い、コンスタンティノープルで再会を果たしたが、マキシムでときどき起きたそんな一幕を次のように伝えている。

> ホワイト・スター・ライン〔イギリスの海運企業。タイタニック号を所有していたことで有名〕の巨大な客船がコンスタンティノープルに入港した。船に乗っているのは一夜にして金持ちになったアメリカ人観光客たち、目下世界旅行

の真っ最中だ。するとトーマスの店のロシア人女給たちは全員大急ぎでハーレムパンツに脚を突っ込み、トーマスはフェズをかぶり、礼拝用の敷物を取りだしてメッカに向かって祈った。「……」

われわれは、アメリカ人観光客がシャラバン〔遊覧バス〕に乗ってコンスタンティノープルの街を一日じゅう慌ただしく回るのを見ていた。彼らはまるで合唱団のようににぎやかにマキシムに入ってきて、ダンスフロアを囲むテーブルに突進し、ハーレムパンツをはいた踊り子たちに目を見張った。

「じつにトルコ的だ！」通訳兼ガイドが説明した。「まるでハーレムみたいではありませんか」三十分後、彼は立ちあがって腕時計を見た。

「みなさん、これにてトルコの旅は終了です。あと二十分で船が出ます。店の外でバスが待っています。全員ご乗車ください。次の目的地はエルサレムと聖地です。今度は主の足跡を辿るのです！」「……」

トーマスは、両手を合わせてお辞儀をしながら、イスラム式の挨拶をした――「さよなら、だんな様《エフェンディ》、さよなら！」――そしてフェズを脱ぐと、また人のいいミシシッピ生まれのニグロになった。

「ミシシッピ生まれのニグロ」という言い方は差別的に感じられるかもしれないが、ファーソンは、フレデリックは「非常に洗練されている」と純粋に感心している。

だが、多くのアメリカ人観光客はファーソンのようには考えなかった。彼らの態度は、コンスタンティノープルの外交官やワシントンの官僚となんら変わりなかった。違っていたのは、観光客はみなフレデリックがアメリカ人だと信じて疑わず、彼の店で酒を飲んでごきげんだったことだ。南部人の態度が最も目に余るのは相変わらずだった。アラバマ州モントゴメリーからやって来た五十歳の女性、リラ・エドワーズ・ハーパー氏は、コンスタンティノープルに一か月滞在してフレデリックとかなり立ち入った話をした。ハーパー氏は、帰国するなり自分が見聞してきたことを誰かに話さずにはいられなかった。「コンスタンティノープルに住む人は全員フレッド・トーマスを知っていました」とまくし立てている。「善良な礼儀正しいニグロで、うなるように金がある、なかなか感心な店主でした。彼の身の上話にはそれはもうびっくり、小説よりも悲惨でした」。ハーパー氏の心に強く残ったのは、フレデリックがこと細かに話して聞かせた立身出世物語（そのなかにはロシアではいちども肌の色で差別されなかったという事実も含まれている）と、フレデリックの店で働いている女給たちがかつてはロシア貴族で、モスクワの彼の店の「常連で社交界の花形」だったことだ。「不幸な身の上のために彼女たちを避ける人はいませんでした」そう驚いてみせる夫人の口ぶりにはいささか悪意が感じられる。「イギリス人の領事が、食事を運んできた女給とダンスを踊っていました。女給はかつては伯爵夫人だったそうです」。

　フレデリックはハーパー氏もほかの客とまったく同じようにもてなしたが、彼女の目は南部の白人特有のナルシシズムで曇っていたので、フレデリックの洗練された物腰と魅力を自分個人に向けられた讃辞として受けとめた。「トーマスはミシシッピ州の出身で、アメリカの南部の女性に会えて飛びあがらんばかりに大喜びしていました……レストランの支配人が黒人《ニグロ》である事実に苦情を言う人はここにはいませんでした」。そしてさらにこんなことも言っている。「コンスタンティノープルには彼のほかに十数人黒人《ニグロ》がいましたが、彼らにはまったく驕ったところがありませんでした。トーマスが店で働くロシア人の踊り子と同じテーブルに座っているところを見ましたが、奇異に感じたのはそのくらいのものです。店の客たちはみな彼のことを愛想のいいよく気の利く黒人《ニグロ》だと思っていました」。まるで自分たちのような人間をもてなすことで、フレデリックは本来いるべき場所をわきまえられるとでも言わんばかりだ。だが実際には、彼女のような人間の扱い方を心得ていたからこそ、フレデリックはこうしてまた金持ちになることができたのであり、それこそが彼の最高の復讐だった。

フレデリックは根が親切な性分で、それが客から欲しいものを手に入れるいちばん楽な方法だという単純な理由からいつも愛想よくふるまっていた。だがそれにも限界はあった。そして彼はけっして底抜けのお人好しではなかった。コンスタンティノープルには大勢の兵士がいたが、酒がすぐに飲めて魅力的な女性がそばにいることからますます喧嘩っ早くなっていて、ことのほか扱いが面倒だった。とくにイギリス兵は、ペラでは数で勝り、ほかの連合軍兵士と違って武装していて、そのうえ傲慢だったため、きわめてたちが悪かった。アメリカ海軍のベテラン士官、ダニエル・マニックス大佐はコンスタンティノープルに着任してまもないある晩マキシムで、この不味いカクテルを目撃するはめになった。大佐は、マキシムの経営者である「アメリカ人のニグロ」が「見ず知らずの難民のために尽力し、多くの人に好かれ尊敬されている」という話を聞いて、その店と経営者を直接見てみようと思ったのだった。友人と席についてほどなく、マニックスは、酔っぱらった二人のイギリス人がロシア人の給仕に言いがかりをつけて罵っているのに気づいた。とつぜん、イギリス人のひとりが身を乗り出してロシア人の顔を殴ったが、給仕は後ろに下がっただけだった。するとイギリス人はもういちど進み出てロシア人を殴った。今度は給仕もお返しに一発お見舞いした。

イギリス人はたちまち二人そろって激高して、怒りにわれを忘れ、怒鳴ったり拳を振り回したりした。その頃にはトーマスも登場していて、もめ事の原因はなんですかと穏やかな口調で尋ねた。男たちのひとりがトーマスの目の前で拳を振り回して叫んだ。「こいつはイ、ギ、リ、ス、人、を、殴ったんだぞ！」トーマスは厳めしい顔をして答えた。「私の目の前でもういちど拳を振り回してごらんなさい、私からも一発お見舞いしますぞ」。イギリス人はぽかんと口を開けて後じさりした。友人も信じられないといった表情でトーマスを見つめていた。数秒後、二人は店を出て行ったが、そのときもまだ呆然としていた。

マニックスは、イギリス人であることを笠に着た彼らの傲慢な態度にショックを受けた。だが、フレデリックはとくに動じることもなく、いつものように自分の従業員を守るために駆けつけたのだった。こんなことでイギリス当局との関係にひびが入ったりしないこともわかっていた。なぜならマキシムはすべての連合列強国の幹部たちに愛されていたのだから。

この街のアメリカ人のなかで誰より偉いブリストル少将さえマキシムの常連で、ダンスを目当てに足繁く通っていた。店の音楽とショーは西欧のものかロシアのものと決まっていたが、ある晩ブリストル少将が主催した特別パーティは、フレデリックが青年ジャーナリスト、アディルの助けを借りて準備し、トルコの民族音楽と舞踊がマキシムで披露されるという記念すべき夕べとなった。「チャンピオン・オスマン、タンブーラ奏者」と紹介されているその出演者は、「バーラマ」という長い棹の伝統的な弦楽器と、「ゼイベク」という西アナトリア地方に伝わる勇壮な民族舞踊の名手だった。アディルがオスマンをマキシムに連れてきたとき、図体が大きく動作が緩慢で、カイゼル髭を生やし、指は太く眼鏡をかけた老人を見て、フレデリックは疑るような顔をした。だが、民族衣装に着替えた老人は、それまでの気後れした姿からみごとな変貌を遂げていたので、フレデリックは顔をほころばせ、アディルは胸をなでおろした。

劇的なドラムロールに続いて、オスマンがマキシムのダンスフロアに進み出た。頭に巻いた色鮮やかなターバン、丈の短いハーレムパンツ、刺繍が施された上着の飾り帯に差した小刀《ヤタガン》。オスマンが着ている衣装のせいで、ふだんとはまったく違う空気が店に生まれた。見上げるような大男が小さなバーラマを構えると、小さな楽器がさらに小さく見えた。トルコ人の民族芸術家がペラのナイトクラブに出演するのはこれがはじめてだった。オスマンが「コスマ」という超絶技巧を要する即興曲を演奏しはじめると、聴衆は息をするのも忘れて聴き惚れた。演奏が終わると場内は水を打ったように（アディルの回想によると「蚊の羽音が聞こえるほど」）静まり返り、それから割れるような拍手が起きた。オスマンは、これまでもずっと外国のお偉方の前で演奏してきたかのように落ち着き払った堂々とした態度でお辞儀をした。バンドリーダーの合図でゼイベクの曲がはじまると、オスマンは両腕を左右に大きく広げ、脚を高くあげる踊りをはじめた。アディルさえいちども見たことのない息をのむような動きもあった。踊りが終わるとまたもや割れるような拍手が起きた。ブリストル少将夫人が進み出て自分たちのテーブルにオスマンを招待すると、この老人は意外にも世慣れたところを見せて少将夫人に腕をさしだし席までエスコートしたので、マキシムにいた客たちはやんやと喝采した。シャンパンを勧められると、イスラム教徒なのでと断ることはしなかったが、グラスに唇をつけて一口か二口軽くすすっただけでテーブルに戻した。そしてさしだされた煙草を一本吸い終わると、礼儀正しい態度で暇乞いをした。

＊　＊　＊

観光客を相手にしたコンスタンティノープルの人気娯楽施設のなかで、上品で価格設定も高いマキシムはハイエンドに位置した。だがこの街には、地元の人や外国人が経営するさまざまなレベルの店があったので、選り好みせず気取ってもいなければ、たくさんの選択肢から選ぶことができた。あるアメリカ海軍の士官が訪れたロシア料理店は、「女給は全員亡命ロシア人で、容姿で採用されたのはあきらか」だった。彼は店にいるあいだずっと「お好きなだけおいたできますよ」と「ラスプーチンに似た黒いあごひげの」メートル・ドテルにしつこく勧められた。ヴェルチンスキーが経営するナイトクラブ「黒薔薇《ラ・ローズ・ノワール》」は、表向きは彼の歌が看板になっていたが、警察の手入れを受けて「大量のコカインと、女給と芸人が全員梅毒にかかっていることが暴かれて」閉店させられたという噂だった。「ラクダ相撲」のように気軽に参加できる異国情緒豊かな「東洋の」娯楽もあった。二頭の雄のラクダが、マキシムのすぐそばのタクシム広場のなかにあったマクマホン兵舎の曲馬場《ヒッポドローム》で戦っていた。

アメリカ人観光客にとっては、連合国の占領下でも続いていたトルコの文化的伝統行事やオスマン帝国の宮廷儀式も娯楽だった。週にいちど礼拝のためモスクを訪れるスルタンの壮麗な行列はじつに見応えがあったので、大勢の見物客が詰めかけた。深紅の制服を着た宮殿近衛兵の行列。赤いズボン、ユサールジャケット〔肋骨状の糸飾りがついた上着〕、黒い毛皮の帽子をかぶった騎兵隊。彼らがもつ槍の先には赤と緑の三角旗がついていた。スルタンの馬たちは背中に虎の皮と銀の鞍を載せていた。観光客にとくに人気だったのは、ダルヴィーシュというスーフィー〔イスラム神秘主義〕の行者たちで、彼らは西欧の修道士に似ていなくもなかった。修行法は教団によって異なり、踊りのように「旋回する」有名な教団や、差別的な外国人が「遠吠え」と呼んだ、集団で祈りを唱える教団などがあった。ひとりで行なう苦行のなかには、真っ赤に焼けた鉄で体を焼いたり、棘のついた鉄球や剣で体を打ったり、片方の頬から反対側の頬へ何本も短剣を刺したりするような正視に耐えないものもあった。

だが、コンスタンティノープルに存在したありとあらゆる娯楽のなかで最も奇妙奇天烈だったのは、ロシア人が発明した「ゴキブリレース」だろう。一九二一年四月、市内に賭博が広がるのを防止するために、連合軍当局は、ロシアの難民がペラのいたるところではじめた賭けゲーム「ロト」を禁止した。そこで、何かほかに飯の種になるものはないかあれこれ試したあとで、チャレンジ精神旺盛な何人かが、どこにでもいる昆虫を使ってレースをするのはどうかと思いついた。許可を求められたイギリス警察のトップは「真のスポーツマン」だったので、一も二もなくこれを承認した。明るく照らされた広いホールの中央に巨大なテーブルが据えられ、低い壁で仕切られたコースが卓上を覆った。「カファロドローム」（「カファール」はゴキブリという意味のフランス語）のオープンを知らせるポスターが地区全体に貼りだされると、客が押し寄せてきた。熱を帯びた目をぎらぎら輝かせる男たちも頬を真っ赤にした女たちも、テーブルを囲む全員が、黒光りする巨大なゴキブリを見て立ちすくんだ。ゴキブリにはそれぞれ名前があった。「ミシェル」「メチター（夢）」「トロツキー」「プラシャーイ（さらば）」「リュリュ」。レースの開始を告げる鐘が鳴ると、煙草の箱の「厩舎」から放たれたゴキブリたちが、針金製の小さな二輪車を引っ張って猛然と駆けだした。まばゆい光に仰天してその場に凍りつき、不安そうに触覚を震わせて、応援する観客をがっかりさせるものもいた。ゴールにたどり着いたゴキブリのご褒美は干からびたケーキのかけらだった。パリ・ミュチュエル方式による配当が一〇〇トルコポンド（今日の貨幣価値に換算すると数千ドル）に達することもあった。最初のカファロドロームが大当たりすると、ペラとガラタのいたるところにライバルの「レース場」が出現し、噂はスタンブールやスクタリにまで広がった。ゴキブリレースを考えた者のなかにはたちまち大金持ちになり、パリで人生をやり直そうと考える者も現われた。金があれば偽造パスポートが買えた。だから、持ち運べる資産があって、連合軍警察に顔が知られていなければ、船に乗って逃げ出すことができたのだ。

9　ジャズのスルタン

一九二二年の夏の終わり、マキシムがコンスタンティノープルの有名ナイトクラブとして評判になり、ついにフレデリックの経済状況が本格的に上向きはじめた頃、彼の足下でふたたび歴史が動きだした。彼と、彼が生きることを決めた国は、またしても別々の道を歩きはじめていた。それは十月革命前夜、フレデリックがロシアで富と名声の頂点を極めたときの状況にそっくりだった。祖国を外国の侵入者たちから解放しようとする抵抗運動の動きが本格化していた。ムスタファ・ケマルが掲げる最大の目標は、占領軍によるコンスタンティノープル支配に終止符を打つことだったが、まさにその占領体制こそ、マキシムが繁栄している人工のオアシスをつくりだしていたのだった。

サカリヤ川での勝利に続いて、一九二二年八月、国民軍は祖国を侵略するギリシア軍に対する軍事行動を再開し、アナトリア西部で大規模な攻勢に打って出た。ギリシア軍は崩壊し、エーゲ海沿岸のスミルナまで散り散りになって後退した。スミルナはギリシア軍が三年前にトルコに対する侵略を開始した土地であり、連合軍から割譲を約束されていた土地でもあった。九月九日、国民軍がスミルナを奪還し、トルコのアジア側国土を完全に取り戻した。数日後、大規模な火災が起きて――勝利をおさめたトルコ人が火を放ったらしい――街の大部分が灰になり、多数のギリシア系住民とアルメニア系住民が犠牲になり家を失った。いまだに外国人の支配下にあるのは、コンスタンティノープルを含む、北部の海峡のヨーロッパ側地域だけになった。ケマルの軍は前進を続け、二週間後にはダーダネルス海峡のアジア側沿岸チャナク〔現在のチャナッカレ〕近郊、連合軍が「中立地帯」と定めていた地域に入り、イギリス軍と一触即発の状態になった。あわやというところで外交努力により衝突は回避されたが、占領諸国と新生トルコの力関係は決定的に変化した。

二〇〇マイル離れたコンスタンティノープルで、国民軍前進の知らせを聞いたアメリカ人たちは泡を食った。九月二十三日、ブリストル少将は一枚の覚書を配布した。そこには、トルコと連合軍のあいだで万が一戦闘がはじまったとしてもアメリカは中立を維持するが、その場合も市内とその近郊に住むアメリカ人は全員避難させると記されていた。総勢六五〇名のアメリカ人の詳細な名簿が準備されたが（若きジャーナリスト、アーネスト・ヘミングウェイの名前もある）、言うまでもなく、フレデリックと彼の家族の名前はそこにはなかった。

いまや優位に立っているのは国民軍であり、残りの国土も取り戻そうとする彼らの目標を阻むものはなかった。一九二二年十月十一日、イギリス、フランス、イタリアは、ケマルの要求を受け入れてムダンヤ休戦協定に署名した。あらためて講和会議を開き、オスマン帝国の分割と、コンスタンティノープルの国際管理を定めた苛酷なセーヴル条約を見直すことにも同意した。

ケマルは次に内部の敵であるスルタンに目を向けた。メフメト六世は眼鏡をかけた、学者のような風貌の人物で兄から帝位を譲り受けたが、当初から抵抗運動に反発し、戦後オスマン帝国を襲った災厄の元凶は抵抗運動にあると非難した。コンスタンティノープルにあったスルタンの政府は、連合軍によっていちじるしく権限を制約されていたとはいえ、しばらくはアンゴラに創設された大国民議会政府とは独立して機能していた。大国民議会も最初はスルタンその人には忠節を尽くそうとしたが、最終的な決裂は避けられなくなった。一九二二年十一月一日、ケマルと大国民議会がスルタン制の廃止を宣言すると、二週間後、メフメト六世はドルマバフチェ宮殿をこっそり抜け出し、イギリスの軍艦に乗ってマルタ島に逃れ、イタリアのリヴィエラに亡命して余生を送った。

一九二三年七月二十四日火曜日、ローザンヌ講和条約が調印された。その知らせは、コンスタンティノープルに住む外国人たちが危惧していたとおり最悪だった。連合軍は、トルコに対する帝国主義的計画をすべて放棄し、ただちにコンスタンティノープルから撤退しなければならなくなった。知らせを待っていたフレデリックもことの重大さを理解した。七月二十五日、条約が締結されたすぐ次の日にアメリカ総領事館に駆けつけて、文字どおり外交官たちの慈悲にすがった。すでに却下の通知を受けとってはいたが、アメリカ市民として認知してもらうことだけがいまや彼に残された唯一の希望だった。

意外にも今回、アメリカ人外交官たちはフレデリックの訴えに以前より耳を傾け、力になれるよう努力してみると言ってくれた。どういう風の吹き回しだろうか。その後の言動が示すように、これまで自分たちがフレデリックの申請を妨害してきたことから、良心が咎めたのかもしれない。マキシムで過ごした楽しい時間をなかったことにしてしまうこともできなかったのだろう。外交官の多くはマキシムの常連だった。そしていま、彼らは純粋に同じ人間としてフレデリックに同情しはじめていた。苦労して成功したにも関わらず、トルコの政情の急激な変化のためにひどくあやうい立場に立たされ、一刻の猶予も許されない窮地に陥ってしまったフレデリックに。

トルコ当局は、ローザンヌ講和条約に調印するとただちに、コンスタンティノープルのすべての外国人は、八月一日までに警察に出頭して住民名簿に登録しなければならないと通知した。登録には外国人であることを証明する公式の身分証明書が必要だったが、証明書がないと、国外追放の対象とされ資産を失ってしまうおそれがあった。期限まで一週間しかなかったので、ラヴンダルはフレデリックの訴えを迅速に処理し、ワシントンに電報を打つと請け合ったが、ただし電報代はフレデリック持ちで、前払いした場合にかぎるとつけ加えた。

七月二十六日木曜日、ラヴンダルは国務省に電報を打ち、フレデリックの事案を「再開」するように願い出た。そして再開する理由として、フレデリックに対する債権者の申し立てが「ほぼすべて解決され」、「〔アメリカ市民として〕認められれば」過去数年分の所得税を支払うとフレデリックが約束していることを挙げた。さらに、フレデリックを助けようという言葉が口先だけでなかったことを示すものがある。ラヴンダルは、似たような問題を扱った広範な外交便覧（ムーアの『判例集』）に先例がないかわざわざ捜して、よく似ているように思われた一八八〇年の事例を引き合いに出しているのだ。

だが、ラヴンダルは本国送還に関する国務省の方針に縛られてもいた。フレデリックに「緊急登録証」を認める見返りとして彼が提示した条件は非情だった。登録証にフレデリックの子供たちは含まれるが、「妻」は含まれない（ラヴンダルは懐疑心を示すために「 」を付けた）。一九二四年五月までにフレデリックはアメリカに帰国し、子供たちをアメリカの学校に入学させる。つまり、フレデリックはアメリカに保護される代償として、エルヴィラを捨て、マキシムを処分し、アメリカで黒人として永久に見下される立場に甘んじ、息子たちにも同じ運命を背負わせなければならなかった。それでもフレデリックは条件を呑んだ。パスポートを手に入れて身動きできるようになったら、少なくともコンスタンティノープルから脱出できたら、その後の身の振り方については別の算段があったのかもしれない（新聞の報道や、店にやって来る旅芸人を通じて、アメリカ出身の多くの黒人音楽家や興行師にとってパリが安息地《ヘイヴン》になっていることを知っていたのは間違いない）。ラヴンダルが電報を打った翌日、フレデリックは、自分には「アメリカ市民に課せられるすべての義務をいつでも進んで果たす覚悟があり」、「あたらしい身分証が手元に届き次第、過去三年分の所得税約一〇〇〇ドル（今日の貨幣価値にして四万ドル相当）を喜んで支払う」とタイプされた覚書に署名した。

一週間もしないうちにワシントンから回答が届いたが、それはじつに簡潔で、がっかりさせるものだった。「国務省は、一九二二年一月二十日にお伝えした決定を覆すことが不可能であることを貴殿に通知する。手数料二ドル七〇セント申し受ける」。

だがそれでもフレデリックはあきらめようとしなかった。街にはまだ非常に影響力のある知り合いがいた——マーク・ブリストル少将である。位の高い人物にふさわしく、ブリストル少将は眼光の鋭い厳しい顔つきの男だったが、同時にたいへんな人情家でもあり、コンスタンティノープルでは夫人と一緒にロシア難民を支援したりアメリカ系の病院を設立したりといった数々の有意義な慈善事業に取り組んできた。ブリストルはフレデリックの窮状に個人的な関心を寄せ、やはりフレデリックと面識のある「シカゴ・デイリー・トリビューン」紙のラリー・ルーという記者に調査を依頼した。ルーは、街のアメリカ人やフレデリックの店の従業員に聞き取り調査を行ない、一九二三年八月二十四日、ブリストルに力のこもった手紙を書いた。ルーは、フレデリックは「あきらかにアメリカ人である」と断言し、最初に何度か事業でつまずいたあとで「人も羨む」成功をおさめ、情に厚い雇用主として大勢の人に慕われていると指摘する。そして国務省が「彼よりずっと、その意図も、市民としての資格も、商売のやり方も、アメリカへの愛国精神も疑わしい人物であっても恣意的に適用を控えることがある規則」を根拠にフレデリックのパスポート申請を却下したのなら、それは彼に対する差別だと主張した。さらにアレンもラヴンダルもすでにフレデリックに反感を抱いてはいない、二人とも「彼をこの窮地から救いだしたいと本気で思っている」と言い、フレデリックがトルコに資産を没収されるのを国務省がみすみす傍観するなら「正義など存在しない」と結論している。

ルーの手紙にはいくつか不正確な点がある。それはフレデリックと領事たちの関係について、なるべくいい面だけを見せようとしているからだろう。アレンは力になりたいと言っているとあるが、それはかつてフレデリックがパスポートを申請したとき彼が中心となって妨害工作をはたらいた事実と矛盾する（その後の二年間で考えを改めた可能性もあるが）。また、ラヴンダルはフレデリックに反感を抱いていないとあるが、それではなぜラヴンダルは、七月二十六日付けのワシントン宛の電報でエルヴィラの属性に「　」をつけたのか。このようにいろいろ差し引いて考えなければならない点はあるにせよ、それでもコンスタンティノープルで活動するアメリカの白人有力者たちがこれほど大勢、フレデリックの周囲でこのように団結していたことにはぜひ触れておきたい。

ブリストルはフレデリックの一件を忘れはしなかった。一九二三年十二月下旬、国務省の法務官で、彼の公務上の法律顧問を務めるエドガー・ターリントンに、フレデリックの過去について、フレデリック本人から「じっくりと話を聞き」、先の決定を覆すように国務省を説得できるような情報を集めてくれと依頼している。こうしてターリントンは、誕生からコンスタンティノープルにやって来るまでのフレデリックの半生を六枚の自伝風の物語にまとめた。そこに含まれている細かい情報の多くは、いまでも簡単に真実であることが証明できる。ターリントンはさらにフレデリックがアメリカで生まれたことを証明できる何人かの名前も挙げている。一九二四年二月八日、ターリントンはこの身の上話を同封した書簡を、国務省旅券審査課のジョージ・L・ブリストに送った。そして自分自身は、フレデリックが語ったことの多くをひとつひとつ確認できる立場にないが、と断った上で次のように述べている。

そのふるまいや全体的な印象から、彼がアメリカの南部で生まれ、成人するまでの大半をそこで過ごしたことは間違いないだろう。コンスタンティノープルにいるアメリカ人たちはみな、私の知るかぎり、トーマスがアメリカ人だと確信している。トーマスへのアメリカのパスポートが却下された理由はきわめて不可解である。

だが今回もこうした努力はひとつとして実を結ばなかった。ブリストは旅券課の記録を調べるようにたしかに同僚に頼んだ。だが旅券課の事務員は今回もフレデリックの申請書類を見つけられなかったか、見つけたとしても一枚も表には出さなかった。さらに唖然とすることがある。ターリントンがブリストに名前を伝えた海軍将校は、当時ワシントンに住んでいた。その人物はマキシムを訪れたことがあり、フレデリックの両親の元所有者だったチェアーズ一族の知り合いでもあった。ところがブリストとその同僚たちは、この簡単な手がかりを追求することもなく、それによって納得することもなく、国務省のうずたかく積まれた書類の山のなかに手がかりを放置することにした。結局、ブリストルにも、ルーにも、ほかの誰にも、コンスタンティノープルの外交官とワシントンの役人がフレデリックに下した致命的な決定を取り消すことはできなかった。

いっぽうコンスタンティノープルでは、事態はおそれられていたほどひどいことにはならなかった。八月一日の期限が過ぎても、フレデリックは国外追放されず、マキシムも差し押さえられなかった。トルコは圧倒的にイスラム教徒が多い国なので、当初はマキシムのような飲食店にとって致命的な禁酒法についてたくさんの噂が飛び交った。たとえば一九二三年十月には、すべての飲酒施設が閉鎖され、貯えてある酒はみせしめに海に投げ捨てられるといったぞっとする噂が流れた。だが、何軒かは店じまいしたものの、この政策に反対する圧力がすぐにかかるようになった。すでに多くのトルコ人が西欧風のナイトライフになじんでいて、現状が続くことを願っていた。すぐに当局公認の下、会員に酒を提供するナイトクラブが現われた。いちだんと世俗化が進む街の大衆文化の重要な担い手となっていたマキシムは、そういった店のなかでもとくに派手にやっていた。こうして一九二四年の春には、ナイトクラブも娯楽庭園もホテルもレストランもカジノも、政府の許可があれば酒を出せるようになっていた（ガーズィの称号をもつムスタファ・ケマルその人が酒飲みだという評判だった）。

ローザンヌ条約締結後のトルコの国政、およびコンスタンティノープルの市政の変化は、歴史的な言葉遣いをするなら「新時代の幕開けにふさわしく」急速で劇的だった。だが少なくとも最初は、そうした変化がフレデリックの暮らしや仕事にはっきりと目に見えるかたちで影響することはなかった。一九二三年八月二十九日、ローザンヌ条約調印のわずか五日後に連合軍はコンスタンティノープルから撤退をはじめ、十月二日火曜日午前十一時半、イギリス、フランス、イタリア軍の司令官と残留部隊による簡潔だが感動的な儀式によって撤退は完了した。その日、連合軍とトルコ軍はドルマバフチェ宮殿の広場の両端にそれぞれ整列し、外国の大使や高等弁務官ら要人が見守るなか、将官たちによる閲兵が行なわれた。続いて連合軍とトルコ軍の旗が掲げられ、連合軍は広場から行進して出て行った。すると（その場にいたアメリカ人によれば）「瞬きする間に」歓喜に沸いたトルコ人たちが広場に雪崩れ込んだ。その日の午後、連合軍艦隊は街を去った。五年前にやって来たときの尊大な様子とは対照的に「港からこそこそ逃げ出そうとしている」かに見えた。「これらの船に尻尾が付いていたなら」と先のアメリカ人は言う。「丸めた尻尾を後ろ足でしっかり隠していたに違いない」。三日後の十月五日、国民軍がコンスタンティノープルのアジア側に到達し、翌日ボスポラス海峡を渡って、スタンブールのトプカピ宮殿付近に上陸した。十月十三日、首都が正式にアンゴラに移転された。一九二三年十月二十九日、トルコ共和国の建国が宣言され、ムスタファ・ケマルが初代大統領に選出されてトルコの変革は完了した。一九三五年、ムスタファ・ケマルはその手でつくった国家から感謝を込めてアタテュルク（「父なるトルコ人」）という名誉ある名前を贈られることとなる。

連合軍が去ったコンスタンティノープルで最初に変わったのは、街の通りを行く人混みの様子だった。ペラとガラタにあふれていたイギリス、フランス、イタリア、アメリカの海軍の制服にトルコの陸軍と海軍の制服がとって代わった。政府が街の多数の「売春宿」を閉鎖したため、通りにいた大勢の娼婦たちも姿を消した。ヨーロッパ地区の店の看板や広告も変わりはじめた。政府のあたらしい法令によって、看板や広告の文字はトルコ語で表記しなければならなくなった（外国語の文字はトルコ語より小さく記した場合にのみ許された）。

一九二三年の秋、おそらく連合軍が街を去ったあと、フレデリックは長男のミハイルをプラハに留学させた。アメリカ市民権を獲得する希望がすべて潰えたかと思えるいまとなっては、（潜在的な）危険から息子を守るには、チェコ政府の太っ腹な申し出に便乗させてもらうのがいいと判断したのだろう。当時チェコ政府は若いロシア人亡命者に無償で高等教育を提供しており、一九二二年までにコンスタンティノープルを含む世界各地の亡命ロシア人コミュニティからプラハに二〇〇〇人あまりの若者がやって来ていた。モスクワ生まれのミハイルはロシア語が流暢に話せたので資格を満たしていた（街を出たのはエルヴィラとの確執が続いていたからかもしれない）。それが父と息子の今生の別れになった。

街では政治と文化の構造改革が進められていたが、マキシムはあいかわらず街の住民からも観光客からも人気だったので、それから何年かは羽振りのいい時代が続いた。解放感と達成感で有頂天になったのだろうか。フレデリックは以前にも増して旺盛なサービス精神を発揮するようになった。アメリカ人の観光客が店に来ると、ロシアでの夢のような暮らしぶりを、コンスタンティノープルに来てからいかにして自分が「並の男ならひるむであろう数々の困難を」乗り越え、「近東で最も有名で人気のある娯楽の殿堂の経営者として成功の頂点に返り咲いたか」を好んで話した。しばらくすると自分には「控えめに言って少なくとも二五万ドル（今日の貨幣価値にして一〇〇〇万ドル相当）の資産がある」と吹聴するようになった。それが二倍、三倍、いや四倍誇張した金額だったにせよ、それでも彼が相当な成功をおさめていたことがわかる。

フレデリックは自分のナイトクラブで、みずから率先してお祭り騒ぎをはじめることがよくあった。そんなときの彼は心底楽しそうで、うきうきした気分が店じゅうに伝染したが、そういうところも常連にはたまらない魅力になっていた。彼の店で何年か働いていた亡命ロシア人の演奏家セルゲイ・クロトコフは、フレデリックがふいに思い立って手の込んだどんちゃん騒ぎをはじめるときのことを次のように語っている。トレードマークとなったシルクハットをひょいと頭に乗せて、マキシムの従業員をひとり残らず——給仕も皿洗いも演奏者も料理人も芸人も——ぞろぞろと引き連れて、楽団のドラムとシンバルの音に合わせてタクシム広場からペラの大通りを下っていく。そして酒場を見かけるたびに足を止め、その場にいる全員に酒をふるまった。フレデリックは、マキシムの事務所で仕事をしているときも、誰かが訪ねてきたら一杯勧められるように、いつも机の上にアイスバケットを置いてシャンパンを冷やしていた。こうしたふるまいのために、ロシア人亡命者たちは彼のなかに自分たちと同じ、そして自分たちがなにより大切に思うロシア人の「広い」心を見いだしたのだろう。

フレデリックは非常に気前のいい男だったが、その反面、店の従業員にはきっちり約束を守らせた。そうやって従業員と固い信頼関係を築いたことも彼が成功した一因なのだろう。クロトコフはフレデリックのそんな一面にも遭遇した。クロトコフは一九二〇年代初頭に世界じゅうで大流行したハワイアン・ウクレレの名手で、マキシムでもウクレレの演奏は大人気だった。ある晩クロトコフは個人のイベントに招かれていて、それが終わってからマキシムでアメリカ人団体観光客のために演奏する予定になっていた。だが、彼がマキシムに到着したときには約束の時刻はとっくに過ぎていて、フレデリックが玄関でかんかんになって待っていた。「おまえのばか！」表現力旺盛だが文法的には間違っているロシア語でフレデリックは怒鳴った。「わたしの、おまえの面《つら》殴る！　アメリカ人来た、おまえの演奏ない――おまえの走れ、弾け！」「フョードル・フョードロヴィチ」クロトコフは平身低頭した。「遅刻して申し訳ありません。どうかお許しを。これでもタクシーに乗ってきたんです」そう言って舞台に飛んでいった。出番を終えると給仕が呼びに来た。彼のあとについてカウンターに行くと、フレデリックが満面の笑みを浮かべて立っていた。「おまえの、演奏よかった。アメリカ人たち聴いた、拍手した」。ウォッカのグラスが二つ目の前に並んでいた。「おまえの、飲め、もういい」とフレデリックが勧めた。

ご機嫌になるとその気持ちを誰かに伝えたくてたまらなくなる、フレデリックのそんな性分が高じてついに一九二四年にはマキシムでアメリカの独立記念日を祝う催しが開かれた。近東のそこかしこからアメリカ人実業家、商船員、鉱山技師、そして（その場に居合わせた目撃者に言わせれば）「アメリカ人の山師たち」が集まり、店はごった返した。店内はおおいに盛りあがり、「陽気なニグロのアメリカ人オーナー」が太っ腹にも「店のおごりだと言って次から次へと酒を出してくれた」。ジャズバンドが甘く奏でる「昨夜裏庭のポーチで（私はあの子を誰よりも愛した）」と、ギリシア人とレヴァント人の踊り子たちが祝いの場を完璧にしていた。

＊　＊　＊

マキシムは順風満帆だった。そこで、トルコでは天地をひっくり返す改革が進行中であったにも関わらず、雲ひとつない未来が行く手に待っているかのような気になって、フレデリックはまたしても事業の拡大を考えるようになった。

コンスタンティノープルでは、夏になるとうだるような暑さが数週間続くことがあり、そんなとき街の住民たちは水辺のもっと涼しい場所を捜し求める。そこで一九二四年の初夏、フレデリックはガラタから五マイルほど北にある、ボスポラス海峡ヨーロッパ側沿岸の美しい入り江に面したベベキという静かな土地にあたらしい店を出すことにした。彼はマキシムのベテラン従業員「バーセット氏」と共同で、波打ち際にテラスのあるロシア料理店「ル・モスコヴィット（モスクワ人）」を買収した。そして店の名前を「ラ・ポティニエール（うわさ好きが集まる場所）」と改め、野外での食事とダンス、特製カクテルが飲めるバー、世間に名の知れた主人である自身によるおもてなし——というおなじみの必勝法を使って客を惹きつけようとした。

だが、コンスタンティノープルの天候は気まぐれで、ラ・ポティニエールが開店した直後に、その年の夏は荒れた天気になることがわかった。六月末、街を襲った豪雨は市内各所を水没させ、目抜き通りを濁流に変え、家々を破壊し、窓を割り、電柱をなぎ倒した。郊外の被害も深刻で、あちこちの村の橋が流され、果樹園も甚大な損害を被った。ペラの高台にあるマキシムはそれほど影響がなく、屋外のテラス席はあいかわらず人気だったが、暴風雨はラ・ポティニエールに見るも無惨な爪痕を残し、客足を遠のかせた。そこで夏のシーズンが終わると、フレデリックは店を完全に畳んでしまうことにした。今回の投資でフレデリックは少し損をした。こんな風にしくじるのは珍しいことだった。自分が手を引いたベベキでライバルだった二つの店がうまくやっていることも癪に障ったに違いない。

数年前にヴェルチンスキーがはじめてから経営者が何度か交代した「黒薔薇《ラ・ローズ・ノワール》」もこの夏ベキに移転して繁盛しているようだった。さらに翌年には、復活した「ル・モスコヴィット」が、今度は「元ポティニエール」であることを売り物にしてやはりうまくやっていた。

さらにあらたな――そしてはるかに深刻な――競争相手が現われた。コンスタンティノープルではあいかわらず観光客が増え続けていた。一九二五年の早春には飛躍的に急増して、アメリカとイギリスから毎週数百人の観光客がやって来るようになり、一九二六年の上半期の観光客数は二万一〇〇〇人にまで膨らんだ。それは前の年の同じ時期に比べて二倍近い数字だった。ほとんどの観光客は一日か二日ばかり滞在して大急ぎで名所を回ると地中海を目指して出発したが、それ以外の起業家たちがコンスタンティノープルの潜在的な可能性に気づき、それをどうやって活用するかあれこれ算段するようになるまでそれほど時間はかからなかった。

最も大胆な計画は、ボスポラス海峡沿岸に第二のモンテカルロをつくるというものだった。一九二五年の夏の終わりから秋にかけて、コンスタンティノープルにこんな噂が流れた。ミラノ出身のやり手青年実業家マリオ・セッラ率いる企業グループが、街の北東のはずれにあるユルドゥズ宮殿と、その真下の、ボスポラス海峡の岸辺に立つチュラーン宮殿を三十年契約で借りたというのだ。その取り決めはすでにトルコ政府の最高レベル、すなわち内閣とケマル大統領本人によって承認されたらしい。ユルドゥズ宮殿の至宝シャーレ・キョシュクは、十九世紀にはスルタンたちの住まいだった宮殿で、巨大なスイスの山小屋《シャレー》（シャレーが「シャーレ」の由来となっている）を思わせるその外観はコンスタンティノープルにまったくそぐわなかったが、内部には、大理石の彫刻、螺鈿細工の施された木製家具、フレスコ画、金箔入り漆喰の豪華絢爛な空間が広がっていた。セラは、この宮殿の壮大な謁見の間を賭博場に、その他の広間もそれぞれバーやレストラン、ダンスホールに改装する予定だった。宮殿を囲む広大な庭園にはさまざまなスポーツ施設やローラーコースター、できればゴルフ場も建設し、大きな湖のほとりや敷地内の小さな建物にもさまざまな娯楽設備を設けることになっていた。チュラーン宮殿に関する計画のなかには、火災でほとんど燃えてしまった白亜の建物（かつてはスルタンのハーレムだった）を建て直して、宮殿全体を豪華ホテルに改装するというものもあった（現在そうなっている）。この一連の計画について、セッラはトルコ政府に毎年三万トルコポンド（現在の貨幣価値にしておよそ一〇〇万ドル相当）を賃貸料として支払い、さらに毎年利益の一五パーセントを税金としておさめることに同意したという。トルコ共和国政府は、オスマン帝国時代の過去に対する思い入れがほとんどなかったので、宮殿に残っていた豪華な家具調度のいくつかを進んでセッラに買わせたりもした。そのなかには途方もなく巨大な家具や、数百ヤード四方の手織りの絨毯、吹き抜けの壁全体を覆う鏡などもあった。ユルドゥズ計画のような壮大な事業が現実のものとなれば、金持ちの観光客を相手にしたこの街のどんな娯楽施設も霞んでしまうばかりか、ヨーロッパの似たような観光地にも脅威となりかねない。実際、この計画が実現すれば、トルコにあらたなリヴィエラが誕生するとまで言われていた。

この壮大な計画が自分にとって何を意味するか、フレデリックにははっきりとわかった。何か手を打たなければいけないということも。聞くところによれば、彼はまず、トルコに対して長年にわたり大規模な投資を行なってきたアメリカのスタンダード・オイルの代表と、ハギア・ソフィアをカジノか「ジャズの神殿」に改装する可能性を協議したという。なんとばかげた、罰当たりな思いつきだろう。なにはともあれハギア・ソフィアは、世界で最も有名で由緒ある宗教建築のひとつなのだから。この一件は、一九二六年の年末と二七年の年頭にアメリカの複数の新聞で報じられた。ある新聞によると、コンスタンティノープルの「ある実業家グループ」が、「この建物は宗教儀式には不向きである」と結論したという。噂が広まると、自分たちもぜひ計画に参加させてほしいという複数の団体から、コンスタンティノープルのアメリカ総領事館に手紙が届くようになった。たとえば「アメリカ・ジャズバンド協会」は、この巨大な建物（中央のドームは十五階建ての建物より高い）の「音響について全詳細を」教えてくれと言い、文化や現実の壁をものともせず、「やればできる」という自信に満ちた態度で、「最高に強力なサクソフォーン奏者を最大人数そろえた世界最大のジャズバンドを提供できる」と請け合った。ただし、この唖然とする計画はトルコ政府にまったく取り合われないままに終わった。そこでフレデリックは、自分の力で、それもできるだけ大きな規模で事業を拡大するしかないと腹をくくった。それは実現可能であるばかりか妥当な解決策に思えた。なぜならマキシムは、定期的に開催されていた黒人ジャズバンドの演奏を含め、時の試練に耐えてきた数々のショーであいかわらず大繁盛していたのだから。

だが、トルコ共和国で歴史は立ち止まっていなかった。世俗化が進行する過程で、カリフの地位が廃止された（かつてはオスマン帝国のスルタンがイスラム教のカリフを兼任していたが、スルタンとカリフを分離して、カリフを存続させようとする共和国政府の試みは一年あまりで終わった）。オスマン王朝の後継者として最後に選出されたカリフ、アブデュルメジド二世は一九二四年三月三日、コンスタンティノープルからスイスに汽車で亡命し、あとに残されていた数人の皇子と皇女も一週間後には父に続いた。政府によってフェズの着用が禁止され、男性は西洋風の帽子を被るようになった。一九二四年四月十七日、ペラ大通りにあったロシア帝国大使館がソヴィエト政府に移譲された。それはトルコがソヴィエト連邦と友好的な関係にあることを示す出来事だった（そしてフレデリックがいまや完全に無国籍者になったことを裏づける象徴的な出来事でもあった）。

フレデリックが経営しているような店を標的にしたあたらしい法律もできた。それらの法律は、イスラム教の伝統と世俗的な欧米文化のあいだで進むべき道を模索する(そして歳入を増やそうとする)トルコ共和国の試みを反映するものでもあった。アルコール飲料の消費と公共の場でのダンスに税金がかかるようになったのだ。マキシムのような「一流」店は、ダンスに関して、一か月につき約一五〇〇ドル相当の税金を払わなければならなくなった。ダンスが店で踊れる時間、政府の特別な許可なく開催できるイベント、入店できる女性の年齢にも制限が設けられた。トルコ語と外国語が併記された店の看板に、外国語の文字の大きさに応じて税金が課されるようになった。一九二四年から二六年にかけて、マキシムのような店の経営には金がかかるようになっていった。

外国人がコンスタンティノープルで働き生活していくこともますます困難になっていった。トルコ共和国が、古くからヨーロッパ人に認められていた特権を廃止すると、外国人を排斥しようとする風潮が強まった。一九二四年にコンスタンティノープルで、キリスト教徒を辞めさせてイスラム教徒を代わりに雇うように、雇用主に強制する試みがなされたが失敗に終わった。だが二年後に制定されたあたらしい法律によって、外国人の労働者は全員トルコ人と交替させられることになった。女給、給仕、給仕頭、料理人——要するにフレデリックの店で中心となって働いていた従業員たちはみなこの法律の対象になった。フレデリックさえ、トルコ人の共同経営者の陰に隠れなくてはならなかったかもしれない。法律が守られているかどうかを確認するために、街のいたるところで役人たちが身分証を確認するようになった。一九二六年の年明け早々には、バー、レストラン、請求書でのトルコ語の使用を義務づける法律が導入され、フランス語を使い続ける店はすべて処罰されるようになった。

これらの変化は、コンスタンティノープルに暮らす多くの外国人に多大な不安と苦しみを強いた。彼らのな二〇万人の同胞が去ったあともこの街に留まった数千人のロシア難民も例外ではなかった。彼らのなかにはトルコ市民権を得ようとした者たちもいた。フレデリックもそのひとりだった。新生共和国はしばらく態度を決めかねていたが、結局、国をもたない大勢の外国人に市民権を与えないことにした。こうしてさらに多くの外国人がこの国を出て行かざるをえなくなった。祖国の消滅と同時に、ロシア人たちの身分証明書は紙切れ同然となったが、一九二一年に国際連盟が発給を開始した「ナンセン・パスポート」のおかげで国境が越えられるようになった。自分はアメリカ人だとずっと主張していなければ、フレデリックもナンセン・パスポートを手に入れられたかもしれない。現に一九二五年六月九日、コンスタンティノープルを訪れたフリチョフ・ナンセンにフレデリックはマキシムで会っている（ナンセンはノルウェー人で、難民救済活動の功績が認められて一九二二年にノーベル平和賞を受賞した）。だが、真実を打ち明けるには遅すぎた。さらに、当時はまだマキシムの経営も順調だったので、店を手放すことなど考えられなかっただろう。

一九二六年早春、セッラのユルドゥズ・カジノに一矢報いることができそうな土地が見つかった。コンスタンティノープルからボスポラス海峡のヨーロッパ側沿岸を十数マイル北上したところに、絵のように美しい入り江があるセラピア（現在のタラビヤ）という町がある。ここは当時も地元の富裕層や外国人のあいだで、都会の喧噪と夏の炎暑から逃れられる場所として人気で、金持ちは豪奢な別荘を、外国の外交官たちは「夏の大使館」を建てていた。涼やかな風がそよぐ波打ち際には高級ホテルとレストランが何軒かあった。

六月上旬、フレデリックはこのセラピアに「ヴィラ・トム」を開業し、その夏はマキシムの営業も続けた。フレデリックは惜しみなく金をつぎ込んで、コンスタンティノープルの上流層が欲しがりそうなものをすべてそろえた新名所をつくろうとした。洒落た料理、月明かりに照らされた水際のテラスで踊るダンス、「ニグロのジャズ」バンド、煌々とライトアップされた花でいっぱいの庭園、定期的に入れ替わる演し物――「ヴェネツィアの夜」「ナポリ風プログラム」「小粋なチャールストン大会」「怪物のマチネ」。そして夜の公演が終わる頃には、盛大な花火が夜空を彩るのだった。

当初ヴィラ・トムはうまくいったかに見えた――街の夜更かし族がやって来て、ごきげんに過ごし、空が白む頃までぐずぐずと留まっていた。だが、この店は開業までに莫大な費用を要したうえに、経営するにも金がかかった。立地も問題であることがわかった。セラピアは、フレデリックが二年前にラ・ポティニエールの開業を試みたベベキよりさらに倍も街から遠く、そのせいでみんな気持ちが萎えてしまうようだった。そこで、客に店まで足を運んでもらうには、さらに投資してコンスタンティノープルからの足を提供する必要があると、フレデリックは気づいた。そこで開業の数週間後には「豪華船」を借りて、酒盛りをしても午前二時には街に戻れますと請け合う広告を出した。だが客足はそれでも回復せず、その年の春から夏にかけてフレデリックの収入は低迷するようになり、数年前と同じように経費などの支出を切り詰めなければならなくなった。

今回真っ先に切り捨てられた犠牲者は娘のオリガだった。一年前、一九二五年七月にロシア人の夫とルーマニアを脱出してどうにかパリに移住したオリガは、パリでは学生として登録していた。これまで三年間、フレデリックは毎月かなりの額を仕送りして娘を支えてきた。だが、ヴィラ・トムの開業に先立ち出費がかさみはじめると金を送るのをやめ、不可解にもいっさいの連絡を絶った。オリガは不安な気持ちを抱えて数か月待っていたが、ついに一九二六年七月、パリのアメリカ総領事ロバート・スキナーを訪ねて、父の身に何があったのか調べてほしいと頼んだ。スキナーはコンスタンティノープルのアレンに接触して、オリガが「ひどく心配して」いて「まったくの無一文」であると伝えた。アレンの反応は定型どおりのそっけないものだった。彼は、フレデリックのマキシムの住所はこの通りで間違いないと答えたうえで、フレデリックはすでにアメリカに保護される立場にないため、「当領事館は［……］この人物にいかなる影響を行使すること能わず、いっさい関知することもない」と返答した。一九二六年七月下旬にこうしたやりとりがあったあと、オリガと父親が連絡をとり合ったかは不明である。

アメリカ政府はすでにフレデリックとの関わりを絶っていたが、コンスタンティノープルで彼と仕事をしている人間の多くはあいかわらずフレデリックはアメリカ人だと考えていた。そのため支払いが滞りがちになると、要領の悪い小口の債権者たちはふたたびアメリカ総領事館に苦情を持ち込むようになった。あるロシア人給仕は、外国人に関する雇用規制をかいくぐってマキシムで働いていたのだが、哀れを催させる苦情の手紙をブリストル少将に送っている。それによれば六月から――ちょうどヴィラ・トムが開業した頃から――フレデリックが給料を全額支払わなくなり、たび重なる懇願にも関わらず数か月間未払いになっているとある。ヴィラ・トムに花を配達した業者は、残り半分の代金（今日の貨幣価値で二〇〇〇ドル相当）を受けとろうとして「明け方の三時」までフレデリックの事務所で待たされたと訴えている。フレデリックのために取り計らってやったあとで、こうしたおなじみの苦情を並べたてられ、アメリカ人たちはさぞがっくりきたに違いない。そして彼らはどの苦情にも「当領事館は、トーマス氏が貴殿に負っているとされる借金の取り立てについていっさいお力になることができません」と回答した。

だが、これまでにない不穏な進展もあった。もっと大口の、背後に有力者のいる債権者たちはわざわざ総領事館に訴えたりしなかった。フレデリックのような外国人はもはや治外法権に守られていなかったのでアメリカの外交官を巻き込んでも意味はない。すでにトルコの法律はどんな事態にも対応できるようになっていた。

その年の秋から冬にかけて、フレデリックはいっそう窮地に追い込まれた。夏が終わりヴィラ・トムを閉めると、フレデリックはもういちどマキシムに全精力を傾けて経営状況の回復に努めた。だが、一九二六年九月二十六日、「ユルドゥズ公営カジノ」と正式に呼ばれることが決まったセッラのカジノがオープンする。カジノの営業は、壮大で華麗な宮殿にふさわしいファンファーレとともに幕を開けたが、それに加えて市の行政に公式に支援されているという点でも、コンスタンティノープルのナイトライフにおける重大事件だった。コンスタンティノープル市長の名で招待状が発送され、副市長が、セッラと一緒に宮殿の玄関で六〇〇人の客を出迎え、賭博場の入り口のテープをカットした。各国の外交官、街の武官文官の要人、社交界の著名人、アンゴラの大国民議会（国会）の代表がほぼ全員やって来た。たいへんな人数が集まったにも関わらず、宮殿があまりにも広いため混雑している印象はなかった。カジノはたちまち大盛況となった。バカラ用の六つのテーブルとルーレット用の四つのテーブルに男も女も群がった。その場にいたジャーナリストの言葉を借りるなら、そこは「おそらく世界で最も華麗な賭博場」だった。

この街で賭博ができるのはユルドゥズ公営カジノだけだった。それ以外にもここにはマキシムの名を世間に知らしめたものがすべてそろっていて、しかもすべてがマキシムを超えていた。高級レストラン、バー、喫茶室、黒人のジャズバンド、昼下がりのダンス、晩餐会のダンス、ヴァリエテ、そして美しくライトアップされた広大な庭園の向こうにはボスポラス海峡が広がっていた。庭園では散策したり、馬に乗ったり、射撃やテニスもできた。ユルドゥズの営業時間も毎日午後四時半から午前二時までで、ときにはもっと遅い時間まで開いていることすらあった。豪華な特別イベントが定期的に開催され、自宅や市の中心部まで客を送迎する自動車が一五台そろっていた。

途方もない大金が流れ込んだ。開業した最初の年、カジノは市当局に一三万トルコポンド支払ったと言われている。今日の貨幣価値にして三〇〇万ドル、つまりセッラの企業グループは一年で二〇〇〇万ドル稼いだ計算になる。ユルドゥズのせいでマキシムは完全に影が薄くなった。そしてマキシムの常連たちはこれ以上ない最悪のタイミングでひとり、またひとりとフレデリックを見かぎっていった。フレデリックも店を続けていこうと努力した。だが何をしても空回りで、昔はとんでもなく儲かった特別イベントさえいまや企画するのも至難になった。一九二六年十二月十八日になってやっとそのシーズン「最初のグランド・ガラ」となる「パラソル舞踏会」が開催されたが、仮面舞踏会を目玉にした次のイベントは二か月後の二月十七日まで開かれなかった。

複数の借金が重くのしかかってきただけでなく、あらたに導入されたり絶えず変更をくり返したりする法的規制、税金、罰則にも苦しめられた。一九二七年にコンスタンティノープルを訪れたイギリス人がこの状況をありありと伝えている。「トルコで事業をしているすべての外国人の行く手にはさまざまな障害が立ちはだかっている。じつに根拠薄弱な口実で罰金が科せられる。そして、トルコの裁判所で先の見えない訴訟を起こすしか救われる道がない」。さらに、法制度そのものについては「誰にも追いつけないペースで法律と規制が次々と可決されている」と述べている。その言葉どおり、その年のはじめにマキシムのような店を標的にした厳しい規制の波がコンスタンティノープルを呑み込んだ。県知事が、公共の場でダンスを踊れるのは誰で踊れないのは誰か、誰と誰が一緒に踊れるのか、ダンスの指導を受けられるのは誰かを定めた迷宮のように複雑な規制を発表した。一週間後、数百軒のキャバレーが店を畳んだ。どの店も現行の規制になんらかのかたちでひっかかってしまうからだった。

私たちが最後に垣間見るフレデリックとマキシムの姿はもの悲しい。だがそれは、どこでどう歯車が狂ってしまったのかを教えてくれる。一九二七年四月末、カール・グリーアというオハイオ州の中年実業家が、東地中海をめぐる旅の途中でコンスタンティノープルに立ち寄り、街にあった三軒のナイトクラブを比較した。最初に訪れたのはアメリカ総領事館の近くにあった「ガーデン・バー」で、グリーアによると、街で「唯一繁盛しているキャバレー」だった。グリーアは、この店が繁盛しているのは「チャージ料の類いをいっさい取らず」、一本数百ドルもするフランス産のシャンパンを喜んで注文する太っ腹の客から、夜のショーがはじまってから終わるまでレモネード一杯でねばるしみったれまで、あらゆる客層を歓迎しているからだと結論した。二軒目の店がマキシムで、グリーアは「繁盛している『ガーデン・バー』よりはるかにきらびやかな店」と述べている。だが、洒落たつくりにも関わらず店内の様子には「がっかりした」という。なぜなら「ダンスフロアは閑散としていて、食事をしている客より彼らをもてなすオーケストラの人数のほうが断然多かった」からだ。この店に何が起きたのか、グリーアには手に取るようにわかった。「占領時代に大儲け」したあと、フレデリックは昔の常連を惹きつけることができなくなり、「いまや稼いだ金すべてを苦しみながら失いつつある最中」だった。グリーアが最後に訪れたのは、コンスタンティノープルの名士たちが河岸を変えた店――ユルドゥズ・カジノだった。彼はこの店に最大級の讃辞を送っている。「全世界とは言わないまでも東洋の行楽地のなかでは必見の店……壮観、じつに東洋的……この賭博場に比べれば、コート・ダジュールのどんなカジノも平凡に見える」。重要な細かい情報にも触れている。ユルドゥズ・カジノの賭博台の周りには「三〇〇人のプレイヤーが」群がっていたという。要するに、コンスタンティノープルの夜の世界でフレデリックが生息していた隙間《ニッチ》は消えてなくなり、彼はあらたな状況に適応することもできないまま、身動きがとれなくなっていた。あらゆる娯楽をそろえた豪華絢爛たるユルドゥズにマキシムは太刀打ちできなかった。だが、もっと幅広い客を受け入れられるように方針転換する余裕もなかった。フレデリックが背負った借金はあまりに重かった。

ついにフレデリックは逃亡を企てた。一九二七年五月のはじめ頃、虫の息のマキシムをグリーアが一瞥したわずか数日後、借金取りたちに警察に突き出されるすんでのところでアンゴラに高飛びした。そこまでは彼らの手も及ぶまい、そんな淡い期待を抱いて。コンスタンティノープルからアンゴラまでの道のりはおよそ三〇〇マイル、汽車は駅ごとに長時間停車するので移動はほぼ一日がかりだった。それは八年前の、オデッサからの逃避行を再現した悪夢のようだった。逃げ切れる望みは万にひとつもないだろう。それはフレデリックにもわかっていた。だが、前回は災厄から逃げ切った。もういちど試してみる覚悟はある。すでに五十四歳になっていた彼にとってそれは容易な決断ではなかったはずだ。

トルコのあらたな首都は、空気の乾いたアナトリア高原中央部の、歴史はあるがへんぴな街に建設されている最中で、一九二七年の時点では人口はわずか七万四〇〇〇人だった。だが、共和国が官僚組織を拡大させ、新興都市につきもののさまざまな機会を起業家たちに提供したので、街は急速に成長していた。フレデリックは、地元の名士ムスタファ・フェフミ・ベイと知り合いになった。ベイはチャンカヤ・ロード近くのイェニシェヒルの丘に、市街全体を見晴らせる土地をもっていた。二人の計画は――ご想像のとおり――その土地を「夢のような夏の庭園」に、「きわめて豪華なレストラン」のある、なにからなにまで「近代的な施設」に変身させることだった。施設の名前は「ヴィラ・ジャン」と決まった。夏シーズンは目前に迫っていたのでぐずぐずしてはいられなかった。あらたな施設の建設、組織運営、今後の方針については知名度も経験もあるフレデリックが当然担当することになっていただろう。

フレデリックとあらたな共同経営者は、金が尽きる前に、いや金の見通しが潰える前に何人か従業員を雇うことさえした。街に何軒かあった亡命ロシア人が経営する店との熾烈な競争もあった。おなじみの問題がすぐにはじまった――借金、契約不履行、腹を立てた外交官たち。六月、アンゴラのフランス総領事がアメリカ領事に苦情を訴えた（フランス総領事は、フレデリックがアメリカに縁を切られていたことは知らなかったが、コンスタンティノープルでの「嘆かわしい」過去は知っていた）。フランス人のコック、ガランガ氏なる人物が――フレデリックが雇ってから首にしたに違いない――ホテル代が払えずに街で立ち往生していたが、そのホテル代は契約ではフレデリックが支払うことになっていたのだ。

いっぽう、コンスタンティノープルではおそれていたとおりの事態が起きた。債権者たちがマキシムを差し押さえたのだ。五月下旬、「ラジオ」という雑誌の編集者たちがかつてのマキシムでクラシック音楽の演奏会を開くことを許されたが、その案内には食事や飲み物はいっさい出ませんと明記されている。さらに一か月後には、セラピアにあったフレデリックの店があらたな経営者の下で営業を再開した。その店は世間では「元ヴィラ・トム」と呼ばれていたが、フレデリックのモスクワの過去を知る何者かが、意趣返しのつもりだろうか、「アクアリウム」と改名していた。

ヴィラ・ジャンの計画が頓挫したあと、フレデリックはアンゴラの料理店で給仕補として短期間働いた。運の悪いことに、コンスタンティノープル時代の客がたまたま街にいてその料理店に立ち寄った。彼は、給仕補として働いているフレデリックを見て、「感じのいい黒人《ニグロ》」で「マキシムの元オーナー」がじつはまだ生きていたことを知り驚いた。フレデリックはしれっとした顔をして、自分はいま「景気よくやっている」と主張したが、実際にはわずか三〇トルコポンド（今日の貨幣価値に換算して七〇〇ドルほど）の月収しかなかった。それでは生きていくのもやっとだっただろう。エルヴィラと二人の息子に送金しようとしていたのならなおさらだ。フレデリックにはふてぶてしい一面もあって、それが行きすぎて災いの元となることもあったはずだ。その客に、コンスタンティノープルの債権者たちに伝えてくれ、金を払う用意はすっかりできている、ただし「やつらがアンゴラに出向いてきたらな」などと言ってのけた。

そんな人をばかにした台詞に憤慨したのか、それとも自分たちで居場所を突き止めたのか、一九二七年十月半ば、債権者たちはついにフレデリックを捕まえた。今回は問答無用で、逮捕され、そのままアンゴラの牢屋に入れられた。借金の総額は九〇〇〇トルコポンド、今日の貨幣価値にして約二五万ドルという、肝を潰す金額だった。フレデリックはその一部を支払うこともできないどころか、囚人用の乏しい食事を補う食べ物を買う金すらなかった。コンスタンティノープルにいる友人や元従業員たちが、ひもじい思いをさせまいと金を集めて送ってくれた。エルヴィラと息子たちが生きていけたのも彼らの善意によるところが大きかった。だが、母子三人の生活はすぐに行き詰まり、エルヴィラは一か八かの賭けに出た。息子たちを友人に託し、自分たちが陥ったこの状況を挽回する策を求めてヨーロッパに旅立った。

＊＊＊

なんとも皮肉な話だが、フレデリックの命運が尽きるのとほぼ同時にマキシムの仇敵、ユルドゥズ・カジノが消滅した。一九二七年の春、トルコ政府はセッラにあらたな税金を課すことにした。セッラは、毎年徴収される税金にその分も含まれているはずだと主張して支払いを拒否した。意見は平行線を辿り、ついに同年九月十二日午後十時半、ユルドゥズでは宴もたけなわという頃、トルコ共和国の税務長官が助手数名を引き連れてとつぜん現われ、カジノの閉鎖を命令した。女性を含むトルコ市民がここで賭博に興じているというのが閉鎖の公式の名目だった。ユルドゥズは——モナコ国民の入場を認めないモンテカルロのカジノ同様——外国人しか入場できないことになっていた。この問題は裁判にまで発展し、すぐにさまざまな憶測が広まった。そのなかには、ユルドゥズを閉店させたのはガーズィその人で、外国人があまりにも儲けすぎていたからだというものもあった。裏でどんな思惑がはたらいたにせよ、ユルドゥズ・カジノの営業が再開されることはなく、その後宮殿は博物館になった。一九二七年のもっと早い時期にカジノが閉店していたらマキシムは生き残れただろうか、そう思わずにはいられないが、おそらく結果は変わらなかっただろう。あるアメリカ人外交官はユルドゥズ・カジノの一件から教訓を得た。それは「外国人の民間事業者がトルコ当局とつきあっていく難しさ」がまたしてもあきらかになったというものだった。

フレデリックの最後の数か月について、詳細はほとんどわからない。一九二七年のクリスマスにはコンスタンティノープルの牢屋にいた。借金をつくった街に移送されたらしい。残酷な偶然だが、十二月二十二日、フレデリックの店だったナイトクラブがあらたな経営者の下で「新《イエニ》マキシム」と名前を改め営業を再開した。あたらしい経営者たちはフレデリックが完成させた素材の組み合わせ——ディナーとダンスとジャズとアメリカ風のバー——をそっくり引き継いで客を呼び寄せた。この方式はそれから何十年も続けられた。

トルコの拘禁施設の環境はどこであれ過酷だった。ほとんどの建物が非常に古く、たとえば、有名なスルタンアフメト・モスクの真正面にあったスタンブールの中央刑務所は十四世紀に建てられたものだった。通常大勢の囚人が、犯した罪の性質に関わらず広い房に一緒に収容された。そのため軽い罪で禁錮十五日の判決を言い渡された囚人と、十五年の刑期をくらった筋金入りの犯罪者が同じ部屋に収容されることもあった。囚人たちはほとんど放任状態で、寝具も衛生状態も医療体制も非常に粗末で、食べ物の質と量にもむらがあった。追加の食べ物を買うことができない者はまず生きていけなかった。

一九二八年五月下旬、フレデリックは病に倒れた。アメリカ領事による公式の報告書には「急性気管支炎」とあるが、以前にも二度命を落としかけた肺炎にまたもや罹患した可能性が高い。容態がきわめて深刻だったため、ペラにあるフランス系のパストゥール病院に移送された。ペラ大通りに立つその病院はタクシム広場のすぐ近く、かつてのマキシムから歩いて五分のところにあった。病院を運営する修道女たちが同情して無償で受け入れてくれたのだった。

一九二八年六月十二日火曜日、フレデリックはその病院で息を引きとった。五十五歳だった。エルヴィラは国外にいたので、葬儀の手配はすべて友人たちが行なった。ひとりはノースカロライナ州出身の黒人で、マキシムの元従業員で、遺言執行者にもなっていたアイザイア・ソーン、もうひとりはベベキで失敗に終わった事業の共同経営者で、息子たちの後見人のひとりでもあったバーセット氏だった。フレデリックは遺産と呼べるものをなにひとつ残さなかった。

翌日の午後二時半、フレデリックの亡骸は葬儀のためハルビエ〔オスマン帝国時代は士官学校、現在はイスタンブール軍事博物館などがある地区〕近くの聖エスプリ・カトリック大聖堂に移された。そしてその日の午後のうちにタクシム広場の北にある、フェリキョイ地区の「カトリック・ラテン」墓地に埋葬された。コンスタンティノープルで最初に開業した「ステラ」があった場所からもさほど遠くない。葬儀には息子たちのほかに六〇人ほどが参列した。墓石を建てる金がなかったので、フレデリック・ブルース・トーマスはいまもこの墓地に眠っているが、墓の正確な場所はわからない。彼の死はアメリカのいくつかの新聞で報じられた。ある記事は彼をコンスタンティノープルの「ジャズのスルタン」と呼んだ。

エピローグ　死者と生者

　フレデリックが投獄されてから、残された家族の生活は困難を極めた。なにがなんでもドイツ市民権を取り戻すと決死の覚悟でトルコを飛び出したエルヴィラは、夫の死をチェコスロヴァキアで知った（パスポートのないエルヴィラはドイツへの入国を許されず、ドイツと長い国境で接するチェコまでしかたどり着けなかった。チェコは亡命ロシア人に例外的に温かい態度をとり続けている国だった）。外国人に対する雇用規制のために、エルヴィラはコンスタンティノープルに留まることができなくなっていた。体を壊して単純労働の仕事に就くこともできず、生活は困窮するいっぽうだった。ドイツ市民権を取り戻せばトルコでの法的立場も強くなり、息子たちの力になれるはず、エルヴィラはそう信じたのだった。

　だが、なんということか。トルコを離れることによって、エルヴィラは法律がつくりだすあらたな地獄に落ちてしまった。「こうしたあらゆる困難のために、私の人生そのものとなってしまった数々の悲劇をご覧になったら」アメリカの役人に宛てて書いた英文の手紙でエルヴィラはこう訴えている。「身震いなさることでしょう。私が身をもって体験したように、法律が、そして法律が人間に適用されるときにどんなに残酷であるか、考えてみるだけで」。ドイツ政府の見解によれば、外国人と結婚した時点でエルヴィラは市民権を放棄しているのであり、夫が生きているかぎり市民権を取り戻す手立てはなかった。さらにコンスタンティノープルに戻ることもトルコ政府に拒否されて、チェコスロヴァキアで身動きがとれなくなってしまった。フレデリックの悲しい死の知らせによって、エルヴィラははじめて自由の身となった。そして驚くべき勇気と忍耐力を発揮して、法を犯すことも顧みず、身分証明書の類いもいっさいもたず、ドイツとの国境を歩いて越えて当局に出頭した（パスポートがないのだから捕まっても送還される心配はなかった）。いまや未亡人となっていたので、ドイツ政府に市民権の回復を申請することができた。回復には五年かかり、トルコにいる息子たちのもとに帰れたのは一九三三年のことだった。

いっぽう、ブルースとフレデリック・ジュニア（フレッド）は文字通り世間の荒波に揉まれた。父親の事業が傾きはじめると二人は学校を辞めなければならなかった。母親が不在のあいだは実質的にアイザイア・ソーンに引きとられていた。二人とも最底辺の、フレッドに言わせれば「非常に安い」賃金の仕事しか見つけられなかった。たいていはアンゴラかコンスタンティノープルのレストランで給仕として働いた。新マキシムで働いたこともあった。ナイトクラブの「ジャズ歌手」の仕事がたまに見つかることもあった。

それからとつぜん、誰もが想像もしなかったかたちでアメリカ政府が心変わりした。一九三〇年十一月二十五日、ソーンの勧めで、フレッドとブルースはコンスタンティノープルのアメリカ総領事館にパスポートの申請に行った。ソーンがパスポートの申請を勧めたのは、自分の家族が住むノースカロライナに二人を連れて行って、トルコでの辛い生活から救いだしてやりたいと考えたからだった。

領事館は様変わりしていた。職員の顔ぶれも変わり、フレデリックを過去に直接知っていた何人かも考え方を変えていた。兄弟の面接を担当したのは赴任してからまだ日の浅い副領事のバートン・Y・ベリーだった。彼は書類の必要事項を非常に慎重に埋め、二人の申請を支持する驚くほど詳細な意見を述べた。そのなかでベリーは、フレデリックの一九二一年の申請が却下されたのは人種差別によるものだと暗に批判し、モスクワに資産があったのだからロシアの近くに留まりたいと思ったのも無理はないとフレデリックを擁護した。さらに、南部出身の黒人に出生証明書が手に入れられるはずがないと深く同情して、その理由を歴史的背景にまで踏み込んで説明している。それからベリーは非常に慎重な言葉遣いながら、わかりきったあることを指摘した――国務省の記録保管庫を捜せば、フレデリックが以前行なったパスポートの申請書がかならず出てくるはずだ、そうなれば、父親がアメリカ人であることを根拠にアメリカ市民権を求める兄弟の申請の裏づけとなるだろう、と。

その頃には国務省の職員も方針も様変わりしていた。今回、旅券管理課の職員は、一八九六年から一九一四年にかけてフレデリックが提出し、それ以来ずっとそこに保管されていた多数の申請書を見つけることができた。一九三一年一月十七日、国務省は次のように回答した。「国務省はトーマス氏の案件を慎重に検討した。そして、父親フレデリック・ブルース・トーマス氏については、保管されている証拠からアメリカ市民としての条件を満たしており、よって受領中の申請書を承認する」。フレデリックが人生のほとんどを国外で過ごしたことも、息子たちがアメリカの土をいちども踏んでいないことももはやまったく問題ではなかった。十年前にフレデリックがロシア国籍を取得していた秘密は依然としてロシアの公文書館に埋もれていた。フレデリックの申請を妨害したチャールズ・アレンが、今度はイスタンブールの「領事担当官」として、一九三一年三月十七日、フレデリックの息子たちにパスポートを発行した。

だが、ソーンの計画もエルヴィラの計画もひとつとして実を結びはしなかった。ソーンは金の工面ができず、少年たちをアメリカに連れて行けなかった。エルヴィラはコンスタンティノープルに戻ってから仕事を見つけることも息子たちの力になることもできず、それどころか体を壊して息子たちに面倒を見てもらわなくてはならなかった。

一九三五年、エルヴィラと息子たちは知恵を絞り尽くした。ほかにどうしようもなくなって、エルヴィラは息子たちのアメリカまでの渡航費を出してもらえないかとアメリカ総領事館に泣きついた。だが、そんな予算があるわけもなく、アメリカに帰る船に仕事がないか捜してみてはどうかと助言されておしまいだった。

トルコにおける排外感情の高まりにも関わらず、フレッドとブルースはそれからさらに数年間、外国人の就労をきびしく規制する法律をかいくぐりながら、自分たちと母親がどうにか暮らしていくだけの金を稼いでいた。一九三八年三月、ついにフレッドが突破口を見出した。イスタンブールに寄港していたアメリカ商船ＳＳエクセロ号の乗組員に一名分の欠員が出た。ギリシアで脱走した水夫の代わりに、フレッドが「食堂係」として乗船することになった。エクセロ号は三月十八日に出港し四月二十六日にニューヨーク市に到着した。フレデリック・ブルース・トーマスがニューヨークをあとにしてから四十四年の歳月が流れていた。

二人の兄弟のその後の消息はほとんどわかっていない。フレッドは、ニューヨークに到着後すぐにマンハッタンで仕事を見つけた。そのあとまたアメリカの商船で働いていた可能性もある。フレッドがイスタンブールを出たあとすぐにブルースにも運が向いてきた。パリで歌手として働けることになったのだ。パリで金を貯めればアメリカに行けるかもしれなかった。だが、一九三九年九月に第二次世界大戦がはじまるとパリ行きの計画は流れ、トルコに残ってナイトクラブで演奏したりレストランで働いたりといった不安定な生活を続けることになった。一九四三年にイスタンブールのアメリカ領事館でアメリカ軍に入隊を志願したが断られている。

フレッドがトルコにいるブルースや母親と連絡をとり合うようになるのは、第二次大戦が終わってからのことだ。一九四八年二月、フレッドがエクセロ号に乗ってイスタンブールを去ってから十年後、ニューヨークとシカゴのアフリカ系アメリカ人向けの新聞二紙に、エルヴィラの友人だというイスタンブールに住む黒人のアメリカ人の手紙が掲載された。その人物は、フレデリック・トーマス・ジュニアの行方をご存じの方がいたらどうか彼に、母親が「病気で、彼の助けを必要としており、「そして」彼からの便りを待ちわびている」と伝えてほしいと訴えていた。その言葉はフレッドに届いたようだ。なぜなら翌年フレッドは、ブルースの「生活保護」がどうなっているのか国務省に問い合わせ、一九五〇年には国務省に、弟のトルコからアメリカまでの渡航費用を援助してもらえないか申請している（申し入れは却下された）。

ただしその年、ブルースは自力で渡米することに成功した。そして西ヨーロッパを経由する旅の途中、一九五〇年の夏にパリに立ち寄り、異母兄のミハイルと四半世紀ぶりに再会した。ただしその再会は金の話に終始した短く不愉快なものだった。その後ブルースはロッテルダムから船に乗って一九五〇年九月九日にニューヨーク市に到着した。父親の渡欧からじつに五十六年ぶりのことだった。

アメリカで二人の兄弟のあいだにどんな交流があったかについてはいっさい情報がない。ブルースは一九六〇年四月十三日、二年前に移り住んでからコックとして働いていたロサンゼルスで、四十五歳で亡くなった。フレッドは弟より十年長く生きて、一九七〇年二月十二日、ニューヨーク州ロチェスター市で、五十五歳で亡くなった。

エルヴィラの消息も不明だが、おそらくイスタンブールで、一九四〇年代後半か五〇年代に亡くなったと考えられる。オリガの足取りも、パリに留学していた一九二六年に父親と音信不通になってからふっつりと途絶えている。

イルマは痛ましい人生を送った。一九二一年にヴァリに連れられてベルリンに逃げてから、最初は彼女と暮らしていたが、その後地元のルーテル派の牧師に引きとられて数年を過ごした。一九二五年、十六歳のとき、ベルリンのアメリカ領事に「ここ数年」便りのない父親の居場所を捜してほしいと頼んでいる。ベルリン側はラヴンダルに接触し、ラヴンダルはすぐにマキシムの住所を伝えたが、フレデリックがベルリンにいるイルマを実際に援助したのか、当時もまだ援助するだけの金があったのかは定かでない。イルマは幼少期の不幸な体験も、そして父親との確執も完全に乗り越えることはできなかった。その数年後、結婚してから転居したルクセンブルクでみずから命を絶っている。

フレデリックの五人の子供たちのなかでどん底の苦難、あるいは悲劇を免れることができたのは長男のミハイルだけだった。ミハイルはプラハで農学を学ぶかたわらボクシングにも熱中し、プラハのロシア人学生チャンピオンになった。大学卒業後はベルリンやコロンビアでも暮らし、その後フランスに腰を落ち着けた。大戦中はレジスタンス運動に参加し、戦後は映画やテレビドラマの脇役として、フランスの連続テレビドラマや国内外の映画に数多く出演して生計を立てた。オードリー・ヘプバーン、ケーリー・グラント、ウィリアム・ホールデン、ユル・ブリンナーといった錚々たるスターとも幾度か共演している。亡命ロシア人が経営するパリの有名ナイトクラブ「シェエラザード」で、ロシア民謡やジプシー歌謡、黒人霊歌の人気ナンバーを歌うこともあった。世界各地を渡り歩いたにも関わらず、文化的嗜好はロシア人とほとんど変わらなかった。一九八七年にパリで没した。

フレデリックの末裔はいまもフランスで暮らしている。ミハイルの二人の子供のうち息子のブルースが結婚した相手は、遊び心あふれるセクシーな高級ランジェリーで世界的に有名なフランス人デザイナー、シャンタル・トーマスだ。彼女のトーマスという姓は、フランス語の発音に合わせて綴りを変更したブルースの——そしてフレデリックの——苗字である。こうしてトーマスの名は、高級ブランドが立ち並ぶパリの通りのひとつ、サントノレ通りのシャンタル・トーマス旗艦店や、世界じゅう多数の流行発信地に散らばる彼女のブティックの名前のなかにいまも生き続けている。
これを知ったらフレデリック・ブルース・トーマスもさぞ喜び、面白がったことだろう。

謝辞

本書の執筆にあたりたいへんお世話になった大勢の方々に心からの感謝を述べ伝えることができて嬉しく思う。ユージン・A・アレクサンドロフはその驚異的な記憶力で、遠い過去の無数の詳細を教えてくれた。ドイツ語の古い手稿を何枚も解読してくれた。デイヴィッド・ベシー、ポール・ブシュコヴィッチ、グレンダ・ギルモアは、忙しいスケジュールの合間を縫って私の質問に答え、草稿に目を通し、専門家として助言を与えてくださった。ジュディス・フラワーズとフロ・ラーソンは、ミシシッピ州コアホマ郡での調査に際し、温かく歓迎してくれて貴重な助けを与えてくれた。タチヤナ・ロルコヴィチは、イエール大学スターリング記念図書館にて、本書の執筆に不可欠な古いロシアの雑誌のマイクロフィッシュ・コレクションを入手してくれた。ヴェラ・プラソロヴァとレオニード・ヴァイントラウブは、貴重な記録の宝庫であるロシアのアーカイヴで頼もしい助手となってくれた。フレデリック・トーマスの孫にあたる、ブルース・トーマスは私を厚くもてなし、家族に伝わる貴重な歴史を教えてくれた。また寛大にも、おじいさんの見目麗しい写真を本書に掲載することを許可してくださった。アンドラ・J・リードルマイヤーにはことのほかお世話になった。資料について教示し、ハーヴァード大学美術図書館の所蔵資料を捜すのを助け、複数の疑問を手際よく解決し、草稿に目を通し、フレデリック・トーマスのトルコ時代の鮮やかな思い出のいくつかを特定し、じつに親切にも私のために翻訳までしてくれたことについてとくに感謝したい。

幅広い主題について、以下に挙げる大勢の方々から頂戴した助言と提案にも深く感謝している。アリソン・ブレイクリー、レニー・ボーガー、ジェームズ・C・コブ、アレグラ・ディ・ボナヴェントゥラ、エドワード・カジネッツ、コンスタンティン・カザンスキー、フィリップ・マンセル、クリスティーヌ・フィリウ、ノーマン・サウル、ボリス・サフチェンコ、デイヴィッド・シンメルペンニンク・ファン＝デル＝オイエ、メアリー・シュヴァルツ、ヴァディム・スタクロ、エレーナ・ウヴァロヴァ。近くでも遠くでも、調査にあたっては大勢の方々に助けていただいた。ここに挙げるすべての方々にお世話になった。アイリン・ベシリャン、ヴィンセント・L・クラーク、アンドレイ・ドゥビンスキー、パードレ・フェリーチェ、キャサリン・フォシュコ、エディップ・ゴルバシ、カミーユ・ジョーヴ、ダイアナ・ラシャタネール、アンゲラ・ロカテリ、スール・マリア、シャノン・M・マルティネス、ケヴィン・パチェッリ、アンドリュー・ロス、チャールズ・ニコラス・サエンス、そしてウィリアム・ヴァン・アルテナとアリシア・ヴァン・アルテナ。

フレデリック・トーマスの情報を求めて、私は、多数の公文書館、図書館、その他の記録保管庫を訪れなくてはならなかった。以下に挙げる施設の職員の方々にはとくにお世話になった（有望に思われた手がかりがまったくの的外れだったといちどならずわかったときも）。バフメチェフ・アーカイヴ（コロンビア大学）、現代国際資料図書館（フランス、ナンテール）、コアホマ郡裁判所（ミシシッピ州クラークスデール）、ナント外交文書センター（フランス）、フィルソン歴史協会（ケンタッキー州ルイヴィル）、財団法人ユダヤ学研究所（アルゼンチン、ブエノスアイレス）、ロッテルダム市公文書館（オランダ）、ロシア連邦国立公文書館（モスクワ）、フーバー研究所図書館（スタンフォード大学）、移民史研究センター（ミネソタ大学）、帝国戦争博物館（ロンドン）、マンデヴィル特別コレクション図書館（カリフォルニア大学サンディエゴ校）、マサチューセッツ歴史協会（ボストン）、ムーアランド＝スピンガーン研究センター（ハワード大学）、シーリー・G・マッド手稿図書館（プリンストン大学）、イギリス国立公文書館、アメリカ国立公文書記録管理局II（メリーランド州カレッジパーク）、ラウナー特別コレクション図書館（ダートマス大学）、聖エスプリ大聖堂（イスタンブール）、シェルビー郡公文書館（テネシー州メンフィス）、ショーンバーグ黒人文化研究センター（ニューヨーク）、スターリング記念図書館（イェール大学）。

この本を信じ、どうプレゼンすべきか賢明な助言を与えてくれたばかりか、温かく迎え入れてくれる港へと巧みに導いてくれた著作権エージェント、インクウェル・マネジメントのマイケル・V・カーライルと彼の有能な助手ローレン・スマイスに感謝申し上げる。グローブ・アトランティックの担当編集者ジョーン・ビンガムに、彼女が本書を熱狂的に受け入れ、最終的なかたちにまとめるにあたり知恵と技術を貸してくださったことに心からお礼申し上げる。

最後に、わが妻シビルと子供たち、ニコラスとソフィア、父、ユージン・A・アレクサンドロフ、いまは亡き母、ナタリヤ・アレクサンドロヴァに、私が「FT」に取り組んでいたこの数年間の彼らの支えと忍耐に心より感謝を捧げる。

解説　境界を越え、歴史に抗って生きた「ロシアの黒人」
——伝記文学と学術研究の化学反応

沼野充義

研究者から伝記作家への転身

二〇〇九年十二月のこと、講演に招かれてイェール大学に行ったおり、本書の著者、ウラジーミル・アレクサンドロフに久しぶりに会った。彼とは一九八一年に私がハーヴァード大学に留学したとき知り合って以来の仲である。そこで初めて会ったとき、彼は博士号を取得したばかり、駆け出しの講師だった。博士論文で取り上げたロシアの象徴主義作家、アンドレイ・ベールイについての最初の著書をまとめようとしているところで、授業ではナボコフの小説を扱っていた。彼はその名前からも分かる通り、アメリカ育ちのロシア人であり、ナボコフと同様、あるいはそれ以上に英語・ロシア語の完璧なバイリンガルである。亡命ロシア人の家庭に生まれ、第二次世界大戦後間もなく、まだ幼児のころアメリカにやってきてニューヨークに育った。名門プリンストン大学大学院で比較文学を専攻、以後、ロシア文学を中心に研究を続けてきた。

一九八一年に彼はすでに輝かしい学者の道を歩み始めていたのだが、私はその頃ただの大学院生である。近づきがたい存在だったはずだが、それでも仰ぎ見るようなハーヴァードの長老教授たちに比べると彼ははるかに若く、私にとっては、身近にいて話がしやすい友人の一人だった。

その後、彼は若くしてイェール大学の教授となり、堂々たる研究書を次々に出し、北米きってのロシア文学者の一人として名声を轟かせるようになった。主要著作だけでも挙げておけば、ベールイの長編

『ペテルブルク』『銀の鳩』『コーチク・レターエフ』を象徴主義の世界認識に関連づけて分析した『アンドレイ・ベールイ――主要な象徴主義小説』(ハーヴァード大学出版局、一九八五年)、ナボコフの小説に秘められた「異世界、彼岸」への志向性を初めて解き明かした『ナボコフの異世界』(プリンストン大学出版局、一九九一年)、そしてトルストイの小説の厳密なテクスト分析を通じて、小説が孕む様々な読みの可能性をマッピングし、テクスト解釈の限界を論じた『解釈の限界――「アンナ・カレーニナ」の意味』(ウィスコンシン大学出版局、二〇〇四年。アメリカ近代言語協会およびアメリカ・スラヴ東欧言語教師協会の優秀研究賞をダブル受賞)の三冊がある。いずれもそれぞれの主題についての画期的な研究書である。

ところが、二〇〇九年に彼に再会したとき、彼は意外なことを言って私を驚かせたのだった――「アカデミックな研究書を書くのはもう十分。いまは別のことをやっている。君は聞いたこともないだろうが、フレデリック・トーマスという黒人についての伝記だ。執筆に夢中になっていて、膨大な原稿が溜まってしまい、編集者からはもっと削らなければならない、と言われている」。

研究に飽きたというよりは、もう既にやるべき重要なことはやってしまった、という心境だったのだろうか。いずれにせよ、研究書をプロダクティヴに書き続けるという学者としての「王道」を離れ、伝記作家に転身するというのは、並大抵の決断ではない。確かに名前を聞いたことすらない――それは私の無知ゆえというよりは、それほどトーマスという人物は忘れられた存在だったのだ――アメリカの黒人について、ロシア文学者がいったいどんな伝記が書けるのだろうと、私は怪訝に思ったのだが、彼の数奇な生涯について説明を聞かされて、びっくりした。これは凡百の小説を超える素晴らしい題材ではないか。すごいものを見つけたものだ!

その成果が、いま日本語訳となって読者が手に取っている本である。英語原著は二〇一三年の刊、原題はシンプルに『黒いロシア人』(*The Black Russian*)。アメリカの奥深い南部で黒人奴隷の子孫として生まれた男が、持ち前の才能と人間的魅力と不屈のチャレンジ精神を発揮して人生の道を切り開き、帝政末期のロシアで夜の享楽の世界の王者となって巨万の富を築いたかと思ったら、急転直下、ロシア革命によってすべてを失い、零落してイスタンブールに落ちのび、そこで再起を図るのだが……といった波瀾万丈の人生の物語は、確かに小説のように読める。ひとたびトーマスの運命の変転の渦に巻き込まれたら、読者は最後まで巻を置くことができないだろう。

しかし、ここで強調しておかねばならないのは、本書がどんなに小説のように面白く読めるからといっても、決して著者の空想を交えた伝記小説ではないということだ。著者は本書を書くために厖大な資料を渉猟し、ワシントンDCから、アメリカ南部、パリ、モスクワ、イスタンブールなどの文書庫も調査し、歴史の忘却の彼方に消えたかに思われた人物についての手がかりを少しずつ集め、無数のピースをつなぎ合わせて精緻な絵を描き出しているのである。著者の描写は、一方では、主人公の行く先々の場所を——その豊かな香りや音を含めて——実に生き生きと描き出す。トーマスが育ったアメリカ南部、モスクワ、イスタンブール——すべてが豊かな生々しい細部とともに再現されている。確かにこれは一流の小説家の筆致だと言ってもよい。しかし、著者は決して資料に基づかない脚色は施さない。そして知られていないことについて触れる際には、推論の姿勢を崩さない。つまり、伝記作家の物語りの才能と、第一線の研究者の緻密さが理想的に組み合わさって、絶妙のバランスを保っているのである。

「無名」の黒人の驚くべき冒険

本書の「主人公」、フレデリック・トーマスは、本書が出版されるまで、事実上、まったく知られていない——つまり殆ど完全に忘れられた——存在だった。伝記というものは普通、程度の差こそあれ多くの人に知られた「有名な」人物の生涯を描くものであり、当然、その人物の名前を書名に冠するものだろう。しかし、本書の場合はそれができなかった——フレデリック・トーマスなどと言っても、一般読者には誰のことか、まったく見当がつかないからだ。そこで『黒いロシア人（*The Black Russian*）』という、ややミステリアスな書名が、編集者の勧めによって決まったのだという。じつは本書はいち早くロシア語にも訳されているのだが（ノーヴォエ・リテラトゥールノエ・オボズレーニエ社、二〇一六年）、その際のロシア語タイトルも英語からの直訳の«Черный русский»である。面白いことに、著者がモスクワで本書について出版記念の講演を行った際に、聴衆の一人の若いロシア人女性が「どうしてこのようなタイトルにしたんですか。〈黒いロシア（人）〉なんて、カクテルの名前みたいでしょう。主人公の名前を表に出せばいいのに」と質問をぶつけているくらいだ。ちなみに、カクテル好きには説明するまでもないが、〈ブラック・ルシアン〉と言えば、ウォッカベースのコーヒー風味の（カルーアなどを使った）カクテルの名称でもある。

本書の魅力は、実際に読んでいただけば誰でもすぐに納得することなので、ここでくだくだしく説明するまでもないのだが、主人公トーマスの華麗で壮大な、文字通り世界をまたにかけた冒険の生涯そのものである。黒人がひどく差別されていた時代のアメリカ南部における黒人奴隷の子孫という、言わば最下層から始まり、帝政末期の爛熟したモスクワで興行主《インプレサリオ》として成功しておとぎ話の長者のように巨万の富を蓄えたところで頂点に立つが、ロシア革命ですべての財産を失って奈落の底に突き落とされ、命からがら亡命した先のコンスタンティノープルで不屈のチャレンジ精神を発揮して無一文から再び事業に乗り出すものの、またしても破産。時代は移り、もはや彼が活躍する余地はなくなり、みじめな最期をとげる——どん底から絶頂までの巨大な振幅を激しく行き来する目まぐるしい人生である。普通の人間の五人分、いや十人分くらいの人生の冒険を、彼一人で体現しており、本書はその全容をくっきりと描き出している。

アメリカ南部の幼少期や、シカゴ、ニューヨークでの修業時代を描いた冒頭の章は、アメリカ文学ではスレイヴ・ナラティヴ（奴隷の物語）として確立しているジャンルに広い意味では連なるもので、これだけでも独立した本になるくらい興味深く、価値が高いものだ。元奴隷の両親が根強い差別と闘い、農場所有者として成功を収めながらも陥れられ、裁判で戦い続けた経緯が克明に再現されているからである。このような両親のもとで育った主人公は、やがて、アメリカ北部に出て、その後、当時のアメリカ黒人としては異例のことだが、アメリカを去ってヨーロッパに旅立つ。放浪の旅はロンドンを皮切りにして始まり、パリでは「世界の成り立ちを知る基礎教育の総仕上げ」を受け、オーステンデ、カンヌ、ベルリン、モンテカルロからブダペストと、目まぐるしい移動が続く。アメリカのような黒人差別がないヨーロッパで、彼は持ち前の天賦の語学力を発揮して行く先々で仕事を見つけながら自由に遍歴の旅を続けた。この部分もまた、「アメリカ黒人のヨーロッパ遍歴時代」として優に一冊の小説になるくらいの材料を含んでいる。そして、その先が、ようやく、本題ともいうべきロシアだ。

巨大な地理的な広がりだけではない。主人公の遍歴の背景となる歴史もまた壮大なパノラマを見せてくれる。根強い差別を受けながら黒人が権利獲得のために戦っていた時代のアメリカから、（広い意味での）ベル・エポックの繁栄を誇る西欧へ、そして社会的矛盾が激化する中で爛熟した都市の享楽的文化を栄えさせていた世紀末のモスクワ、そのすべてを破壊したロシア革命。さらには主人公にとって「第二の祖国」となっていたロシアを革命によって失い、無一文の亡命者に身をやつしてやって来た、難民の溢れるイスタンブールの猥雑で混乱した雑踏――と目まぐるしく歴史の絵巻が展開していく。革命前夜にはかの「怪僧」ラスプーチンが権勢をふるい、不世出のキャバレー歌手アレクサンドル・ヴェルチンスキーが甘く頽廃的な歌で人々を魅了していたのだが、トーマスはいまやロシアの臣民〈フョードル・フョードロヴィチ・トーマス〉となってそのすべてを目撃し、経験したのだった。ちなみに著者アレクサンドロフの調査は驚くほど徹底的で、トーマスがアメリカ市民権を放棄してロシアの国籍を取ったことをアメリカ当局にはなぜかひた隠しにしていた、ということまで突き止めている。そして、隠していたことを知っていたのは、おそらくトーマスの妻と長女だけだったのではないか、そして自分がこの「二枚舌」を知ることになった三人目だろうと、著者はさらっと（おそらく少し誇らしげに）記している。世紀末から革命までのロシアでまた優に一冊の歴史絵巻になり、その先、亡命者を待ち構える運命でさらにもう一冊の冒険小説になる。しかし本書はそのすべてを惜しみなく、一冊の伝記の中に注ぎ込んでいるのだ。

ロシアの「黒い白鳥」と広い魂

フレデリック・トーマスの生涯を追っていて気づかざるを得ない、その生涯をつらぬく一つの筋のようなものがある。それは彼が常に「黒人」という少数者の立場にあって、自分とは違う大多数の「白人」たちとともに仕事をして生きながら、差別を跳ね返し、むしろ少数者であることを長所と魅力に変えて生き抜いたということではないだろうか。アメリカの南部からシカゴ、ニューヨークに出たころ、そこでも黒人はまだ（現代のアメリカとは違って）圧倒的な少数者だったが、ヨーロッパに行ってみれば、黒人という存在はもっと珍しいものになり、アメリカにおけるような社会的差別はほとんどなかった。そこではトーマスが認められ、成功を収められるかは、ひとえに彼個人の才気（卓越した語学力を生かした巧みな話術も含む）と対話する相手の心をつかむ人間的魅力にかかっていた。

そしてロシアに行ってみれば、黒人はさらに珍しい存在だった。百万の人口を誇るモスクワで、黒人の数は十人にも満たなかっただろう、と著者は驚くべき数字を挙げている。つまり、当時のロシアで「黒人」というのは事実上存在していないにも等しかったのである。著者アレクサンドロフも――ロシア文学・文化の歴史に通暁した博学な専門家であるにもかかわらず――当時モスクワの都市生活で黒人が何らかの重要な役割を果たしていたなどとは、夢にも思わなかった。彼自身の語るところによれば、トーマスという名前に初めて出会ったのは、本書で何度も言及される歌手アレクサンドル・ヴェルチンスキーの著作を読んでいたときのことだったという。『長い道を……』という表題のもとに死後だいぶたってからまとめられた彼の回想録を見ると、トーマスと同様亡命してコンスタンティノープルにいたヴェルチンスキーは、この亡命時代について確かにこんなことを書いている――「……私は〈黒い薔薇〉を去って、すでに郊外の〈ステラ〉という庭園で歌っていた。その主人はロシアの黒人として有名なフョードル・フョードロヴィチ・トーマスで、かつてモスクワの〈マクシム〉の支配人だった」。

ごく簡単な言及だが、アレクサンドロフはこれを読んだときびっくりし（そんな「有名なロシアの黒人」などさすがの彼も聞いたことがなかった）、膨大なロシア語の書籍や資料を所蔵するイェール大学の図書館で調べてみてもほとんど資料が出てこなかったので、いよいよ好奇心をそそられ、ついにはサバティカル休暇を利用して世界各地で本格的な資料調査に乗り出したのだという。ちなみにアレクサンドル・ヴェルチンスキー（一八八九―一九五七）は、帝政末期のロシアで一世を風靡したキャバレー歌手・詩人で、革命後亡命してヨーロッパからパレスチナ、アメリカ、中国などを転々とした後、一九四三年に「悔い改めて」ソ連に帰国し、不遇な晩年を送って亡くなった。収容所送りにならなかっただけ、よかったというべきだろうか。死後、伝説的な巨匠として再評価されたが、ソ連では完全に無視された。ここにもロシア革命が生んだ、亡命者の物語がある（詳しくは、拙著『徹夜の塊　亡命文学論』（作品社、二〇〇二年）に収められたヴェルチンスキー論を参照していただきたい）。

ヨーロッパの言語には（英語にも、ロシア語にも）「白いカラス」という慣用句がある。「あり得ないもの、際立って珍しいもの」を意味する表現で、しばしば、人並みはずれて優れているため孤立し、疎外される存在について使われる。トーマスについて言えば、決して孤立もせず、疎外もされなかったが、ただ一人で目立つ「珍しい」存在であるということならば、ぴったり当てはまる。いや、むしろ（あくまでも肯定的な比喩の次元のことで、決して差別的な意味合いをこめるわけではないのだが）色を考えると、「黒い白鳥」と呼んだほうがいいだろうか。彼はアメリカ南部がロシアに贈った「黒い白鳥」だった。唯一無比の存在で、類がなかったという意味では孤絶していたとも言えるが、肌の色でほとんど人を差別しないモスクワの商業界・社交界で、彼はむしろ魅力的な「黒い白鳥」として際立ち、皆に愛されたのである。

ちなみに、ロシア文学史上、「黒人」と言えば、おそらく唯一例外的に登場するのは、ロシアの国民詩人アレクサンドル・プーシキンの母方の曽祖父アブラム・ガンニバルという人物だろう。彼の幼少期については よく分かっておらず、長いことエチオピア出身と言われてきたが、最近では、中央アフリカ(現在のカメルーンのチャド湖近辺)出身という説が有力になっている。つまり彼が「どの程度黒人であった」のかが、いまだに議論の的になっているのだが、いずれにせよ、彼は子供の頃、コンスタンティノープルのスルタンのもとからロシアに連れて来られ、「ピョートル大帝の黒奴」として庇護を受けて養育され、ロシアで軍人としての経歴を歩んだ。もちろんこれは例外的なケースではあるが、そのような人物がロシア政府に重用され、ロシア最大の国民詩人の曽祖父となったことは、思い起こすべきだろう。トーマスとは違う時代のまったく異なったプロフィールではあるが、ある意味ではトーマスの先駆者だったとも言える。

最後に、われらの主人公の人格、性格が本書でどう描かれているかについて、特筆しておきたい。本書の魅力はトーマスの波瀾万丈の生涯そのものであると同時に、彼の人物像を描き出すアレクサンドロフの筆致そのものにあるからだ。すでに指摘した通り、トーマスという人物は稀に見る魅力的な人柄の持ち主であったようで、親切で、相手が何を望んでいるか見抜く洞察力にたけ、男前で、気前がよく、女性にはもちろん、男たちにも(アメリカ的な差別意識さえ持っていない男たちにならば)ずいぶんもてたに違いない。しかし、アレクサンドロフは、決して主人公を手放しで礼賛しない。本書の至るところで、彼の行動を貫いていたのが人間的な親切心や優しさだけでなく、抜け目のない計算でもあったことが、繰り返し指摘されている。気前のいい慈善事業で皆に愛されたとしても、それと表裏一体となった打算もあり、自分の利益のためには法律の裏をかくことも辞さないしたたかさがある一方で、だからと言って弱い立場の小売業者からは金を巻き上げたりするようなことはしない、といった具合である。そして本書ではトーマスが政治や宗教についてどんな考えを持っていたのか（そもそも持っていたのだろうか？）一切語られないが、その代わり「冷徹な現実主義者」としての肖像がくっきり浮かび上がる。

そのように偏らない、否定的な面も見逃さない観察眼に基づく人物造形が行われているとはいえ、全体として見ると、著者がトーマスに対して抱いている共感というか、静かな愛情は――彼が借金を踏み倒して債務監獄に入れられたとしても――変わらない。トーマスは「黄金の心」の持ち主であり、彼は「ロシアの広い心」で人々を魅了したのである。「ロシアの広い心」という表現は本書に何度か登場するが、英語の原文では"broad Russian nature"である。これを（アレクサンドロフ自身が監修している）ロシア語訳は、"широкая русская душа"（「シローカヤ・ルースカヤ・ドゥシャー、直訳すれば「広いロシアの魂」）としており、本書の訳者、竹田円さんはそのロシア語訳の意を汲んで、「ロシアの広い心」としている。じつは「ロシアの心（魂）」というのは、ロシア独自の精神文化に関連してしばしば使われる言い方であり、それが西欧では「謎めいた」という形容とともにロシアの特徴として認識されることになった。「謎めいたロシア魂」は善良だが、極端から極端に走りやすく、異常なまでに幅が広く、普通だったら両立しないものを同居させる器量の大きさ、気前の良さを持っている。ドストエフスキーの長編『カラマーゾフの兄弟』の登場人物ドミトリーは「いや、人間は広い。広すぎるくらいだよ。俺は狭めてやりたいくらいだ」と言っているほどだ。トーマスの「魂の広さ」は彼の周囲の人々に――ロシア人であろうと、アメリカ人であろうと――強い印象を与えたに違いない。

私はトーマスのこのようなロシアの広い「魂」（ドゥシャー）は、アメリカ南部の黒人の「魂」（ソウル）と響き合うものではなかったのか、と密かに考える。語学的にいっても（冗談のように聞こえるかもしれないが）、世界中で私の知る限り、「魂」と言う言葉を頻繁に好んで使うことで際立っているのは、ロシア人とアメリカの黒人である。そうだとすれば「ソウルフル」なアメリカ出身の黒人の魂が、「広い魂」の本場ロシアと出会った、その稀有の記録が本書だとも言えるだろう。いや、そもそも自分も亡命ロシア人である著者アレクサンドロフがトーマスに魅了されたのも、ひょっとしたら、アメリカの黒人とロシア人に共通する「魂」ゆえだったのかもしれない。

本書は英語原書もロシア語訳も多くの読者の関心を惹き、高い評価を受けている。歴史の中に完全に埋もれていた「黒いロシア人」トーマスの数奇な運命が魔法のように掘り起こされて読者を驚嘆させ、魅了したからである。アメリカではミュージカル化、ロシアでは映画化の話も進んでいるという（著者はミュージカルのために歌詞も書いたと聞く）。そのような作品が日本語でも読めることになったのは、個人的にもとても嬉しい。訳者の竹田円さんは英語からの翻訳で経験を積んだ翻訳家だが、じつは東京大学の大学院でロシア文学を専攻し、象徴派作家フョードル・ソログープを研究した経歴を持つ。稀有の本に、理想的な翻訳者が得られたことを喜びたい。

アレクサンドロフは本書出版後、一転して、社会革命党《エスエル》の戦闘団の指導者の一人で、反ボリシェヴィキの闘士であったボリス・サヴィンコフ（筆名ロープシン）の伝記に取り組んでいる。ほぼ完成しており、タイトルは『ロシアの鎖を断ち切るために――皇帝、レーニン、ボリシェヴィキとのボリス・サヴィンコフの戦い』（仮題）だという。そしてもしもさらに余生があったら、南北戦争期アメリカを舞台にリンカーンとその周囲にいたロシア人を描いた大作に取り組みたいとも言っている。完成すれば、アメリカ版『戦争と平和』になるのではないだろうか。もちろん、そのどちらも早く完成し、早く読めるようになることを期待したい。

訳者あとがき

本書は、ウラジーミル・アレクサンドロフ著、*The Black Russian* の全訳である。

奴隷解放直後のアメリカ南部で生を享け、長じてヨーロッパに渡り、ロシア革命前夜のモスクワで興行師として一世を風靡し、巨万の財を成した黒人、フレデリック・ブルース・トーマス（一八七二―一九二八）の生涯を、日本の読者のみなさまに余すところなく伝えることができて、たいへん嬉しく思っている。

だが、「フレデリック・ブルース・トーマス」という名前を聞いてぴんとくる人が、この日本にいったい何人いるだろう。彼が活躍したロシア帝国はおろか、一九一七年の革命で産声をあげたソヴィエト連邦も、百年ともちこたえることができずに崩壊した。つまりこれは、ひと昔もふた昔も前の時代の、虚空に呑み込まれ消滅した国が舞台の、無名人の物語なのだ。この本をいまの日本で紹介する価値がどこにあるのだろう。それが、原著を手にしたときの率直な感想だった。

しかし、ページをいったんめくりだせば、インターネットなど夢のまた夢の時代に、パスポートももたず単身祖国を飛び出し、誰ひとり知る人のないロシアでアメリカン・ドリームを実現したフレデリックのバイタリティにすっかり圧倒されてしまった。奴隷制度が廃止された直後のアメリカでは、ジム・クロウ法に象徴されるように、肌の色による差別がいわば制度化されており、アフリカ系アメリカ人たちは、職業はおろか生き方も自由に選ぶことができなかった。フレデリックはそんなアメリカをひょいと飛び出して、ヨーロッパ諸国を渡り歩き、各国の言語と洗練された所作、そして鋭い人間観察眼を身に着け、文字通り自分の腕一本で、みずから第二の祖国と選んだロシアで巨万の富を築く。フレデリックが生きた時代、それは、欧米で工業化がいちじるしく進み、都市人口が急増し、可処分所得をはじめて手にした大衆が余暇をどう過ごすかを考えるようになった時代でもあった。フレデリックの華麗なサクセス・ストーリーを追いかけることによって、私たちは、現代のテーマパークの原型である娯楽庭園を、さまざまなショーと食事を同時に楽しむことができるカフェ・シャンタンやレストランを、タンゴやジャズの熱狂を、観戦型スポーツの興行を……要するに、二十世紀におおいに発展を遂げたエンターテイメント産業の黎明期の実態を、フレデリックや、彼の同時代人の生々しい証言を通してつぶさに知ることができるのである。

本書は、フレデリックが生きた時代とその文化的諸相を描くだけでなく、人間が抱える普遍的な問題への洞察につながる大きな問いも内包している。そのひとつが「差別」の問題だ。原題が「Black Russian」であることからあきらかなように、この作品では、フレデリックの肌の色、ひいては肌の色による差別が大きなテーマとなっている。フレデリックは、肌の色による差別が社会を支配するアメリカを見かぎって飛び出す。そして渡ったヨーロッパの国々では、アフリカ系の黒人に対する差別がないことを知る。だが、イギリスにはインド人をはじめ被植民地の人々に対する差別が、フランスやロシアにはユダヤ人に対する激しい差別が存在し、ボリシェヴィキ革命後のロシアでは階級による差別が誕生する。トルコのコンスタンティノープルに逃れれば、現地の人々のあいだに黒人に対する偏見はないものの、人種的偏見に染まったアメリカ人外交官たちにふたたび苦しめられる。フレデリックは（そして彼の眼差しを通して私たちも）、あらゆる社会に差別が存在すること、しかし、その差別がじつに恣意的なものであることを知るのである（蛇足ながら、差別が後天的に作られるものであることを示す科学的知見が存在することを指摘しておきたい）。

人種、言語、階級、宗教、フレデリックはあらゆる壁を乗り越えるべく奮闘し、軽やかに飛び越えていく。だが、事業については目端の利く彼も、政治の地殻変動が足元で起きていることは見抜けなかった。それはたんにフレデリックに先見性の明がなかったということなのだろうか。『ロシア革命下ペトログラードの市民生活』(長谷川毅、中公新書)の冒頭に印象的な叙述がある。二月革命の直後にペトログラードに到着したひとりの老婆が、革命を祝って多くの建物に赤旗が掲げられているのに気づき、「いったい何が起こったんだろう。今日は皇室の何かのお祝いだったのかしら」と呟く。いわゆる「低俗新聞」の社会面記事から、ロシア革命期のペトログラードの市民生活を読み解こうとした著者の長谷川氏は、「低俗新聞」と呼ばれるもの、あるいは文学作品を通じてのみ「政治過程外におかれた多数の人間の沈黙の重さ」を知ることができると述べておられるが、まさに本書に描かれているものこそ、この「政治過程外におかれた多数の人間の沈黙」にほかならない。フレデリックに代表される日々を生きるのに精いっぱいの民衆には、次にどんな時代が来るのかなどわからない。この作品を読んでいるうちに浮かびあがってくるのは、声をもたず歴史の地層のなかに埋もれていった圧倒的多数の人々の横顔であり、それを可能にしたのは、アメリカ、ロシア、フランス、トルコ……世界各地の公文書館や図書館に足を運び、膨大な資料に目を通し、緻密な調査を行なった著者の情熱と献身にほかならない。

個人のどんな努力も打ち砕く圧倒的な、法律、国家、歴史の力。その力に屈服させられ、寄る辺なき身となってボスポラス海峡の波間に漂う難民たちの姿は、そのまま現代の地中海を漂流する難民たちの姿に重なる。壁がひとつ砕かれれば、またひとつあらたな壁が築かれる状況は、現代も百年前とまったく変わりない。類まれなる勇気を発揮して白人に抵抗したフレデリックの父親は惨殺され、腕一本で叩き上げ、凡人には想像もつかない夢を現実に変えたフレデリックは極貧のうちに獄中死する。救いはないように思えて、しかし、読後感は不思議と爽快だ。

本書には、どんな悲惨な状況に置かれても、たくましく、ふてぶてしく生きていこうとする民衆のエピソードも満載されている。第一次世界大戦中、酒の禁制をかいくぐり、なんとしても酒を飲もうとしたロシア人たちの奮闘ぶり、革命後、亡命先のコンスタンティノープルでロシア人たちが考案したというゴキブリレースや、現代の日本のメイド喫茶をほうふつとさせるカフェ……。そして、コンスタンティノープルの大通りを、従業員を引き連れて練り歩き、すれ違う人たち全員に大盤振る舞いしたというフレデリック。この世の憂さを忘れて楽しいひとときに酔いしれたい……いまも昔も変わらない、そんな大衆に夢を提供し続けたフレデリックは、みずからも人生を楽しむことを忘れない人だった。日々を楽しめ、そして生き抜け、そんな著者のメッセージが聞こえてくるような気がした。

最後になりましたが、このすばらしい作品を翻訳する機会を与えてくださった、東京大学文学部教授沼野充義先生に心より感謝いたします。一九八九年、東京大学教養課程駒場キャンパスの片隅で、当時助教授だった沼野先生による「現代ソヴィエト文学を読む」というゼミが開講された。受講生は訳者を含め四人というこぢんまりとしたゼミだった。当時ロシアはまだソ連で、ゴルバチョフ書記長の下でペレストロイカとグラスノスチが進行中だった。あるとき先生が「ナボコフの『ロリータ』がソ連で解禁されました。みなさん、これはすごいことなんですよ！」とおっしゃったことを覚えている。当時、その言葉の重みはわからなかったが、先生の熱量は伝わってきた。本書を執筆されたアレクサンドロフ教授はナボコフ研究の泰斗である。ささやかな、だが幸せなご縁に感謝したい。最後の最後になりますが、拙訳に対して隅から隅まで綿密なチェックを入れてくださり、数多くの誤りを訂正してくださった白水社の編集者、栗本麻央さんにもこの場を借りて心から御礼申し上げます。

翻訳するにあたり、本作品では肌の色による人種差別が大きなテーマとなっていることを念頭に置いて、原著の black American という表記については、アフリカ系アメリカ人ではなく、あえて「黒人のアメリカ人」という訳語を採用した。そのほうが著者の意図を汲むことになると判断したためである。不快に思われた方もいらっしゃるかもしれないが、どうぞご容赦いただきたい。

二〇一九年八月

竹田　円

本書には、現代においては差別表現と見なされる表現が含まれていますが、本書で扱われる当時の時代背景や人々が置かれた境遇に関して、歴史的に描き出そうとする原著者の企図に沿うかたちで、原文を損なわない範囲で翻訳しています。けっして差別の助長を意図するものではないことはご理解ください。

編集部

索引（フレデリック本人は割愛した）

出典一覧

公文書館資料および未刊行資料

CADN　Centre des Archives Diplomatiques de Nantes, France.〔ナント外交文書センター〕

CC　Coahoma County Courthouse, Chancery Court Records, Clarksdale, MS.〔コアホマ郡裁判所、衡平法裁判所記録〕

CCD　Chancery Dockets Books（plus volume).〔衡平法裁判所訴訟事件一覧書〕

CCI　Index Land Deeds Books（plus volume).〔土地譲渡証書索引〕

CCM　Chancery Court Minutes Books（plus volume).〔衡平法裁判所議事録〕

CCR　Deed Record Books（plus volume).〔不動産譲渡記録書〕

Cemetery　"Cherry Hill Cemetery, Coahoma County, MS," and "Cheairs Cemetery," typed registers of burials compiled by Judy Flowers and Graydon Flowers, Dublin, MS.〔「ミシシッピ州、コアホマ郡、チェリーヒル墓地」および「チェアーズ墓地」埋葬者のタイプされた名簿〕

CP　Consular Post Records（plus city and box or volume number), Department of State, Record Group 84, NARA II.〔在外領事館記録〕

CPI　Consular Post Records Istanbul（plus volume number), Turkey, Department of State, Record Group 84, NARA II.〔在外領事館記録イスタンブール〕

DF　Frederick Thomas Dossier, Passport Correspondence（Cutter File), 1910–1925, box 322, file 130 T 3675, RG 59.〔フレデリック・トーマス関係書類、1910–1925〕

DP　Diplomatic Post Records（plus country or city and volume number), Department of State, Record Group 84, NARA II.〔在外公館記録〕

DPT　Diplomatic Post Records Turkey（plus volume number), Department of State, Record Group 84, NARA II.〔在外公館記録トルコ〕

DV　Valentine Thomas Dossier, Passport Correspondence（Cutter File), 1910–1925, box 321, file 130 T 3671, RG 59.〔ヴァレンチナ・トーマス関係書類、1910–1925〕

FC　Farikeuy Catholic Cemetery, Record Books, Istanbul.〔フェリキョイ・カトリック墓地、記録簿〕

FO　Foreign Office Records, National Archives, Kew, Richmond, Surrey, England.〔外務省記録〕

GARF　Gosudarstvennyi Arkhiv Rossiiskoi Federatsii, Moscow.〔ロシア連邦公文書館〕

Hoover　Hoover Institution Library, Stanford University, Palo Alto, California. Fisher: Edgar J. Fisher Papers.〔エドガー・J・フィッシャー文庫、フーバー研究所図書館〕

Interviews　Bruce Thomass, November 8, 2006; June 16, 18, 2009; November 15, 2010; Paris.〔ブルース・トーマスとのインタビュー。2006年11月8日、2009年6月16、18日、2010年11月15日、パリ〕

LC　Library of Congress, Washington, DC.〔アメリカ議会図書館〕

Mabry　Mabry Malcolm, editor, "Hopson Bayou Neighborhood," 1996. Compilation of articles by Olive Edwards from Here's Clarksdale, 1980–1983, and others; plus additional materials. North Delta Museum, Friars Point, MS.〔マブリー・マルコム編「ホプソン・バイユー地域」、1996年〕

MLB　Mark Lambert Bristol Papers, War Diary, Library of Congress, Washington, DC.〔マーク・ランバート・ブリストル文書、戦争日記〕

NARA　National Archives and Records Administration, Washington, DC.〔アメリカ国立公文書

記録管理局〕

NARA II　National Archives and Records Administration II, College Park, MD.〔アメリカ国立公文書記録管理局 II〕

North　North Delta Museum, Friars Point, MS.〔ノースデルタ博物館〕

Pence　Harry Pence Papers, Mandeville Special Collections Library, University of California, San Diego.〔ハリー・ペンス文書、マンデヴィル特別コレクション図書館〕

RG 59　Record Group 59, Department of State, NARA II.〔記録グループ 59、国務省、NARA II〕

RG 84　Record Group 84, Department of State, NARA II.〔記録グループ 84、国務省、NARA II〕

RGIA　Rossiiskii Gosudarstvennyi Istoricheskii Arkhiv, St. Petersburg.〔ロシア国立歴史文書館〕

SE　Saint Esprit Catholic Cathedral, Record Books, Istanbul.〔聖エスプリ・カトリック大聖堂、記録簿〕

Serpoletti　A. Z. Serpoletti, "Moskovskie uveselitel'nye sady. Ocherk, 1928, okt. 4." F. 533. Sobranie vospominanii i dnevnikov. Gosudarstvennyi tsentral'nyi teatral'nyi muzei imeni A. A. Bakhrushina, Moscow.〔A・Z・セルポレッティ「モスクワの娯楽庭園。概説、1928 年 10 月 4 日」〕

TsANTDM　Tsentral'nyi Arkhiv Nauchno-Tekhnicheskoi Dokumentatsii Moskvy, Moscow.〔モスクワ中央科学技術文書館〕

TsIAM　Tsentral'nyi Istoricheskii Arkhiv Moskvy, Moscow F. 1476: Records of the Saints Peter and Paul Lutheran Evangelical Church, Moscow.〔聖ペトロ・パウロ福音ルーテル教会の記録、モスクワ中央歴史文書館〕

TT　Edgar Turlington's transcript of Frederick Bruce Thomas's autobiographical statement; in Turlington to George L. Brist, 8 February 1924, 7 pages, Passport Correspondence (Cutter File), box 322, 130 T 3675, DF, RG 59.〔エドガー・ターリントンによる、フレデリック・ブルース・トーマスの自伝的叙述の記録。ターリントンからジョージ・L・ブリストへの書簡、1924 年 2 月 8 日付〕

文献

Abbott, Mary. *A Woman's Paris. A Handbook of Every-Day Living in the French Capital*. Boston, MA, 1900.

Adil, Fikret. *Gardenbar Geceleri*. Istanbul, 1990.

Ahmad, Feroz. *The Making of Modern Turkey*. London, 1993.

Aiken, Charles S. *The Cotton Plantation South Since the Civil War*. Baltimore, MD, 1998.

Alekseev, A. G. *Ser'eznoe i smeshnoe. Shest'desiat piat' let v teatre i na estrade*. Moscow, 1984.

Al'perov, Dmitrii. *Na stsene starogo tsirka. Zapiski klouna*. Moscow, 1936.

The American Slave: A Composite Autobiography. Series One, Vol. 7: *Oklahoma and Mississippi Narratives*. General Editor George P. Rawick. 1941. Rpt. Westport, CT, 1972.

Andreev, Vadim L. *Istoriia odnogo puteshestviia. Povesti*. Moscow, 1974.

Andreyev, Catherine, and Ivan Savický. *Russia Abroad: Prague and the Russian Diaspora, 1918–1938*. New Haven, CT, 2004.

Anisimov, Aleksandr V. *Teatry Moskvy. Vremia i arkhitektura*. Moscow, 1984.

Annals of Our Colonial Ancestors and Their Descendants; or, Our Quaker Forefathers and Their Posterity. Compiled by Ambrose M. Shotwell. Lansing, MI, 1895.

Argus [Mikhail Zheleznov]. "Slukhi i fakty." *Novoe russkoe slovo*. October 19,1965, 2.

Armstrong, Harold. *Turkey in Travail. The Birth of a New Nation*. London, 1925.

Ascher, Abraham. *The Revolution of 1905*. Vol. 1. Stanford, CA, 1988.

Auditorium. Chicago, 1890.

Baedeker, Karl. *Belgium and Holland, Including the Grand-Duchy of Luxembourg. Handbook for Travelers*. Leipzic, 1901.

———. *London and Its Environs. Handbook for Travelers*. Leipzic, 1898.

———. *London and Its Environs. Handbook for Travelers*. Leipzig, 1908.

———. *Paris and Environs, with Routes from London to Paris. Handbook for Travelers*. Leipzig, 1904.

———. *Russia with Teheran, Port Arthur, and Peking. Handbook for Travelers*. Leipzig, 1914.

———. *South-Eastern France, Including Corsica. Handbook for Travelers*. Leipzic, 1898.

Baker, James. *Turkey*. New York, 1877.

Bareilles, Bertrand. *Constantinople. Ses cités franques et levantines*. Paris, 1918.

Beatty, Bessie. "The Bogy-Man of the Bosporus." *The Century Magazine*, Vol. 104, No. 5 (September 1922), 705–15.

Bercaw, Nancy. *Gendered Freedoms. Race, Rights, and the Politics of Household in the Delta, 1861–1875*. Gainesville, FL, 2003.

Biographical Directory of the United States Congress, 1774–Present, http://bioguide.congress.gov/scripts/biodisplay.pl?index=b000968.

Biographical and Historical Memoirs of Mississippi. Vol. 1. Chicago, IL, 1891.

Blakely, Allison. *Russia and the Negro: Blacks in Russian History and Thought*. Washington, DC, 1986.

"Blanche Kelso Bruce." *Black Americans in Congress*, Senator, 1875–1881, Republican from Mississippi, http://baic.house.gov/member-profiles/profile.html?intID=127.

Bogart, Ernest Ludlow, and John Mabry Mathews. *The Centennial History of Illinois. Vol. 5: The Modern Commonwealth, 1893–1918*. Springfield, IL, 1920.

Bohon, John W. "Brusilov Offensive (4 June to 20 September 1916)." *The European Powers in the First World War: An Encyclopedia*. Edited by Spencer C. Tucker et al. New York, 1996, 145–47.

Bond, Beverly G., and Janann Sherman. *Memphis: In Black and White*. Charleston, SC, 2003.

Bonner, Jimmy A. *Propping on a Gooseneck. Boyhood Wanderings of the Last of the White Mississippi Delta Sharecroppers. Coahoma County, Mississippi*. Starkville, MS, 2005.

Borovsky, Victor. *Chaliapin: A Critical Biography*. New York, 1988.

Brieger, James F. *Hometown, Mississippi*. Jackson, MS, 1997.

Brooklyn Daily Eagle Almanac, 1894. Brooklyn, NY, 1894.

Brooklyn Daily Eagle Almanac, 1901. Brooklyn, NY: n. p., 1901.

"Bruce, Blanche Kelso." *Biographical Directory of the United States Congress, 1774–Present*, http://bioguide.congress.gov/scripts/biodisplay. pl?index=b000968.

Brygin, Nikita. "Tainy, legendy, zhizn'. Fakel voobrazheniia." *Gde obryvaetsia Rossiia*. Editors A. A. Taubenshlak and E. L. Iavorskaia. Odessa, 2003, 410–88.

Burdzhalov, Eduard N. *Russia's Second Revolution: The February 1917 Uprising in Petrograd*. Translated and Edited by Donald J. Raleigh. Bloomington, IN, 1987.

Campbell, James. *Talking at the Gates: A Life of James Baldwin. Berkeley*, CA, 1991.

Caron's Directory of the City of Louisville for 1893. Louisville, KY, 1893 [and subsequent yearly editions for 1894, 1895, 1896].

Cheairs, Calvin, et al. v. Lucius Smith et al. *Reports of Cases Argued and Determined in the High Court of Errors and Appeals, for the State of Mississippi*. Vol. 37. Edited by James Z. George. Vol. 8, Parts of Terms of April 1859, October 1859. Philadelphia, PA, 1860, 646–68.

Cheairs', Calvin, Executors v. Samuel D. Cheairs' Administrators. *Report of Cases Decided by the Supreme Court of Mississippi at the October Term 1902*. Vol. 81. Reported by T. A. McWillie. Nashville, TN, 1903, 662–75.

Chicago by Day and Night. The Pleasure Seeker's Guide to the Paris of America. Chicago, IL, 1892.

Cleveland, William L., and Martin Bunton. *A History of the Modern Middle East*. Boulder, CO, 2009.

Cobb, James C. *The Most Southern Place on Earth: The Mississippi Delta and the Roots of Regional Identity*. Oxford, 1992.

Cockfield, Jamie H. "Philip Jordan and the October Revolution, 1917." *History Today*. Vol. 28, No. 4 (April 1978), 220–27.

Cohn, David L. *The Mississippi Delta and the World. The Memoirs of David L. Cohn*. Edited by James C. Cobb. Baton Rouge, LA, 1995.

———. *Where I Was Born and Raised*. Boston, MA, 1948.

Constantinople To-Day, or The Pathfinder Survey of Constantinople. A Study in Oriental Social Life. Directed by Clarence Richard Johnson. New York, 1922.

Criss, Nur Bilge. *Istanbul Under Allied Occupation, 1918–1923*. Leiden, 1999.

Dadamian, Gennadii G. *Teatr v kul'turnoi zhizni Rossii (1914–1917)*. Moscow, 2000.

Daniels, Roger. *Guarding the Golden Door: American Immigration Policy and Immigrants Since 1882*. New York, 2004.

deCoy, Robert H. *Jack Johnson. The Big Black Fire*. Los Angeles, 1969.

Deleon, Jak. *The White Russians in Istanbul*. Istanbul, 1995.

The Department of State Personnel and Organization. December 31, 1921. Washington, DC, 1922.

Despatches from United States Ministers to Russia, 1808–1906. Record Group 59. Microfilm M-35. Washington, DC: National Archives and Records Service. 1953.

De Windt, Harry. *Russia as I Know It*. London, 1917.

Dickerson, Susan, et al. v. W. N. Brown (October 1873). *Reports of Cases Decided by the Supreme Court of Mississippi*. Vol. 49, *October Term, 1873, April Term, 1874*. Vol. 1. Jackson, MS, 1874, 357–76.

Dickerson, W. H., v. Lewis T. Thomas (April 1890). *Reports of Cases Decided by the Supreme Court of Mississippi*. Vol. 67, *October Term, 1889, April Term, 1890*. Philadelphia, PA, 1890, 777–89.

———. (October 1890). *Reports of Cases Decided by the Supreme Court of Mississippi*. Vol. 68. *October Term, 1890, April Term, 1891*. Philadelphia, PA, 1891, 156–58.

Dmitriev, Iu. A. "Akvarium." *Estrada Rossii. Dvadtsatyi vek. Leksikon*. Editors E. D. Uvarova et al. Moscow, 2000, 20–21.

Dolgorukov, Kniaz' Pavel Dmitrievich. *Velikaia Razrukha*. Madrid, 1964.

Dos Passos, John. *Orient Express*. New York, 1927.

Dowling, Timothy C. *The Brusilov Offensive*. Bloomington, IN, 2008.

Dow's Memphis Directory, 1885. Memphis, 1885 [and subsequent yearly editions for 1886, 1887, 1888, 1889, 1890, 1891, 1892].

Drake, St. Clair, and Horace R. Clayton. *Black Metropolis. A Study of Negro Life in a Northern City*. Revised and enlarged edition. Vol. I. New York, 1970.

Drape, Joe. *Black Maestro: The Epic Life of an American Legend*. New York, 2006.〔ジョー・ドレイプ『黒人ダービー騎手の栄光――激動の 20 世紀を生き抜いた伝説の名ジョッキー』真野明裕訳、アスペクト、2007 年〕

Duke, Vernon. *Passport to Paris*. Boston, MA, 1955.

Dunn, Robert. *World Alive: A Personal Story*. New York, 1956.

Dwight, H. G. *Constantinople Old and New*. 1915. Rpt. New York, 2002.

Dzhunkovsky, Vladimir F. *Vospominaniia*. 2 Vols. Editor A. L. Panina. Moscow, 1997.

Edwards, Olive. "The Hopson Bayou Neighborhood." *Here's Clarksdale*, Vol. 14, No. 5. (September–October 1980), 6–8.

———. "The Hopson Bayou Neighborhood." *Here's Clarksdale*, Vol. 15, No. 5 (September–October 1981), 6–8.

Elson, Louis Charles. *European Reminiscences, Musical and Otherwise*. Philadelphia, PA, 1896.

Engel, Barbara Alpern. *Between the Fields and the City. Women, Work, and Family in Russia, 1861–1914*. Cambridge, 1994.

Engelstein, Laura. *Moscow, 1905: Working-Class Organization and Political Conflict*. Stanford, CA, 1982.

"Episkop-Negr." Niva. *Illiustrirovannyi zhurnal literatury, politiki i sovremennoi zhizni*, No. 44 (October 30, 1904), 880.

"The Fall of Kerensky. Circumstantial Narrative of Capture of the Winter Palace and Kerensky's Escape — The Women Defenders." *The New York Times Current History. The European War*. Vol. XIV. *January–March 1918*. New York, 1918, 302–7.

Farson, Negley. *The Way of a Transgressor*. New York, 1936.

Fitzpatrick, Sheila. *The Russian Revolution*. 3rd ed. New York, 2008.

"Freedmen's Bureau." (2008). In *Encyclopædia Britannica*. Retrieved Aug. 13, 2008, from *Encyclopædia Britannica* Online: http://www.search.eb.com/eb/article-9035296; http://en.citizendium.org/wiki/Freedmen's_Bureau#_ref-8.

Fussell, Paul. *Uniforms. Why We Are What We Wear*. Boston, MA, 2002.

Gaisberg, F. W. *Music on Record*. London, 1946.

Garrigues, Henry J. *A Text-Book of the Science and Art of Obstetrics*. 2nd ed. Philadelphia, PA, 1907.

Gde obryvaetsia Rossiia. Editors A. A. Taubenshlak and E. L. Iavorskaia. Odessa, 2003.

Gilbert, Morris. "Alors, Pourquoi?" *The Smart Set*. Vol. LXXII, No. 3 (November 1923), 47–48.

Greer, Carl Richard. *The Glories of Greece*. Philadelphia, PA, 1936.

Griffiths, William R. *The Great War*. The West Point Military History Series. Garden City Park, NY, 2003.

Gurko, Vladimir I. "Sobytiia v Odesse." *Gde obryvaetsia Rossiia*. Editors A. A. Taubenshlak and E. L. Iavorskaia. 1924. Rpt. Odessa, 2003, 129–54.

Hamilton, G. P. *The Bright Side of Memphis. A Compendium of Information Concerning the Colored People of Memphis, Tennessee, Showing Their Achievements in Business, Industrial and Professional Life and Including Articles of General Interest on the Race*. Memphis, TN, 1908.

Hanioğlu, M. Şükrü. *Atatürk: An Intellectual Biography*. Princeton, NJ, 2011.

Harris, Leslie M. *In the Shadow of Slavery: African Americans in New York City, 1626–1863*. Chicago, IL, 2003.

Herlihy, Patricia. *The Alcoholic Empire. Vodka and Politics in Late Imperial Russia*. Oxford, 2002.

Herring, George C. *From Colony to Superpower. U. S. Foreign Relations Since 1776*. New York, 2008.

Heyking, Baron A. *Practical Guide for Russian Consular Officers and Private Persons Having Relations with Russia*. London, 1904.

Hildebrand, Arthur Sturges. *Blue Water*. New York, 1923.

Holmes, Burton. *Travelogues. With Illustrations from Photographs by the Author*. Vol. 8. *St. Petersburg. Moscow. The Trans-Siberian Railway*. New York, 1910.

Holquist, Peter. *Making War, Forging Revolution: Russia's Continuum of Crisis, 1914–1921*. Cambridge, MA, 2002.

Hotaling, Ed. *Wink. The Incredible Life and Epic Journey of Jimmy Winkfield*. New York, 2005.

Houghteling, James L., Jr. *A Diary of the Russian Revolution*. New York, 1918.

Il'in, Pavel. "Glava IV. Geografiia kul'tury Moskvy v kontse XIX — nachale XX veka." *Moskva rubezha XIX i XX stoletii. Vzgliad v proshloe izdaleka*. Editors Pavel Il'in and Blair A. Rubl. Moscow, 2004, 131–94.

Il'in, Pavel, and Mikaella Kagan. "Glava I. Moskva na perelome stoletii." *Moskva rubezha XIX i XX stoletii. Vzgliad v proshloe izdaleka*. Editors Pavel Il'in and Blair A. Rubl. Moscow, 2004, 18–63.

Insurance Maps of Memphis, Tennessee. New York: Sanborn Map and Publishing Company, 1888.

Insurance Maps of Memphis, Tennessee. Vol. 2. New York: Sanborn-Perris Map Company, 1897.

Ippolitov, Sergey, et al. *Tri stolitsy izgnaniia. Konstantinopol', Berlin, Parizh*. Moscow, 1999.

Jahn, Hubertus F. *Patriotic Culture in Russia During World War I*. Ithaca, NY, 1995.

Johnson, Jack ［John Arthur］. *Jack Johnson in the Ring and Out*. Chicago, IL, 1927.

———. *Jack Johnson Is a Dandy: An Autobiography*, New York, 1969.

Johnson, William E. *The Liquor Problem in Russia*. Westerville, OH, 1915.

Jukes, Geoffrey. *The First World War: The Eastern Front, 1914–1918*. Oxford, 2002.

Kantorovich, V. "Frantsuzy v Odesse." *Gde obryvaetsia Rossiia*. Editors A. A. Taubenshlak and E. L. Iavorskaia. Rpt. Odessa, 2003, 248–65.

Karay, Refik Halid. "Caz Faslı" ［1922］. Rpt. in *Guguklu Saat*. Istanbul, 1940, 102–5.

Kazansky, Konstantin. *Cabaret russe*. Paris, 1978.

Keeny, S. M. "Relief Work in Poland and Russia." *American Oxonian*. Vol. 9, No. 1 (January 1922), 102–7.

Kelly, Catriona. *Children's World. Growing Up in Russia, 1890–1991*. New Haven, CT, 2007.

Kenez, Peter. *Civil War in South Russia, 1918: The First Year of the Volunteer Army*. Berkeley, CA, 1971.

———. *Civil War in South Russia, 1919–1920: The Defeat of the Whites*. Berkeley, CA, 1977.

———. *A History of the Soviet Union from the Beginning to the End*. 2nd ed. Cambridge, 2006.

Kettle, Michael. *Churchill and the Archangel Fiasco. November 1918–July 1919*. New York, 1992.

Kitchen, Karl K. *The Night Side of Europe, as Seen by a Broadwayite Abroad*. Cleveland, OH, 1914.

Klement'ev, Vasilii F. *V bol'shevitskoi Moskve (1918–1920)*. Moscow, 1998.

Kostrova, Varvara. *Litsa skvoz' gody. Sobytiia. Vstrechi. Dumy*. St. Petersburg, 2006.

Kriger, Vladimir A. *Akterskaia gromada. Russkaia teatral'naia provintsiia, 1890–1902*. Moscow, 1976.

Kurukin, Igor', and Elena Nikulina. *"Gosudarevo kabakskoe delo." Ocherki piteinoi politiki i traditsii v Rossii*. Moscow, 2005.

Kuznetsov, Evgenii. *Iz proshlogo russkoi estrady. Istoricheskie ocherki*. Moscow, 1958.

Labor Contracts of Freedmen, Records of the Assistant Commissioner for the State of Mississippi, Bureau of Refugees, Freedmen, and Abandoned Lands, 1865–1869. Record Group 105. Microfilm M826, Rolls 43–50. Washington, DC: National Archives Microfilm Publications, 1971.

The Lakeside Annual Directory of the City of Chicago, 1889. Reuben H. Donnelley, Compiler. Chicago, IL, 1889 [and subsequent yearly editions for 1890, 1891, 1892, 1893].

Langum, David J. *Crossing Over the Line: Legislating Morality and the Mann Act*. Chicago, IL, 1994.

Lawford, Stephen. *Youth Uncharted*. New York, 1935.

LeMoyne Normal Institute, Memphis, Tennessee. 1883–1884. Memphis, 1884. Online at http://www.archive.org/stream/lemoynenormalins001emo.

Letopis' rossiiskogo kino, 1863–1929. Edited by A. S. Deriabin et al. Moscow, 2004.

Lewis, Bernard. *The Emergence of Modern Turkey*. 3rd ed. New York, 2002.

Life and Labour of the People of London. Vol. 9. Edited by Charles Booth. London, 1897.

Lloyd, Craig. *Eugene Bullard. Black Expatriate in Jazz-Age Paris*. Athens, GA, 2000.

Lobanov-Rostovsky, Prince Andrey. *The Grinding Mill. Reminiscences of War and Revolution in Russia, 1913–1920*. New York, 1936.

Lockhart, R. H. Bruce. *British Agent*. New York, 1932.

Lomax, Alan. *The Land Where the Blues Began*. New York, 1993.

Lotz, Rainer E. *Black People: Entertainers of African Descent in Europe and Germany*. Bonn, 1997.

Mackenzie, Compton. *First Athenian Memories*. London, 1931.

———. *My Life and Times. Octave Five, 1915–1923*. London, 1966.

Maksimov, Valery, and Andrey Kokorev. *Chelovek iz "Yara."* Moscow, 2001.

Mannix, Daniel P., 3rd. *The Old Navy*. Editor Daniel P. Mannix 4th. New York, 1983.

Mansel, Philip. *Constantinople: City of the World's Desire, 1453–1924*. London, 1995.

Marcosson, Isaac F. "When Constantinople Went Dry." *Saturday Evening Post*. Vol. 196, No. 36 (March 8, 1924), 40–48.

Margo, Robert A. *Race and Schooling in the South, 1880–1950. An Economic History*. Chicago, IL, 1990.

Margulies, M. S. *Letopis' revoliutsii*. Berlin, 1923.

The Marriage Laws of Soviet Russia. New York: Russian Soviet Government Bureau, 1921.

McKay, Claude. "Soviet Russia and the Negro." *Crisis* (December 1923), 61–65.

———. "Soviet Russia and the Negro (Concluded)." *Crisis* (January 1924), 114–18.

McMeekin, Sean. *History's Greatest Heist: The Looting of Russia by the Bolsheviks*. New Haven, CT, 2009.

Merriman, John. *A History of Modern Europe. From the French Revolution to the Present*. Vol. 2. 2nd ed. New York, 2004.

Monakhov, Nikolai F. *Povest' o zhizni*. Leningrad, 1936.

Monkhouse, Allan. *Moscow, 1911–1933*. Boston, MA, 1934.

Moore, Jerrold Northrop. *Sound Revolutions. A Biography of Fred Gaisberg, Founding Father of Commercial Sound Recording*. London, 1999.

Moore, John Bassett. *A Digest of International Law*. 8 Vols. Vol. III. Washington, DC, 1906.

Morfessi, Yurii. *Zhizn', Liubov', Stsena. Vospominaniia russkogo baiana*. Paris, 1931.

Munholland, J. Kim. "The French Army and Intervention in Southern Russia." *Cahiers du Monde Russe et Soviétique*. Vol. 22, No. 1 (January–March 1981), 43–66.

Murat, Princess Lucien. "A French Princess Savours Turkish Delights." *Vogue* (April 1922), 70, 76.

Nansen, Dr. Fridtjof. *Armenia and the Near East*. London, 1928.

Nordhoff, Charles. *The Cotton States in the Spring and Summer of 1875*. New York, 1876. Rpt. New York, n. d.

Oats, Willie Lee, Jr. *Delta Blues. The History of My Family and Life on the Plantation*. St. Louis, MO: Willie Lee Oats, Jr., 1980.

Okunev, Nikita P. *Dnevnik moskvicha*. Paris, 1990.

Palmer, Scott W. *Dictatorship of the Air. Aviation Culture and the Fate of Modern Russia*. Cambridge, 2006.

Papers Relating to the Foreign Relations of the United States, 1918, Russia. Vol. 2. Washington, DC, 1932.

Papers Relating to the Foreign Relations of the United States, 1919, Russia. Washington, DC, 1937.

Peffer, Nathaniel. *The White Man's Dilemma. Climax of the Age of Imperialism*. New York, 1927.

Peimani, Hooman. *Conflict and Security in Central Asia and the Caucasus*. Santa Barbara, CA, 2009.

Penn, Jefferson. *My Black Mammy. A True Story of the Southland*. [Privately printed, United States, no place: no publisher], 1942.

"The People's Commissariat of Finance, Its Financial Policy and the Results of Its Activities for 1917–1919." *Soviet Russia*, Vol. 2, No. 9 (February 28, 1920), 218–22.

Pervititch, Jacques. *Plan Cadastral d'Assurances*. Constantinople: S. P. I. Fratelli Haim, July 1923.

Petrosian, Yury A. *Russkie na beregakh Bosfora* (*Istoricheskie ocherki*). St. Petersburg, 1998.

Pisar'kova, L. F. "Moskovskaia duma v period revoliutsii (1905–1917)."*Moskovskii arkhiv. Vtoraia polovina XIX — nachalo XX v*. Edited by E. G. Boldina and M. M. Gorinov. Moscow, 2000, 574–91.

Pitcher, Harvey. *Witnesses of the Russian Revolution*. London, 1994.

Polk, R. L., and Company's Memphis Directory, 1892. Vol. II. Memphis, TN, 1892.

Ponafidine, Emma Cochran. *Russia — My Home. An Intimate Record of Personal Experience Before, During and After the Bolshevist Revolution*. Indianapolis, IN, 1931.

Priest, Lyman W. "The French Intervention in South Russia, 1918–1919." MA dissertation, Stanford

University, 1947.
Puckett, Newbell Niles. *Black Names in America: Origins and Usage*. Editor Murray Heller. Boston, MA, 1975.
Putevoditel' po Moskve 1913. Editor I. P. Mashkov. Rpt. Moscow, 1998.
Radunskii, Ivan S. *Zapiski starogo klouna*. Editor Iu. A. Dmitriev. Moscow, 1954.
Radzinskii, Edvard. *Rasputin: Zhizn' i smert'*. Moscow, 2001.〔エドワード・ラジンスキー『真説ラスプーチン　上下』沼野充義・望月哲男訳、日本放送出版協会、2004 年〕
Raffalovich, Arthur. *Russia: Its Trade and Commerce*. London, 1918.
Redhouse, Sir James William. *An English and Turkish Dictionary in Two Parts. Part the First, English and Turkish*. London, 1856.
Reed, Christopher Robert. *Black Chicago's First Century*. Vol. 1. *1833–1900*. Columbia, MO, 2005.
Register of the Department of State. May 1, 1922. Washington, DC, 1922.
Register of the Department of State. July 1, 1933. Washington, DC, 1933.
Reshid, Mehmed. *Tourist's Practical Guide to Constantinople and Environs*. Pera［Constantinople］: Anglo-American Book and Newsagency, 1928.
Reynolds, Clark G. *On the Warpath in the Pacific. Admiral Jocko Clark and the Fast Carriers*. Annapolis, MD, 2005.
Riasanovsky, Nicholas V. *A History of Russia*. 3rd ed. New York, 1977.
Rieber, Alfred J. *Merchants and Entrepreneurs in Imperial Russia*. Chapel Hill, NC, 1982.
Rostovtsev, Mikhail A. *Stranitsy zhizni*. Leningrad, 1939.
Rowan, Arthur. *I Live Again. Travel, Secret Service and Soldiering in India and the Near East*. London, 1938.
Ruga, Vladimir, and Andrei Kokorev. *Moskva povsednevnaia: Ocherki gorodskoi zhizni nachala XX veka*. Moscow, 2006.
Russkaia armiia na chuzhbine. Gallipoliiskaia epopeia. Editor S. V. Volkov. Moscow, 2003.
Sack, A. J. *The Birth of the Russian Democracy*. New York, 1918.
Sackett, Fred J. Letter to the *Boston Daily Globe*, quoted in "Negro Lost Fortune in Russia, Got Another in Constantinople." *Boston Daily Globe*（May 14, 1926）, 7.
Sacks, Marcy S. *Before Harlem. The Black Experience in New York City Before World War I*. Philadelphia, PA, 2006.
Saul, Norman E. *Conflict and Concord. The United States and Russia, 1867–1914*. Lawrence, KS, 1996.
———. *Distant Friends. The United States and Russia, 1763–1867*. Lawrence, KS, 1991.
———. *War and Revolution. The United States and Russia, 1914–1921*. Lawrence, KS, 2001.
Savchenko, Boris A. *Estrada retro. Yury Morfessi, Aleksandr Vertinsky, Iza Kremer, Petr Leshchenko, Vadim Kozin, Izabella Iur'eva*. Moscow, 1996.
Schimmelpenninck van der Oye, David. *Russian Orientalism: Asia in the Russian Mind from Peter the Great to the Emigration*. New Haven, CT, 2010.〔デイヴィド・シンメルペンニンク＝ファン＝デル＝オイェ『ロシアのオリエンタリズム――ロシアのアジア・イメージ、ピョートル大帝から亡命者まで』浜由樹子訳、成文社、2013 年〕
Shaw, Stanford J. *From Empire to Republic. The Turkish War of National Liberation 1918–1923, A*

Documentary Study. Vol. I. *The Rise and the Fall of the Ottoman Empire, 1300–1918*. Ankara, 2000.

———. *From Empire to Republic. The Turkish War of National Liberation 1918–1923, A Documentary Study*. Vol. II. *Turkish Resistance to Allied Occupation, 1318–1920*. Ankara, 2000.

———. *From Empire to Republic. The Turkish War of National Liberation 1918–1923, A Documentary Study*. Vol. IV. *Final Victory: Emergence of the Turkish Republic, 1922–1923*. Ankara, 2000.

Sheremet'evskaia, Natal'ia E. *Tanets na estrade*. Moscow, 1985.

Shneider, Il'ia. *Zapiski starogo moskvicha*. Moscow, 1970.

Silverlight, John. *The Victor's Dilemma. Allied Intervention in the Russian Civil War*. London, 1970.

Slide, Anthony. *The Encyclopedia of Vaudeville*. Westport, CT, 1994.

Slobodskoi, A. "Sredi Emigratsii." *Beloe delo. Konstaninopol'-Gallipoli*. Editor S. V. Karpenko. Moscow, 2003, 5–102.

Spear, Allan H. *Black Chicago: The Making of a Negro Ghetto, 1890–1920*. Chicago, IL, 1967.

Sperco, Willy. *Turcs d'hier et d'aujourd'hui* (*D'Abdul-Hamid à nos jours*). Paris, 1961.

Spravochnaia kniga o litsakh, poluchivshikh na 1913 god kupecheskie i promyslovye svidetel'stva po g. Moskve. St. Petersburg, 1913.

"Staryi Moskvich." "Moskva v kontse veka. Iz vospominanii starogo Moskvicha. 4. Sharl' Omon." *Russkaia mysl'* [*La Pensée russe*, Paris], No. 2648 (August 17, 1967), 4; No. 2650 (August 31, 1967), 4.

Sydnor, Charles Sackett. *Slavery in Mississippi*. Gloucester, MA, 1965.

Talmadge, I. D. W. "Mother Emma." *Opportunity. Journal of Negro Life* (August 1933), 245–47.

Teffi, N [adezhda]. "Constantinople — The Rusty Door to the East." *Living Age*, Vol. 312, No. 4053 (March 11, 1922), 565–69.

Thurston, Robert W. *Liberal City, Conservative State: Moscow and Russia's Urban Crisis, 1906–1914*. New York, 1987.

Tolstoy, Leo. *War and Peace*. Trans. Richard Pevear and Larissa Volokhonsky. New York, 2007.〔トルストイ『戦争と平和』工藤精一郎訳、新潮文庫、1972 年。トルストイ『戦争と平和』藤沼貴訳、岩波文庫、2006 年。ほか邦訳多数〕

Trow's New York City Directory. Vol. CVII. *For the Year Ending July 1, 1894*. New York, 1894.

Troyat, Henri. *Daily Life in Russia Under the Last Tsar*. Trans. Malcolm Barnes. New York, 1962.〔アンリ・トロワイヤ『帝政末期のロシア』福住誠訳、新読書社、2000 年〕

Trukhanova, Natal'ia Ignat'eva. *Na stsene i za kulisami. Vospominaniia*. Moscow, 2003.

Tumanov, Kniaz' Iazon K. "Odessa v 1918–19 g.g." *Morskie zapiski. The Naval Records*. Vol. 22, No. 1, Issue 59 (1965), 65–90.

Tuminez, Astrid S. *Russian Nationalism Since 1856. Ideology and the Making of Foreign Policy*. Lanham, MD, 2000.

Ul'ianova, G. N., and M. K. Shatsillo. Introduction. P. A. Buryshkin. *Moskva kupecheskaia*. 1954. Rpt. Moscow, 1991, 5–36.

United States Bureau of Refugees, Freedmen, and Abandoned Lands. *Records of the Assistant Commissioner for the State of Mississippi, 1865–1872*. Microfilm, 50 Rolls. Washington, DC: National Archives and Records Service, 1971.

Utesov, Leonid. *S pesnei po zhizni*. Editor Iu. Dmitriev. Moscow, 1961.

Uvarova, Elena D. "Ermitazh." *Estrada Rossii XX Vek. Entsyklopediia*. Editors E. D. Uvarova et al. Moscow, 2004, 764–66.

———. "Var'ete." *Estrada Rossii XX Vek. Entsyklopediia*. Editors E. D. Uvarova et al. Moscow, 2004, 105–7.

———. "Yar." *Estrada Rossii XX Vek. Entsyklopediia*. Editors E. D. Uvarova et al. Moscow, 2004, 788–89.

Van Riper, Benjamin W. "City Life Under the Bolsheviks." *Atlantic Monthly* (February 1919), 176–85.

Varlamov, Aleksei. *Grigorii Rasputin-Novyi*. Moscow, 2007.

Vecchi, Joseph. *"The Tavern Is My Drum." My Autobiography*. London, 1948.

Vertinsky, Aleksandr. *Pesni i stikhi*. Washington, DC, 1962.

Vsia Moskva. Moscow, 1901, 1911, 1913, 1916, 1917.

Waldron, Peter. "Late Imperial Constitutionalism." *Late Imperial Russia: Problems and Prospects*. Edited by Ian D. Thatcher. Manchester, UK, 2005, 28–43.

Wallenstein, Peter. *Tell the Court I Love My Wife: Race, Marriage, and Law — An American History*. Gordonsville, VA, 2004.

Weeks, Linton. *Clarksdale and Coahoma County*. Clarksdale, MS, 1982.

Wharton, Vernon Lane. *The Negro in Mississippi 1865–1890*. The James Sprunt Studies in History and Political Science, Vol. 28. Chapel Hill, NC, 1947.

White, T. W. *Guests of the Unspeakable. The Odyssey of an Australian Airman — Being a Record of Captivity and Escape in Turkey*. London, 1928.

Wilder, Craig Steven. *A Covenant with Color. Race and Social Power in Brooklyn*. New York, 2000.

Williams, Edward V. *The Bells of Russia. History and Technology*. Princeton, NJ, 1985.

Williamson, Joel. *A Rage for Order. Black/White Relations in the American South Since Emancipation*. New York, 1986.

Willis, John C. *Forgotten Time: The Yazoo-Mississippi Delta After the Civil War*. Charlottesville, VA, 2000.

Wood, Ruth Kedzie. *The Tourist's Russia*. New York, 1912.

Xydias, Jean. *L'Intervention française en Russie. 1918–1919. Souvenirs d'un témoin*. Paris, 1927.

Yildiz, the Municipal Casino of Constantinople: The Historical Past of the Palace and Park of Yildiz. Constantinople: A. Ihsan, 1926.

Zia Bey, Mufty-Zade K. *Speaking of the Turks*. New York, 1922.

Zorkaia, Neia M. *Na rubezhe stoletii. U istokov massovogo iskusstva v Rossii 1900–1910 godov*. Moscow, 1976.

Zürcher, Erik J. *Turkey. A Modern History*. London, 1993.

原註

略称

個人

BHC　British High Commissioner, Constantinople〔駐コンスタンティノープル、イギリス高等弁務官〕

USHC　United States High Commissioner, Constantinople〔駐コンスタンティノープル、アメリカ高等弁務官〕

BSS　British Secretary of State〔イギリス国務大臣〕

USSS　United States Secretary of State〔アメリカ国務長官〕

定期刊行物

AC　*Atlanta Constitution*〔「アトランタ・コンスティテューション」〕

Am　*Artisticheskii mir*〔「芸能界」〕

As　*Artist i stsena*〔「俳優と舞台」〕

Az　*Artist i zritel'*〔「俳優と観客」〕

B　*Le Bosphore*〔「ル・ボスフォール」〕

BDG　*Boston Daily Globe*〔「ボストン・デイリー・グローブ」〕

BG　*Boston Globe*〔「ボストン・グローブ」〕

CD　*Chicago Daily*〔「シカゴ・デイリー」〕

CDe　*Chicago Defender*〔「シカゴ・ディフェンダー」〕

CDE　*Columbus Daily Enquirer*〔「コロンバス・デイリー・インクワイアラー」〕

CDM　*Charleston Daily Mail*〔「チャールストン・デイリー・メール」〕

CDT　*Chicago Daily Tribune*〔「シカゴ・デイリー・トリビューン」〕

CM　*Constantinople-Matin*〔「コンスタンティノープルの朝」〕

CT　*Chicago Tribune*〔「シカゴ・トリビューン」〕

DNT　*Duluth News-Tribune*〔「ダルース・ニュース・トリビューン」〕

EN　*Evening News*〔「イブニング・ニュース」〕

ES　*Eastern Spectator/Le Spectateur d'Orient*〔「イースタン・スペクテイター」／「ル・スペクタトゥール・ドリヨン」〕

HC　*Hartford Courant*〔「ハートフォード新報」〕

ICC　*Iowa City Citizen*〔「アイオワ・シティ・シチズン」〕

JO　*Le Journal d'Orient*〔「ル・ジュルナル・ドリヨン」〕

LAT　*Los Angeles Times*〔「ロサンゼルス・タイムズ」〕

MG　*Manchester Guardian*〔「マンチェスター・ガーディアン」〕

Mv　*Moskovskie vedomosti*〔「モスクワ報知」〕

Nrs　*Novoe russkoe slovo*〔「あたらしいロシアの言葉」〕

NYT　*New York Times*〔「ニューヨーク・タイムズ」〕

NYTr　*New York Tribune*〔「ニューヨーク・トリビューン」〕

ON　*Orient News*〔「オリエント・ニュース」〕

P　*Programma*〔「プログラム」〕

Rezh　*Restorannaia zhizn'*〔「レストランの生活」〕

Rzh　*Rampa i zhizn'*〔「フットライトと生活」〕
S　*Stamboul*〔「スタンブール」〕
Sa　*Stsena i arena*〔「舞台と劇場」〕
SFN　*San Francisco Chronicle*〔「サンフランシスコ・クロニクル」〕
Tg　*Teatral'naia gazeta*〔「演劇新聞」〕
Ti　*Teatr i iskusstvo*〔「演劇と芸術」〕
Tk　*Teatr i kino*〔「演劇と映画」〕
VM　*Vsia Moskva*〔「全モスクワ」〕
Vp　*Vecherniaia pressa*〔「夕刊」〕
Vt　*Var'ete i tsirk*〔「ヴァリエテとサーカス」〕
WP　*Washington Post*〔「ワシントン・ポスト」〕

プロローグ　生きるか死ぬか

*9–11*頁
ジェンキンズ：ジェンキンズからUSSSへの書簡、1919年4月6、22日付；オデッサのブリ、CP Odessa, box 1, RG 84.
オデッサの状況：*Papers Relating 1919*, 751, 753; Munholland, 49–50, 53; Brygin, 478; Xydias, 302.
ダンセルム：Munholland, 56–58; 以下も参照のこと、Margulies, 307; Kantorovich, 261; Kettle, 249–53; Priest, 90.
バッジ：BHCからBSSへの書簡、1919年4月26日付；バッジのデスペレとの会談、1919年4月26日、FO 371/3964, 362–65, NA.
*12*頁
フレデリックの盗まれたパスポート：フレデリックからラヴンダルへの書簡、1921年5月10日付、CPI 337.
ロシア国籍：帝国内務省への請願書、1914年8月2日付：RGIA f. 1284, op. 247, d. 26. 1914–1915 g.g.(5 pp.).
ニコライ二世に請願書が提出され承認された：RGIA f. 1276(Sovet ministrov), op. 17, d. 345, ll. 134–35 ob.
*13–15*頁
避難：ジェンキンズからUSSSへの報告、CP Odessa, box 1, RG84.
オリガ：BHCからUSHへの書簡、1920年2月26日付、DPT 411.
フレデリックの財産の喪失、オデッサの銀行：Sackett; Gurko, 147; Kettle, 253.ジェンキンズからUSSSへの報告、ibid. バッジのデスペレとの会談、1919年4月20日；バッジのグレアムへの書簡、1919年5月8、10、12日付；オデッサの避難に関する書簡と記録、FO 371/3964, 362–97, NA.
*15–18*頁
皇帝ニコライ号の遅れ、ダンセルムの発表、ロンドン・ホテル：Lobanov-Rostovsky, 332–33; Kettle, 253; Kantorovich, 263.
筆舌に尽くしがたい混乱：ジェンキンズからUSSSへの報告、CP Odessa, box 1, RG84; Silver-

light, 207.

クック：BHCからBSSへの書簡、1919年4月25日付；オデッサの避難におけるクック、FO 371/3964, 337–61, NA; Kettle, 254, 255–57. MLB、1919年4月10日、オデッサの避難に関する特別報告書。

皇帝ニコライ号の出航、ボリシェヴィキの到着、オデッサの様子：ジェンキンズからUSSSへの報告、ibid. Lobanov-Rostovsky, 338; Kantorovich, 264; Tumanov, 85; Kettle, 256.

*18–19*頁

皇帝ニコライ号とその環境：Lobanov-Rostovsky, 338; Kettle, 256.オデッサの避難に関するバッジからグレアムへの書簡、FO 371/3964, 366–97, NA.

皇帝ニコライ号の航海：シュヴィイから高等弁務官への書簡、1919年4月7日付；ビゴーからヴァンサンへの書簡、1919年4月21日付；デスペレから高等弁務官への書簡、1919年4月6、7、16日付；ヴァンサンからプーロンへの書簡、1919年4月22日付、Ankara（ambassade), lot no. 2, Haut-Commissariat français à Constantinople, année 1919, boxes 2, 38, CADN.

*20*頁

「シラミ駆除」：コンスタンティノープル一帯で状況は似たようなものだった：Tumanov, 87; N. Kormilev, "Proshchai, Odessa! 2," *Nrs*, May 8, 1975, 3; I. Gardner, "Bredovyi khorovod," *Nrs*, July 15, 1977, 2.

*21–22*頁

デスペレとフランスの取り決め：デスペレから高等弁務官への書簡、1919年4月6、16日付；ヴァンサンからプーロンへの書簡、1919年4月22日付、Ankara（ambassade), lot no. 2, Haut-Commissariat français à Constantinople, année 1919, boxes 2, 38, CADN.ヴァンサンからイギリス大使館付き海軍武官への書簡、1919年4月14日付、FO 371/3964, 415–18.

オデッサのボリシェヴィキ：*Papers Relating 1919*, 768; *Gde obryvaetsia Rossiia*, "Oblozhenie burzhuazii," 272.

トーマス一家がコンスタンティノープルに到着する：DF.

「心が折れそう」：ジェンキンズからUSSSへの「緊急」電報、1919年5月29日付、Department of State, Decimal File, box 1460（123J 411/65), RG 59.

*22–23*頁

コンスタンティノープルとボスポラス海峡："City of Minarets and Mud," *NYT*, Nov. 5, 1922, 4, 13; "Constantinople, Where East Met West," *AC*, Aug. 5, 1923, 21; Marcosson; Armstrong, 71–72.

1　南部のなかの南部

*25*頁

「南部のなかの南部」：Cobb.

ハナとルイス、1872年11月4日：フレデリックの両親と誕生日に関する情報はTT、CC、アメリカ国勢調査の1870年のデータ（トーマス家は誤って重複して勘定されている）と1880年のデータ、フレデリックのパスポートの申請書など、さまざまな資料による。

彼らはかつて奴隷だった：TT; Sackett.

黒人の数は白人より多かった、ほとんどの黒人は何ももたなかった：1870 U.S. Census, Schedule 1: Population, and Schedule 3: Productions of Agriculture, Coahoma and Tallahatchie

Counties, Mississippi; Cobb, 30; Weeks, 34; Aiken, 9–10, 17.

*25–26*頁

1869年の競売：CCR S, 19.ルイスは、1870年6月1日までに48梱の綿を生産したことになっている（U.S. Census, Schedule 3, Productions of Agriculture, District No.5, Tallahatchie County, Mississippi)、つまり、1869年の春より前に土地を所有していたことになる。

チェアーズ兄弟：TT; Edwards, 1981, 6–7; Edwards, in Mabry, 1, 59.チェアーズ一族は、1880年代から90年代においてもまだこの地域で活動していた：Calvin Cheairs' Executors v. Samuel D. Cheairs' Administrators, 671; 1880 U.S. Census, Special Schedules of Manufactures, Nos.7 and 8, District No.110, Tallahatchie County, Mississippi.

不況と土地の価格：Cobb, 54–55, 74; Willis, 45–46.

トーマス家の最初のシーズン：1870 U.S. Census, Schedule 3, Tallahatchie, ibid.

*26–28*頁

コアホマ郡の外観、性格、植民について：Cobb, vii, 5, 8, 10, 14, 30, 43, 78; Weeks, 3, 9, 34; Bonner, 31–32; Edwards, 1980, 7.

金持ちの生活：Cobb, 16.

奴隷の生活、蚊、黒人の子供の死亡率：Cobb, 20–22; 13, 45; Weeks, 7; Williamson, 47.

奴隷は読み書きのできない状態に置かれた：Margo, 7–8.

*28–29*頁

解放民、分益小作制度、白人が土地の貸し出しを妨害する：Cobb, 51, 55, 60, 71; Aiken, 17; Williamson, 46.

*29*頁

フレデリックの兄弟、両親：U.S. Censuses, 1870, 1880. 1890年と91年に提出された裁判の書類で、インディアはフレデリックと自分の娘、すなわちフレデリックの異母妹にあたるオフィーリアにしか言及していない。

*30–31*頁

ルイスの性格：1890年10月のメンフィスの新聞記事（*51–53*頁の項目で列挙)を参照；Dickerson v. Thomas(April 1890), 781.

両親の識字能力：インディアは文字の読み書きができた：CC, 1880 U.S. Federal Census for Coahoma County, MS.

ルイスは文字の読み書きができなかった：1880 U.S. Federal Census, Tallahatchie County, MS. CCに保管されているすべての書類に、彼は「自分の印を付けている」。

名前：Puckett;グレンダ・ギルモア教授からもご教示いただいた。感謝申し上げる。

ブルース：*Biographical Directory*; "Blanche Kelso Bruce."

*32–33*頁

フレデリックの幼少期、狩り、釣り、野生動物：Cobb, 15, 44; Weeks, 7; Bonner, 32, 59, 2; Cohn, 1948, 26.

匂いと音：Bonner, 56–61, 128, 127; Oats, 2; Cohn, 1995, 2.

*34*頁

1870年の国勢調査のデータ：Schedule 3, Productions of Agriculture in District No.5, Tallahatchie County.

48個の梱：1870年の国勢調査のデータに基づく概算。

人手を雇った：1880 U.S. Census, Schedule 2, Productions of Agriculture in District 101, Coahoma County. トーマス家の所帯に「キー」と「ラルフ・フロリダ」という人名が見られる。

*35–36*頁

土地取引：CCR: I, 295–96; L, 229–30; Q, 69–70, 615–617; R, 269–270; S, 19–20, 306–307; V, 412–16; W, 258–59; CCR CC, 155–58. CCD 1: case 655, 317; case 900, 446. CCM 3: 113, 211, 249, 300, 365–66, 368, 378–80, 492–93, 510–11, 543–44, 582–83, 595–97, 628–29. CCM 4, 1893–1905: 33, 218, 221–23, 231–32. CCD[数字表記なし], Probate Side: 230, 510. CCI E: 282–85.

イギリスから来た白人移民の共同経営者：CCR L: 229–30; George Rudman: Ancestry.com, Incoming U.S. Passenger Lists, and 1880 U.S. Census.

*36–38*頁

トーマス家が土地を寄付する：CCR S: 306–7.

黒人と教会：Aiken, 21; Lomax, 70; Wharton, 256–57, 262; Williamson, 47, 172–73.

丸太小屋の教会：Sydnor, 41.

フライアーズポイントのAME教会：ウィリー・オーツ・ジュニアからフローレンス・ラーソンへの書簡、1996年8月12日付、North.

チェリーヒル教会：Edwards, 1980; Edwards, in Mabry, 22; Nicholas, in Mabry, 33–34; Brieger, 167.

チェアーズ兄弟：サミュエルら一族は、チェリーヒル墓地に埋葬されている：Cemetery.

ミシシッピ州の教会：Williamson, 53; Aiken, 26; Wharton, 248; Weeks, 143. 1870年のコアホマ郡における白人の学校について、および、1884年にクラークスデールに創設された最初の白人学校についてはWeeks, 142を参照。

難民局：「解放民局」。

黒人の教育：Wharton, 249; Margo, 6.

*38–42*頁

二度目の転機：Dickerson v. Thomas (April 1890) and Dickerson v. Thomas (October 1890). 引用した言葉や具体的な詳細は公開されている報告書による。州最高裁の要旨と、CCのはるかに詳細な説明とは複数の食い違いがある。著者は両方の書類を参照した。

ディカーソンの富：*Biographical and Historical Memoirs*, 647–68.

「のぼっても無駄」：Sacks, 13による引用。

*42–44*頁

メイナードとカトラー兄弟：CCD 1: case 655, 317; Weeks, 92, 165–66. カトラーの犯罪は広く報じられた："Slandered Once Too Often," *BDG*, July 31, 1890, 4; "The Shooting of Editor F. F. Chew," *CDT*, Aug. 1, 1890, 5; "An Editor Fatally Shot," July 31, 1890, *NYT*, 5.

ディカーソン一族のルーツ：Weeks, vii, 73; U.S. Census Slave Schedule, 1860; U.S. Censuses, 1870, 1880.

最初のスキャンダル：Dickerson et al. v. Brown; Wallenstein, 82–84; Bercaw, 158–61. 南北戦争前、ミシシッピ州では、奴隷の女性とのあいだに生まれた子供を解放するのは違法だった。Cheairs et al. v. Smith et al. によれば、二人の混血児を解放しようとした白人農園主の遺書は無効とされた。

11万5000ドル：U.S. Census, 1870.

*45–47*頁

ジャクソンの新聞：Bercaw, 160による引用。
ディカーソン一族：U.S. Census, 1880, 1900.
ルイスのディカーソンに対する訴訟：CCD 1: case 655, 317; CCM 3: 113, 211, 249, 300, 365–66, 368, 378–80, 492–93; 訴訟はこちらにも要約されている：Dickerson v. Thomas（April 1890）.
下宿屋：TT.
1889年4月19日の裁判所の判決：CCM 3: 378–80.
「不実表示」：Dickerson v. Thomas（April 1890）, 783.
郡庁所在地：Weeks, 175.
クラークスデールの創建者："John Clark," in *Biographical and Historical Memoirs*, 553–54.
ダニエル・スコット、敵対する派閥："A Mob in Mississippi," *BDG*, July 8, 1887, 1.
ディカーソンと駅：Weeks, 73.
*47–48*頁
裁判所の「意見」：Dickerson v. Thomas（April 1890）, 784, 781.
「援助令状」：CCM 3: 492–93.
*48–49*頁
トーマス家が農場の半分を譲渡する：CCR CC: 155–58.
「リンチ天国」州：Cobb, 91.
1890年夏、トーマス家、メンフィスに引っ越す：TTからの推測；*Dow's Memphis*, 1891, 120–21;コアホマ郡で、この評決の余波は1889年4月から90年10月まで続いた。ピークは90年6月だった。シェルビー郡の死亡記録によれば、ルイスは87年からメンフィスに住んでいたことになっているが、これは誤りだろう。ただし彼がメンフィスをいちどならず訪れていた可能性はある。
*49–50*頁
6万、最大の綿花市場、1866年の人種暴動、リンチの増加：*Dow's Memphis*, 1889, 47; Bond and Sherman, 46, 70–71.
家を借りた：*Memphis Avalanche*, Oct. 29, 1890, 1. *Dow's Memphis*,1891, 920–921.
家とその所在地：*Insurance Maps of Memphis*, 1888 and 1897.
ルイスの仕事：*Dow's Memphis*, 1891, 920–21, and advertisement following 968; TT; メンフィスの新聞記事（*51–53*頁の項目を参照のこと）。
*50–51*頁
フレデリックの仕事：TT.
ウィアーの食料品店：*Dow's Memphis*,1891, 968.
ハウ学院：TT, そのなかで、フレデリックはこの学校を「ハウの大学」と呼んでいる；Bond and Sherman, 94; *Annals*, 162.イーストブルックは1888年から92年頃まで校長を務めた。
ハウのカリキュラム：Bond and Sherman, 42, 71, 94; *LeMoyne Normal Institute*, 1883–1884. ハウ学院の6年後のプログラムもこれと似たものだっただろう。
*51–54*頁
ルイスとインディアの家の下宿人たち、その後の出来事：地元の新聞各紙が詳しく伝えている。多くは扇情的な記事だ：*Memphis Appeal*, Oct. 29, 1890, 4; Oct. 31, 1890, 5; *Memphis*

Avalanche, Oct. 29, 1890, 1; Oct. 31, 1890, 1; Nov. 2, 1890, 11; *Memphis Public Ledger*, Oct. 28, 1890, 1; Oct. 29, 1890, 2; Nov. 1, 1890, 5; *Memphis Daily Commercial*, Oct. 29, 1890, 5; Oct. 31, 1890, 5. 記事のなかにはいくつか食い違っている点もある。多くの場合、著者は新聞記事の文言をそのまま引用した。

*54–56*頁

最高裁の判決理由：Dickerson v. Thomas (October 1890), 158.

インディアの申請：CCM：510–11; CCD Probate Side: case 431, 230.

インディアは訴訟を再開する：CCM 3: 543–44.

事件の込み入った事情：CCM 3: 595–97, 628–29;土地の大きさと所在地について、裁判所の書類には少々曖昧な点がある。1891年、インディアは、ルイスがジェームズ・A・ピースに対してはじめていた第二の訴訟を再開した。CCR Q: 69–70; CCM 3: case 900, 582–83; Weeks, 32, 61, 63, 83.

ディカーソンの死：CCM 4: case 655, 218; U.S. Census, 1880.

コアホマ郡衡平法裁判所の判決：CCM 4: 221–23, 231–32; CCI E: 282–85.

メンフィスのインディア：おそらくオフィーリアを連れて、インディアはクレイ通り412番地のもっと小さな家に引っ越した。*Polk's Memphis Directory for 1892*, 963, 1108, 1148; *Insurance Maps of Memphis*, 1897.

インディアはルイヴィルに引っ越した：インディアは、ウィリアム・C・ケンドリックという人物の家で働いていた。*Caron's Directory 1893*, 616, 1092; *1894*, 616, 1089; *1895*, 604, 1078; *1896*, 646, 1154（誤って「インディアナ」と記されている）.

フレデリックの「旅への欲求」：TT.

2　フレデリックの修業時代

*57–61*頁

フレデリックは南部を去った：当時、生まれ故郷を離れた黒人青年は南部の都市で仕事を探すのが一般的だった。Williamson, 59.

アーカンソー州の性格：Nordhoff, 37.

「流れていった」、セントルイス、1890年：TT.

セントルイス：http://stlouis.missouri.org/heritage/History69/#golden.

シカゴの歴史、性格：Spear, 1–4, 140–41.

シカゴの黒人：Reed, *Black Chicago's First Century*, 65, 230, 241, 249, 359.

ギャラガー：TT; *Chicago by Day and Night*, 208; *The Lakeside Annual Directory, 1889*, 655; *1890*, 2573; *1891*, 843; *1893*, 1947.

オーディトリアム・ホテル：TT; "Two Jolts for Jack Johnson," *CDT*, Nov. 2, 1912, 8; *Auditorium*, 11ff., 77, 86.

*61–62*頁

シカゴ万国博覧会、1893年の恐慌：Bogart and Mathews, 394–401, 398–99.

ニューヨークのフレデリック：TT.

ニューヨーク：Wilder, 116–19, 269 n. 29; Sacks, 3–5, 22–23, 26, 32–36, 42–43, 45–46.

黒人とブルックリン：Harris, 279–288.

*62–64*頁
クラレンドン・ホテル：TT; *Brooklyn Daily, 1894*, 105.
ウィリアムズ：TT; Slide, 559; *Trow's New York City Directory, 1894*, 1506.
ヘルマン：TT.
フレデリックの歌：Penn, 24–28.
*64*頁
船、外国への旅：TT; "Marine Intelligence," *NYT*, for Sept. and later months, 1894; Baedeker, *London*, 1898, 2.
フレデリックの旅立ち、イギリスへの到着：パスポート申請書；*UK Incoming Passenger Lists*, Oct. 16, Ancestry.com; Baedeker, London, 2–3.
*65–67*頁
イギリス人と人種的偏見："The Negro Abroad," *BDG*, Feb. 2, 1902, 44; "Victoria's Black Knight," *NYTr*, July 30, 1893, 18.
偏見に縛られたアメリカ人："The Negro's Paradise," *CDT*, Sept. 26, 1891, 10.
ドライスデール："London Overrun with Dark-Skinned Colonials," *NYT*, June 20, 1897, 20.
*67–68*頁
「音楽院」：TT.フレデリックの話に登場するのは「西ロンドン音楽院（コンサヴァトリー・オブ・ミュージック）」のことかもしれない。この学校は声楽と器楽の授業を行なっていた。*The Musical Times and Singing Class Circular*, Aug. 1, 1896, 508.
下宿屋、食堂：TT.
インディアが土地を担保に金を借りる：CCR E: 282–85.
*68–69*頁
パリ：TT.
紹介状：ユースティスから警視総監への書簡、1895年7月12日付、DP France 588, RG 84.
連絡船：Baedeker, *London*, 1898, 5.
フランス語の勉強：Baedeker, *Paris*, xi.
フレデリックの自信と社交性：Lloyd, 47を参照のこと、Lloydは、フランス語をみごとに習得した別の黒人男性についてこの点を強調している。
フレデリックの住所：フレデリックの1896年のパスポート申請書、ユースティスから警視総監への書簡、ibid.
*69–70*頁
ジョンソン：Lloyd, 38–39による引用。
フランス人は階級の違いに無頓着：Abbott, 27, 8; *Life and Labour*, 149–50; Elson, 279.
パリで浮名を流す："Negroes Have a Chance," *EN*, Dec. 28, 1898, 7.
*71–73*頁
パスポート、大使と息子は南部人：March 17, 1896, Emergency Passport Applications, 1877–1907, NARA microfilm publication M1834, roll 11. "Death of James B. Eustis," *NYT*, Sept. 10, 1899, 11.
ブリュッセル、オーステンデ、カンヌ、レストラン「キューバ」、ドイツ：TT; Baedeker, *Belgium*, 193; Baedeker, *South-Eastern France*, 257–58.
ドイツの規律：Vecchi, 20–23, 24.

*73–80*頁

モナコのドライスデール：ドライスデールがフレデリックに言及している最初の記事は、"A Glimpse of Monte Carlo," March 6, 1898［日付は2月10日］。ドライスデールの言い回しについて、一部はそのまま引用した。

ドライスデールはペンシルベニア州生まれ："William Drysdale Dead," *NYT*, Sept. 21, 1901, 7.

美化された南部：Sacks, 43–45.

フレデリックの本名：「ジョージ」が実際にフレデリックであるという証拠は、さまざまな資料から集めた。Penn, 28–30; TT;フレデリックのパスポートの申請書と若い頃の写真；Drysdale, "Gambling at High Noon," *NYT*, March 20, 1898, 17.

プルマンのポーター：Reed, *Black Chicago's First Century*, 194–95.

フレデリックのフランス語：Drysdale, "Monaco a Venerable City," *NYT*, April 3, 1898, 16.

語学の勉強：Abbott, 37–38.

地元の人間の能力に関するフレデリックの発言：Drysdale, "Monte Carlo and Monaco," *NYT*, March 13, 1898, 16.

*80–81*頁

フレデリックはイタリアへ旅立った：TT; "Monaco a Venerable City," *NYT*, April 3, 1898［日付は3月7日］, 16.

大公：Penn, 29–30.

権威主義的なロシア帝国：Heyking, 51–55.

フレデリックのパスポート：May 13, 1899, Emergency Passport Applications, 1877–1907, NARA microfilm publication M1834, roll 14, Vol. 22, NARA.

*82–83*頁

ドレフュス事件：Merriman, 810–12.

ロシアの農民：Riasanovsky, 409–15.

3　モスクワにまさるものなし

*85–87*頁

到着手続き、税関、監視、制服、モスクワ行きの汽車：Baedeker, *Russia*, xviii–xxi; Troyat, 13–17（トロワイヤ『帝政末期のロシア』）; De Windt, 2–3; Holmes, 7–11; Fussell, 16–17.

*87–89*頁

ロシアの最初の年：TT; B.P.S., "Moskovskii obzor var'ete i tsirka," *Vt*, Oct. 1, 1912, 5.

サンクトペテルブルク、オデッサ、モスクワ：Baedeker, *Russia*, 99, 89, xvi, 395, 277.

モスクワの教会：*Putevoditel' po Moskve*, 323.

ナポレオン：Tolstoy, 871（トルストイ『戦争と平和』）は歴史的に正確な描写である。

クレムリン、「モスクワにまさるものなし」：Baedeker, *Russia*, 278.

*89–91*頁

「音風景」：Williams, xv–xvi; Shneider, 79.

路面電車、馬力：Il'in and Kagan, 40.

モスクワっ子たちの様子：Baedeker, *Russia*, 277; De Windt, 26–27; Shneider, 81; Wood, 111.

ロシア人のアジア的な要素：Schimmelpenninck, 3–4（シンメルペンニンク＝ファン＝デル

＝オイェ『ロシアのオリエンタリズム』).
ロシアにおける黒人：Blakelyの必読研究を参照されたい。
*91–92*頁
マッケイ：McKay, 1924, 114, 115; McKay, 1923, 65.
ハリス：Talmadge, 247. "Episkop-negr"も参照のこと。Drape, 114; Hotaling, 91.ロシアの黒人芸人についてはLotzを参照されたい。
「南部女性」："Constantinople Cafe Owned by Southern Negro," *CDE*, Oct. 7, 1922, 7.
*92–93*頁
フレデリックの住所、凱旋広場：Il'in and Kagan, 42; Il'in, 134, 141–42;フレデリックのパスポート申請書、1907年6月29日付、CPM 534.
従者：Marcosson, 44; "Russian Nobility Now Work for Ex-Servant in Turkey," *CDe*, April 12, 1924, A1; Kitchen, 88.
ヘドウィグ、結婚、子供たち：フレデリックの結婚：TsIAM, f. 1476, op. 2, d. 14, l. 311 ob.ヘドウィグのパスポート申請書、1909年12月17日付、CPM 534.
チュヒンスキー横丁：*VM 1901*, 453, 272, 393, 1112.
田舎町の風情：Il'in and Kagan, 49–50.
*94–95*頁
アクアリウム："Staryi Moskvich"; Dmitriev, 20; Radunskii, 49; Monakhov, 36–38; Kriger, 168; Anisimov, 84–88.
オーモン：Uvarova, "Var'ete," 106; Ruga and Kokorev, 426.
*96–97*頁
トルハノヴァ：Trukhanova, 23, 48–49, 52, 53, 57, 58–59.
*98–99*頁
日露戦争、アメリカの歴史家：Riasanovsky, 445–47.
ロシアとアメリカの関係：Saul, 1991, 339–96; 1996, 484–85, 509–11.
中国人に対する人種差別：Daniels, 3, 12–26.
「非難するとはアメリカ人は無作法だ」：Herring, 352; Saul, 1996, 476–77, 523–27.
*100–102*頁
1905年の革命：Riasanovsky, 450–51; Merriman, 789–91.
アクアリウムの包囲、モスクワ：Engelstein, 49, 197–98, 220; Ascher, 315–22.
大使の電報：*Despatches from United States*, reel 65, Dec. 11, 1905.
殺害と処刑：Riasanovsky, 458; Fitzpatrick, 35.
*102–103*頁
アメリカ人の数：*Despatches from United States*, reel 65, Dec. 26, 1905.
フレデリックの十数年後の説明：DF.
同じ内容の、もっと詳しい話："Many Ugly Women Still Retain the Veil," *CDM*, Aug. 13, 1926, 2.
ベルリンの親戚：駐アメリカ領事ダンツィヒから在ベルリン・アメリカ大使館への書簡、1909年9月13日付、CP Danzig 17, p. 25, RG 84. 1909年9月14日付のフレデリックのパスポートの申請書には、ドイツへ出立する理由を書いたメモがある（Emergency Passport Applications, 1907–1910, Vol. 1, Germany, RG 59）。
フレデリックはベルリンでレストランを開いていたかもしれない："Two Jolts for Jack John-

son," *CDT*, Nov. 2, 1912, 8.

*103–106*頁

オーモンの問題： Uvarova, "Var'ete," 106; Dmitriev, 20; Kriger, 173–74.

ヤール、スダコフ： Uvarova, "Yar"; Maksimov and Kokorev, 91–92, 125, 127, 195, 196, 200, 209, 211, 213.

フレデリックは家族を連れて引っ越した： *VM 1911*, 571; *VM 1901*, 89; *VM 1917*, 101.

競馬場： Maksimov and Kokorev, 131.

飛行機： Palmer, 18.

ナトルスキン： Maksimov and Kokorev, 91–92; *Rzh*, Nov. 1, 1913, 6; Nov. 15, 1913, 7–9; Dec. 1, 1913, 6–7. Ruga and Kokorev, 414.

スダコフへの讃辞、祝賀会： Maksimov and Kokorev, 194–202.

*107–108*頁

ガイズバーグ： Gaisberg, 34; Moore, 161; Borovsky, 546–48.ガイズバーグのフレデリックに関する記述にはいくつか間違いがある。

金に糸目をつけない乱痴気騒ぎ： Maksimov and Kokorev, 223–24.

ノートン： Roy Norton, "Spendthrifts," *NYTr*, July 6, 1913, SM 3–4, 19; quotation from p. 4. ノートンのフレデリックに関する記述にはいくつか間違いがある。

*109*頁

イルマ： TsIAM, f. 1476, op. 2, d. 24, ll. 5 ob.–6; Translation, Pastoral Certificate, Sts. Peter and Paul Lutheran Church, Moscow, CPI 337（Corresp. 1921）.

ヘドウィグの死： Report, American Consular Service, Moscow, Feb. 10, 1910, Numerical and Minor Files of the Department of State, 1906–1910, NARA Microfilm Publication M 862, roll 1152, RG 59; Interview, June 18, 2009;フレデリックの子孫は彼の最初の妻の名前を知らなかった。Garrigues, "Abnormal Labor," 376 ff; Wilcox, 197–206.

*110–111*頁

ヴァリ： TsIAM, f. 1476, op. 2, d. 22, ll. 255 ob.–256;彼女とフレデリックの関係については、DVに詳しい。ヴァリの綴りは書類により異同があるが、転写の際に生じたもの。

テロと暴力： Tuminez, 140–41.

4　最初の富

*113–116*頁

アクアリウムの営業再開： *As*, Nov.–Dec. 1911, 5; Serpoletti, 54/56; *P*, July 1912, 10–12; *As*, May 1[?], 1911, 11–12; *As*, Sept.–Oct. 1910, 18; Dmitriev.

オーモンの呪い： *As*, June［?］1911, no. 5, 14. *As*は刊行が不定期だったので、発行された月は不明。そのため疑問符を付けた。

マルトゥイノフの名前と父称： *VM 1901*, 273; *VM 1917*, 319.

ツァリョフはメートル・ドテルだった： *As*, July–Aug.［?］1911, no. 15, 7.

フレデリックの旅行： *Am*, Feb. 1912, 1, 2; *Am*, March 1912, 2;フレデリックのパスポートの申請書、1912年3月7日付、DP Berlin 352, RG 84.彼の旅は、Monakhov, 117–21が描写したヤーコフ・シチューキンの旅のようなものだったに違いない（シチューキンは、モスク

ワでアクアリウムに唯一まともに張り合うことができた娯楽庭園、エルミタージュ・ガーデンの経営者［Uvarova, "Ermitazh," 764–65］）。

フレデリックは払いすぎた：Gamma, "Akvarium," *P*, July 1912, 11–12.

ダンカンとブルックス：*CDe*, Feb. 3, 1923, 13.

*116–117*頁

アクアリウムの最初のシーズン：*Am*, May 1912, 3, 17.

モスクワの舞台業界を追いかけるジャーナリストたち：*Am*, June 1912, 2, 3; Gamma, "Akvarium," *P*, July 1912, 10–12; *Vt*, Oct. 1, 1912, 4.

モスクワのほかの娯楽施設：Baedeker, *Russia*, 273–74.

*118*頁

常連客：*Rezh*, May 15, 1913, 4.

*119–121*頁

ロックハート：Lockhart, 70–72;彼は誤って、フレデリックのことを「イギリス人」と言っている。

*122–124*頁

フレデリックの富：*Am*, Sept. 1912, 5.

フレデリックの人種に関するガンマの言及："Akvarium," *P*, July 1912, 10–12.

シカゴの旅行客たち："Two Jolts for Jack Johnson," *CDT*, Nov. 2, 1912, 8.

*124–126*頁

1912年9月：*Am*, Sept. 1912, 5.

「スケート・パレス」：以下に掲載の広告、*P*, Oct. 1912, 24.

「シャンティクリア」とアデリ：Serpoletti, 57/59; *P*, July 1912, 15; *Am*, Sept. 1912, 12; *Tg*, Feb. 9, 1914, 12; *Vt*, Feb. 28, 1914, 8–9.

モスクワ市民は歓迎した：*Am*, Sept. 1912, 12; *As*, May［?］1912, No. 10, 16; *Vt*: Oct. 1, 1912, 6; Oct. 27, 1912, 5; Nov. 10, 1912, 6.

「マキシム」、改装：*Am*, Oct. 1912, 2; "Ob otsenke vladeniia, prinadlezhashchego sukonnoi i kozhevennoi fabriki 'Alekseia Bakhrushina Synov'ia'," TsIAM, f. 179, op. 62, d. 16118, l. 10; "Maksim," 1912, TsIAM, f. 179, op. 63, d. 16142, ll. 1, 3.

10月中旬には内装が整った：*Vt*, Oct. 14, 1912, 6.

ダンカンとブルックス：*CDe*, Feb. 3, 1923, 13.

10月20日開店：*Vt*, Oct. 20, 1912, 5; *Am*, Oct. 1912, 2. 原文のロシア語の韻は次の通り。"Пойду《パイドゥー》 к《ク》 Максиму《マクシム》 я《ヤ》, / Там《タム》 ждут《ジドウト》 меня《メニヤー》 друзья《ドルジヤ》."

*126–127*頁

いざこざ：*Vt*, Oct. 14, 1912, 6.

教会：1902年と1904年のモスクワの地図。

聖職者たち：たとえば、*Vt*, April 6, 1914, 12.

モスクワの世俗権威：*Mv*, Sept. 11, 1913, 2.

アデリも無理難題を：*Rezh*, Sept. 13, 1913, 7; *Rzh*, June 13, 1910, 395.

アドリアーノフ：Dzhunkovskii, II, 65.

名前は明らかにされない「何者か」：*Rezh*, Sept. 13, 1913, 7; Kitchen, 89–90によれば、フレデリックは、何人かの大公と懇意にしていると語っている。

マキシムの開業：*Rzh*, Nov. 11, 1912, 9; *Am*, Nov. 1912, 7.
「第一級のヴァリエテ劇場」：*Am*, Nov. 1912, inside front cover.

*128–129*頁

フレデリックの出した広告：たとえば、*Rzh*, Nov. 25, 1912, 3.
「サロンカフェ・ハーレム」：Shneider, 85; *Rezh*, Sept. 13, 1913, 7; *Tg*, Sept. 29, 1913, 2.
ある批評家：*Rezh*, Sept. 13, 1913, 7; April 1, 1913, 8.

*129–130*頁

肺炎：*P*, June 1912, 14.
フレデリックとヴァリの関係：Interviews, Nov. 8, 2006, and June 16, 18, 2009.トーマス家の口伝えによる話は、刊行の有無を問わずさまざまな文書を基に、フレデリックの人生について再構築されるものとはいちじるしく異なる。
結婚：資料により多少日にちの異同がある。モスクワで結婚したとするものもある：TsI-AM, f. 1476, op. 2, d. 22, ll. 255 ob.–256では1913年1月5日、DVでは1913年1月22日となっている。
写真：ヴァリからラヴンダルへの書簡、1922年2月13日付、CPI 352.

*130–131*頁

家族と引っ越した：住所は、ボリショイ・コジヒンスキー通り39番地。*VM 1913*, 575;サドーヴァヤ＝クドリンスカヤ通りの聖エルモライ教会が所有する建物だった：*Spravochnaia kniga o litsakh*, 273.
八部屋から成るアパートメント：*Sa*, Feb. 15, 15; Dunn, 421; *VM 1916*, 361; *VM 1917*, 491.
ロシアの教育事情：Thurston, 158, 160.
外国語、召使いの殴打：Interview, Nov. 8, 2006;トーマス家の人々の話によれば、その結果、召使いは死亡し、フレデリックは彼の死を隠蔽したというが信憑性に乏しい。

*132–133*頁

エルヴィラ：ヴァリからラヴンダルへの書簡、1922年2月13日付、CPI 352;エルヴィラからアレンへの書簡、1933年3月8日付、CPI 443; TT; Reynolds, 52; "In the Days of the High Commissioners," *Asia*, Dec. 1923, 952; "Turkish Delight," *Outlook*, Oct. 25, 1922, 329; Argus.
歌手で踊り子："Negro Lost Fortune in Russia," *BDG*, May 14, 1926, 7; "Russian Princesses and Duchesses Earn a Living in Constantinople," *Syracuse Herald*, Oct. 7, 1922, 3.
ゲルラッハ社：http://www.tpa-project.info/body_index.html.
アメリカのカウガール：*Vt*, Dec. 25, 1913, 10.
エルヴィラの外国語：エルヴィラからアレンへの書簡、1933年3月8日付、前掲参照、および1935年7月22日付、DPT 629; *ON*, June 16, 25, 1920, 4; "Spectacles et Concerts," *S*, June 17, June 20, July 8, 1920, 3;エルヴィラによるフレデリックの死亡通知、*S*, June 13, 1928, 3.
フレデリックとエルヴィラの逢瀬：最初の息子が1914年9月に誕生していることから、遅くとも1914年1月には逢瀬を重ねるようになっていたはずである。フレデリックのパスポートの申請書、1921年9月15日付、DF.
フレデリック・ジュニアの誕生日：ibid.; 国務省から在イスタンブール・アメリカ領事館への書簡、1931年1月17日付、DPT 430.
ブルースの誕生日：1921年9月15日付のフレデリックのパスポートの申請書、DFおよび国務省から在イスタンブール・アメリカ領事館への書簡、1931年1月17日付、前掲には、

1915年4月12日生まれとあるが、フレデリック・ジュニアの誕生日の日付が正確ならば、これは間違いであるはずだ。二人の誕生日の間隔が9か月に満たないからである。

*133–134*頁

ツァリョフとの事業：*Rezh*, May 15, 1913, 3, and June 10, 1913, 6; *Tg*, Sept. 29, 1913, 2.

マルトゥイノフ：*Vt*, July 1, 1913, 3; *Am*, Sept. 1913, 4.

演劇株式会社：*Rezh*, June 10, 1913, 6; Jan. 15, 1914, 7–8; *Tg*, June 1, 1914, 6–7; "Svedeniia," RGIA, f. 1276, op. 17, d. 345, l. 135 ob.

*134–137*頁

キッチン：Kitchen, 87–90.

*138–141*頁

音楽をめぐる協定、コンスキー：コンスキーがフレデリックを追いかけた顛末については、1913年から17年にかけて、コンスキーが雇用主に宛てた手紙に詳しい。CADN, Fonds Saint-Pétersbourg, Série cartons et registres, Numéro d'article 538, pp. 204–7, 212–13, 244–47, 249, 251, 279–85, 287, 302–3, 347, 372, 378, 401–2, 406–7, 458.

*142–145*頁

「最も有名」、ジャック・ジョンソン：ケン・バーンズのドキュメンタリー映画*Unforgivable Blackness: The Rise and Fall of Jack Johnson*（2005）のなかの言葉。http://en.wikipedia.org/wiki/Jack_Johnson_(boxer) に引用。

ジョンソンとマン法：Langum, 179–186.

フレデリックの申し出："Moscow, Russia, Offers Jack Johnson His Only Chance to Fight Again," *SFN*, Oct. 30, 1912, 13; "Jack Johnson Wants to Leave City of Chicago," *DNT*, Nov. 1, 1912, 1; "This Is Tough on Chicago," *Kansas City Star*, Nov. 1, 1912, 5B; "Johnson Will Go to Russia," *Grand Forks*（North Dakota）*Daily Herald*, Nov. 2, 1912, 2; "Two Jolts for Jack Johnson," *CDT*, Nov. 2, 1912, 8; "Johnson's Saloon Closed," *NYT*, Nov. 2, 1912, 1; "Jack Johnson Signs for Fight in Russia," *EN*(San Jose, California), Nov. 1, 1912, 5.

クレーギン、「手にゆだねて」："Johnson Would Go to Russia," *LAT*, Oct. 25, 1912, III3（dispatch dated Oct. 23).

世界じゅうのマスコミにも取りあげられた：たとえば、"Jack Johnson Charged with Abduction," *MG*, Oct. 19, 1912, 18; "Attempt to Lynch Jack Johnson," *Observer*（England), Oct. 20, 1912, 9; untitled note, *Le Figaro*(France), Oct. 19, 1912, 1.

「トーマスというニグロ」："Two Jolts for Jack Johnson," ibid.

*145–146*頁

ロシアのジョンソン：Johnson, 92; *Mv*, July 12/25, 1914, 4.フレデリックが、これより前に西ヨーロッパでジョンソンに会っていた可能性もある：*Tg*, March 23, 1914, 12. ジョンソンは誤って「フレデリック」のことを「ジョージ」と呼んでいる。フレデリックについて、ジョンソン自身の間違いと誇張に加えて、さらにとんでもない間違いがdeCoy, 180–83で報告されている。

5　ロシア人になる

*149–150*頁

1905年の戦争の余波： Riasanovsky, 472–74, 479–82; McMeekin, xvi–xviii.
サラエボ、戦争： Merriman, 964 ff; Riasanovsky, 464.
「血と信仰」： *Mv*, July 16/29, 1914, 3.

*151–153*頁

フレデリックの請願： RGIA, f. 1284, op. 247, d. 26. 1914–1915.
アドリアーノフの添え状： RGIA, Departament obshchikh del（1811–1917 gg.), f. 1284, op. 247, d. 26. 1914–1915.
請願書の核心部分にあたる用紙： RGIA, Sovet ministrov（1905–1917 gg.), f. 1276, op. 17, d. 345, l. 135 ob.
ニコライ二世の承認： RGIA, f. 1276（Sovet ministrov), op. 17, d. 345, ll. 45, 46, 47, 50, 134, 135 ob.

*153–155*頁

フレデリックのパスポートの更新： June 24, 1914, Emergency Passport Applications Filed at Diplomatic Posts Abroad, RG59.
トーマス家の歴史： Interviews.
末息子の認定： 国務省から駐イスタンブール総領事への書簡、1935年9月17日付、Decimal File, 367.1115–Thomas, Bruce and Frederick/2, RG 59.
ヴァリの1916年の申請： July 27/Aug.9, 1916, DV.

*156–157*頁

モスクワのデモ： *Mv*, July 16/29, 1914, 3.
ドイツとの経済的つながり： Raffalovich, 311.
義援の夕べ： *Rzh*, Aug. 16/29, 1914, 1, 4; *Tg*, Aug. 17/30, 1914, 2.

*157–158*頁

ドイツ軍がパリ郊外で足止め： Merriman, 975–77, 986–88; Riasanovsky, 464.
捕虜を乗せた貨車： "Austria's Heavy Losses," *Scotsman*, Sept. 9, 1914, 6.

*158–159*頁

禁酒法、アメリカ議会上院の要請： Kurukin and Nikulina, 224–30; Herlihy, 64–65; Johnson, *Liquor*, 194–95, 202–4.
ロシア国民は酒を断ったことを喜んでいる： "One Man's Work Sobers Russia," *NYTr*, Nov. 19, 1914, 3; "Exit Vodka," *Mg*, Dec. 7, 1914, 5; "Russia Without Vodka," *Mg*, March 10, 1915, 12; "Russians Sell Last Belongings for Liquor," *HC*, Nov. 15, 1914, 3.
モスクワ市民の規則とのつきあい方： "The Truth About Vodka," *Bonfort's Wine and Spirit Circular*, March 25, 1915, 391.
非合法の蒸留所： "Russia Without Vodka," *Mg*, ibid.; "Russia Totally 'Dry,'" *WP*, Jan. 2, 1915, 3.

*160–161*頁

賄賂、密造酒、酒の飲み方： Al'perov, 381–82; Maksimov and Kokorev, 237–39.
ジチコフスキー： Kurukin and Nikulina, 228–30;名前と父称は*VM 1917*, 181より。
フランス産のシャンパン： Alekseev, 89.
フレデリックの成功： *Am*, Aug. 1915, 2; *Ti*, June 28, 1915, 463.

*161–163*頁

1915年1月、プシェムィシル： Griffiths, 54.

オスマン帝国、コンスタンティノープル：Riasanovsky, 464–66.
「ロシア軍へ」：*Rzh*, Jan. 18, 1915, 8; Feb. 1, 8, 1915, 3; *Tg*, Feb. 8, 1915, 5.
マキシムの閉鎖：*Am*, April 1915, 4.マキシムは1914年秋にも短期間閉店しているが、15年1月には営業を再開し、非常に繁盛していると報じられている：*Am*, Jan. 1915, 5.
フレデリックは「精力的に準備を」続けた：*Am*, April 1915, 4.
ブルースの誕生：フレデリックのパスポート申請書、1921年9月15日付、DF.
*163–164*頁
セルポレッティ：*Am*, April 1915, 7–8.
セルポレッティの小説：I. Yadov〔筆名は「有毒な」という意味〕, "'Evropeets.' Direktor iz Petrograda," *Am*, April 1916, 8.
*165–166*頁
ドイツ軍の侵攻、「狂乱の宴」：Merriman, 988;
「兵士に煙草を」：*Rzh*, May 19, 1915, 10; *Mv*, May 20, 1915, 3; May 21, 1915, 3（フレデリックの苗字は誤って「トムソン」と記されている）; *Sa*, June 2, 1915, 9, 12.
商人の博愛精神：Ul'ianova and Shatsillo, 22.
*167*頁
荒れ狂う群衆、政治的代償：*Mv*, May 31, 1915, 4; Dzhunkovskii, II, 59–61, 563–66.
イギリス人の目撃者：Houghteling, 48.
ツィンマーマンの店：Al'perov, 369; Dzhunkovskii, II, 562–63.
被害総額："Blames Germans for Riots in Russia," *NYT*, Oct. 19, 1915, 3.
*167–169*頁
戦争がはじまって一年が過ぎる頃、大公の解任、ガリポリ：Merriman, 990; Riasanovsky, 466–67.
チニゼッリ・サーカス：*Tg*, June 7, 1915, 8.
この手のものとしてはロシア最古："Sankt-Peterburg Entsiklopediia," http://www.encspb.ru/article.php?kod=2804016386; http://petersburgcity.com/family/theatres/circus/; http://www.ruscircus.ru/ glav21.
競売：*Tg*, June 7, 1915, 8; *Ti*, Dec. 15, 1915, 945–46; *Am*, Dec. 1915, 3; March 1916, 3; *Sa*, Dec. 26, 1915, 19–20.
*169–170*頁
オデッサ：Baedeker, *Russia*, 386, 395–96.
フレデリックの旅：*Tk*, Feb. 6, 1916, 5–6; April 2, 1916, 7; July 16, 1916, 9; July 30, 1916, 9.
別荘：*Am*, March 1917, 5.
*170–171*頁
戦争の二年目：*Ti*, Sept. 6, 1915, 661; *Ti*, Sept. 13, 1915, 694; *Ti*, Sept. 20, 1915, 705; *Am*, Oct., 1915, 5; *Sa*, Oct. 5, 1915, 13; *Sa*, Dec. 25, 1915, 16; *Sa*, May 14, 1916, 16; *Am*, Oct. 1916, 2; Maksimov and Kokorev, 246–47.
戦争の負担：*Ti*, Nov. 1, 1915, 307–8; *Ti*, Nov. 8, 1915, 838; *Ti*, Dec. 6, 1915, 919; *Vt*, Dec. 25, 1916, 7; *Ti*, Jan. 31, 1916, 95; *Ti*, Feb. 14, 1916, 134.
皇后アレクサンドラ：Riasanovky, 466–67;
「大臣の更迭劇」：Waldron, 34.

*171–173*頁
タンゴブーム：*Vt*, Dec. 25, 1913, 10; *Tg*, Jan. 12, 1914, 12; *Vt*, Jan. 15, 1914, 4; *Rzh*, Feb. 23, 1914, 3; *Am*, March 1914, 13; *Rzh*, March 23, 1914, inside front cover.
「タンゴ王国」：*Vt*, Dec. 25, 1913, 10.
「死のタンゴ」：Sheremet'evskaia, 24–25;
「ヴィルヘルムの血まみれタンゴ」：Jahn, 103.
「コカイン狂」：*Vt*, Dec. 25, 1915, 6.
ヴェルチンスキー：*Tg*, Jan. 3, 1916, 7–8; *Vt*, Jan. 1917, 6.
「小さなコカイン娘」：Vertinsky, 78.
「ハシシ・タンゴ」：*Tg*, March 3, 1918, 6.
*173–175*頁
軍の敗北、労働者のストライキ：Merriman, 1019, 1021–22; Burdzhalov, 29; Peimani, 194; Monkhouse, 51.
ラスプーチン：Dzhunkovskii, II, 555, 563; Varlamov, 457–70; Radzinsky, 330–34（ラジンスキー『真説ラスプーチン』).
フレデリックとラスプーチン：deCoy, 180–83.
*176–177*頁
「ブルシーロフ攻勢」：Dowling, xv; Bohon, 147; Jukes, 45.
さまざまな不足：*Ti*, Oct. 9, 1916, 829, 820.
劇場は盛況：*Sa*, Jan. 10, 1916, 15.
フレデリックは劇場を貸し出す：*Ti*, Jan. 10, 1916, 32; *Rzh*, Jan. 31, 1916, 9; *Tg*, April 3, 1916, 5; *Rzh*, April 10, 1916, 13; *Tg*, Jan. 1, 1917, 6; *Tg*, Feb. 5, 1917, 3.
フレデリックは従業員たちに報いる：*Am*, Jan. 1917, 7; *Ti*, Jan. 1, 1917, 6; *Sa*, Jan. 17, 1917, 6.
*177*頁
物件の購入、元所有者：*Am*, March 1917, 5. "Ob otsenke vladeniia, prinadlezhashchego Brus-Tomas Fedoru Fridrikhovichu, byvshemu grazhdaninu Severo-Amerikanskikh shtatov, Sretenskoi chasti 1 uchastka No. 216/204 po Karetnomu riadu, Srednemu i Malomu Spasskim pereulkam, d. 2, 1, 2": TsIAM, "Fond Moskovskikh gorodskikh dumy i upravy," f. 179, op. 63, d. 12896, l. 1–4; TsANTDM, Plan vladenii kniazei Kantakuzinykh, grafov Speranskikh, f. 1, op. 13, ed. kh. 109, d. 19, l. 5 ob. "Miss Julia Grant Married," *NYT*, Sept. 25, 1899, 7.
42万5000ルーブリ：1917年2月12日には、交換レートは1ドル2ルーブリから3.3ルーブリに下落していた：Houghteling, 25.

6　喪失と逃走

*179–181*頁
二月革命、「すすり泣きもせず」：Merriman, 1022–30; Riasanovsky, 505–8.
モスクワのデモ：Sack, 235–36; Pisar'kova, 583.
「自由の行進」、資産家が脅かされる：Houghteling, 174–78; Rieber, 405; Okunev, 19.
「命令第一号」：Kenez, *History*, 18–19; Merriman, 1026–27.
*182–183*頁

モスクワ演劇界：Dadamian, 161; *Tg*, March 12, 1917, 6, 9.

第一ギルド商人：TsIAM, Fond moskovskoi kupecheskoi upravy, "O prichislenii v kupechestvo byvshego severo-amerikanskogo poddanogo Fedora-Fridrikha Tomasa s docher'iu Ol'goiu" (1917 god), f. 3, op. 4, d. 4678, ll. 1–3.

第一ギルドの称号：Rieber, 13, 36, 87, 124; Ul'ianova and Shatsillo, 20.

*184–185*頁

悲惨な歴史的事件：Merriman, 1030–33; Riasanovsky, 508–11.

フレデリックとモスクワ・ソヴィエト：*Tg*, Sept. 17, 1917, 5; *Az*, Oct. 1, 1917, 12; *Rzh*, Oct. 8, 1917, 9; *Tg*, Oct. 17, 1917, 10.

フレデリックは真っ先に手を結ぶ：*Tg*, Oct. 25, 1917, 10.

マキシムは貸し出されていた：*Tg*, Sept. 24, Oct. 17, 1917, 1; *Rzh*, Oct. 1, 22, 1917, inside front cover.

*185–186*頁

ボリシェヴィキの蜂起：Riasanovsky, 511–12, 528; Merriman, 1033–37; "The Fall of Kerensky," 305; Pitcher, 238–39.

イギリス人：Monkhouse, 61.

*186–188*頁

11月10日と20日、おびえる市民：Okunev, 99–100, 104, 106; Van Riper, 176–78.

クレムリンの被害：*Rzh*, Nov. 19, 1917, 7; Okunev, 106.

アメリカ人が見た街の光景：Van Riper, 183.

不安な日々：Monkhouse, 62.

マキシムのおなじみのレパートリー：*Rzh*, Oct. 8, 22, Nov. 19, Dec. 3, 16, 1917, inside front cover; Jan. 1918, 1.

アクアリウムの高尚な演し物：*Tg*, Nov. 21, 1917, 6.

*188–189*頁

ボリシェヴィキによる停戦、ブレスト＝リトフスク条約：Riasanovsky, 528–29; Merriman, 1037.

アメリカ人訪問者、ボリシェヴィキはアメリカ人を憎悪していた：Van Riper, 177, 182.

*190–192*頁

ヴァリの愛人：フレデリックから、駐コンスタンティノープル・アメリカ総領事ラヴンダルへの書簡、1921年5月10日付、CPI 337.

オデッサのドイツ人：*Papers Relating, 1918*, 676.

フレデリックの申請は却下された、エルヴィラは許可が下りた：Sackett.

フレデリックの知人：Dunn, 421.

フレデリックは殺されかける：フレデリックからラヴンダルへの書簡、1921年5月10日付、ibid.（フレデリックの言葉は書簡の表記のまま）

家族法の改正：*The Marriage Laws*, 5, 42, 36, 55.

フレデリックは離婚して再婚する：TT,フレデリックからラヴンダルへの書簡、1921年5月10日付、ibid.

*193–194*頁

白軍：Riasanovsky, 532.

無政府主義者の集団：Okunev, 168.
ロシア人のなかにはドイツ人が占領してくれればいいと言う者までいた："Making Allies Out of Enemies," *Independent*, May 31, 1919, 312; Kenez, *Civil War 1918*, 162.
フレデリックの計画：*Rzh*, Feb. 19/6, 1918, 6–7, 1, 10; *Tg*, March 3, 1918, 3.
フレデリックのあらたな賃貸契約、エヴェリノフ：*Ti*, Jan. 14, 1918, 24; *Sa*, Jan. 23, 1918, 2; *Tg*, Jan. 28, 1918, 3; *Rzh*, Feb. 1918, 1; *Ti*, Feb. 17, 1918, 50; April 21/8, 1918, 129.
フレデリックの計画は幻想にすぎなかった：*Rzh*, Feb. 1918, 1; *Tg*, March 3, 1918, 3; *Rzh*, March 30/17, 1918, 2, 11; Kazansky, 110.
アクアリウムの行き着いた先も同じ：*Sa*, Feb. 15, 1918, 4, 12; *Ti*, Feb. 17, 1918, 50; *Rzh*, Feb. 21/6, 1918, 9; *Ti*, May 5/22, 1918, 148–49.
「ブルジョワ」の笑劇は上演禁止：*Ti*, May 5/22, 1918, 148–49, 150.
クラシックバレエ：*Rzh*, June 2/May 20, 1918, 8.
*195–196*頁
ボリシェヴィキによる変化：McMeekin, 35–38; Riasanovsky, 529–30; "The People's Commissariat of Finance," 219.
建物の接収：Okunev, 160.
*196–198*頁
強盗事件：Okunev, 138, 164.
警察は役に立たなかった：Klement'ev, 5.
スホドルスキー：*Tg*, March 3, 1918, 6;スホドルスキーの兄弟がアクアリウムと行なっていた事業については*Rzh*, May 4, 1914, 10を参照。
銀行接収、1000億ドルから1500億ドル：McMeekin, 17, 19, 20–21, 50.
キエフのツァリョフ：*Rzh*, June 29/16, 1918, 8.
6月、劇場の中間業者使用を禁止：*Tg*, June 9, 1918, 6; Kazansky, 120.
コレラ：Okunev, 202.
社会革命党員：Holquist, 168–69.
ニコライ二世の処刑：Okunev, 202.
フレデリックに残された生活の糧：Sackett.
「担ぎ屋」（**мешочники**）：Ponafidine, 101; Okunev, 150; Dolgorukov, 103–4.
*198–199*頁
フレデリックの逃亡：ヴァリから国務省への書簡、1921年1月16日付、DV; Sackett.
パスポートの値段、国境でのドイツ人のふるまい：Dolgorukov, 113–16.
汽車の行く手をふさがれて：Klement'ev, 6.
汽車の状態、駅でも強盗に襲われる、若い女性は危険：Kostrova, 20–26.
*200–202*頁
ドイツ領に入ったアメリカ人：イギリス人のケースから類推、White, 298を参照。
オーストリアとドイツによる占領、ボリシェヴィキによるゲリラ戦：White, 300;バッジからクラークへの書簡、1919年2月4日付、FO 371/3963.
ボリシェヴィキが監獄を解放する：Tumanov, 69.
著名な弁護士：Margulies, 159.
フレデリック、新聞で報じられる：Savchenko, 196, および2010年5月2日付、ボリス・A・

サフチェンコからのEメール。

疫病の時代の饗宴：Tumanov, 68–70; Lobanov-Rostovksy, 330.

モスクワの興行師、芸人たち：Savchenko, 195–96; Utesov, 78–79.

民間銀行：Xydias, 301–2; Gurko, 147;ジェンキンズから国務省への書簡、1919年4月22日付、CP Odessa, box 1, RG 84.

*203–204*頁

興奮した人々：White, 309.

みごとな装備の軍隊、異国情緒あふれる兵士たちの姿：Kantorovich, 254–55, 259, 261–62; Brygin, 432; Xydias, 186; Silverlight, 107; Munholland, 55.兵士の数については、3万から8万とばらつきがある。

オデッサ周辺の連合軍：Lobanov-Rostovsky, 329; Kantorovich, 258–59.

フランス軍の占領によってオデッサの街に活気が生まれた：Tumanov, 78–79.

投機家が忙しくなる、状況が悪化する：*Papers Relating, 1919*, 751–54; Munholland, 49–50, 53; Xydias, 261–62.

7　コンスタンティノープルでの再起

*205–207*頁

ガラタ埠頭、ペラ・パレス・ホテル、フレデリックとコドルバン：Bareilles, 4; http://www.perapalace.com/en-EN/history/64.aspx; Kazansky, 120–22.

*207–210*頁

ペラの多彩な顔ぶれ：*Constantinople To-Day*, 18; Criss, 21.

フレデリックは共通点に気づいた：Kazansky, 122.

音風景、「神は偉大なり」：http://islam.about.com/cs/prayer/f/adhan_english.htm.

街の騒音と様子：Armstrong, 72–73; Frank G. Carpenter, "Colorful Life Along the Bosporus," *LAT*, April 13, 1924, J11, J22.

アームストロング：Armstrong, 73–74.

ガラタ橋、スタンブール："Turk Capital Inert Under Enemy Rule," *NYT*, June 26, 1922, 18; "City of Minarets and Mud," *NYT*, Nov. 5, 1922, 4, 13; "Constantinople, Where East Met West," *AC*, Aug. 5, 1923, 21; Carpenter, above；Reshid, 75, 86–87; Dwight, 4–10, 14, 16–17; Andreev, 192.

*211*頁

連合軍の占領：Shaw, I, 144–45.

オスマン帝国の分割：Criss, 1, 8–9, 14; Zürcher, 138–39, 145–46, 149–53.

ペラの外国人："British Constantinople," *NYT*, June 19, 1921, 35.

*212*頁

トルコ人の人種観：こちらの情報については、ハーヴァード大学美術図書館アガ・カーン・プログラム資料センター、アンドラ・J・リードルマイヤー博士にご教示いただいた。2010年8月6日付、Eメール。

「ニグロ」に該当する言葉がない：Redhouse, 217.

ボールドウィン：Campbell, 210.

*212–215*頁

西欧の娯楽がほとんどない：Teffi, 566; Editorial, *ON*, Aug. 14, 1919, 1.

ヨーロッパ式のレストランが二、三軒：たとえば以下に掲載の広告：*CM*, Nov. 10, 1918, 2; Dec. 18, 1918, 335; March 22, 1919, 340; April 6, 1919, 341; *S*, Nov. 22, Dec. 13, 1918, 4; *ES*, March 22, May 2, 1919, 2.

ガラタ港付近、伝統的なトルコの習慣：*Constantinople To-Day*, 356–57, 261–63; Armstrong, 74; Teffi, 567.

金貸したち、とんでもない高利：ルーからブリストルへの書簡、1923年8月24日付、DPT 470.

ライザーとプロクター：ブリによる覚書、1920年11月26日、CPI 327.

3000トルコポンド：これは、あらたな共同経営者が、ライザーとプロクターが所有する半分の株の対価として支払った金額（前掲のブリの覚書に拠る)。1920年から22年の交換レートは、1トルコポンドに対しておよそ70米セント。*ON*, Dec. 1, 1920, 3; March 11, 1921, 3; Feb. 7, 1922, 3.

プロクター、「第一級の英国スパイ」、「政治情報が囁き交わされる回廊」：Gilbert, 47–48; Mackenzie, *First Athenian*, 331–33; Mackenzie, *My Life*,119–20; Rowan, 147; Dunn, 282–83, 288, 299, 420; Lawford, 130; White, 317.

*215–217*頁

「イギリス－アメリカ・ガーデン・ヴィラ」「ステラ・クラブ」：*ES*, June 14, 1919.

空き地、チクリ：Pervititch地図。

樹齢を重ねた木："Spectacles et Concerts," *S*, June 17, 1920, 3.

小アクアリウム：Zia Bey, 158. Morfessi, 150に、1920年にモルフェッシが開いたアクアリウムのライバル庭園の描写がある。おおまかな特徴は似たようなものだろう。

「ステラ・クラブ」は二階にあった：*ES*, June 14, 1919, 2.

1919年6月24日開園：以下に掲載の広告、*ON*, 4.

「サロニカ軍のお友達」「モスクワのメートル・ドテル」：*ON*, July 20, 27, 1919, 4.

天気の問題：*ON*, Sept. 19, 1919, 3.

ここでしか味わえない組み合わせ：以下に掲載の広告、*ON*, July 20, Aug. 12, 1919, 4; Sept. 7, 1919, 3.

*217–218*頁

最初のジャズ：*ON*, Aug. 31, 1919, 3; *ON*, Sept. 23, 1919, 4.

ヴィラの成功：*ON*, Sept. 27, 1919, 1; *ON*, Oct. 31, 1919, 3; Nov. 13, 1919, 3.

*218–220*頁

パスポート、アレンはケンタッキー州出身：*Register*, 1922, 86; "The Political Graveyard: Index to Politicians: Allen, C to D," http://politicalgraveyard.com/bio/allen2.html#0XZ1CO0HD.

フレデリックの書類、そして書類に何が起きたか：DF.

フレデリックがでっちあげた妹：フレデリックはアメリカ当局に対してその後いちどもこの妹の話をしていない。

パリは温かい：Lloyd, 75–76, 87ff.

コンスタンティノープルの新聞にアメリカの人種差別主義的政策の記事が掲載されていた：*ON*, June 19, 1920, 2; March 30, 1921, 3; "La question nègre aux États-Unis," *B*, Oct. 20,

1921, 1.
フレデリックとフィリピン："Many Ugly Women Still Retain Veil," *CDM*, Aug. 13, 1926, 2.
*221–223*頁
高い物価："Turk Capital Inert Under Enemy Rule," *NYT*, June 26, 1922, 18.
カピチュレーション：*Constantinople To-Day*, 95–96, 329–30.
マタキアス：DPT 403.
ラヴンダルの経歴：*Register*, 1922, 170.
メンデリーノ、ブルガリア人（ボチカロフ）、パン屋：CPI 320, DPT 412.
別の男：CPI 327.
フランス人が経営する会社（ユイスマン）：CPI 327.
ラヴンダルの勧告：フレデリックへの書簡、1919年12月19日付、CPI 320.
*223–226*頁
オリガの捜索：DPT 411.
ロイヤル・ダンシング・クラブ：*ON*, Jan. 20, 24, 25, 29, 30, Feb. 6, 11, 20, March 6, 1920, 3.
バカラ、バーサのバー：Gilbert, 47–48.
*226*頁
フレデリックとバーサおよびライザーの関係：*ON*, May 13, 1919, 3にはバーサのバーが載っている；翌日には消えている：*B*, May 14, 1920, 4; 覚書と通信文書：CPI 327.
フレデリックからラヴンダルへの書簡、エルヴィラの助け：ibid.
*228–230*頁
戒厳令：Criss, 2, 16, 65, 71; Shaw, II, 808, 829–31; Zürcher, 142.
ヴランゲリ：Kenez, *Civil War South*, 1977, 261, 265–67; *S*, April 7, 1920, 2.
ペラのロシア料理店：*ON*, April 2, 1920, 4; April 30, 1920, 2; March 6, 1920, 4.
ストレリナ：Morfessi, 66, 147–52.
*231–233*頁
「女給（ダーム・セルヴーズ）」：Mannix, 27.
コーカサス風のジャケット、「悪徳の手先」、イギリス大使の書簡、風刺漫画：Mansel, 398–99.
ボードレール：*ON*, Oct. 21, 1920, 2.
小間使い：Murat, 70.
ダルースの観光客：*DNT*, Oct. 22, 1922, 12.
ロシア人将校が女給の手に口づけする：*S*, June 10, 1920, 2.
ミュラ：Murat, 76.
*233–234*頁
ジア・ベイ：Zia Bey, 154–60.
*235*頁
フレデリックに対するあてこすり：ルーからブリストルへの書簡、1923年4月24日付、DPT 470.
女給のための特別公演：*ON*, April 4, 1922, 3.
チャリティ・フェスティバル：*S*, July 20, 1920, 4; *ON*, July 23, 28, 1920, 2.
*236–237*頁

あらたな債権者たち、アレンとラヴンダルの口調、ザヴァツキー：CPI 327, DPT 412.
ヴァリの急浮上：ウィーラーから USSSへの書館、1920年7月18日、Central Decimal File, 361.11/3465, RG 59.
ベルリンのヴァリ：CPI 326, 337, 352.
ヴァリのパスポート申請、それに関する通信書、駐ベルリン領事、ヴァリの申請に関する記録がなかった：DV.
ベルリンの生活："Exchange Decline Depresses Berlin." *NYT*, Sept. 17, 1920, 26.
ヴァリからアメリカ総領事館およびイギリス大使館への書簡：CPI, 326, 337; FO 782/15, Correspondence Register, British Embassy, Constantinople, Nov. 16, 1921; Jan. 9, 23, 1922; Feb. 20, 1922.
「示すことを要求する」：CPI 326.

8 アメリカ市民権を求めて

*239–242*頁
ヴランゲリの撤退、難民：Petrosian, 162–72; *Russkaia armiia*, 7–9; Ippolitov, 6–26; Andreev, 191–228.
間に合わせの住居、雇用、両替商：Slobodskoi, 80–90; Andreev, 173, 175, 187, 193–96.
将校たちが勲章を売る：*ON*, July 24, 1921, 2.
ドス・パソス：Dos Passos, 13.
文化風景が変化：Deleon, 66–67.
アルハンブラ劇場：*S*, Nov. 20, 22, 26, 27, Dec. 2, 1920, 3.
フレデリックが提供した食事：Argus.
*242–245*頁
肺炎：*ON*, Dec. 14, 1920, 2.
パスポートの申請、アレンの文言：DF.
外交官たちは詳細を記録した：CPI 327.
クインランはイーズリーに書類を回した、カーの回答：DF; *Department of State Personnel*, 30, 31, 25.
*245–247*頁
ヴァリの書類：DV.
ラヴンダルと「貴殿の夫」、「ドイツにいる貴殿の妻」、フレデリックの書簡：CPI 337.
「自由恋愛の相手」：DF.
*247–249*頁
オリガ：CPI 337; CP Paris 837;パリ警視庁文書室、電話による問い合わせ、2007年12月16日。
エルヴィラの服：CPI 338.
アメリカ人観光客：Sackett.
英語で授業を行なう学校：British school, *ON*, Aug. 24, 1920, 3; Bowen School for Boys, *ON*, April 1, 1921, 4; American School for Boys, *B*, Aug. 21, 1921, 3.
ミハイルはプラハで：Interview, Nov. 8, 2006.

サカリヤ川での勝利、ケマルは陸軍元帥になる、「ガーズィ」：Cleveland, 177–78; Hanioğlu, 127; Lewis, 253–54.

懐具合が上向いた：CPI 339, 354.

あらたなパスポートの申請、ブリの査定：DF;書類には複数の間違いがある。

ブリはニューヨーク出身：http://politicalgraveyard.com/bio/burrage-burrowes.html.

*251–253*頁

ヴェルチンスキー：*ON*, Oct. 2, 1921, 3.

新事業、マキシム：*B*, Nov. 21, 1921, 2; Karay, 104–5; Hildebrand, 280; Argus.

「ほかに類のない娯楽施設」：*ON*, Oct. 8, 1921, 2; *JO*, Dec. 18, 1921, 3.

カーター：CPI 344.

「最大の芸術的事件」：*B*, Nov. 21, 1921, 2.

*253–256*頁

「トーマス、創業者」「黄金の心」：Sperco, 144.

彼ほどすれていないトルコ人：Karay, 104–5.

アディル：Adil, 8–10. カライ（Karay）とアディルのマキシムの思い出については、ハーヴァード大学美術図書館アガ・カーン・プログラム資料センター、アンドラ・J・リードルマイヤー博士にご教示いただいた。これらを英語に翻訳してくださったご厚意に深く感謝申し上げる（本文には博士の翻訳をそのまま引用させていただいた）。

*257–258*頁

「しごく順調にいっている」：CPI 354.

ヴァリが外交官たちを責めたてる：CPI 352;ヴァリから在コンスタンティノープル・イギリス大使館宛、フレデリックに関する書簡、1922年2月14日付、FO 782/15.

業者の不満：CPI 338, 354.

カーターとの契約書における但し書き：CPI 344.

犯罪：Zia Bey, 159; "Turk Capital Inert Under Enemy Rule," *NYT*, June 26, 1922, 18; "Constantinople Crime City," *WP*, Oct. 24, 1920, 66.

ラヴンダルの時計：CPI 320.

イタリア人の伯爵：Reynolds, 52.

コカイン中毒者：*B*, Aug. 26, 1921, 2.

*258–259*頁

国務省によるパスポート申請の見直し、ランドルフの書簡、ランドルフがベルリンに結果を伝える、カー：CPI 348. *Department of State Personnel*, 25.

ダン：Dunn 420–21; "He Knew the Country," *Kingston*（New York）*Daily Freeman*, Oct. 24, 1922, 3.

*259–263*頁

アメリカ人観光客：*ON*, March 2, 3, 8, April 2, 1922, 2; Beatty, 705–6.

ファーソン：Farson, 442–43.

リラ・エドワーズ・ハーパー氏："Constantinople Cafe Owned by Southern Negro," *Columbus*（Georgia）*Daily Enquirer*, Oct. 7, 1922, 7.

*263–264*頁

マニックス：Mannix, 275.

264-265頁

アディル、「チャンピオン・オスマン」：Adil, 37-38.この資料の存在について、ハーヴァード大学美術図書館アガ・カーン・プログラム資料センター、アンドラ・J・リードルマイヤー博士にご指摘いただいた。これらを英語に翻訳してくださったご厚意に深く感謝申し上げる（翻訳はそのまま引用させていただいた）。

266-267頁

「お好きなだけおいたできます」：Mannix, 270;

ヴェルチンスキーの「黒薔薇」：Duke, 77.

ラクダ相撲：*ON*, March 4, 1922, 3.

スルタンの行列、ダルヴィーシュ：Dwight, 304-7; Sperco, 87, 113; Mannix 271-73.

ゴキブリレース："Tarakan'i bega," *Zarnitsy*, May 8-15, 1921, 28-29.

9　ジャズのスルタン

269-271頁

トルコ軍の攻勢：Lewis, 253-54.

ブリストルの覚書：Sept. 23, 1922: Hoover, Frank Golden Papers, box 36, file 15, Turkey/Americans in Constantinople; CPI 472.

アメリカ人650名："List of Americans in Constantinople," Nov. 15, 1922, Pence, MSS 144, box 7, folder 7.

メフメト六世：Zürcher, 142; Lewis, 251-53, 257-59.

271-273頁

フレデリックは総領事館に駆けつける、外交官たちの反応：DF; CPI 151, 363; Moore, *Digest*, 927, 936.

パリは安息地：Lloyd, 74-75, 91, 95-96, 101-2, ff.

フレデリックの覚書、ワシントンの回答：CPI 363.

273-275頁

ブリストルの関与：March 4, Nov. 13, 1923, MRB.

ルーからブリストルへの手紙：DPT 470.

ターリントン：http://www.scribd.com/doc/45752619/Rhodes-Scholars-Roster［1911］; TT.

ブリストは同僚に頼んだ：DF.

275-277頁

禁酒法をめぐるゆらぎ：*Vp*, Oct. 8, 9, 10, 16, 17, 24, 25, 1923, 3; Hoover, Fisher, Oct. 30, 1923, 3-4;ラヴンダルからアルコール依存症対策世界連盟への書簡、1923年12月1日付、CPI 370; *S*, March 19, 1924, 1; May 25, 1925, 2; March 6, 1926, 2; Jan. 11, 1927, 2.

新時代の幕開けにふさわしい歴史的変化：Shaw, IV, 1963-1964; Lewis, 261-62;

その場にいたアメリカ人：Hoover, Fisher, Oct. 7, 1923, 3-4.

通りを行く人混み：Hoover, Fisher, Oct. 30, 1923, 4.

店の看板：*Vp*, Oct. 9, 1923, 3.

ミハイルがプラハに留学する：Interview, Nov. 8, 2006; Andreyev and Savický, 41, 53, 65; Keeny.

278-279頁

フレデリックの自慢話：Sackett.
クロトコフ、フレデリックの「広い」ロシア人の心：Argus(クロトコフは「鍋や釜」と言っているが、おそらく楽団の打楽器を打ち鳴らしていたものと思われる).
アメリカの独立記念日："Gallant Yanks Organize a Klan to Rescue Pearl," *CDT*, July 27, 924, 16.
*280–281*頁
ベベキ、豪雨と街の被害：*S*, June 14, 15, 22, 24, 26–28, 1924; Jan. 20, 1925, 2.
黒薔薇：*S*, June 26, 1924, 3; July 19, 1925, 3;
ル・モスコヴィット：*S*, April 30, May 7, 1925, 3.
*281–283*頁
観光客の増加：*S*, March 2, 5, 10, 1925, 2; July 3, 1926, 2; Hoover, Fisher, March 20, 1925.
最も大胆な計画：*S*, Aug. 25, Nov. 27, 1925, 2; *S*, July 2, 1926, 2.
セッラの取り決め：*S*, April 29, 1927, 2; *Yildiz*; DPT 539.
ハギア・ソフィア：Interview, June 16, 2009.
アメリカの団体が総領事館に手紙を書く：CPI 398.
「アメリカ・ジャズバンド協会」："Would Jazz in St. Sophia," *NYT*, Jan. 12, 1927, 6; "Sophia Mosque for Dances," *NYT*, Dec. 16, 1926, 10.
マキシムのショー：*S*, July 2; Aug. 5, 25, 31; Nov. 7, 11, 13; Dec. 24, 1925, 3; Jan. 28, 1926, 3; Feb. 11, March 10, 1926, 2; *La République*, Nov. 26, 1925, 3.
*283–285*頁
カリフの亡命：Shaw, IV, 1965; *S*, March 10, 1924, 2.
フェズの禁止、大使館がソヴィエト政府に委譲される：Hoover, Fisher, Sept. 26, 1925; Lewis, 253, 283–84.
あたらしい法律：*S*, March 12, May 25, 1924; May 25, 1925; Feb. 28, March 6, 11, 1926, 2; Hoover, Fisher, Feb. 1, 1924; *Vp*, Feb. 2, 1925, 3.
外国人労働者に対する規制：Hoover, Anna V. S. Mitchell Papers, Stokes to Bouimistrow, Feb. 18, 1926, box 1.
トルコ語の使用が義務づけられる：*S*, Jan. 18, 1926, 2.
ナンセン：Nansen, 36.
*285–287*頁
「ヴィラ・トム」：*S*, May 6; June 24; July 14, 21, 27, 1926, 2; June 10, July 1, 1926, 4; Aug. 19, 1926, 3.
オリガ：CPI 393.
マキシムの給仕、花屋：CPI 403.
*288–290*頁
ユルドゥズ公営カジノ：DPT 539; Greer, 318–20.
フレデリックは続けていこうと努力する：*S*, Dec. 18, 1926; Jan. 2, 10, 11, 1927; Feb. 17, 1927, 2.
イギリス人："Finds Trade Dull in Constantinople," *NYT*, July 31, 1927, E2.
あたらしい規制：*S*, Jan. 2, 11, 19, 1927, 2.
グリーア：Greer, 319–20.
*291–293*頁

フレデリックはアンゴラに高飛びする、市の性格と人口、「ヴィラ・ジャン」： *S*, May 5, 1927, 2; Ahmad, 91.

競争： Argus; "Angora Made into a City of Jazz Bands," *CDM*, Oct. 6, 1926, 14; "Life Is Less Hectic in Constantinople," *NYT*, July 8, 1928, 50.

フランス総領事： フランス領事からアメリカ領事への書簡、1927年6月18日付、DPT 660.

債権者たちはマキシムを差し押さえる： *S*, May 18, 19, 21; Dec. 19, 1927, 2; June 17, 1927, 3.

「元ヴィラ・トム」： *S*, June 17, 1927, 3.

アンゴラでの仕事： "Mr. Thomas de Maxim invite ses créanciers à Angora," *P'st*, April 26, 1928, 3; 記事には4月1日の日付があり、アンゴラでフレデリックを目撃した報告が「遅れた」ことにも触れている。そのほかの証拠も合わせて考えると、フレデリックがこの客に遭遇したのはおそらく1927年の後半だろう。

*293–294*頁

アンゴラの牢屋に入れられた： "Dancing Negro in Angora Jail for Old Debts," *Milwaukee Journal* (The Green Sheet), Monday, Jan. 16, 1928, n.p.: アレンから国務省への書簡、1928年11月1日付、CPI 409;エルヴィラからアレンへの書簡、1933年5月8日付、CPI 443; Argus.

ユルドゥズ・カジノの消滅： クロスビーからアメリカ国務省への書簡、1927年9月28日付、DPT 539;グルーからアメリカ国務省への書簡、1927年10月24日付、DPT 539.

*294–295*頁

コンスタンティノープルの牢屋： "Sultan of Jazz Dies in Poverty," *Boston Post*, July 9, 1928, 10.

拘禁施設の環境： *Constantinople To-Day*, 336–43; *S*, Nov. 20, Dec. 22, 1927, 2; "Prison Life Is Easy in Constantinople," *NYT*, Feb. 2, 1930, 53.

病気： アレンからウエストへの書簡、1928年7月20日付、CPI 409.

死と葬儀： *S*, June 13, 1928, 3; Sperco, 144; SE; FC.

「ジャズのスルタン」： W. G. Tinckom-Fernandez, "Life Is Less Hectic in Constantinople," *NYT*, July 8, 1928, 50.

エピローグ　死者と生者

*297–298*頁

チェコスロヴァキアのエルヴィラ、雇用の規制、法律の問題、ドイツへの旅、コンスタンティノープルへの帰還： エルヴィラからアレンへの書簡、1933年5月8日付、ECPI 443.

*298–299*頁

兄弟は世間の荒波に揉まれる、フレッドのパスポート申請、アメリカ政府の心変わり： DPT 423, 430, 629.

*300–303*頁

エルヴィラは泣きついた： DPT　629;アメリカ国務省から総領事館への書簡、1935年9月17日付、Central Decimal File, box 577, 367.1115, Thomas, Bruce, and Frederick/2, RG 59.

SSエクセロ号： Bruce Thomas, Application for Passport Renewal, Tune 20, 1938, box 16, General Records, U.S. Consulate General, Istanbul, RG 84.

フレッドのマンハッタンでの仕事： Frederick Thomas Jr.'s application for Social Security Number, sep. 1, 1938.

ブルースは入隊を志願する：Central Name Index, 1940–1944, box 1219, RG 59.

アフリカ系アメリカ人向けの新聞：*New York Amsterdam News*, February 7, 1948, 2; 脚色を加えた記事が*CDe*, February 14, 1948, 7に掲載されている。

フレッドは国務省に援助を求める：Central Name Index, 1945–1949, box 456; 1950–1954, box 463, RG 59.

*301–303*頁

ブルースの渡米：Central Name Index, 1950–1954, box 463, RG 59.

ミハイルとの再会：Interview, Nov. 8, 2006.

ブルースの死：Bruce Thomas Certificate of Death, State of California, County of Los Angeles, Registra-Recorder County Clerk.

フレッドの死：Death Notice, February 12, 1970, Democrat and Chronicle（Rochester, NY）, 7B; Younglove-Smith & Ryan Funeral HomeからのEメール、ニューヨーク州ロチェスター市、2008年10月30日。

オリガの消息：Interview, Nov. 8, 2006.

イルマの運命：CPI 383; Interviews, Nov. 8, 2006; June 16 and 18, 2009.

ミハイルの人生、シャンタル・トーマス：Interview, Nov. 8, 2006; http://www.chantalthomass.fr.

訳者略歴

竹田円（たけだ・まどか）

東京大学大学院人文社会系研究科修士課程修了。スラヴ文学専攻。訳書にペジック『近代科学の形成と音楽』、ブルーム『ジャスト・ベイビー』（以上NTT出版）、グリーン『モラル・トライブズ』（岩波書店）、アレン『ハーブの歴史』（原書房）、エリオット『女の子脳　男の子脳』（NHK出版）など。

解説者略歴

沼野充義（ぬまの・みつよし）

東京大学大学院人文社会系研究科・文学部教授（現代文芸論・スラヴ語スラヴ文学研究室）。著書に『徹夜の塊　亡命文学論』（サントリー学芸賞受賞）、『徹夜の塊　ユートピア文学論』（読売文学賞受賞、以上作品社）、『チェーホフ――七分の絶望と三分の希望』（講談社）など、訳書にナボコフ『賜物』（河出書房新社）、レム『ソラリス』（国書刊行会）など。

かくしてモスクワの夜はつくられ、ジャズはトルコにもたらされた

二つの帝国を渡り歩いた黒人興行師フレデリックの生涯

二〇一九年九月一五日　印刷
二〇一九年一〇月一〇日　発行

著者　ウラジーミル・アレクサンドロフ
訳者　© 竹田円
発行者　及川直志
印刷所　株式会社理想社
発行所　株式会社白水社

東京都千代田区神田小川町三の二四
電話　営業部〇三（三二九一）七八一一
　　　編集部〇三（三二九一）七八二一
振替　〇〇一九〇‐五‐三三二二八
郵便番号　一〇一‐〇〇五二
www.hakusuisha.co.jp

乱丁・落丁本は、送料小社負担にてお取り替えいたします。

株式会社松岳社

ISBN978-4-560-09722-9

Printed in Japan

▷本書のスキャン、デジタル化等の無断複製は著作権法上での例外を除き禁じられています。本書を代行業者等の第三者に依頼してスキャンやデジタル化することはたとえ個人や家庭内での利用であっても著作権法上認められていません。

オリガ・ブレニナ＝ペトロヴァ 著／桑野 隆 訳

文化空間のなかのサーカス

パフォーマンスとアトラクションの人類学

サーカスという現象は、ロシアや西欧の文化のなかでいかに表象されてきたのか。博覧強記の著者による類まれなる「サーカスの文化史」。

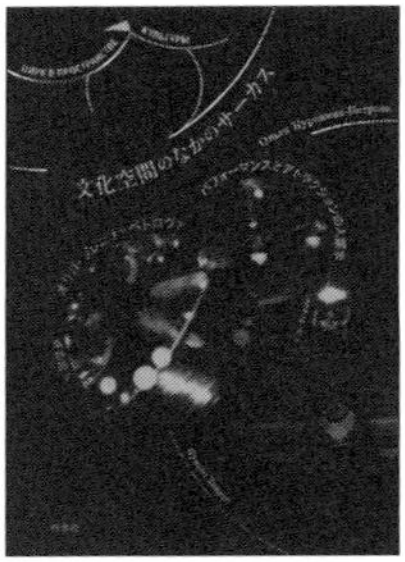